新编 一本书学会新闻采访与写作

简要介绍新闻采访与写作的方式、技巧及要领

全面收录各类采访写作的范例

广大新闻工作者、媒体通讯员必备参考

中国文史出版社

图书在版编目（C I P）数据

新编一本书学会新闻采访与写作 / 张浩编著. -- 北京：中国文史出版社, 2019.3

ISBN 978-7-5205-1006-6

Ⅰ. ①新… Ⅱ. ①张… Ⅲ. ①新闻采访②新闻写作 Ⅳ. ①G212

中国版本图书馆 CIP 数据核字(2019)第 024448 号

责任编辑：詹红旗　戴小璇

出版发行：中国文史出版社
社　　址：北京市海淀区西八里庄 69 号院　　邮编：100142
电　　话：010- 81136606　81136602　81136603(发行部)
传　　真：010-81136655
印　　装：廊坊市海涛印刷有限公司
经　　销：全国新华书店
开　　本：1/16
印　　张：20.75
字　　数：418 千字
版　　次：2019 年 3 月北京第 1 版
印　　次：2019 年 3 月第 1 次印刷
定　　价：56.00 元

目 录

上 编 新闻采访概论

中　编　新闻写作基本知识

下 编 各类专业新闻写作

上　编

新闻采访概论

第一章 新闻的主体和客体

第一节 新闻采访及其主体

一、新闻采访概述

（一）新闻采访的含义

新闻采访就是指为了获得某一信息、某一新闻事实而进行的一种观察、询问、查考。新闻采访的特色就是它必须在采访以后才可写作。没有采访，就没有新闻写作。采访的成功与否，直接关系到新闻写作的质量。我国著名记者穆青曾指出："写作固然是个重要问题，但同采访比起来，后者是个更为重要的问题。手里没有好的素材，文字再考究，也弄不出好东西的。"《新民晚报》前社长林放在阐述采访与写作的关系时也说："多年从事新闻工作的同志，都有这样一点体会：如果采访的时间是一，而写作的时间是十，就颠倒了新闻采访和写作的常规。应该是采访的时间是十，写作的时间是一，在写作之前，必须深入采访，下大功夫。"

在获取素材的手段上，采访与调查报告基本上相同。同样是运用询问、观察和阅读的办法，而"看""听""问""记""想"更是它们的共性。但它们的目的有所不同。调查报告是为了了解情况，研究问题，指导工作实践；采访则是为了捕捉新闻事实，进行信息传播。有时，调查报告所研究的问题也带新闻性，采访的事实报道也具有指导性，但从整体上看，前者主要是研究生活中、工作中比较重大、带有普遍性的问题，后者主要着意新闻事实的报道。

（二）采访的种类

采访的种类很多，与初学者关系密切的，有直接采访、间接采访、谈话采访、观察采访、书信采访等。

直接采访、间接采访是根据采访者与报道对象的关系来划分的。我们要报道某一事物，直接找当事人采访，这是直接采访。直接采访是采访的主要形式。有的时候，报道对象太忙，或是外出，或是去世了，我们不能直接找他本人采访，就找他的领导、同事、亲戚朋友、知情者进行采访，间接地了解有关情况，这是间接采访。一般情况下，都是直接采访与间接采访结合起来使用。

根据采访的方式，我们通常将采访分为“谈话采访”（口头采访）、“观察采访”（目击采访）和“书面采访”。

“口头采访”是通过交谈方式进行的采访。口头采访是一种重要的采访方式。它是采访者接近采访对象的第一步，是取得主动性的关键，是打开采访对象心灵的钥匙。绝大多数采访是通过口头采访或主要通过口头采访完成的。“目击采访”主要是现场观察。它可以获得大量的第一手材料和生动的“独家细节”，可以丰富“口头采访”的内容，可以避免采访对象的限制。“目击采访”通常用来补充和丰富“口头采访”，加强报道的现场实感。“目击采访”要注意观察的重点，要注意捕捉现场实感，要善于分辨假象。“书面采访”是特殊情况下采取的一种采访方式，它主要通过书信的方式，向采访对象了解某些情况。“书面采访”要精练，同时还要注意时效性，不要因信件的辗转而耽误了时间。“书面采访”还可以与电话采访结合起来。

（三）新闻采访的特点

采访要服从新闻报道的需要，因而，它具有相应的四个方面的特点。

1. 快速出击

新闻报道要讲究时效性，要争分夺秒。反映到采访上来，采访也要快速灵敏。它不能迈着四方步慢慢吞吞，不能跟在人家的后面拾人牙慧，不能把采访的过程拉得过长。它要时时刻刻跑在别人的前头，争分夺秒，反应迅速敏捷。

2. 对象广泛复杂

新闻采访的领域涉及各个方面，政治、经济、科技、体育、教育、文化、城市、农村，都有可能涉及。新闻采访的对象更是复杂，不同年龄、不同职业、不同性别、不同经历、不同信仰、不同心理的采访对象都可能遇到，这就要求新闻工作者具有广泛的知识，具有广泛的触觉，因时因地地开展采访。

3. 着眼新闻事实

采访面对纷繁复杂的生活现象，并不是巨细无遗地一一收罗。它所关注的、捕捉的，是新闻事实，以及与新闻事实有关的背景材料。对于采访而言，重要的是“事实”。如果说思想家、理论家、哲学家靠理论说话，文学家靠形象说话，那么，新闻工作者就是靠事实说话。采访的任务，就是把公众欲知的、应知的、具有报道价值的新闻事实，迅速及时地找出来，并迅速及时地报道给大众。新闻工作者的采访，就是跟事实打交道。当然，他也会碰到理论，接触到形象，但这一切，都必须归入事实中来。因此有人说，新闻工作者的全部工作，就是通过采访去发现事实，了解事实，选择事实，核对事实，体验事实，追踪事实，最后是报道事实。

4. 具有灵活机动性

采访还具有灵活机动的特性。今天你采访学校、菜市场，明天说不定就要去机关、机场。这次，你采访几小时，为的是写一篇几百字的短新闻，下次，说不定为了采写一篇大通讯，花上十天半个月。因为采写的文体不同，采访的深入程度就有所区别。采写消息，只要把基本的新闻事实弄清楚就行了。而通讯、调查报告之类的采访，就要尽可能地深入细致。因及时报道的需要，有的新闻可以等全部材料都采访到手后再写，有的则可随着采访的不断深入而分段报道、跟踪报道。至于具体的采访，则更需要新闻工作者采用灵活机动的方法。

二、新闻写稿要先采访

采访是新闻的基础，报道的依据，新闻则是采访的结果。没有采访，新闻就成了无源之水，无本之木。

所谓采访，就是调查研究。具体讲，采是采集，访是访问。新闻采访，是新闻采访与写作人员写稿前通过一定的方式或手段获取新闻事实的一种活动。新闻采访是新闻采访与写作人员认识事物的方法，了解事物的手段，表达事物的途径，是新闻采访与写作人员写好稿子的基本功。只要是稍微有些实践经验的新闻工作者，就会有这样的体会：新闻写得好不好，反映得深不深，很大程度上取决于会不会采访。一位新闻工作者说：笔下的功夫不强照样能当一名出色的记者，但不善于进行采访是决当不好记者的。这话说出了采访的重要性。采访的重要性具体表现为：

采访是报道的依据。新闻属于上层建筑中的意识形态领域，事实是第一性的，新闻是第二性的，离开事实就没有新闻。因此，发现、探求、挖掘事实，并从中提炼出具有新闻价值的精华，即我们通常所说的采访，就成为新闻的基础，报道的依据。采访是记者的直接或间接的社会实践过程，是新闻工作者深入实际、认识实际、反映实际的过程，也是唯物主义的思想路线和工作方法在新闻工作上的反映。

采访是保证新闻真实性的前提。真实是新闻的生命，是新闻自身的属性，无真实就无新闻。记者只有深入实际，耳闻目睹，才能辨别事情的真伪，掂出事实的分量。闭门造车，道听途说，是新闻工作的大忌。许多假新闻的出现，不仅严重损害了党的新闻事业的声誉，也给实际工作带来不利影响。这些都同不重视采访有关。

采访有助于深化报道。任何新闻都只能反映一定时间、空间范围内的事物事件、人物等，但任何事物都不是孤立的，也不可能是静止的，采访有助于了解这一事物同其他事物的联系，了解事物的来龙去脉，从中掌握事物的本质，并发现新的线索，以便报道深入。有的记者习惯于跑“衙门”，从文件、报表中找新闻。这固然是获取新闻的一条重要渠道，但仅此还远远不够。如果能根据文件、报表提供的线索进行实地采访，那么，报道的深度有可能大大增强。

采访有助于新闻的生动活泼。新闻是现实生活的反映。生活本身是丰富多彩的。只有通过采访，才能如实地反映多彩的现实生活。现在，新闻界提倡目击式新闻，增强报道的立体感，这样，采访就显得更为重要。有的记者满足于死材料，但死材料出不了活新闻。这是当前新闻改革的一个重要课题。除此之外，对于广播新闻来说，由于它经常采用一段音响作为素材，因此其新闻材料非采访不可得。

三、采访的具体方式和方法

（一）采访的具体方法

所谓采访，就是调查研究。具体地讲，采是采集，访指访问。采访的具体方法多种多样，可根据不同的报道内容、编辑部限定的发稿时间、采访对象的不同特点，以及记者本人的习惯等因素灵活掌握。通常情况下，狭义的采访采取从小到大、从点到面的方式，广义的采访采取从大到小、从面到点的方式。具体说来就是：如果你的采访有了具体题目或线索，可单刀直入，直接进行采访，并逐渐扩大线索，丰富报道内容，如果没有具体的题目或线索，可从大处入手，先了解面上的情况并逐步缩小范围，最后选定具体的题材或题目。

通常使用的采访方式有以下几种。

1. 找领导同志谈

这是到一个地方或单位采访时经常首先采用的方法。为了了解全面情况，包括工作过程、成绩、缺点、经验、教训、上级的指示、领导上的部署、群众的反映等，和了解领导对你准备报道的事件或问题的看法、评价，听取对报道思想的意见及建议，以便从政策和事实上报道得更加准确，可以找领导谈。

2. 开调查会

这是一个比较简便而又效果显著的采访方式，无论是了解全面情况还是重点了解某个问题都可以用。

3. 个别访问

为了了解某个具体问题或细节，可以找当事人或其他知情人做细致调查。某些不便于让更多的人知道的问题，也有一些同志，不愿意当众反映某些问题，这样个别访问就更为必要了。就一般新闻采访中的人物采访，对采访对象的个别访问恐怕就要占用更多的时间。亲自实践，这是一个很好的采访方法，不仅可以获得真实可靠的第一手材料，而且可以增强对新闻事件的感受和认识。许多用这种方法写出来的新闻，感情充沛，材料丰富，情节细腻，具有较强的感染力。

4. 翻阅书面材料

翻阅有关单位的书面材料直接获得该单位的某些新闻资料，有些则只能以此作为了解情况、发现线索、进行间接采访的一种手段。许多记者在直接介入新闻事件或新闻人物之前，常常喜欢用这种方法来“打前站”，从而使正式采访很容易地进入主题。

5. 现场采访

现场采访是获取第一手材料的好方法。“百闻不如一见”，许多事情只听别人介绍是不行的，还要现场进行采访。现场采访还便于感受到新闻事件的气氛，激发写作的热情，从而增强新闻的感染力。

以上几种采访方式，有时可以单独使用，有时则需交叉使用，只要有了较多的实践经验，就会逐渐运用自如。

（二）采访的基本方法

常言道：“七分采访，三分写作。”记者在写作新闻之前，都要进行采访，其主要目的，是为了掌握新闻事实，进行报道。

要迅速及时地了解新闻事实，方式方法各不相同，一般地说，应该是如下的几种。

1. 个别访问

访问，是记者向采访对象进行思想钻探的一种活动。访问的过程，是通过被访问者的答话向客观事物进行探索研究的过程。所访问的对象，一般地说，应该与报道事实直接有关的当事人，事件的参与者和目睹者或者虽不是当事人，但却是要了解情况的人。

访问从何问起，首先了解全面情况，其次采访重点事实，再次挖掘有关细节。谈话时，关键是记者要造成一种气氛，使被访问者不会感到他是面对着记者而有所拘束，记者要打消他的各种顾虑，使被访者对记者建立起一种信任的心情。访问最好的方式是聊天，记者随时把话题引到自己想了解的问题上，使对方在自然轻松的气氛中谈出他所知道的一切情况来。访问中，记者要勤于思考，善于引导和启发，要有打破砂锅问到底和步步紧逼的精神，才能获得生动的真实材料。

2. 开调查会

这也是一种采访方法，一般适合于一个单位或人员比较集中的地方。但一定要做好会前的准备和会中的组织工作，参加座谈的人以五至七人为宜。座谈会由本单位的负责人主持或记者主持都可以。每次调查会只要一个中心内容会有利于集中精力。在座谈会上如发现有什么矛盾，要引导大家讨论，达成统一的认识。在调查会上主要弄清骨干材料，对某个细节、数字，可以留到会后个别访问。至于有意义的观点、有价值的线索、生动的语言，要及时地记下，便于会后进一步研究、深入采访。

3. 现场观察

就是记者要和事件发生的目睹者一起，到现场去观察，进行调查访问。通过现场采访获得许多活生生的、有声有色的材料，就能把新闻写得逼真、生动，使新闻更易于为群众接受。

记者到现场以后，通过察访，还可弄清楚一些靠文字或口述说不清的细节。记者只有对新闻事件了解得透彻，写出的稿件才能使读者看得清楚明白。记者到现场去观察，进行现场采访，可以使记者在现场观察中获得启发，记录真实的材料，描写场景精确真切，具有现场感，增强新闻稿件的说服力。

注意观察什么呢？一般地说，记者到现场，要观察新闻事件和人物的现场环境，以获得具体、形象、生动的材料，并从中受到感染，加深对事物本质的理解。要在观察中捕捉传神、生动、有说服力的细节。这些细节，有时在采访中已经获得，但为了印证，加深感受再去现场看看是大有好处的。在现场变化快的情况下，记者要注意保持对新鲜事物的热情，随机应变，不轻易放过来访的机会，善于抓住一瞬而过的场景。

第二节　新闻从业人员的素质

一、新闻从业人员的职业特点和应具备的素质

（一）新闻从业人员的职业特点

新闻和新闻工作者的基本属性决定了新闻工作的职业特点大体有 5 个方面。

一是时间的不确定性。新闻事实具有突发性。这一特点决定新闻工作者必须保持箭在弦上的精神状态，做到一触即发，召之即来。

二是事件的亲历性。新闻是新近发生或正在发生的事实的报道，这就要求新闻工作者必须深入实际进行采访，或与事件同步进行采访报道。只有如此，才能较大程度地了解和把握事实的真相。

三是职业的危险性。这是其亲历性特点的衍生特性。新闻工作者是世界上十大危险职业之一。如战地报道、突发性灾难事故的报道和批评揭露型的报道等，新闻工作者随时有可能面临着生命的危险。

四是工作的独创性。新闻是客观大于主观的东西，是客观存在的新闻事实与报道者的主观认识的有机统一体。报道者的学识水平与表达能力直接影响着报道的质量，别人无法越俎代庖。

五是强烈的政治性。新闻事业作为上层建筑的重要组成部分，具有阶级性，必须为本阶级的利益鼓与呼。作为社会主义的新闻事业，其政治性突出表现在为人民服务，为社会主义服务，为党和政府的工作大局服务，“以正确的舆论引导人”。

（二）新闻从业人员应具备的素质

新闻工作者应该具备的素质包括：不断学习的习惯；追求真相的执着；客观公

正的态度；准确朴实的文风；甘于吃苦的精神；丰富广博的学识；宽容善良的情怀；尚俭守德的品格。

当前新闻工作者亟须强化的四种素质：法律素质、获取信息能力、专业化素质、人文素养。

1. 新闻工作者要具备一定的法律素质

随着我国法制建设的不断推进，知法懂法已成为每个公民必备的素质，而作为新闻工作者，担负着引导正确舆论导向的重任。但是，近年随着报刊市场的繁荣，个别报刊在市场竞争中指导思想出现偏差，在导向、格调、法规上问题不断。“2001 年全国各新闻媒体因违规（导向出错）而被中宣部和国家新闻出版总署及广电总局公开处罚的数字也是越来越高。”（郭乐天《2002 年：中国传媒走向何方?》）同时，最近频繁出现的假新闻和不公正报道以及媒体判断超越司法审判的现象，也说明新闻从业人员的法律意识亟待提高。

为了能够在激烈的新闻竞争中取胜，新闻媒体在反映舆论、引导舆论时，适当注意自身的经济利益是无可厚非的。但是如果为扩大发行量和招揽广告的需要，为了获得最大化的经济利益而采取不正当甚至违法的手段，在反映和引导社会舆论的时候忽视了客观性、公正性和社会责任，长此以往，媒体的信誉和威信就会在受众心中大大降低，从而影响整个新闻业、传媒业的发展，同时对新闻工作者个人的发展也将产生极其不良的影响。

目前，要解决这个问题，最有效的途径就是提高广大新闻工作者的法律素质，不仅要树立法制观念，还要掌握应知应会应懂的法律知识，善于在宪法和一切法律法规规定的范畴内搞好新闻报道和舆论监督，一旦违法违规就要承担相应的法律责任。《北京青年报》在这方面的经验值得借鉴，他们始终强调要依法采访、依法办版，要求编辑、记者时时刻刻、事事处处保持警惕，尤其是在知识产权、公民权益等经常涉及的方面提高要求标准。此外，他们还不定期地邀请报社的律师分析、讲解阶段或年度案件情况、重点案例以及新颁布实施的法律、法规，坚持认真对照司法建议检查改善工作。笔者还认为应该在新闻传播专业的本科和研究生课程中设置相应的法律课程，尽早培养未来新闻人才的法律素质。

2. 新闻工作者要具有较强的获取信息能力

在记者的工作中，最有意义同时也是最富挑战性的就要算获取新闻线索了。以往的新闻传播教育虽然也提供了不少发现新闻线索的方法，但在知识经济迅猛发展的今天，仅靠这些传统方式已经远不能适应社会发展的要求，要找到好的新闻线索，还必须具备较强的获取和处理信息的能力，因此，记者有必要掌握一些情报学和信息学等方面的知识。

就拿情报学来说吧，它是研究情报的产生、传递、利用规律和使用现代化信息的技术与手段，目的是提高情报产生、加工、贮存、流通、利用的效率。随着人类社会向信息化社会的演进，情报学的社会重要性日益增加，其作用和研究成果已经被认为是信息化社会的强大支柱之一。笔者认为，新闻工作者从获取新闻线索，到采访，再到写成新闻这一过程正与情报学有着异曲同工之妙。而信息科学是研究信息的一门综合性学科，其基础是信息论。按照新闻界最新的观点，记者已经被定义为是“专业的信息传播者”，这就赋予了记者这一职业新的内涵和外延。

在很长一段时间里，记者，尤其是一些大报、党报记者获得新闻线索有很大一部分是“派活儿”，也就是应一些政府部门和企业的邀请出席新闻发布会，然后做出相应报道，这种工作形式缺乏主动性、创造性，时间长了还会养成记者的惰性。记者另一种常用的工作方式就是随机寻找新闻线索，哪儿发生了新闻就去哪儿，有什么事件就报道什么新闻。这种形式在短期内具有灵活性、及时性的特点，但是现在新闻报道越来越讲究策划，新闻传播的“议程设置”功能越来越受到重视，只重视对突发性事件的报道已远远无法满足受众的需求和新闻事业的整体需要。因此，新闻工作者可以学习并运用情报学的一些研究方法，如社会调查法、文献计量统计方法、数学分析法、系统分析与评价方法、历史的研究方法等等，对自己的新闻报道工作做出深入的研究和周密的安排。有了充分的前期工作，才能确保新闻报道水平的高质量。总之，信息利用水平已成为衡量记者水平的重要标准。

3. 新闻工作者要具备相当的专业化水平

所谓“记者的专业化”，就是指每一个记者都要争取成为他所从事的报道领域的专家。在信息社会，分工更加细化，受众知识、文化水平提升，记者需要在全能型的基础上向专家型转变，已成为一种必然趋势。专家型记者的特点是在具备一个普通记者各项基本素质的同时，兼备某一领域的专业知识。

从实际情况来看，现今有专业背景的新闻人才越来越受到广大媒体和新闻单位的青睐。虽然目前新闻从业人员的专业构成仍以新闻和中文为主，但是近期以经济、管理、法律、政治等为专业背景进入新闻业的人才的比例正在不断上升。多数报纸在招聘时已经不限专业，有些财经类报刊则专门招收经济、管理等相关专业的人才。《中国经营报》就明确表示，不追求新闻的时效性，而致力于深度报道和背景报道，追求热点焦点，追求深刻生动，追求新颖独特。其对专业知识的要求也就可想而知了。

4. 新闻工作者的人文素质也亟待提高

斯坦福大学传播学教授泰德·格拉舍指出，应将新闻学教育回归到人性教育。在注重新闻采访技能训练的同时，培养新闻工作者的人文素养、开启他们的良知、增强他们的社会责任感，也是十分重要的一项工作。《中国青年报》副总编辑陈小川在《中国新闻教育的最大挑战是什么?》一文中认为，“记者，应该有一种人文追求，有一种理想，才去做记者。在全球化时代，优秀的记者应该具备这种素质，他能够理解不同文化的内涵，有文化沟通和文化理解的能力，包括对宗教，有对各种文化包容的能力。这将使我们的报道能更接近客观真实。”

有人曾提出传媒人素质的“蜂巢理论”，即有火一样的激情，有海洋一样的胸襟，有钢铁一样的脊梁，有慈母一样的爱心，有猎犬一样的敏锐，有冰山一样的冷峻。这六个方面构成了一个六角形，是一位出色传媒人的基本框架。它像一个蜂巢，传媒人就是这个巢子中成长的蜜蜂。蜂巢的六角形越是匀称，蜜蜂的素质就越高，酿出的蜂蜜就越好。笔者以为，这也在某种程度上形象地表现出对传媒人人文素质的要求。

当然，提高新闻工作者的人文素质不是一朝一夕就能实现的。唯一的办法就是新闻事业单位在对记者进行再培训、业务“充电”的过程中，借鉴外国大学的成功经验，优化新闻课程设置和教学模式，减少教授写作、编辑技能的课程，增加社会科学和人文科学，如经济学、政治学、法律、历史和语言文字学等内容，目标是使新闻工作者拥有更多的可以利用的能力，并向更广阔的空间发展。

二、新闻采访与写作人员要具有的精神

不少新闻采访与写作人员把为报纸写稿想象得过于美妙，殊不知写稿不仅是艰苦的劳动，还有一定的风险。中央一位领导同志曾说：“新闻工作是世界上最艰苦的劳动之一，他终年不能休息。每天都要遇到新的问题，经常遇到精神上没有准备的东西，每天都要做多种性质的工作。”要写出好的报道，就要经常动脑筋研究新情况、新问题，还要去了解、寻求、挖掘，有时写了批评不正之风、官僚主义的稿子，难免遇到不公正的对待。小则冷嘲热讽，大则打击报复，甚至危及人身安全。在这种情况下，新闻采访与写作人员就需要有为维护党和人民利益而忘我斗争的献身精神。

三、新闻采访与写作人员应坚持的原则

“四项基本原则”是我们搞好宣传报道的出发点，党的方针政策是我们搞好宣传报道的依据。新闻报道要以坚持“四项基本原则”为方向。不熟悉党的方针政策，新闻报道就寸步难行。有位同志曾问谢觉哉同志，记者的基本功首先是能写一手好文章，对不对？谢老说：好文章的标准又是什么呢？文章的好坏，首先要看内容。人云亦云，没有独到的思想见解，没有自己比较深刻的思想，决不能说是好文章。当然，做到是不容易的，这就要求我们在有些问题上站得比别人高一些，看得比别人远一些。这靠什么？不靠聪明，而要靠我们真正地掌握马列主义、毛泽东思想，锻炼自己明辨是非的能力。这就是说作为党报的新闻采访与写作人员首先要熟悉马列主义，努力学会以马列主义的立场、观点、方法去观察问题，分析问题。至于我们的方针、政策，那是马列主义的普遍真理和中国具体实践相结合的产物。我

们要宣传党的方针政策，不但要在实践中去考察它执行的情况，而且还要从理论上去正确理解它，把握它，然后才能恰如其分地来宣传。此外，有些新闻采访与写作人员认为，自己在写稿时，只是客观地叙述事实，整篇稿子没有一点理论的成分。也不公开发表自己的意见，需要什么理论修养呢？确实，有许多新闻稿子并不需要理论色彩的文字，而在于在选择事实、分析事实、叙述事实的过程中，反映出新闻采访与写作人员的思想水平。

四、新闻采访与写作人员应具备的知识

新闻采访与写作人员要经常给报纸、广播、电视台写稿，没有知识不行。作为新闻采访与写作人员，需要与各行各业的人打交道，如果没有很好的知识修养，是无法成为一个称职的党报新闻采访与写作人员的。因此，广泛地涉猎、浏览历史、地理、法律、社会学、心理学、人才学、古今中外文学名著以及信息论、控制论、系统论等新兴学科知识，才能开阔视野，丰富知识。并且有助于增强新闻敏感，发现新闻线索，挖掘新闻题材，还可以帮助你辨别真伪、是非，找到问题的关键，而不会轻信上当。

然而，“冰冻三尺，非一日之寒”。丰富的知识并非一朝一夕之功，而要持久地努力，日积月累，最好的方法是随时摘抄各方面的知识，看报刊，读材料，听报告，发现有用的东西及时记下来，分门别类地加以整理归纳，久而久之，就能使自己的知识丰富起来，有一个适应通讯报道工作需要的知识结构。

五、新闻采访与写作人员应具备的素养

（一）新闻采访与写作人员应具备的素质

新闻采访与写作人员的基本素质应包括以下几方面。

1. 良好的职业道德

新闻采访与写作人员是一种职业，更是一种事业。新闻采访与写作人员是一个特殊的社会角色，担负着传播思想和信息的重任，因此除了遵守普遍性的职业守则以外，主要还在于“公正”和“尽职”。

公正，就是要求新闻采访与写作人员坚持真实性、客观性，这是新闻的生命。违背了公正，就会拿了红包昧着良心说话，以稿谋私，所以说公正是新闻职业道德的基石。

尽职，就是“做好分内事”“要做就要做好”。新闻采访与写作人员工作的特点具有独创性、艰难性和复杂性，从某种意义来说，它是社会实践的精神探险，不肯吃苦、不肯冒险、不肯钻研是干不好这一职业的。

2. 新闻工作者专家化

新闻工作者必须认识到，向专业化发展是时代进步的结果和需要，应自觉地树立起当专家型新闻工作者的思想。新闻工作者必须走出办公室，多搞调查研究，在自己所报道的范围内刻苦钻研，早日实现从外行到内行的转变。

3. 良好的心理素质

新闻采访与写作人员要及时、准确地报道新闻，而有新闻的地方，未必都是安全的，尤其面对天灾人祸的新闻现场，新闻采访与写作人员的人身安全也会受到威胁，所以说新闻工作是一项充满危险的工作。这种职业特点也要求新闻采访与写作人员具有较强的适应能力，而要提高自身的适应能力，就需要具备良好的心理素质。

新闻采访与写作人员要始终保持头脑的冷静，也需要具备良好的心理素质。一个遇事过于急躁、情绪化的人，很难做到“理智、全面、客观、公正”。因此，新闻界有句名言：新闻工作者“心要热，头脑要冷”。只有保持稳定的情绪状态，才能保证报道的客观和公正。

新闻采访与写作人员要做到洁身自好，也需要具备良好的心理素质。面对诸多复杂的社会问题和自身的使命，新闻采访与写作人员应该始终保持清醒的头脑。要做到这点，除了要有外部制度上的一些措施来保证外，具备良好的心理素质，拥有一个健康而又积极向上的心态也是一个重要的保证。

（二）网络时代的新闻采访与写作人员应具备的专业素质

网络时代的新闻采访与写作人员应具备以下专业素质。

1. 具有熟练运用网络、多媒体等新“武器”的能力

无论是在新闻事件现场还是在办公室或家中进行采访，新闻采访与写作人员都离不开电脑、网络、多媒体。今后，每个新闻采访与写作人员将集文字记者、摄影记者和录音、录像记者于一身。新闻采访与写作人员身背一套重量轻、体积小、质量高、功能强的便携式电脑和数字式摄像机、照相机，就可以只身走遍天涯。

2. 具有运用多媒体、超文本写作报道新闻的能力

新闻采访与写作人员要善于进行多媒体、超文本的思维和写作报道。能使用文字文本、图像文本、声音文本、影像文本进行写作报道。

3. 具有深入研究深度报道的能力

在互联网络、多媒体时代，跟踪报道、连续报道、深度报道的任务义不容辞地落到了新闻采访与写作人员肩上。这就要求新闻采访与写作人员具有全局头脑、分析研究能力、坚持不懈的毅力，探讨、报道社会热点、难点、重点等关系社会、公众的根本性问题。

4. 较高的外语能力

要想充分利用网上资源和网络技术，新闻采访与写作人员必须能熟练地用英语

查询和阅读网上资源，用英语在网上进行环球语音和可视采访，用英语写作、报道，收发电子邮件。

（三）新闻工作者必须具备的个人素养

概括新闻工作的职业特点，新闻工作者必须具备相应的个人素养。这种个人素养，从总体上讲，就是“政治强，业务精，纪律严，作风正”。

第一，要有一颗冷静而清醒的头脑。

新闻是政治主张、政治观点的宣传和直白，同时又是思想情操、伦理道德、人文价值、审美观念的自然渗透。其突出表现，就是政治主见、政治远见和政治预见3个方面。

只有具备这3种素质，才能始终保持清醒而冷静的头脑，做到大事面前不糊涂，原则面前不让步，高屋建瓴，写出具有科学性、本质真实性的新闻作品，以正确的舆论引导人。正如著名新闻工作者普利策所言：如果把社会比作一条航行在大海上的船，记者就是船头上的哨兵，他要随时指出暗礁。

第二，要有一腔充满正义的热血。

主要表现为较强的责任感、使命感和正义感。为了维护党的权威、法律的尊严和人民群众的根本利益，要有胆有识，无私无畏，做到理直气壮，挺身而出，讲事实，讲真话，讲真理，敢于开展舆论监督。

第三，要有一双敏锐而深邃的透视眼。

要善于观察、分析错综复杂的社会现实，具有透过现象看本质的洞察力。这是发现新闻和最大限度地发掘新闻价值的基本功力。具备这一功力，才有可能准确地把握好新闻真实性的两重性，实现局部真实和全部真实、具体真实和总体真实、现象真实和本质真实的高度统一。

第四，要有一副善听八方的顺风耳。

新闻工作者最致命的忌讳就是偏听偏信，以偏概全。因此，必须充分利用自己的听觉器官，随时随地做生活的有心人，最大限度地发现和掌握新闻线索，丰富自己的信息源和信息库。同时，还要注意倾听来自方方面面的意见，特别是不同意见，避免以偏概全，确保报道的客观、公正、真实、全面。

第五，要有一张能说会道的巧嘴巴。

新闻工作者的职能就是传播信息，搞好宣传。为了宣传工作的需要而去采访，在采访中也要借助宣传工作的效果，去增强和提高对客观事物所蕴含的新闻价值的发现和发掘能力。如将党的大政方针和新闻宣传的要点、重点、导向意图，向被采访者予以通报，帮助他们升华对客观事实的认识，使采访者和被采访者对同一事实形成基本的共识，发掘出应有的新闻价值。另外，新闻采访者还需要善于提问，让被采访者乐于回答，有问必答，敢说真话。这也是采访能否成功的关键，是一个合格的新闻工作者必备的采访技能之一。

第六，要有一双马不停蹄的铁脚板。

新闻是新近发生或正在发生的事实的报道。要报道好新近发生或正在发生的事实，一要把握好时间性，做到以快取胜，越快越好；二要深入事件现场及其赖以发生、发展的环境中去涉幽探微。这些都要求记者要腿勤，勤跑基层，深入生活，深入实际，深入群众。俗话讲，“涉深水者得蛟龙”“淘深井者得甘泉”，就是对新闻采访的深入程度与新闻报道水平高低的关系的形象表述。做到这一点，别无良策，唯一途径就是深入、深入、再深入。

第七，要有一双乐此不疲的妙手。

一是养成随手笔记的职业习惯。搜集资料信息，记录点滴心得，“好记性不如烂笔头”。二是勤于写作，把所见所闻所感尽快付诸文字，努力缩短新闻事实的发生与受众感知之间的距离，力求最大的时效性。三是精心修改。“倚马可待”的功夫实不多见。况且“文章不厌百遍改”“千锤百炼出华章”。要按照“短些、短些、再短些”的要求，删繁就简，多出精品。

第八，要有一颗永不满足的虚心。

记者要做“杂家”，是业内同行特别是资深同行们的共识和共行。社会生活，五彩缤纷；大千世界，无奇不有；七十二行，行行有道。面对这些，不注重学习，势必会“隔行如隔山”，当外行人，说外行话，词不达意，贻笑大方。因此，在学好新闻业务，打好文字表述功底的基础上，学政治，学理论，学政策，学科技，学法律；向书本学，向实践学，向同行学，向生活学，向人民群众学，向被采访对象学，学而不厌。

第九，要有一身过硬的基本功。

主要体现为“5 个根底”，即理论路线根底，政策法律纪律根底，群众观点根底，知识根底，新闻业务根底。在这“5 个根底”中，笔者以为，理论路线根底是“政治强”的基础；知识根底和新闻业务根底是“业务精”的基础；政策、法律、纪律根底是“纪律严”的基础；群众观点根底是“作风正”的基础。这些“根底”是并举并重、不可偏废的。

第十，要有一套严谨而又实用的良好作风。

优良作风主要指：一是敬业的作风，热爱党的新闻事业，献身党的新闻事业；二是实事求是的作风，报实情，讲真话；三是艰苦奋斗的作风，不怕苦，不怕累，有时还要不怕危险，不怕牺牲；四是清正廉洁的作风，自觉抵制拜金主义、享乐主义、个人主义思想的侵蚀，恪守职业道德，坚决反对搞有偿新闻；五是严谨细致的作风，一丝不苟，精益求精，严防差错；六是勇于创新的作风，不断开拓新的报道领域，不断探索新的报道形式，不断采用新的报道手法，不断写出有新意的优秀作品。6 种作风，有的是动力源泉，有的是道德准绳，有的是保证措施，有的是奋斗目标。尽管各有侧重，但又有一个共同的主导体系，那就是新闻工作者的人格修养。

第三节　新闻从业人员的自律与他律

新闻的自律，主要是在内部进行的。这本应该是一件自觉性很强的工作。但在新闻的体制建设中，也要注意建立健全一些常规性的制度，对新闻机构和新闻从业人员施以适当的约束，使之从对“他律”的强烈感受中建立起“自律”的习惯。

一、新闻职业道德与新闻法规

新闻需要规范，新闻工作者需要规范，这种规范来源于两个渠道，内要提高媒体职业道德，外要完善新闻法规的作用。俗话说“无规矩不成方圆”，在我看来，职业道德和新闻法规对于新闻界、对于媒体都是“规矩”，只是一个要靠自律、一个靠他律。如果所有记者在自己的职业生涯中都能做到“自律”，那么“他律”的实际作用则可以视作不存在；然而，不是每个人都是圣人，记者也一样，当“自律”不能使其正确行使自己的权利和义务时，就需要“他律”来帮助他。有了“他律”的存在，大部分人就不会“肆无忌惮”地犯错而没人制裁，有了“他律”的存在，那些犯了错的媒体人才有了被制裁的依据。目前，我们的社会还没有实现共产主义社会的条件，所以，新闻法规则是必需的和必要的。

二、实现新闻自律的途径

新闻自律是新闻道德实现的重要途径，因而新闻自律的实现与新闻道德的实现是统一的。实现新闻自律的途径分为主体途径和外界途径两种。

第一，实现新闻自律的主体途径。毫无疑问，实现新闻自律最直接的动力应该来自传播主体内部，其最基本的方法主要有两种。首先，是向内的规范内化法，即将新闻职业道德规范内化为自己的新闻道德观念，形成职业良心、职业荣誉心和职业品德。内化新闻道德规范的过程，本质上是对新闻道德规范认知、评价的过程，是在心里确立新闻道德规范的过程。它是我们从学院教育里获知的最有价值的内容。其次，是向外的观念外化法，即用内化了的职业道德观念自觉地指导自己的新闻传播活动，就是用职业良心、职业荣誉心和职业品德支配自己的传播活动，停留在观念范围内的新闻道德还仅仅是传播者的职业品性，并不能实际地产生什么效用，只有这种内在的品质转化成支配客观传播行为的力量，自律才能得到最终的实现。这也是实践指导认识的表现，通过不断的实践改进自己的新闻职业道德和观念。

第二，实现新闻自律的外界途径。促使新闻传播主体实现新闻自律的外界力量，主要是社会舆论对新闻传播行为及其效应的道德评价。每个人都是社会人，我们生活在社会中，无时无刻不在听别人对我们的成见，社会对我们的评价，这种评价非主流的作用在于激励我们进步。

三、新闻界他律的价值

他律比自律、自觉更可靠，制度的保障更持久和深远。也就是说，只有大力加强新闻制度建设和法治建设，依靠法律的强制约束力，自律的风险才有可能被降到最低。从这个意义上说，建立健全有关的法律法规、有法可依、有法必依、违法必究、执法必严，才是对付新闻道德缺失的利器。我们要学会用法律他律来辅助道德自律，用他律来降低自律的风险。为了确保记者正确地履行新闻职业准则，他律是必需的。

第四节　新闻采访的客体

一、单一新闻价值客体的价值构成

单一新闻价值客体，是指一个个具体的、独立的新闻价值客体，即一件具体的新闻事实、一条具体的新闻信息或一篇具体的新闻报道（新闻文本）。单一价值客体对主体的价值构成，是指单一价值客体相对一定主体具有一些什么样的价值，这些不同价值之间的基本关系是什么。

新闻价值是新闻客体对新闻主体的效应，对于单一的新闻价值客体来说，它对新闻主体的效应有可能是单一的，即只有一种价值，也有可能是多项的，即具有多种价值。就新闻价值客体对主体的价值构成而言，它有可能是单项的，也有可能是多项价值的统一体。这一方面要看新闻客体本身的属性特征，另一方面要看主体对待新闻客体的态度，要看主体与新闻价值客体之间确立的具体的新闻价值关系。

任何一个新闻价值客体，它首先必须具备对主体的狭义的新闻价值，不然就不成其为新闻客体。但价值的相对性告诉人们，同一新闻价值客体对不同主体或处于不同状态的同一主体的价值是不同的。这就意味着同一新闻价值客体在不同的新闻价值关系中，对主体的价值构成是不同的。即同样一件新闻事实、一条新闻信息或一则新闻报道，对不同的主体具有不同的价值构成。绝对的、对所有人在同一时间都能成为新闻价值客体的事物几乎是不存在的。新闻信息的自然扩散与人为传播的过程性，决定了世界上几乎不存在绝对的新闻价值客体，当然也不存在绝对的新闻。

从新闻价值客体的属性构成看，它往往不是单一的，而是多属性的，比如，一件新闻事实在客观上既可能是政治性的新闻事实，同时又是经济性的新闻事实，还可能是国际关系性的新闻事实；一件新闻事实既可能是文化性新闻事实，又可能是趣味性的新闻事实，还可能是具有教育性的新闻事实。事实的这种多属性特征，从价值客体方面决定了它对主体潜在的新闻价值是多项的。同样，由对新闻事实反映而形成的新闻文本，也包含多种多样的价值属性，对价值主体的潜在价值也是多项的。换一种说法，就是新闻价值客体对主体的新闻价值构成是多项的。这些多项价值统一存在于单一的新闻价值客体对主体的新闻价值效应之中，所以又必然是相互联系的统一体，是多项价值的统一体。

在新闻价值客体的多种属性之中，各种具体属性的地位一般说来并不是等同的，对主体的价值和意义并不是等量齐观的。不同属性反映着价值客体的不同侧面、不同层次的特征，有些属性决定着客体的本质，处于多种属性的核心地位。尽管价值客体的主要属性一般说来对主体的新闻价值最大，但地位重要的客体属性并不必然比一些次要属性对主体的新闻价值大，因为新闻价值是客体属性对主体的作用和影响，不是由客体属性单方面决定的，新闻价值客体对主体的价值大小必须在主客体的关系中予以具体的考察，价值客体某一属性对主体价值的大小同样必须在一定的价值关系中来具体确定。

对具体的新闻价值客体来说，它的属性总是有限的，所以任何具体的新闻价值客体对主体的价值子项是有限的，价值客体对主体的潜在价值也是有限的，这就从客体方面对主体的新闻价值创造活动提出了符合规律性的要求，要遵循新闻价值客体的尺度，不能超越新闻价值客体的属性去任意赋予客体以某种价值，新闻的真实性在新闻价值活动中的根本体现，就是必须为人们提供真实的价值，而非虚假的价值。一切不顾价值客体属性的价值“创造”活动，必然是制造新闻、不正当策划新闻或恶性炒作新闻的活动，完全违背了新闻价值的形成规律。

从新闻价值主体角度看，由于主体的新闻需求既是多方面、多层次的，又是不断发展变化的，同时不同的主体既有共同的新闻需要，又有多样化的、不同的新闻需要。这样，就使新闻价值的构成更显示出多样性来。

总之，单一新闻价值客体对主体价值的性质和大小、单项或多项，是由新闻价值的主客体两方面共同决定的，这又一次充分说明了价值的关系本质和客体对主体的效应特征。就单一新闻价值客体对主体的价值来说，在价值的潜在性上，是多项价值的统一体，但在现实性上，是单一价值还是多项价值，要视具体情况而定。

单一新闻价值客体对主体的具体价值构成，除了狭义的新闻价值外，还有建立在新闻价值基础上的其他价值。这些其他价值是什么，要针对具体新闻价值客体与一定主体的新闻价值关系而定。

二、总体新闻价值客体的价值构成

总体新闻价值客体，是指所有的新闻价值客体，即所有进入主体视野的新闻事实和新闻文本，是所有单一新闻价值客体的总和。所谓总体新闻价值客体的价值构成，是指所有新闻价值客体对主体的价值是由哪些基本价值构成的，这些基本价值间的关系又是怎样的。

新闻价值客体存在于自然、社会的一切领域，新闻文本可以反映客观存在的新闻事实或新闻信息，按照新闻传播的内在要求，二者的内容应该是一致的，只是在存在形态上不同，其核心都是新闻信息。

在总体新闻价值客体的价值构成中，最重要的是狭义的新闻价值或信息价值，因为总体的新闻价值客体实质上构成了新闻传播的全部内容，而新闻传播的主要内容就是告知新闻信息。新闻的其他价值，诸如新闻的舆论价值、文化价值、知识价值、娱乐价值，以及体现在各个领域的具体价值，如新闻的政治价值、经济价值、教育价值等等，都是以狭义的新闻价值为依托的，都首先是通过新闻传播实现的。

三、新闻价值是多层次的价值系统

新闻价值的构成是多层次的，这是由构成新闻价值关系的各主要要素本身的层次性所决定的。新闻价值客体属性、功能的多层次性，新闻价值主体的多层次性，必然会形成主客体之间多种不同的价值效应方式，使新闻价值在结构上呈现出丰富的层次性。

（一）新闻价值客体的层次性与新闻价值的层次性

新闻价值客体的层次性并不是简单的物理层次概念，而是抽象的层次概念，主要是指新闻价值客体的信息结构层次。不同的层次包含着不同的价值属性和价值功能，因而在与主体的价值关系中，就会对主体产生不同层次的作用和影响，构成新闻价值的不同层次。

（二）新闻主体的层次性与新闻价值的层次性

主体就是具有主体性的人，价值主体是指处于价值关系中的主体，新闻价值主体是指处于新闻价值关系中的主体。主体在社会中的具体存在方式是多种多样的，是有层次的，哲学上通常将主体分为这样几个层次：社会主体、群体主体、个人主体等。我们可以按此将新闻价值主体分为：社会主体、群体主体、个人主体。

新闻价值主体存在的层次性，使同一新闻价值客体对主体的价值表现出不同的层次：对个人主体的价值，对群体主体的价值，对社会主体的价值。新闻价值的整体实现程度依赖于对各个层次主体的具体价值实现程度，最终则落实在对每个个体主体的价值上。

总之，新闻价值主体的层次性，从主体方面决定了新闻价值结构的层次性，同一新闻价值客体对不同层次主体形成的价值层次，向我们提出了一个问题：应该以哪个层次的价值为最高价值？在通常情况下，一个新闻客体到底价值如何，最终是以它对社会主体的实际效应来衡量的，是否有利于社会主体的完善和发展是评价客体价值的根本标准。

第二章 采访前的准备与采访深化

第一节 采访前准备工作的内容

一、采访准备工作的内容

第一，要查找、阅读相关资料。在确定采访任务和采访对象后，记者必须认真做好相关资料的准备工作。比如采访人物前，可以收集采访对象的回忆录、著作、论文等。如果要采访某个单位，就必须对该单位的相关情况有所了解，有时甚至要对该单位所在地区的地理、历史和民俗民风等有所了解。这样，采访时才会少走弯路，更好地找到采访的切入点。

第二，要确立写作主题和角度，写好采访提纲。正式采访之前，我们可设想几个可以报道的主题或大概的写作方向，然后将其依次写到纸上，避免采访时遭遇冷场的尴尬。如果心中没有“底”，面对采访对象时或许会陷入不知道问什么好的尴尬场面，或者问的问题都是千篇一律，毫无新意，这样写出来的东西肯定也是枯燥无味的。

其实在采访过程中记者很少能按照提纲按部就班地提问，但是写采访提纲会使我们对课题有一个全面的了解，这个过程也是一个理清思路的过程。同时，采访行程可能会随时发生变化，比如不能如期进行采访等。面对各种突如其来的变化，除了依靠经验和自身能力随机应变之外，这时采访提纲也起到了一定的保障作用，正所谓“手里有粮，心中不慌”。

第三，要善于捕捉采访时机。采访时机的选择要根据采访内容、采访对象的不同，具体情况具体分析，区别对待。很多被采访者工作都很忙，记者贸然进行采访可能会影响被采访者的工作，所以，为尊重被采访者，我们要等被采访者停止工作或有空闲时再开始采访。有时，除了事前预约的采访对象之外，现场可能还会遇到其他人，这些人也有可能成为你的采访对象。

第四，要选择恰当的采访环境。新闻采访并不是随便选个地点就行了，要想更好地进行采访，就得精心安排采访时间，注意选择恰当的采访场合和采访地点，即寻求最便于观察新闻事件发展过程、有利于弄清新闻事实真相、最便于与被采访者交谈的地点。比如，采访党政领导、专家、知名人士等，最好选择在办公室；采访农民或基层工作者，则可以在田间地头或他们所熟悉的工作环境中进行。采访环境选择恰当，写作时就便于突出和深化新闻主题，有利于增强新闻稿件的现场感。

二、采访准备的作用

众所周知，要想成功地完成采访任务，没有事先的充分准备是很难达到预期目的的，毛主席曾说："不打无准备之仗，不打无把握之仗，每战都力求有准备，力求在敌我条件对比下有胜利的把握。"可见只有在准备充分的条件下，我们才能知己知彼，达到百战不殆的效果。

在新闻采访学中，谈到采访准备与采访功效之间的关系时，经常会引用古人的一句话，即"凡事预则立，不预则废；工欲善其事，必先利其器"。这句话说明了采访准备的重要性，而这两者之间更深层次的关系，我们还需要从以下几个方面来进行论证。

首先，采访准备是指记者获得采访线索之后，在与采访对象见面之前，要对采访的人或事有一个初步的了解和认识，以及打算用什么途径，什么方式与采访对象接触，预计达到什么目标等问题的思考。是记者确定了采访的选题之后，所进行的一系列"备料"性的工作。（出自《新闻采访》）由此我们可知，在确定了选题之后，我们就应该开始策划采访方案，明确报道思想，收集相关资料，对有关问题进行相应的设置，预计一些可能出现的问题，以及解决的方案，只有这样才能在现场随机应变，完成采访任务。有关这方面的典型实例已经很多，下面我们就看一些初出茅庐的广电新闻专业的在校大学生的一些真实事例，来论证采访准备和采访功效之间的关系。

某高校大二学生小王，今年刚开始了新闻采访学专业课的学习，为了能更好地将理论运用到实际中，他和班上的其他几个同学组成了采访兴趣小组，开始了他们的社会实践。他们第一次采访的是本市特色小吃的制作过程，由于缺乏必要的准备，也没有明确采访的目标，他们这个临时组成的兴趣小组，就道听途说地找了几个比较有特色的小吃，在新世纪小吃城里开始了他们的初次采访，当小王看见了一个正在做葱花饼的叔叔时，就赶紧去采访，由于是第一次采访，语气显得比较急，问的问题也是宽泛而不着边际，总共问了不到三个问题就已经不知道要问什么了，当小王提出要和制作葱花饼的叔叔合影时，那个叔叔老是低着头，很不情愿地配合他们的采访和摄像，最后问及原因才知道，曹师傅是由于自己的厨师服有些脏而不想上镜，结果他们就只拍摄了几个背身，由于小吃城光线特别暗，他们拿的照相机闪光灯又不好，致使洗出来的照片基本上黑的看不清楚，他们的初次采访以失败而告终。

吸取第一次采访失败的教训，小王的兴趣小组又开始了他们的第二次采访，这次的采访是在五一的一次促销活动中拉开序幕的，五一假期各大商家都在搞促销，小王注意到，许多服装店都用降价或其他形式来促销产品，而唯有一家服装专卖店却让模特穿上春夏季的服装在走秀，这种走秀方式吸引了许多路人的驻足观看，为了更深入地了解情况，正在逛街的小王就把这个新闻线索打电话告诉了他的几个搭档，不一会儿工夫搭档就拿着摄像机开始了他们的拍摄采访活动，然而，由于走得太急，只拿了三脚架和摄像机而忘记了拿云台，那么多的围观者看着他们几个所谓的“记者”倒腾了半天竟然没有把摄像机镶到三脚架上，这确实多少有点丢人。最后只好把摄像机扛到肩上拍摄，他们几个人合计了一下，报道的目的是为了给这个服装店做一次宣传，顺便了解一下其中的原委。

他们设置了十几个问题，去问了举办此次活动的负责人、模特和店员，三个不同身份的人，对相同的问题的回答却相差甚远，由于缺乏必要的沟通经验，对负责人的采访略显底气不足，对店员的采访还算比较顺利，模特的回答却有些形式化，在采访中他们跟不同的人开始接触，发现由于自己服装和商业方面知识的欠缺，所问的问题都有些“外行”。还有跟不同的人打交道要注意自己的问话方式，有些问题要简洁不应该太烦琐，无论何时都应该先把自己的采访工具准备齐全，通过采访他们了解到了，这个服装店的这些模特都是本店的员工，每逢节假日都会举行这样的服装展销活动，目的是为了扩大影响和宣传，以吸引顾客来购买，他们的走秀场地每天是150元的租金，时间是“五一”三天假期……小王的兴趣小组了解了一些基本情况后，就结束了他们的拍摄采访。这次的实践比上次稍有进步，但总的来说，还是缺乏准备和相关知识的积累。

小王的第三次采访实践，是去做一个有关本市大街上与日俱增的乞丐现象的社会调查，这是一个比较有难度的采访，之所以选择这个主题，一是为了锻炼自己，二是为了唤起更多人对弱势群体的关注，在社会经济发展迅猛的今天，了解产生这种乞讨现象的原因。就这样他们几个人开始了明确的分工，他们设置了采访的目标人群，有不同年龄阶段的乞讨者，老人、小孩、残疾人等，还有给钱的路人和没给钱的路人对这种乞讨现象的看法，他们还在网上查阅了大量的与弱势群体有关的相关法律政策，以及收容和福利政策，甚至连偷拍都纳入了采访的行列，换了许多零钱以备需要时用，就这样，他们还感觉这样的采访有很大的困难，在出发之前，他们设想好了种种可能发生的状况，以及具体的解决方案，直到感觉时机成熟了，才开始去采访，在临走之前他们检查了所有的摄像录音设备，就去大街上寻找他们的采访目标。

令他们意外的是，采访出乎意料的顺利，设置下的问题都派上了用场，在现场音效不好的情况下，他们还随机应变拿手机的录音器，记下了一些比较有用的现场同期声。尽管后面，采访的结果和他们的采访主题稍有些偏离，但是他们在后期编辑时，又根据需要冷静地分析后，改变了报道思路，最终完成了他们真正意义上的首个新闻。

在后期的采访中，笔者从小王处了解到：采访准备对采访功效有巨大作用。在翻阅了大量的采访书籍后，小王将采访成功的准备要点归为以下几点。

1. 确定报道主题，明确采访目的，在必要的政策思想的准备下，策划好具体的每一个环节。从总体上把握报道的思路。

2. 认识采访对象，通过背景材料的准备，在短时间内缩短双方之间的距离。

3. 熟悉采访领域，减少盲目和不必要的失误。

4. 找准问题要害，把握新闻的报道价值，开拓采访的深度和广度。

5. 制定切实可行的采访方案，应对采访困难要有积极的心理准备，掌握采访的主动权。

6. 对采访工具、采访环境、时间都要提前准备好，外表着装等也要准备，力求同采访的场合、氛围及采访对象的服饰相吻合，总体应该得体大方。

7. 学识修养、风度和谈吐提问的技巧等影响人的信任感，要注重平时的积累，通过采访前的准备工作，提升自己的内涵。

8. 随机应变、临场发挥是一个记者的基本素质，这种能力是靠记者在采访前的准备得来，采访过程中的假设性预演就是提升这种素质最有效的方式，这对采访的成功很重要。

从小王的采访实例和他所总结出的经验教训中，我们可以看到，采访前准备的必要性，就像俗话说的一样："养兵千日，用兵一时。"平时的准备积累都是为今后的采访做准备，就连著名节目主持人杨澜也说："我觉得进行采访，最要紧的事情就是通过自己所能做的所有准备，迅速跨过年龄、地位、资历的距离，最大限度地获得被采访者的认同感。"因此只有充分的采访准备才能采集到真正有价值的新闻素材，才是采访顺利完成的保障。

在采访中，记者如能事先了解采访对象的需要，设身处地的体验他们的情绪情感，就会形成良好的采访局面，取得较好的采访效果，相反，如果记者不了解采访对象的需要，还没有做充足的准备，不能体会采访对象的心情，那就很可能用不恰当的方式提问，致使采访失败，因而记者要想获得采访的成功就必须得做好采访前的准备工作，以使采访的效率达到最大。只有处理好两者之间的先行后续关系，采访才会更加有保障，成功的概率也就越大。

三、采访时应注意的原则

进行采访时，新闻工作者必须注意以下几个原则。

一是要熟练地记住对方的名字。这样会给对方一种亲切感。交谈中，要及时地祝贺对方的成功之处，交谈时对方心里悲伤，要不失时机地表示安慰，这会给对方诚挚感，他会把知道的事情全部告诉你，来回报你的真诚之情。

二是待人要谦虚、和蔼、诚恳。不要居高临下地采访，要以平等的态度交谈，尤其是与工人、农民交谈，不能以为自己有文化，水平比对方高，就看不起人家，在言谈中说大话，口气和动作都表现出一种优越感。

三是守信用。不能与对方约好时间，自己迟迟不到，让对方等着，这是很不礼貌的。

四是遵守纪律。采访中，不该问的事不去问，不该打听的事不打听。被采访对象有隐私情况，也有些人有明显的生理缺陷，在交谈中要避开这些使对方难堪的短处，只有尊重别人，才能获得别人的尊重。

五是不要轻易伤害对方的自尊心。在交谈中，对方谈的问题不一定全对，也可能里面有水分。这时，不要当场就否定他讲的问题或反驳或争论，这样会伤害对方的自尊心。如果有些问题没听清楚，询问一下是正常的。但是要注意询问的口气，就如同老朋友说话一样自然，重述对方的意见，问他是否真是这样想的。自然的询问，对方会对你不清楚的问题，进一步给予回答。特别是不等对方把话讲完，采访者就结束了谈话起身要走，这是对对方的一种藐视。

四、进行采访时应创造访问条件

在采访活动进入执行阶段时，除了一些必要的采访方法、技能、技巧要掌握外，应特别注意创造一系列必不可少的辅助条件，这是采访活动有效率的重要保证。通常要创造的良好访问条件有下述诸项。

（一）商定较适宜的访问时机

无论从事任何一项活动，必欲先对这项活动产生注意，继而靠一定的注意稳定性去支配从事这项活动的兴趣和热情。采访活动也不例外。欲使采访对象接待并配合采访，就得先使其对采访活动产生注意和一定的注意稳定性。

（二）设计较得体的仪表风度

对美的追求是人类的一种共性需要，也是增进采访双方关系的重要因素。经社会学家有关调查和实验表明，陌生人相互初次见面时，对对方外表的魅力与想再次与之见面的相关系数为0.87，远高于个性、兴趣等相关系数，通常人们称此为“首因效应”，或是“第一感觉”“第一印象”，这些关系到交往双方对对方的评价，关系到彼此的交往能否持续。一般情况下，若是首因效应或第一感觉、第一印象好，交往双方就会产生强烈的交往愿望，反之，则厌恶交往。

（三）讲究文明的言谈举止

在采访中，记者稍有不慎，或是一句话，或是一个动作便刺伤了对方的自尊心，使采访对象感到受信任程度突然削弱，以致使正常采访受阻。事实上，此时双方的相互需要并没有减弱，只是采访对象的情感心理发生了较大变化，以致感到受辱、困惑，因而报之以气，或报之以怨。

（四）保持较融洽的访问气氛

从事任何活动都会产生一种情感，而且，什么样的情感会导致什么样的活动效率。情感通常表现为两极性，即肯定或否定、积极或消极、热情或冷漠、紧张或轻松等对立性质。同样是对待记者采访，有些采访对象就表现得热情和轻松，有些则表现得冷漠和紧张。

（五）摆正较合理的相互关系

采访中，记者与采访对象之间的关系怎么处理，也是关系到活动效率的一个重要条件。在这个问题上，记者的态度端正与否则是关键。记者应当保持尊重采访对象。只有自尊，才能自爱、自信，给对方留下较好的印象；只有尊重对方，才能有深化交往、发展关系的基础。

（六）穿插较丰富的形态语言

记者与采访对象坐在一起时，并非只是通过言语形式作为唯一交流手段，只要留意观察，同时展开交流的还有一种形态语言手段，通常也叫作“非言语手段”。这主要由表情手段构成，可分为：面部表情，是人类最主要的表情动作，在采访活动中起着重要作用；体态表情，人的站、坐姿态和举手投足等，均可表达一定的信息；手势，是人们在交谈中用以加强言语效果的表情动作，恰到好处的手势既可传递信息，又可产生强烈的感染力。

五、时刻处于“采访状态”

国外一位著名记者曾言：“作为一名记者，你要有所为吗？靠几小时写稿不行，要做全天候的记者才行。”

（一）处处留心

中国古语有云：“处处留心皆学问。”实践表明，生活中有许多细微、平凡的线索，是完全可以从某一个侧面、某一个角度、某一个片段折射出具有深刻社会意义与时代精神的光彩，这就叫小中见大。首先是小，小事件，小人物……唯其小，人们往往不怎么重视。要想掌握以小见大法，千万要处处留心，事事好奇，用敏锐的洞察力，明察秋毫，从沙土中一眼能辨出哪一粒是金沙来。

（二）抓住群众关心的小事

名人政要，当然需要关注，但世上主要是普通人，大事虽有，但少，小事虽小，但多，如若用心，从小事中也可写出大新闻。什么样的小人小事才能写新闻，才可以小中见大？这其中有个小与大的辩证法。简言之，别看人物小，意义却大；别看事情小，背景却大。比如，一位新闻工作者去湖北兴山一带出差时，目睹王昭君故乡的香溪河受到沿河开采的小煤窑以及乱扔垃圾的污染，写了一篇《谨防香溪变臭河》的稿，被《法制日报》采用。

（三）抓住普遍性的问题

工作在基层的新闻采访与写作人员，不能听到什么就采访什么，看到什么就写什么，而要从日常生活所掌握的大量素材中，挑选那些带有普遍性、倾向性的问题，作为采访写稿的重点，这样的稿件才能有分量。比如原材料涨价是多数企业感到头疼的问题，一位新闻采访与写作人员在与老工人交谈中，听到这样两句话，“铁耙子聚财财源广，皮笊篱节约不漏汤”，从中受到启发：企业要消化原材料涨价因素，其实质是加快改革改善管理问题。经过调查写出《用“铁耙子”聚财，靠“皮笊篱”节资，面对原材料涨价经济效益不减》一稿，很快在北京一家大报头版显著位置刊登。

第二节　制订采访计划

一、采访计划的含义

采访计划，指记者对于采访活动的基本设想，包括采访的目的、要求、步骤、方法、时间，以及找什么人，提什么问题，阅读什么资料，还有采访中可能出现的困难和处置的方法等。

采访如同打仗，是一种目的性极强的活动。事先拟订好采访计划，可以避免盲目性，争取采访的主动。

二、拟定采访计划的要求

采访计划的拟订，要因人因事而定。一般来说，简单的采访活动，拟出概要的计划与访问提纲即可；重大事件、重要人物、专题新闻、综合新闻的采访，则需要拟出较为详尽的采访计划和访问提纲。在拟订采访计划时，一般要注意以下几个方面。

（1）明确采写要解决的问题，以好制定采访要求。

（2）确认采访重点对象、一般对象以及应该涉及的领域、部门和现场。

（3）设计采访的方式是个别访问、开座谈会，还是现场观察，等等，都要进行周密的设计。

（4）选择采访的突破口。

在确立自己采访目标和要求时，不外乎从两个方面进行思考：一方面是自己采写这篇报道要表达什么思想，告诉读者、听众和观众什么事实；另一方面是党和政府在这个问题上的宣传要求以及读者、听众和观众的需求。这两个方面是相互制约、相互渗透、相互促进的。

三、提问的准备

直接向采访对象提问，是获取新闻素材的主要手段。提问是否成功，在很大程度上决定着采访的成败。在提问的过程中，记者处于主动的地位，而且又是和采访对象“短兵相接”，在这种场合下，新闻工作者在提问之前，必须做好充分准备，才能做到发问及时，提问准确，随机应变，抓住要害，掌握主动。

美联社记者尤金·莱昂斯曾经采访过斯大林。事先有人告诉他，会面时间只有两分钟。莱昂斯回忆说：“两分钟过去了，我发现斯大林并不着急，而我却没有一个提问的提纲。我在斯大林办公室里待了差不多两小时，但在这令人兴奋的最佳环境中，我却没能提出意义重大的问题。对这一点永远感到内疚。”另一次，莱昂斯获准谒见伊朗国王，但只允许提5个事先规定的问题。这些问话只用了几分钟的时间，而国王似乎对接受采访有新奇的快感，他微笑着，请记者再多提些问题。莱昂斯两次受挫，事后痛惜地说：“就在那儿，即在国王的工作室里……我暗下决心，从今以后如果再在世界型的大人物面前，一定事先认真拟好几十个问题，准备进行一两个小时的采访——即使根据安排只许谈几分钟。”

在提问前多准备一些问题，这几乎是所有有经验的记者的共同做法。如果事先没有充分准备，临时是很难提出问题的。

四、抓住第一手材料

新闻素材中的第一手材料能够准确地反映客观事物，掌握第一手材料有益于产生正确的新闻主题；掌握第一手材料也是新闻必须完全真实原则的要求。那么，怎样才能获得第一手材料呢？

（一）要脚踏实地深入基层

俗话说，涉浅水者得鱼虾，涉深水者获蛟龙。采访也是一样，只有深入第一线才能获得第一手材料。特别是有些重要事实，不要满足于听别人的介绍，就是一些已经发生过的事件，也要尽量到现场看一看，亲自掂一掂事实的分量，看一看事件发生的环境。现场采访是别人无法代替的。

（二）要采访不带“框框”

这是抓第一手材料的必备前提。所谓不带“框框”，就是采访要遵循忠于事实、实践第一的原则，不掺杂任何有碍于准确反映事实的主观因素，如实地、不打折扣地把客观事物全貌记录在案。做到这点，还必须注意以下四种关系：一是采访目的与事实的关系。采访是有目的的，但目的只能决定采访范围，不能决定事实本质。当目的与事实有偏差时，要忠于事实。二是采访准备与事实的关系。采访前需要做好有关情况的准备，但不能形成“框框”带下去。在采访准备阶段，连尚未见面的事实都“预备”好了，这会妨碍抓第一手材料的。三是加工提炼与事实的关系。加工提炼是在尊重事实的基础上，不能超前脱离事实提炼加工。四是主观倾向与事实的关系。当事实与主观愿望发生矛盾时，要坚持事实第一，防止到手的材料被人为地调了角度，变了味儿。

（三）要“打破沙锅问到底”

第一手材料，常常不是一次采访就能得到的，而需要一而再、再而三地追根寻底，步步深入。同一事物，各人的讲法总是不相同的。同时，事物的本身，也显示着许多变体，要寻找真的底蕴，采访务必求深细。鲁迅先生说：“对于任何事物，必须观察准确、透彻，才好下笔。”这就是说，不仅要看到采访对象的外貌，还要看到场景、气氛；不仅要看到事物的现状，还要看到它的成因；不仅要看到直接事物，还要看到相关事物。只有“打破砂锅璺（问）到底”“不畏浮云遮望眼”的精神，才能把问题弄个水落石出。

五、采访中应具有的言谈举止

新闻采访与写作人员在采访中，必须从以下几个方面注意自己的言谈举止。

（一）谈话的语言要有礼貌

比如与不相识的人初次见面，可说“久仰”；与对方好久不见面了，可说“久违了”；有了过失请人原谅，可说“请多包涵”；有事找别人商量，可说“打扰了”；求人帮助，可说“请劳驾”；不能陪对方说话，可说“失陪了”；自己的意见讲完后，可以说“请多多指教”；归还对方物品时，可说“奉还给您”；采访告别握手时，可说“谢谢”；如果是采访几个人，临走时，要挥手或拱手说“谢谢大家”，如果条件允许的话，还要一一同大家握手告别。

（二）不要轻易打断别人的谈话

在采访中随意插话，这是一种极不礼貌的行为。对方谈起一些与采访无关的问题时，也不要打断对方的谈话，要等到对方讲完后，再转移话题。在听对方讲话时，应以目光注视对方，表示专心；但是与女同志谈话时，不要用眼睛总看着对方，要谦让、谨慎，不要开玩笑，争论问题要有节制，与对方的座位距离要适度；对方讲话时，不要左顾右盼，一会拿起书、报翻一翻，一会看一看自己的手表，表示一种心不在焉的样子，这很不好，要注意克服交谈中的不良动作和姿态，始终保持热情。

（三）注意谈话的内容，少谈与采访无关的问题

如与女同志交谈时，一般的不要询问人家的年龄，是否结婚，工资多少等私人生活方面的问题；同时也不要谈论妇女胖瘦，身体保养，穿着打扮；特别是对方不愿意回答的问题，不要寻根问底。

六、采访时赢得对方的尊重

只有赢得采访对象的尊重，采访才能有深度。要想达到这样的目的，必须注意以下三点。

一是采访时谈话的态度不能轻浮，不能像个小孩子似的，谈到高兴处就站起来，谈到不顺心时或不高兴的地方面部表情就有变化。要抑制自己的情绪，控制感情，使自己始终保持清醒的头脑。

二是要注意自己的衣着。第一次见面的印象好坏很重要，如果头一回见面就给对方一个不整洁的印象，往往会给对方心灵上投下阴影，他就要与你避实就虚地交谈了，谈一些你根本没用的东西。采访者的衣着应讲究一些，成为时代的象征。

三是要锻炼自己的语言表达艺术。俗话说："好马出在脚上，好男出在嘴上。"采访者口才表达好坏决定他能否获得更多的素材，所以，新闻工作者要注意锻炼自己的语言表达艺术，注意自己平时知识的积累，掌握较丰富的知识，使自己的语言表达丰富多彩。

七、与采访对象的谈话方式

新闻采访与写作人员与对方谈话的方式，要因人因时因地而异，大致有这样几种方式可以借鉴。

（一）迂回侧击式

通常适用于不善谈或不愿意谈的人，因为彼此不熟悉，想谈而紧张，举止不自然，不知从何谈起，这就要先拉家常，拣对方最熟悉、最便于回答的事聊聊天，然后再接触正题。

（二）开门见山式

通常适用于自己熟悉的对象和干部，对于这些人过多寒暄，反显多余，不如直截了当地提出问题。

（三）探讨启发式

对方对某一问题一时谈不清楚时，为了启发对方思考，引导对方把问题谈深谈透，时常采用这种方法。新闻工作者可以和采访对象互相交谈，探讨问题，设身处地地想对方的情况、心理，找出某些假设，启发对方思考，印证。

（四）激将法

在前几种方法不奏效时，激将法有时可使对方吐露真情。有的被采访对象怕见报怕当典型，闭口不谈事实材料。时常会遇到采访某人的英勇事迹，对方却连说“没啥，没啥”，不肯正面回答。假如有意从反面提问“传闻说的不好的事情”，对方会立刻回答：“根本没有这个事。”接着就能进入正题了。这种方法不宜多用，只有在非用不可的情况下，方可一试。

八、在交谈中发现线索

怎样才能在平时采访活动中发现线索，就需要有一个从众多的事物中通过分析比较，筛选有价值信息的本领。同时，在采访中听介绍的时候，一定要边听边动脑分析，尽量启发被采访者多谈一些与新闻有关的素材，也是相当关键的。要想在交谈中发现线索，就要从以下几个方面注意。

（一）要善于启发交谈者讲话的愿望

这就要用启发式的语言进行交谈，要循序渐进地、一个问题一个问题地谈，不能一个问题没谈清楚呢，又提出第二个问题，这样，会使问题都谈不清。

（二）要善于抓住中心问题

凡与采访关系不密切的问题，尽量少谈，或者不谈。应先向被采访者说明自己所要了解的问题，这样可以给交谈者一个思考的时间，使交谈者按照你的采访思路谈问题。交谈是双向的活动，边听应边给予积极、适当的反馈，比如选准适合的机会加上一句，或者微微地一笑，或者赞同地点一点头，这样可以促使对方津津乐道，提高交谈的效果。

（三）要善于抓住细微的变化

不同性格特点、身份、地位的采访对象，必须采取不同方式进行交谈，有时可以单刀直入，一下子就触摸到采访的中心问题；有时就需要通过一些细节，悄悄地靠近主题。要注意抓住被采访者的一些细微变化，要从他的变化中悟出新意来，通过这些新意再提出一些新鲜问题，作深入采访。

九、在采访时应保持平和的谈话态度

语言是人类交际的工具。因此，谈话艺术渐渐地被人们重视起来。在采访活动中，谈话中的提问，像一颗颗“问路石”，也是采访成败的关键。采访提问是艺术，不可轻视。提问一定要看采访对象、新闻事件性质和场合。掌握提问这门艺术，谈话的态度是重中之重。

（一）分层次提问

向被采访者提问题不要一下子全提出来，要由表及里，由浅到深谈。这种方式是先谈些与采访事件有关系的小问题，这些小问题都谈清楚后再谈主体问题，所有问题都谈清楚后，再提出下一个问题。

（二）问话要抓住对方心理

因为被采访者是处于被动地位，采访者提出的问题，有时会使他紧张，有时会使他愉快，有时会使他悲伤。采访者提出的问题如适应对方的心理，被采访者就可能多谈一些情况，否则就会产生相反效果。所以，必须根据对方的不同心理，提出适合对方的年龄、身份、民族、性格和文化素养的问题。在不同的场合，要注意不同的问话内容，不能不分场合、地点什么都问。比如，采访一位工人，在谈到他妻子时，刚好他妻子病故，这正是他痛苦的时候，就不要再问他妻子是怎样支持他搞革新的事了，可以把话避开，引到别的话题上去，过几天，等他情绪好些再谈。

（三）注意一些不该提问的问题

比如不要问一时回答不清的问题，可将该问题分解成若干个小问题，让对方回答。不要提对方根本不了解的问题，也就是不要提对方回答不了的问题。不要提诱导性的问题，暗示人家按照你的意图回答。不要过于轻率地提问题，特别是私人生活方面的一些不愿公开的问题。不要提审问式的问题，可以改变一下口吻，用引导的方式，在交谈中发问，在发问中交谈。这样能使被采访对象感到心情放松，双方的感情容易交融，在无拘无束中会谈出许多生动的情节来。

总而言之，作为一个新闻采访与写作人员，应该把采访提问时自己的态度重视起来。如果，把向被采访者提问看成是向对方学习，学习就必须礼贤下士，有个谦虚的态度。虚心才能学到东西，才会使采访对象把你看成朋友、看成学生，真诚地和你交谈。

十、开列调查纲目

一篇好的采写文章除了凭借记者的知识、智慧和经验外，还应争取采访对象的配合。为此，新闻工作者在采访前，应列出较为详细的调查纲目，有时还需把这个纲目送给被采访者，让他们了解要采访的问题，在思想上和材料上有所准备。

开列调查纲目，不仅可以使被采访对象在第一轮谈话后能够静下心来进一步深入思考记者提出的问题，而且可以帮助记者整理思绪，进一步认识新闻素材的内在含义。实践证明，制定采访纲目是把新闻采访逐步引向深入的有效方法。

十一、尊重事实、及时调整

在采访过程中，随时可能发生这样或那样的变化，即使事先的采访计划和步骤考虑得如何详细和周密，也往往很难在实际的采访中不折不扣地实现。因此，应当根据变化的客观情况调整计划，拟定新的访问纲目。为了能够及时做到这一点，在拟订计划时，最好多设几套方案，一种方案行不通时，立即更换另外一种，免得措手不及，同时也要培养临场的应变能力。

第三节　新闻采访的深化

一、新闻主题的选择

在选择新闻价值主题时，就要像列宁所教导的那样，“要选择那些为人民群众所注意，涉及最迫切的问题的主题”。

一般而言，我们在选择和确定新闻主题的时候，需要注意以下几点。

（1）审时度势，根据手中所掌握的材料的特点，以及最能恰如其分地反映实际情况的角度确定最佳新闻主题。

（2）在进行新闻价值主题选择时，对于那些政治敏感性强的问题，记者要敢于抓。

（3）选择新闻主题要兼顾读者的阅读心理，为大众所注意的。要使主题能够对广大人民群众的工作、学习、生活发生积极的、健康的影响，能够实实在在地解决他们所关心的问题。

（4）选择报道主题时要注意现实针对性。要注意研究当前实际工作中迫切需要解决的问题，注意现实生活中的新动向，力求从中发掘出大家关心的热点、难点、关注点，作为报道主题。

（5）抓住重要的迫切性主题，运用新闻评论这一形式，其作用往往比叙事性新闻作品更为直接。在剖析这一时代的重大主题时，不是孤立地就事论事，而是把它放到世界历史和中国历史的大网络中透视，对它极其复杂的现状作了实事求是、合乎逻辑的解释，为人民全面、科学、客观地认识和评价中国改革提供了正确的思想和方法。对于这一类重大的主题，新闻评论就更好地发挥了作用。

二、新闻主题的提炼

俗话说“主题好文一半”。一帧精美的图画，除了线条清晰、形象逼真、手法新颖外，其蕴含的主题有无独到见解，是成功的关键所在。能否提炼好主题，是提高新闻宣传质量的重要基础。

新闻主题是指新闻报道的中心思想和基本观点，也就是记者对客观事实的看法、态度和通过报道所表达的主观意图。新闻主题是新闻的灵魂。晋代文学批评家陆机说：“立片言以居要，乃一篇之警策。”题目夺人眼球，让人看便知几分内容。由此，新闻主题在一篇报道中的分量和作用是显而易见的。

（一）提炼新闻主题的要求

（1）要鲜明。就是一篇新闻的主题倡导什么、反对什么要观点鲜明，是非分明。

（2）要正确。就是正确地揭示客观事物的本质意义。

（3）要集中。一是主题必须单一，一篇新闻只能有一个主题、一个中心；二是不论材料怎样多，篇幅多么长，所有材料的含义都必须以主题为中心，紧扣主题、突出主题。

（4）要深刻。就是透彻地揭示事物的本质，使新闻表现出深刻的思想性、鲜明的时代感、强烈的感染力和雄辩的说服力。

（5）要新颖。就是新闻提出的问题在一般人意料之外，“人人意中有而人人笔下无”。新颖的主题常常取决于选择主题的角度。

（二）新闻主题的提炼技巧

1. 深入分析

从认识事实入手事物的本质往往不是一下子就能看得很清楚的，往往要经过由此及彼、由表及里的分析。其中认识事实的制约因素有：

（1）事物的多层次，多侧面；

（2）本质展示的渐进性，阶段性；

（3）主体的实践水平，认识水平的制约。

2. 在比较中鉴别

许多事情，孤立地看，难以发现其特殊之处，只有从古往今来、上下左右的对比联系中才能发现其独特的意义和价值。

3. 见微知著

每个新闻工作者，会经常碰到重大事件是不大可能的。大量的是平凡的人、平凡的事，这就要求我们善于见微知著、以小见大，从平凡中发现不平凡，提炼不平凡的主题。

4. 选好主题角度

那么，选取角度的方法有：

（1）从说明或回答政策这一角度提炼主题；

（2）从人们普遍关切的角度提炼主题；

（3）从提倡基本的时代精神或风尚角度提炼主题。

（三）提炼新闻主题的注意事项

一个记者思想水平越高，写作技巧越熟练，越感到提炼新闻主题的重要。新闻天天大量出现，除突发性的新闻外，必然出现不少新闻主题的重复或雷同，怎么办？同一个新闻事实，不同记者写出的新闻效果可能完全两样。诗人刘希夷有两句诗："年年岁岁花相似，岁岁年年人不同。"何况新人新事，更不会是年年岁岁一样的。

因此，在新闻写作上一定要做到精心提炼主题，全力表现主题。确立一个新闻主题并不是轻而易举的事。一般来说，提炼主题宜小不宜大，善于以小见大，像一滴水见太阳那样。选取新闻主题还要尽量新颖，给人以新意，使人得到启发。写技术性较强的新闻事例，要力求加强针对性，要从群众角度表现主题，这样才能对读者起推动的作用。主题一经提炼、确定，就要选用有说服力的材料把主题表述得完整无缺，如同众星捧月一般，让主题突出，使读者一接触就了然于心。

提炼新闻主题，一般应注意两点。

（1）文学作品可以有副主题，新闻不同于文学作品，一条新闻，只能有一个主题。否则，稿子的内容必然繁杂，头绪纷杂，篇幅越拉越长，或出现多主题，实际上是成了无主题了，这是新闻报道之大忌。新闻的主题好似一条"红线"，必须贯穿始终。

（2）新闻主题一定要从新闻事实中挖掘、提炼出来，不能凭主观先想好主题，找事例硬套。提炼主题要以事实为依据，不能任意夸大，如果任意拔高造成失实，再好的主题也是白费。主题确定后，就要紧紧围绕这个主题进行写作，要一环扣一环，使每个段落、每个事实，甚至是一句话，都要为表现主题服务。这样，才能做到主题明确，观点鲜明，中心突出，宣传效果好。

总之，提炼新闻主题，要抓住事物的本质。使主题有深度，善于从现象中找出事物的本质。一篇好的新闻，其主题的提炼、确定都是很成功的。

三、新闻素材的筛选

作为一名新闻工作者，虽然更贴近群众，更贴近基层，近距离感受生活的原生态，但也困惑于生活面窄，天地小，苦于抓不到有价值的新闻线索。基于自己多年基层宣传报道的经验，工作中如何扬长避短，找准报道点子，关键是要全方位地收集新闻素材。

（一）做好新闻素材的回“采”工作

如何做好新闻素材的采集呢？笔者认为要紧扣“四个字”。

一是“快”采。先要以早求快，因势而动，早准备，早动手，以早赢得信息采集的主动。还要以勤求快，闲时勤采集，勤梳理，勤积累，用时，就会信手拈来，水到渠成。更要以变求快，要区别不同情况，拓宽新闻报道渠道，尤其是服务社会、公益活动等方面的信息，更要及时向社会公众媒体报道，以扩大企业的社会影响力。

二是“广”采。就是要把采集信息的触角延伸到生产、生活第一线，到边到角。

三是“精”采。在采集过程中，要对这些新闻素材进行去粗取精、去伪存真的梳理，挖掘新闻素材的“含金量”。

四是“深”采。一般来说，可以采集的信息离有价值的新闻有多远，我们的信息采集工作就要做多深。要突出事件重点，关注热点，发掘亮点，探寻盲点，破解难点，剖析焦点，由表及里地进行调查研究和挖掘，向纵深采集。采集敏感信息时，要深入实地，掌握实情，力求真实、准确、全面、及时，力避捕风捉影、妄加猜测、以偏概全。

做到了上述这四个字，基层新闻工作者同样也能收集到好的新闻素材，抓住好的报道点子，写出好的新闻作品。

（二）多培养新闻素材源

1. 掌握技巧

对新闻采访来说，掌握诸如地毯式访问法、关系拓展法、中心开花法等等，是大有益处的。比如说，链式引荐法就是一个很好的寻找新闻素材的方法。记者在接触采访对象时，特别是那些“消息灵通人士”，应当主动地留下自己的联络方式，请对方随时为你“报料”或者介绍新的采访对象。这样，一次采访的结束可能成为以后若干次采访的开始，如此“滚雪球”，新闻来源范围越广，获取有价值新闻的机会自然越多。

2. 熟悉行情

这里所说的“行情”通常包括两方面内容，一是指熟悉党的路线、方针、政策，二是指了解采访对象的基本情况。记者既要明确当前需要宣传什么、不应该宣传什么，又要知道基层的现实，如群众在想什么、需要什么等等，只有这样，记者才能明了什么是有价值的新闻，才能在关键时刻有高度的洞察力，从而做到有的放矢，高效地完成采访任务。

3. 做有心记者

要做一个“有心人”记者，须养成随时随地挖掘潜在新闻素材的良好习惯。新闻多是一时一地的事件，寻找新闻素材却是一项长期而细致的工作。绝不能平时对社会现实漠不关心，而到接受采访任务后才临时抱佛脚。潜在的新闻素材散布于众多的企业、单位和人物之中，记者不仅要在工作中接触它们，还必须在工作之余扩大视野。一则信息、一份文件、一次聊天、一件偶然碰到的小事，背后都可能隐藏着众多有价值的新闻素材。记者只有做一个有心人，以自己的职业敏感时时处处用心去听、去观察、去接触，抓住一切线索和机会，积累大量的第一手资料，才能避免新闻采访浅尝辄止，写出的新闻作品才会有血有肉。

（三）如何抓住新闻素材中的第一手材料

新闻素材中的第一手材料能够准确地反映客观事物，掌握第一手材料有益于产生正确的新闻主题；掌握第一手材料也是新闻必须完全真实原则的要求。那么，怎样才能获得第一手材料呢？

1. 采访不带“条条框框”

所谓不带“条条框框”，就是采访要遵循忠于事实、实践第一的原则，不接受任何有碍于准确反映事实的主观因素，如实地、不打折扣地把客观事物全貌记录在案。做到这点，还必须注意以下四种关系。

（1）采访目的与事实的关系。当目的与事实有偏差时，要忠于事实。

（2）采访准备与事实的关系。在采访准备阶段，这尚未见面的事实都“预备”好了，这会妨碍抓第一手材料的。

（3）加工提炼与事实的关系。

加工提炼是在事实的基础上，不能超前脱离事实提炼加工。当事实与主观愿望发生矛盾时，要坚持事实第一，防止到手的材料被人为地调了角度，变了味儿。

2. 要脚踏实地深入基层

俗话说，涉浅水者得鱼虾，涉深水者获蛟龙。采访也是一样，只有深入第一线才能获得第一手材料。特别是有些重要事实，不要满足于听别人的介绍，就是一些已经发生过的事件，也要尽量到现场看一看，亲自掂一掂事实的分量，看一看事件发生的环境。

3. 要“打破沙锅问到底”

第一手材料，常常不是一次采访就能得到的，而需要一而再、再而三地追根寻底，步步深入。要寻找真的底蕴，采访务必求深细。这就是说，不仅要看到采访对象的外貌，还要看到场景、气氛；不仅要看到事物的现状，还要看到它的成因；不仅要看直接事物，还要看到相关事物，这样才能把问题弄个水落石出。

（四）善于挖掘素材中的新闻价值

同样的新闻素材，不同的记者会做出不同的文章，有人只能写一个“豆腐块”，有人却能写出很有影响的深度报道。为什么？关键在新闻采访中的沟通与挖掘能力不一。新闻采访中的成功沟通与深度挖掘，离不开以下几点。

1. 树立个人品牌

多数的新闻采访接触的都是人。记者展示在采访对象面前的良好形象，比记者证和采访介绍信更有魅力。一个没有热情、不自信、不守诺或者缺乏同情心的人，很难想象会成为一名优秀的记者。当然，要塑造良好的个人品牌，不是一朝一夕的事情，需要长期努力学习，提高自身修养，培养爱心和自律意识。而当记者的人格魅力发挥作用时，对方也会更配合，采访也将因此收到事半功倍的效果。

2. 运用沟通技巧

有些技巧，如“做一个好的听众”——客户讨厌推销员夸夸其谈，被采访对象也讨厌被记者一次次打断叙述。再比如，“要运用恰当的提问方式”——如果纯粹想了解某企业的经营措施，可以采用开放式提问，获取足够的信息（例：就贵单位的经营措施，您能具体地谈谈吗?）。

如果采访主题是政策环境，同样的话题，就要采用封闭式提问，以引导采访对象（例：您认为贵单位所取得的经营成绩与当前政策环境有关系吗?）。

另外，成功运用心理学，也是重要的沟通技巧。被采访对象的动作或眼神、表情，往往隐藏着丰富的信息，其中很可能含有值得挖掘的“新闻富矿”，因此记者要学会察言观色，见机行事。

3. 控制采访进程

在采访过程中，必须控制采访进程，掌握主动权。面对大量的素材信息，要多加分析，善于洞察，识别关键。要针对性地反客为主，为我所用，时刻牢记自己的采访任务，不要被对方误导，偏离采访主题，言者无心，听者必须有意。而要做到这一点，除了要求记者在采访前做好充分的准备外，自身还要有高度的新闻敏感性、策划组织能力以及较强的应变能力。

第三章　采访的方式与访问技巧

第一节　新闻采访的方式与方法

一、新闻采访的具体方式

所谓采访，就是调查研究。具体地讲，采是采集，访指访问。采访的具体方法多种多样，可根据不同的报道内容、编辑部限定的发稿时间、采访对象的不同特点，以及记者本人的习惯等因素灵活掌握。通常情况下，狭义的采访采取从小到大、从点到面的方式，广义的采访采取从大到小、从面到点的方式。具体说来就是：如果你的采访有了具体题目或线索，可单刀直入，直接进行采访，并逐渐扩大线索，丰富报道内容，如果是具体的题目或线索，可从大处入手，先了解面上的情况并逐步缩小范围，最后选定具体的题材或题目。

通常使用的采访方式有以下几种。

（一）找领导同志谈

这是到一个地方或单位采访时经常首先采用的方法。为了了解全面情况，包括工作过程、成绩、缺点、经验、教训、上级的指示、领导上的部署、群众的反映等，和了解领导对你准备报道的事件或问题的看法、评价，听取对报道思想的意见及建议，以便从政策和事实上报道得更加准确，可以找领导谈。

（二）开调查会

这是一个比较简便而又效果显著的采访方式，无论是了解全面情况还是重点了解某个问题都可以用。

（三）个别访问

为了了解某个具体问题或细节，可以找当事人或其他知情人做细致调查。某些不便于让更多的人知道的问题，也有一些同志，不愿意当众反映某些问题，这样个别访问就更为必要了。就一般新闻采访中的人物采访，对采访对象的个别访问恐怕就要占用更多的时间。亲自实践，这是一个很好的采访方法，不仅可以获得真实可靠的第一手材料，而且可以增强对新闻事件的感受和认识。许多用这种方法写出来的新闻，感情充沛，材料丰富，情节细腻，具有较强的感染力。

（四）翻阅书面材料

翻阅有关单位的书面材料直接获得该单位的某些新闻资料，有些则只能以此作为了解情况、发现线索、进行间接采访的一种手段。许多记者在直接介入新闻事件或新闻人物之前，常常喜欢用这种方法来“打前站”，从而使正式采访很容易地进入主题。

（五）现场采访

现场采访是获取第一手材料的好方法。“百闻不如一见”，许多事情只听别人介绍是不行的，还要现场进行采访。现场采访还便于感受到新闻事件的气氛，激发写作的热情，从而增强新闻的感染力。

以上几种采访方式，有时可以单独使用，有时则需交叉使用，只要有了较多的实践经验，就会逐渐运用自如。

二、新闻采访中的方法

采访是记者搜集信息的一个基本方式，一切采访活动都是专业性极强的特殊的调查研究，都是为了能迅速、准确地采集到新闻信息。

作为一名新闻工作者，新闻采访与新闻写作都是应该要掌握好的基本技能。而作为新闻传播活动起点的新闻采访，其在新闻业务中的地位更是不可小看。新闻创作的起步阶段就是新闻采访，新闻采访的目的就是获取关于报道对象的真实的、丰富的素材。这些素材既是新闻写作的基础，同时也是新闻写作的实际内容。所以新闻采访算得上是新闻活动的基础了。

新闻采访包括很多种的方法，一般比较常见的有座谈、访谈、现场考察等。但这些方法的实行都离不开提问。提问，是新闻记者运用对话与采访对象进行沟通的主要方式。记者提问质量的优劣、水准的高下，直接关系到新闻采访与写作整体活动的成败。好的提问，如闻裂帛直指事实真相本质；如曲径通幽，层层展露采访对象的心扉。而失败的提问，则可能导致记者空手而归，或好不容易作出来的东西却用不上，更有甚者，则可能会断了与采访对象进行再沟通的路。

下列一些提问的方法，可以达到和谐沟通的目的。

（一）创造良好的对话环境

对于新闻采访来说，良好的对话环境可以提供给记者与采访对象一个好的沟通氛围。对话环境的良好与否，在很大程度上取决于记者的人际沟通能力。这就要求记者采用合适的方式拉近与采访对象的心理距离。一般情况下，记者在对采访对象进行深入的了解以后，可以轻松地用他们所熟悉的事物来引起话头，开展对话，这样能够比较容易赢得对方的信任，引起他们谈话的兴趣。

在某些特殊的情况下，记者需要把采访提纲交给采访对象，以便使整个采访在最短的时间内获得最有效的信息。这种情况下，开门见山是最好的采访方式了。

（二）不同采访题材要求不同的提问方法

不同的采访题材，不同的人生经历，不同的性格，不同的职业等，所有这些因素都使记者面对的采访对象总是处在变动之中。要想取得良好的采访效果，就必须把握各种采访对象的心理，采取不同的采访技巧。在这繁多的影响被采访者谈话心态的因素中，最为重要的是采访题材。

采访题材有时是符合采访对象的利益与价值观的。在这种情况下，记者的采访比较容易进行，记者往往会得到采访对象的欢迎和礼遇。这样记者在采访时，可以进行正面的、直接的提问，只要循序渐进、理顺逻辑就可万事大吉了。当采访题材不符合采访对象的利益和价值观时，记者就难以与采访对象进行流畅的沟通了。在冷淡、刁难、不合作等局面出现时，记者就需要旁敲侧击甚至利用采访对象谈话漏洞进行提问的方式。旁敲侧击是一种启发和引导，一般先由记者摆出和新闻事实有关的材料，推进与采访对象之间的进一步谈话。在凤凰卫视一期节目中，记者通过旁敲侧击的提问的方式，将所谓的“爱心妈妈”贪污公款的事实摆在观众面前，使受众了解到了事实的真相。

（三）采访提问要讲求引导的艺术

好的提问可以积极引导采访对象对新闻事实进行叙述。当采访对象有难言之隐时，记者不能产生急躁情绪，相反要耐心说服，边等待，边引导，以巧妙的引导来消除采访对象的思想顾虑。只有这样，采访对象才有可能将有关内容和盘托出。

“一句话百样说”，在这些多样的提问形式中，要进行灵活的选择，多多揣摩对方的思想、情绪、顾虑等。这样可以促使采访对象进行积极的回忆，从而提供更多有价值的新闻题材。

（四）采访提问要注意提问的逻辑性

记者提问的目的就是获得信息，因此所有的提问都必须以方便采访对象说话为前提。所提问题要给采访对象充分的发挥空间，但又不能偏离主题。采访问题要根据采访目标设计，各问题之间可以是并列、递进、转折等关系，但应避免东一榔头西一棒子，没有逻辑顺序。

（五）采访提问力求简洁明确

新闻不同于文学，简洁是其基本要求。记者提问，要让采访对象迅速理解问题的意思，并迅速作出反应，提供给记者所需要的有关新闻事实的 信息，明确而不转弯抹角。

（六）采访提问要有具体指向性。采访中问题的设计不能过于开放、宽泛，应该具有一定的指向性，使采访对象的回答能集中在一定的有效范围内。只有掌握了正确的提问方法，才能在采访过程中收到良好的效果，达到做好新闻宣传的目的。

三、寻找与采访对象的心理接触点

采访者与采访对象大多数是陌生的，彼此不认识，这无形之中就加大了记者和新闻工作者与采访对象之间的距离。要想拉近采访双方的距离，就要寻找一个桥梁或媒介，这就是双方的心理接触点。

如果找到了沟通双方的桥梁或媒介，即找到了双方的心理接触点，就会造成一种心理相融的气氛，从而使采访对象能够接纳采访者，采访者也可获得自己想要的材料和事实。那么如何寻找与采访对象的心理接触点呢？

（一）从双方的相似或共同点上寻找

人们喜欢那些和自己相似的人，比如身高、年龄、体重、同学、同乡、战友等，都有许多相似点。同时，如果能从志趣、爱好、职业等方面寻找共同点，也可以很快增进友谊，缩短距离。

斯诺前夫人、《续西行漫记》的作者尼姆·韦尔斯曾介绍过这样一件事："1981 年，在西安我见到王震。我说，我记得我们俩是同年的。我在延安是 28 岁，现在 72 岁了，你是不是 72 岁呢？这个问题引起了他会心的微笑。我们之间的气氛更加融洽了。当时还有好些人在场，我就对大家说，我还会唱《南泥湾》。于是大家都笑了，要听听我的《南泥湾》，气氛更加活跃了。"韦尔斯就是从与王震的年龄相同和大家都会唱《南泥湾》的共同点上，找到了与被采访者的心理接触点，从而融洽了气氛，拉近了距离。

（二）从双方都熟悉的专业知识中寻找

美国已故的报刊评论员利布林，有一次去访问一位著名的赛马骑师，此人一向不愿同记者交谈，许多记者都在他那里碰了"钉子"，并认为要使这位骑师开口特别困难。但是，利布林却使这位骑师滔滔不绝地谈了一个小时，在谈话间只插进了十几个字。利布林问的第一个问题是：你赛马时左镫皮带比右镫多放长几个眼？骑师一听记者提出的问题很专业、很内行，就兴致勃勃地从马镫谈起了自己的驭马经验。利布林能一下子打开骑师的"话匣子"，就在于他找到了与骑师的心理接触点。赛马的骑手在跑马场风驰电掣般策马飞奔时，为了克服在圆形跑道上疾驰时产生的离心力，必须使左镫皮带比右镫皮带长一些，以便使身体重心稍向内侧。这个问题，一般人不会注意，而行家必定了解，记者从这个问题开始，立即让骑师感到记者与他在心理上是相通的。他们之间不再陌生，不再有距离感，如同一对同行互传经验，而不是采访与被采访者。在采访前，如果记者和新闻工作者已经做了相当充分的准备，看过了与采访对象相关的资料，对采访对象已有所了解，能准确说出采访对象一些情况，从而可以使双方很快沟通。

（三）用同情与理解的方式寻找

同情心往往可以成为记者与采访对象的心理接触点，采访中，设身处地为采访对象着想，真诚地感受采访对象曾经经历的困难与磨难，进入角色，与采访对象在情感交流的基础上进行自由交谈，从而获得信息。采用这种方式，需要记者和新闻工作者感受对方的心情，但是在感受之余，一定不要忘记自己的身份，而要保持高度冷静，及时记住当时的情形和对方的谈话，以免失去获得第一手材料的机会。名记者浦熙修在中华人民共和国成立前采访上海被资本家同时解雇的一对夫妻时，进门第一句话就是表示同情。她说："我们听说你们夫妻俩都被裁了，心里很难过。"接着，她到屋里看望受伤的男人和病倒的老奶奶，又亲切地抱起那个将要被卖掉的孩子。这样，彼此间的气氛马上就友好了许多。然后，浦熙修从他们家的生活困难谈起，慢慢地转入正题。这时，夫妻俩不但对记者的来访表示欢迎，还一起诉说资本家对他们的迫害，谈出了报道需要的情况。

（四）从赞扬与尊重中寻找

新闻记者在采访时，如果对采访对象的衣饰、居室布置、作品以及成就做适当的赞扬，就会使对方认为你比较尊重他而消除了距离感，愿意与你交谈，这时，你就可以趁此机会将话题引到要采访了解的问题上去。但在赞扬时一定要慎重、适度适时，否则将会被采访对象认为是廉价的吹捧，不但不能与对方心理相通，而且还可能适得其反。

有一名记者去采访作家陈玙，一开口就说您的《夜幕下的哈尔滨》征服了老、中、青各个层次的读者、听众和观众，人们都想知道您这个大作家的情况，请满足他们的要求。没想到陈玙却摆了摆手说，我不喜欢别人夸我，我们谈谈文学还可以……陈玙后来曾说，他最烦给他戴高帽的人，有事说事，别浪费时间。

第二节　采访中的提问艺术

一、采访时的提问艺术

在做好了前期的新闻采访前的准备后，新闻记者在进行新闻采访的时候，最重要的是要把握好采访时候的提问艺术。

对于记者来说，会不会提问，在什么时候提问，是篇大文章。在采访中，记者不断对提问方法进行调整，也是记者对采访对象心理调控的重要手段之一。对记者来说，面对不同的采访对象，要采用不同的采访方法。如果采访对象性格开朗且善于表达，记者可开门见山，直截了当；如果采访对象比较腼腆不善言谈，记者应循循善诱，用细节提问帮助其讲述；如果采访对象对采访存有戒心，记者就要采用激将法、质疑法，促使对方说真话。

（一）提问事件经过：巧用开门见山法

开门见山法也可叫直奔主题法，这个“山”就是事件的经过。从人们认识事物难易角度来说，认识事件发生的原因和结果相对来说难一些，复杂一些，要经过一定时间的深入调查分析才能了解清楚。

因此，记者到现场后直接面对的或者首先面对的是采访事件的经过，然后才是采访事件的原因、结果。此时此地，事件的经过是采访提问直奔的主题和重点，也是新闻的主体。如果不这样做则达不到快的要求，甚至有可能错过最佳采访时机。

（二）提问事件的原因：巧用明细算账法

提问事件原因，可以用明细算账法，明细算账可以从小账算笔大账，从小道理算出大道理，收到以小见大、深化主题的良好效果。

（三）提问结论：巧用画龙点睛法

比较老练的记者到采访的最后都会在结束时会有这样的提问：“在你谈的这么多的经验里，你认为最重要的是什么？”“你谈的那么多感受，让你一辈了最难忘的是什么？”这就是画龙点睛提问法或总结归纳提问法。提问的目的是希望挖掘到具有结论性的、非常精练的几句话或者一句话甚至几个字的精彩话语，让新闻锦上添花，让观众难以忘怀。

记者在现场采访中抓住以下三个“点”进行提问，可以获得画龙点睛的效果。

抓住事物、事件、问题的范围、规模、程度提问极限点。如提问最大、最多、最好、最佳、最精彩、最深刻、最感人、最明显、最显著、最大收获、最大变化、最成功的经验、最想说的一句话、最值得一提的是、最难忘的一件事等等。抓住不同事物、不同事件、不同问题、不同现象对比提问不同点。如提问有什么与众不同，有什么区别，特点是什么，有什么特殊性等等。抓住事件、事物、问题的表面现象提问关键点。如提问事件、事物本质特性、根本点、核心问题、重点问题、突出点等。

（四）提问观点看法：巧用抛砖引玉法

提问人物思想、观点、看法可运用抛砖引玉法或启发引导法，具体方法很多：

（1）以话题带出观点看法。这种提问对象一般是领导、专家、学者。一般在电视作品中，主持人摆出一话题，参加讨论的嘉宾便纷纷围绕话题展开讨论，说出自己的观点。

（2）以靶子带出观点看法。就是记者估计亮出一个不对的观点或是看法，引导对方说出正确的观点或是看法。提问对象一般是老百姓。

（3）揭露矛盾带出现点看法。揭露矛盾是为了解决矛盾，敢于揭露矛盾使新闻更有棱角。提问对象大多是领导干部。值得注意的是，针对揭露矛盾的采访提问事前一定要准备充分，要认真分析，深入思考，精心设计，要把握政策，要有全局观念。

（4）以情景带出观点看法。也叫触景生情法。一般用在对容易触动人的情感的场面的提问。

（五）提问细节：巧用刨根问底法

（1）抓住人物活动细节提问。记者对人物采访时，对人物所有的活动为提问对象，比如，“你认识他吗?”“他长得怎样?”“他给钱多少?”“他说用钱干什么?”一连串的细节提问与回答，让读者或是观众能对事件的真相有很清楚的了解。

（2）抓住事件发展的细节提问。细节就是证据，细节就是真相。记者可以通过真实事件发展的细节提问，掌握大量的证据，用事实揭穿谎言，揭开事件的真相。

二、采访时提问的注意事项

提问环节，对记者来说尤为重要。因为报纸采访本身就是新闻材料的组成部分，而电视采访最突出的标志就是镜前采访，电视报道将记者和采访对象的交谈和盘托出，直接展现给观众。因此要提高新闻的质量，就必须重视提问，把提问作为一种艺术技能来加以研究。

（一）提问切忌庞大笼统

我们常看到有些电视记者，问题提得太大，只是说句“请你谈谈”，然后把话筒往采访对象面前一递，然后就只顾点头了。

避免庞大，就要具体；避免笼统，就要明确。用俗话说就是要“靠船下篙”“单刀直入”。如中国电影金凤凰奖在日照评选时我们对电影表演艺术家于洋的采访，有这样一些提问。

（1）为何选择日照作为这届金凤凰奖的颁奖城市?

（2）和您一起来的还有哪些人?

（3）您觉得这一届参评的电影质量如何?

这一段提问，第一，口子小，问得具体明确，回答必然具体明确；第二，都是些大众关心的、感兴趣的问题；第三，所提问题都不能用“是”或“不是”来回答，而是一些必须作实质性回答的问题，那么这篇报道就有了实质性内容；第四，被采访对象可以毫不困难地回答，用不着思考、修饰、选择，即使一时回答不出来，也使人感到很真实。

（二）提问要抓住特点

缺乏特点的表现有如下两种。

撒大网，捞到什么是什么。在电视新闻中我们时常会碰到这样提问的记者：

“请您向我们的电视观众说几句话好吗?”“请您谈谈今后的一些打算。”

海阔天空，离题万里。由于所问不明确，模棱两可，必定答非所问。例如：“你估计这次事件的原因是什么?”如果被采访的对象是个“侃”家，那就有得他“侃”了。有时记者提了许多问题，双方谈得很投机，也很高兴，但拿回家一整理，却发现没有什么可取的实质性材料。

缺乏特点，就是抓不住特点。怎样才能抓住特点?

一要对报道的问题有全面的了解；

二要对采访对象有清楚的了解；

三要提问人们普遍关注，又能激起对方回答兴趣的具体问题，这是最为重要的。

(三) 提问防止过犹不及

这里要防止过犹不及的两种偏向。

一是明知故问。例如报道火灾事件，新闻导语已讲清了时间，观众迫切需要知道的是火灾原因及损失情况，而记者还喋喋不休地询问目击者是在什么时间看到起火的等等，这是重复、是浪费时间，是画蛇添足式的提问，其“证实”的价值，远远弥补不了观众对重复、啰唆的反感。

二是追查逼供。记者由于自己已经掌握了情况，便把采访者的思维禁锢在他所指定的范围里，对方只能回答“是”或“不是”。例如：

问：近来蔬菜供应已经十分丰富了，是吗?

答：是的。

问：价格比过去便宜了，对吗?

答：对。

与其说这是一种采访，倒不如说是逼问诱供。提问要问在节骨眼上，即关键性问题上，掌握了关键性内容，就更能表现特性；掌握了特性，便有了更高的新闻价值。

(四) 提问深入的几种方式

(1) 跟踪追击式。有一位记者去学校采访，师生纷纷反映课本印制质量太差，缺页错页很多。接连采访几所学校，都有这个问题，记者肯定了这一事件的新闻价值，立即追踪到印刷厂采访。记者向厂长提出这一问题，厂长归纳为两个理由：一是因为效益不好，资金困难；二是因为设备陈旧，无法更新，企图用这种连锁式的因果关系，把问题焦点引向歧路。但记者立即提问：“设备陈旧与课本缺页错页是什么关系？以前也这样吗?”“如果这些机器一时更新不了，还继续缺页错页下去吗?”这一问，击中了要害，厂长无法自圆其说，只好讲了责任心不强、管理制度混乱等真实原因。

(2) 单刀直入式。如意大利女记者法拉奇访问邓小平同志时，提了这样一些问题："天安门上挂的毛主席像，是否要永远保留下去?""为什么您想辞职?"等等，单刀直入，问题尖锐，由具体问题入手，使对方的回答不能不一下就涉及新闻的内核，也是国内外新闻观众普遍关心的中国政权的稳定性问题。

（3）思辨式：有一位记者去采访一件假警察扣押了真警察的新闻。记者问："为什么要扣警察?"假警察说："我们当时不知道他是警察。如果我们当时知道他是警察，我们是绝不会扣的。"似乎无懈可击。善于思辨的记者，却从另一角度找到了问题的症结所在，立刻追问道："如果这个警察是普通公民的话，你有权力扣他吗?"问得假警察哑口无言，不得不承认过错。

（五）注意情绪控制

首先是记者情绪的自我控制。有些记者经验不足，临场非常紧张，情绪上放不开，谈话时束手束脚，这当然会影响对方兴致，回答提问也会敷衍了事。有些记者却相反，情绪自我控制不了，过分开放，举止轻浮，说话不着边际，这也会使采访对象不当回事，回答提问的随意性很大。因此，记者在心理上一定要摆正自己的位置，控制自己的情绪，自始至终，不卑不亢，才能使采访在既活跃又认真的气氛中进行。

其次是记者对采访对象情绪的控制。一般来说，凡是新闻采访，记者都处于矛盾的主要方面，采访对象往往处于被动地位，这是双方的工作性质和态势决定的，因此，记者对现场的情绪控制，应该主动承担，积极推进。如果记者被采访对象牵着鼻子走，采访肯定会失败。

怎样控制采访对象的情绪呢?

在交谈过程中，每个细微的动作都能促进情绪交流，或破坏现场气氛。例如当采访对象回答问题时，记者可以显示情绪来影响、控制对方的谈话。对方如果文不对题或不着边际，没有集中回答问题，记者可以皱一下眉头，略示不满情绪，表示希望他中止或转移话题。如果对方答问时切中新闻内核，谈到记者正迫切需要的资料，记者可以立即显示兴奋、迫切的情绪，甚至用专心倾听、眉飞色舞、频频点头等表情动作，向对方传递情绪，以示重视、欢迎之情。另外记者要全程观察、掌握并注意改变对方情绪。例如一到现场，看见对方有点害羞或紧张，可先谈几句家常，使对方放松下来。

三、采访中要认真倾听

（一）倾听的含义

倾听属于有效沟通的必要部分，以求思想达成一致和感情的通畅。狭义的倾听是指凭借听觉器官接受言语信息，进而通过思维活动达到认知、理解的全过程；广义的倾听包括文字交流等方式。其主体者是听者，而倾诉的主体者是诉说者。两者一唱一和有排解矛盾或者宣泄感情等优点。

（二）倾听的要点

（1）克服自我中心：不要总是谈论自己。

（2）克服自以为是：不要总想占主导地位。

（3）尊重对方：不要打断对方，要让对方把话说完。千万不要去深究那些不重要或不相关的细节而打断人。

（4）不要激动：不要匆忙下结论，不要急于评价对方的观点，不要急切地表达建议，不要因为与对方不同的见解而产生激烈的争执。要仔细地听对方说些什么，不要把精力放在思考怎样反驳对方所说的某一个具体的小的观点上。

（5）尽量不要边听边琢磨他下面将会说什么。

（6）问自己是不是有偏见或成见，它们很容易影响你去听别人说。

（7）不要使你的思维跳跃得比说话者还快，不要试图理解对方还没有说出来的意思。

（8）注重一些细节：不要了解自己不应该知道的东西，不要做小动作，不要走神，不必介意别人讲话的特点。

（三）倾听的方法

（1）要体察对方的感觉。一个人感觉到的往往比他的思想更能引导他的行为，越不注意人感觉的真实面就越不会彼此沟通。体察感觉，意思就是指将对方的话背后的情感复述出来，表示接受并了解他的感觉，有时会产生相当好的效果。

（2）要注意反馈。倾听别人的谈话要注意信息反馈，及时查证自己是否了解对方。你不妨这样："不知我是否了解你的话，你的意思是……"一旦确定了你对他的了解，就要进入积极实际的帮助和建议。

（3）要抓住主要意思，不要被个别枝节所吸引。善于倾听的人总是注意分析哪些内容是主要的，哪些是次要的，以便抓住事实背后的主要意思，避免造成误解。

（4）要关怀，了解，接受对方，鼓励他或帮助他寻求解决问题的途径。

（四）倾听的心得

（1）要让诉说者放松，两个人都坐下来，并且在同一高度上，面对面，距离比一般的社交距离稍近些较好。

（2）如果诉说者一开始情绪激动，必然导致无法把事情说清楚，此种情况常见于女性诉说者。此时作为同性，拥抱和拍抚都是很好地稳定对方情绪的方法。

（3）倾听中，目光专注柔和地看着对方，适时给出回应，比如点头和"嗯"，表示你正在专心倾听。

（4）没有听懂或弄清楚的地方要及时提出并沟通，以免造成误解。但不要喧宾夺主，更不要把话题扯开。

（5）在对方说完前不要急于发表观点，也不要提前在心中作出预判，尽量避免把对方的事情染上自己的主观色彩，耐心听完。

（6）对方说完后，有条件的话，让他喝一点热茶或热牛奶、巧克力什么的，他需要感受到被人关心，热的东西也容易让人重新振奋起来。

（7）无论对方说的事情在你看来多可笑幼稚，他向你诉说都是表示对你的信任，这是一种对你人格的赞美，所以，不要嘲笑他，也不要带着高姿态评点他的事。即使你不赞同他的想法，也要给予他他想要的理解和安慰，在困境中支撑对方是作为朋友的义务。

（8）你不需要完全感染对方的情绪，或者想个办法帮他出气。如果对方的诉说内容只是一种莫名的情绪，那么做到第 7 步时一切已经完成了。但如果这是个尚待解决的问题，你可以帮他把事情从头到尾理一遍，哪些地方是他自己做得不对，哪些地方主要是别人的问题，解决方法 123 等等。

（9）你可以从他的观点看问题，但提出的建议一定要出于自己的想法，对方想听到的是“你的意见”。如果担心自己的想法太过主观，尝试从多个角度切入问题，如此可以尽可能地确保客观、公正。

（10）当然也有可能，对方在诉说的过程中，自己渐渐有了主意。如果你觉得你的想法会更好，那么作为一个提议告诉他，帮他参谋而不是作决定。决定一定是当事人自己作出的。即使他最终没有采纳你的建议，也要给予他鼓励和祝福。

（五）倾听的作用

积极地倾听在心理咨询中有很多重要作用，是建立积极的咨询关系和进行有效的心理咨询的前提条件。

第一，倾听是收集信息的过程，包括来访者的言语信息和非言语信息，这对理解来访者至关重要，忽视来访者表达的信息，就难以真正理解来访者。

第二，倾听能够创造一种安全温暖的气氛，使来访者能够更加开放自己的内心，更加坦率地表达真实的想法。

第三，倾听还能够向来访者反馈心理咨询员对来访者的尊重与关注，这会使来访者感到自己和自己的谈话在心理咨询员心里很重要。这在一定程度上起到了正性强化作用，大量研究表明，每个人都喜欢和尊重自己谈话的人交流。

第四，倾听为咨询员以后干预影响来访者建立了互相信任的基础，在来访者心中树立了威信。这也会使来访者的自信心不断增加，使来访者更容易接受咨询员的建议和解释。

第三节　采访中的观察与记录

一、采访中观察的概述

（一）采访中观察的含义

采访时“观察”的意思是：指记者对客观事物所进行的一种查看体验活动，简单讲就是用眼睛采访。

首先，事前观察。指记者对某一事物变动前所做的观察，一般都用于较大型活动，为同步观察做准备。其次，同步观察。是指事物在变动的同时记者在现场实地进行观察，具有及时、全面、准确的特点。最后，事后观察。是指事件发生后的观察，要考察其现场遗迹、环境反应。

观察是人们有目的、有计划地利用感官去认识自然界中各现象的活动，它是人们获得经验知识的方法。

（二）采访中观察的特点

第一个特点：在于它是一种感性的认识活动。感觉使人们保持和外部世界的直接联系，使人们获得了关于外部世界的经验认识。观察就是通过人的感官而进行的直接认识外界的活动。它记录和报道事实，为自然科学的研究提供经验事实材料。观察具有感性认识活动的长处和短处。

第二个特点：在于它的目的性和计划性。观察并不是一种凭借人的感官而在自然界中进行盲目搜索的活动。观察作为自然科学研究所运用的一种基本方法，它总是要被自然科学研究中要解决的任务所制约。人们正是根据所要解决的科学研究任务，确定了观察的对象、观察的角度、观察的步骤，等等。这一特点，使观察区别于一般的感性认识活动。

在人们刚开始从事观察活动时，人们是凭借自身的感受器官直接进行的。人的感觉器官直接作用于观察对象，获取关于观察对象的各种信息。在观察者和观察对象之间，不存在任何中介物。它们保持着直接的联系。但是，人的感官的感知能力使观察受到生理上的局限。

二、倾听与交谈间发现线索

怎样才能在平时采访活动中发现线索，就需要有一个从众多的事物中通过分析比较，筛选有价值信息的本领。同时，在采访中听介绍的时候，一定要边听边动脑分析，尽量启发被采访者多谈一些与新闻有关的素材，也是相当关键的。要想在交谈中发现线索，就要从以下几个方面注意。

（一）要善于启发交谈者讲话的愿望

这就要用启发式的语言进行交谈，要循序渐进地、一个问题一个问题地谈，不能一个问题没谈清楚呢，又提出第二个问题，这样，会使问题都谈不清。

（二）要善于抓住中心问题

凡与采访关系不密切的问题，尽量少谈，或者不谈。应先向被采访者说明自己所要了解的问题，这样可以给交谈者一个思考的时间，使交谈者按照你的采访思路谈问题。交谈是双向的活动，边听应边给予积极、适当的反馈，比如选准适合的机会加上一句，或者微微地一笑，或者赞同地点一点头，这样可以促使对方津津乐道，提高交谈的效果。

（三）要善于抓住细微的变化

不同性格特点、身份、地位的采访对象，必须采取不同方式进行交谈，有时可以单刀直入，一下子就触摸到采访的中心问题；有时就需要通过一些细节，悄悄地靠近主题。要注意抓住被采访者的一些细微变化，要从他的变化中悟出新意来，通过这些新意再提出一些新鲜问题，作深入采访。

三、采访记录的基本方法

准确、详尽、清楚、精确的采访笔记，是加工冶炼新闻成品的原料仓库。

因此，许多经验丰富的新闻工作者，都很重视记好采访笔记。随着科学技术的发展，录音机、摄像机等先进设备在新闻采访中越来越普及使用。但有的场合使用这些设备，往往容易使被采访者感到拘束。所以，记好采访笔记永远是新闻工作者的一门重要技术。

怎样记采访笔记？常用的基本方法有十条。

（一）“眼见”要注意抓特征

新闻采访的十八般武器，“眼睛是最锐利的武器”。采访中要注意用眼睛观察，以抓取采访现场和采访对象的一切外部、外在及外貌特征。采访时眼睛观察到的东西很多，一般说，与采访对象和写报道有关的、有特征的均应记入笔记。

（二）“耳闻”要注意抓重点

“耳闻”，即口头采访。不仅要听，还要问，与被采访者讨论。这是最基本、最常用的采访方式。口头采访，不可能也不必要将被采访者的谈话内容都一句不漏地记下来，而要集中精力抓要点。

（三）记“事”时不忘记“识”

“事”即事实材料；“识”即思想认识。

对采访中听到的故事和事实材料很重视，询问记录得也很详细，这是必要的。

对被采访者介绍故事和事实材料过程中，所表述的思想认识、好的见解等内容更要记好。因为记“事”不记“识”，常如丢了宝。实践证明，记“事”中不忘记“识”，采集的事实材料才有灵魂，写出的报道才有思想深度。

（四）“人云”也要记“己思”

“人云”，他人所讲；“己思”，自己所思。笔记要边记采访时的现场观察和被采访人的谈话内容，边记记者当时的思考、判断、推理及得出的结论。比起那种采访中只顾埋头记，不动脑子想，采访之后再从头熟悉、消化材料、构思写作提纲的做法，往往收到事半功倍的效果。

（五）记下被采访对象重要的、关键时刻的原话

原话是最珍贵的历史记录，新闻写作中，引用被报道对象关键时刻的原话，往往使人物性格更加突出鲜明，使作品生辉。记原话最重要的是准确。只有准确，才有使用价值，才能鲜明地表现人物的性格特点和思想风貌。

（六）记下拨动心灵处

新闻不是纯客观报道，新闻要教育人，首先要感动人。感动人就需要有激情。新闻采写是一个带有强烈感情色彩的活动。新闻工作者的政治倾向、思想感情，贯穿在整个采访活动的全过程。对感动自己的地方，采访中一定要足够重视，并记录下来。

（七）记下疑问处

采访中，由于各种原因，被采访者提供的同一事实、细节、时间、情景等，有时有出入，甚至互相矛盾。对于这种当时或仅靠一人无法搞清楚的地方，要记下来，以便进一步核实。

（八）记录要及时整理归类

新闻工作者应该养成及时整理采访笔记的习惯。整理，实际上是一次对素材再加工的过程，也是积累资料的有效方法。不但可以使采集到的新闻素材更加完善、系统化、条理化，有助于综合利用新闻资源，还可以起到练笔的作用。

（九）记录要力求准确详尽清楚

记笔记，越准确越详细越好。此外，字迹还要清楚：有的采访笔记，可能当时用一次没有保存价值，有的则改作为自己的资料，有的重大事件的采访资料还要长期保存，不具备这些要求是不行的。

（十）记录要提高速度

掌握既快又好的记录技术，是新闻采访的一种特殊需要。

在记录中可以创造出一套适合自己习惯的快记本领和记录符号。

如将常用的固定长句、词组，简写或缩写，“无产阶级革命路线”写为“无~线”。有的同志还创造了一些其他的记录符号，只要自己固定使用，约定成习，也不失为方法之一。

四、记录采访重点

做好采访记录，是新闻采访与写作人员采访过程中的一个重要环节。那么，如何记录采访着重点呢？

一是记要点，由于新闻采访与写作人员采访时，不可能把对方的话全记录下来，也没有必要全记录下来，那么记些什么呢？有的采访记录中，没有抓住采访着重点，这是相当失败的。记要点，也就是记下采访事件发展过程中的几个主要环节，思想认识的几个主要方面，人物事迹的几个主要情节，某一项工作的主要经验教训及重要背景材料。

二是记特点，一般说，与被采访对象和写报道有关的有特点的东西都要记录下来。

比如采访或事件发生时的天气特征，风、云、雨、雪、阴、晴等态势；被采访者所处的客观环境和地形特征，包括周围环境、工作条件、外貌状况等；采访和事件发生的场景特征，如自然灾害发生时或发生后的现场景象等等；被采访对象及一切与报道有关的有特点的周围人物的外貌特征，如长相、衣着、表情等。

三是要记易忘点。这通常包括时间、地点、人物的姓名、数字、地方方言、人物的个性语言及各类业务专用术语等。

四是记难点。在采访中常常对采访对象的谈话一时还不能理解，或者还有疑点，由于各种原因，被采访者所讲的事实不详尽，与旁人介绍的有出入，出现了疑点。应记下这些疑点，待采访告一段落时，请对方给以解释或补充。比如，采访一个先进人物，对方谈他是怎么工作的，很可能全是流水账，这样记录下来就显得缺东西。这时既要按照对方讲话的思路往下记，又要将自己想出来的问题记录下来。

五、让采访笔记发挥最大值

“记”是采访活动中的重要环节。有些新闻采访与写作人员在采访自己比较熟悉的行业或熟人时，记录不详，省略过多，觉得记不准可以再去找他，持一种随意态度，往往在写稿时打开记录本，不是时间记不准了，就是数字记混，再不就是把一些事实张冠李戴了。而有的新闻采访与写作人员采访不熟悉的行业和人物时，生怕记不全，听啥记啥，有闻必录，笔记凌乱，没有中心，到写稿时就抓了瞎，不得不花费一定时间和精力重新整理笔记。也有的新闻采访与写作人员缺乏经验，该详记时不记，该摘记时详记。这样一来，很多新闻采访与写作人员都觉得采访笔记到写稿时用不上。

那么，怎样记采访笔记到写稿时才能用得上呢?

（一）缩记主要的过程

缩记不等于速记，速记是逐字逐句地记录。缩记，即一是“缩写”——抽几条筋，写出大意。二是写“题目”——抽主要的思想写出来。三是用符号代替——可以用字代词、词代句以及用字母来简略地记下一个复杂的新闻事实。重要的是，要抓住事件发展的主要点、关键点及联结点；要记下思想认识的基准点、转折点；记下事物发展变化的过程梗概。为便于整理，在每页纸上只写一半，空一半。

（二）记下重要的细节

采访时对细节的记述要具体、细致。注意两点：一是容易出错的、非记不可的东西，如人名、地名、数字、引语等，笔记时要记准，避免音同字不同和误听的差错。对于很多专门名词、行话，也要弄懂含义，记得正确。二是事实的关键之处，大致经过、情节、原因、结果等来龙去脉，要记准确。对一些叫不准的话，最好是当场叫准了再记下来，实在对方一时说不准，也要在笔记本上打个问号。数据和核心事实，必须听清问准后作记录。

（三）抓住生动语言和环境特征

要把采访对象的那些表现力强、鲜明生动、说来上口、听来入耳的精彩语言记录下来，尤其是那些反映思想、性格特征和关键时刻的原话，一定要记下来。必要时做出选择，加以剪裁。如粗俗的、文法不通的、意思含混的或只有少数人能懂的方言，一般用不着记。现场采访，还要留心观察，把与报道有关的东西都记下来。如采访或事件发生时的天气特征，如风、云、雨、雪、雾、日、月、星、辰、海浪、江水、雷、雹等态势，强弱程度；被采访者所处的客观环境和地形特征，如地理位置、工厂、村庄、学校的外貌、周围环境、工作条件等；采访和事件发生时的场景特征，比如自然灾害发生时的现场景象，人们抗灾抢险的场景，田间劳动或校园学习的情景等等；被采访对象的人物特征、表情，甚至嗅到的、尝到的、触到的，都要记录下来。

六、采访时记下自己的“灵感”

对采访事实和当事人表达出一种认识、见解，冒出一些思想“火花”，灵机一动，突然觉得文章这样或那样开头最好。对这些一闪即逝的灵感，要简单地记下来。一个有经验的新闻采访与写作人员，往往在采访过程中就为写作打好“腹稿”，采访完成，腹中构思的新闻胚胎也就大致形成了。采访和写作，实际上是一个统一过程的两个阶段。前一个阶段，在采访过程中明确要写的稿子的主题思想，打好腹稿；后一个阶段，以主题思想为统帅，边构思边剪裁运用采访材料，写成稿子。这两个阶段互相连贯，互相渗透，很难截然分开。最好是在采访本上，每一页中间都留一条空白，一边记上采访时的现场观察和被采访人的谈话内容，另一边记上新闻采访与写作人员自己当时的思考、判断、推理及得出的结论。有的事实材料旁边，还可以记下自己回去写稿时准备如何运用这些材料的设想、角度等想法。著名导演谢晋说过，第一次看电影文学剧本，总是把自己看第一遍时流泪的地方记下来，在导演时紧紧抓住不放。这一点对于记采访笔记也是值得借鉴的。记下采访中的思考，是一个边采访、边消化、边构思的过程。

第四节 新闻访谈材料的主题挖掘

一、挖掘亮点是重中之重

（一）新闻材料的重要性排序

在新闻材料表现其主题时，不论来自第一，抑或第二、第三手材料，其中又可依对主题的表现程度划分成一个类别阶梯。就跟我们人的需求有生理需求、安全需求、社交需求、自尊需求、自我价值实现需求五层次一样，这里的材料亦可由低级到高级划分为：一般材料、骨干材料、细节材料、点睛材料等层次。

一般材料系指在实际中存在的能够说明全局特征，但又不具典型特性的材料，它给整个报告写作增加的不是一个点，而是一个立体框架。它是普通的生活画面。为整个写作带来生活的真实与形象的真实。例如《在毒气室门口，他们发给每个孩子一块糖果!》中，为表现总体的残忍，记者在一些具体事实之外写道：

一个又一个恐怖事件，无穷无尽——冲锋队员当着母亲的面把孩子摔死；大批人以家庭为单位被驱进毒气室，那里早已堆满了尸体，后死的一人竟倒不下去；奄奄一息的人们临终前握着亲爱者的手；还有大批卫兵撬开死者的嘴，用铁棍敲取金牙齿。

加上这一段，读者就会感觉到了法西斯的残忍与非人性并非个别的，而是普通的。

骨干材料系指对报道主题起支撑作用的材料。例如上面举《在毒气室门口，他们发给每个孩子一块糖果!》中，不能没有一天之内杀死一万八千名犹太人，对伤寒病人一律枪毙、用狗吃人等事实。

细节材料系指能够表现主题的特殊画面，它们空间小，但释放能量却极强。例如，当黄远生描述外交部之腐秽时仅用了一个满院跑狗的细节，就活绘出一种败落的无规矩的世界面目，在描写县委书记的好榜样焦裕禄时，记者特意写上藤椅上有一个大窟窿，那是用东西顶肝部造成的……

画龙点睛材料。这是最具魅力的一种材料，好比古人所讲点石成金的巧手，一经加入，顿时大改观现状，回报一个新天地。例如，当记者查德·巴恩斯在整篇报道写作中，庄严地写出“在毒气室门口，他们发给每个孩子一块糖果”时，文章摧震山林，可使万木低回呜咽不已，它是整篇文章的眼睛。

这种点化只是一种人为的总结，只要了解更多的作品，仔细体味它们的风貌，必能获取神气灌注。宏观地把握太重要了！

（二）新闻素材的筛选

1. 核实采访素材的真实性

真实是新闻的生命。新闻真实是客观存在的，但是记者在挖掘新闻材料的时候会受到多方面因素影响，因而采访素材有真假之分。所以记者要通过对采访素材的甄选，才能保证新闻的真实性。

对采访素材进行浏览，核对数字、人名、地名等基本信息。记者不经过中间任何中转环节，直接接触新闻事实时得到的第一手材料都是真实可靠的，但是具有局限性，毕竟任何事情都是变化多端的；记者从当事人或目击者那里间接得到的第二手材料，甚至第三、第四手材料，多少会受到主客观多方因素的干扰而偏离事实。所以记者要从多方面取证新闻材料，鉴别其真实性，去伪存真。

2. 保证采访素材的完整性

记者在采访的时候，有的时候为了交谈的顺畅进行，往往来不及将所有的要点都记录下来，所以整理采访素材的时候要进行及时补充完善。如果发现有需要补充的重要环节遗忘，可以与采访对象及时联系，进行增补。

每一次记忆都有一个“黄金时段”，一旦过了这个时段，遗忘便会产生。遗忘的心理活动在进展上有个“曲线”规律——先快后慢，即在对事物识记后的短时间内就会出现遗忘现象，而且以较快速度，甚至几乎成垂直线，而经过一定时间的间隔后，遗忘则进展得较慢，几乎成水平线。至此，人们对原先识记的事物已发生很大的变化。有的时候，尽管笔记中都是自己的字迹，但是由于记得匆忙，字迹潦草，加上识记不深，时间一久，恐怕有些字句连自己也难以辨认，更不要说把这些未成型的采访材料运用到自己的新闻作品中去了。

3. 取舍采访素材

核实、补充完采访素材后，就开始进行采访素材的取舍、深加工，剔除冗余的，选择需要的。首先要考虑新闻事实的新闻价值的大小进行取舍。新闻价值包括时新性、重要性、接近性、显著性、兴趣性五个方面。记者要从新闻价值的五个方面出发，选择最有价值的采访素材。

大量的采访素材不可能全部用于新闻稿件，那样就会像记流水账似的。这些素材固然是提炼主题的基础和依据，但是把握住具有新闻价值、表现同一新闻主题的素材才是关键。去粗取精，舍弃抽象概括而又无关痛痒的素材，保留支撑新闻主题的精华材料。

采访素材不可能都应用到新闻稿件中，这样稿件就会失去中心，成为一盘散沙，要选择表现主题的需要的素材。

二、新闻主题的提炼

（一）新闻主题的内涵

新闻主题是指新闻报道的中心思想和基本观点，也就是记者对客观事实的看法、态度和通过事实的报道所表达的主观意图。主题在新闻中起主导作用，贯穿全文、支配写作，是新闻构思、选材、表达和运用语言的依据。

（二）提炼新闻主题的方法

1. 联系实际法

一个新闻主题的确立要考虑很多因素，首当其冲的要吃透两头，把握党和国家的政策、关注关系百姓利益的事情。选择和确定主题时，及时、准确把握住体现党和国家在新的历史时期制定的方针、政策，要抓住政治上具有方向性、决策性的问题。选择受众普遍关注的事实，才能做出引起受众共鸣内容的报道。

2. 比较分析法

通过相关、相类似的事件做横向、纵向的对比，可以发现它的不同特征，深化提炼新闻主题。比如说面对同一个新闻事件，不同人的正反看法。把一个新闻事件放在历史环境里面，比较它在新环境下与以前有什么不同的主题。

3. 追根溯源法

一件平凡事情的背后却有大智慧，事物的本质不是一下子就能看得清楚的，往往要经过由此及彼、由表及里地分析。新闻主题的确定也往往要经历这样的过程，它需要记者像剥洋葱一样，把新闻表面一层一层地剥开，才能看到最耐人寻味的主题。

4. 见微知著法

在现实生活中，每个从事新闻报道的人，要经常碰到重大典型、重大事件是不大可能。大量的是平凡的人、平凡的事，这就要求我们善于见微知著、以小见大，从平凡中发现伟大，提炼出不同凡响的报道主题。

中　编

新闻写作基本知识

第四章　新闻写作语言与体裁

第一节　新闻语言概述

一、新闻语言的含义和特点

（一）新闻语言的含义

新闻语言，是指通过新闻媒介，向受众报道新近发生的事实，传播具有新闻价值的信息时所使用的文字语言。

（二）新闻语言的特点

1. 准确、简洁、鲜明、生动

新闻写作中所需要的语言，是传播信息的语言、报道事实的语言、解释问题的语言、快速交流的语言。因此，根据新闻写作的时效性（新鲜、快速、简短）与可读性（具体、生动、通俗）。其语言不但要具有准确性，还要具有简洁、鲜明、生动的特色。这里所说的准确性，包括以下含义：

（1）在时间、空间、形态、色彩等方面，语言与客观事物之间的高度吻合。

（2）对事物属性、特征——也就是“质”的判断尽可能没有偏差。

（3）对事物的数量、程度——也就是“量”的把握精确无误。

（4）排除主观臆断和以偏概全。

（5）慎用可能产生歧义的词语。

新闻语言的简洁、鲜明、生动具体体现为：

①它的受众多，它必须满足生活在快节奏的现代社会中大量受众对信息的需求。

②它必须使处于广泛、分散、隐匿状况中的受众，在解码时获得尽可能多和尽可能一致的结果。

③新闻传播的基本原则是“用事实说话”，即传播者的意图应该是相对隐蔽的，新闻语言还要做到在解码时不致使受众产生被人强迫的感觉而加以拒斥。

为了让读者能体会到新闻语言的这一特征，不妨看一看这个例文。

阿被劫持客机上四人戏剧性脱逃

新华社供本报特稿　英国警方说，当地时间8时晚，有4人戏剧性地逃离停留在伦敦郊外斯坦斯特德机场的阿富汗航空公司客机。

警方说，这4人是从这架被劫持的飞机的驾驶舱逃脱的，他们均是男性，警方已将他们拘留，但还不能确认他们的身份。据悉，警方目前正在调查这4人是劫机者还是人质，并对他们脱逃后对客机上其他人可能产生的影响进行分析。

据报道，目前客机上一切都很平静。英国警方对这次劫机事件的和平解决表示乐观。

这架阿富汗航空公司波音727飞机是6日从喀布尔机场起飞后不久被劫机分子劫持的。此后，该机先后在乌兹别克斯坦、哈萨克斯坦和俄罗斯境内作短暂停留，7日凌晨降落在伦敦郊外的斯坦斯特德机场。据报道，劫机者要求阿富汗武装派别塔利班释放一名叫伊斯梅尔·汗的反塔利班联盟的重要人物。但塔利班联盟否认卷入了这起劫机事件。迄今为止，劫机者已先后释放了28名人质。

——2000年2月10日《大河报》

2. 新闻语言要有时代感

新闻语言生命力的一个重要特征是要有时代气息。现在媒体上几乎每天都会有新词出现，词汇翻新很快。因为这种语言是社会语汇最直接、最真实、最迅速、最广泛的反映，作为一名记者既应该保持对新鲜事物的敏感，也应该保持对新鲜语言的敏感。同时新闻报道的时效性与新鲜感，在一定程度上也需要通过有时代气息，包括社会上最新流行的一些语言传递出来。

3. 新闻语言应有不同的风格

新闻语言在符合准确、简洁、鲜明、生动的基础上，针对不同的报道、不同的作者应该有不同的语言要求。

（1）新闻语言风格还取决于人物报道中被采访者的语言个性。比如著名记者穆青就曾经比较过他的《县委书记的榜样——焦裕禄》和《为了周总理的嘱托》两篇人物通讯语言风格。在《县委书记的榜样——焦裕禄》中，主人公焦裕禄不仅有与农民交谈时那种生动的口语，还有向干部群众作报告时富于鼓动性的语言，以及同人们说理时带有一些哲理的语言。作为领导干部，他又很注意语言逻辑的准确、严密。在这篇人物通讯报道中，记者所用的句子一般比较长，有不少是结构复杂的复句。在语言上也比较正式，在不少地方还带有政论的语言色彩。而在《为了周总理的嘱托》中，因为主人公吴吉昌的语言是很生动的农民语言，明快、简短，有时还很幽默，因此该篇通讯的语言尽量接近吴吉昌的风格，多用农民的口语，句子要简短，多用单句，少用或者尽量不用那些带有修饰语、附加语的复句。

（2）新闻语言风格取决于新闻事件本身的基调。不同内容、不同题材的新闻事实，它的基调是不同的。例如有的新闻题材是严肃的，有的新闻题材是活泼的，有的新闻题材是华丽的，有的新闻题材是平实的，有的新闻题材是欢快的，有的新闻题材是凝重的等等。分清新闻题材的基调，对一名记者来说，准确地把握新闻事实，在写作中选用恰如其分的语言表现新闻事实有着重要的作用。也就是说，在确定了报道题材基调的时候，也就确定了撰写这篇报道时的新闻语言风格。

（3）消息与通讯对于语言的要求有所不同。一般来说，通讯的语言比消息更形象，更丰富，有更多的感情色彩。消息比通讯更惜墨如金，消息的语言是一种具体陈述与抽象概括相结合的语言。而通讯承担着展开事实、描写事实、再现事实乃至解释事实的任务，它比消息报道的内容更详细、更深入，它是对消息提供事实的进一步必要的补充，或是对消息所报道的全部事实或某一部分事实“放大”的作用。同时通讯报道的范围也比消息更广泛，因此，它可以也必须更多地调动各种修辞手法，更多地借鉴文学写作的技巧。

4. “白描”是新闻语言的主要特征

在新闻写作中，白描是指文字描写的具体方法，即不尚修饰，不用或少用形容渲染，以质朴的文笔，力避浮华、做作，简练而直接地勾勒出事物的特征。白描虽然是描写，但如果从形式上看，白描与直接叙述没有很大的区别。可以这样说，白描是直接叙述和描写的高度统一。它洗尽铅华、质朴平实，透明度高，有利于把复杂的问题用简单的方法来处理，进而突出事物的特征，即突出新闻价值，便于受众在快速交流中接受。

二、新闻语言的六忌

（一）忌含糊

语言含糊笼统，让人不得要领，这也是新闻语言的大忌。《湖南发现“妇女文字”》一文，就有这样的毛病：

湖南省江永县举世罕见的“妇女文字”，已由中南民族学院宫哲兵整理成书，即将由中国展望出版社出版。

“妇女文字”是当地瑶族妇女都会写的一种奇特文字，属表音文字，有600多个字形，有些与甲骨文、篆书相似，有些与楷书相似。它记录的是当地瑶族群众使用的一种"土话"。由于这种文字只在妇女中流行，当地称为"妇女文字"，简称"女书"。一些学者认为，这是一个惊人的发现，将引起人类学家和语言学家的关注。

1982年到1985年，宫哲兵曾六次到中国南方进行民族风情调查，其间发现了这种奇特的文字。

发现了一种只由女性使用的文字，这新闻确有惊人之处。也正因为它的惊人之处，人们便有更多地了解它的愿望。根据文中介绍，这种文字记录的是当地的一种土话，那么这种土话不可能只在妇女之间使用，为什么只有妇女会书写它们呢？男人们对它究竟是不得习用还是不愿习用？这其中必定有一些传统文化或习俗上的原因。另外，作为一种人类文化史上罕见的独特发现，它的发现过程也是读者关心的。宫哲兵是男是女？他（她）是怎样发现这一奇迹的？对此作者也没作任何介绍。总之，读了这篇新闻，感觉是作者也很糊涂，对所报道的事实所知有限。如果真是这样，那就应该调查清楚再向读者报道。

（二）忌矫饰

有一篇人物特写，这样描写一个女诗人：

所以，熟悉或不熟悉××的人，都感觉到××身上那种早晨般的清新和傍晚般的浑浊。这，正是诗人在自我和世界之间构筑的最佳对应关系，有识之士预言，××的世界是一片晨雾，一片永远不会散尽的晨雾。

……是从人的本质构成，准确地说是从一个女人感觉的深处，去对生命原动力的把握和体验。……是一种神秘化的自然，是心灵更广阔的时空的冲撞……

……她以恬淡而优美的诗篇，使自己的灵魂挣脱肉体的躯壳而获得了独立的存在方式，她以定向不定量、内涵十分丰厚的诗的语言为媒介，再塑了自己傲然独立、超凡脱俗的"内在生命"……

不要说在新闻中，就是在文学那种强调语言的"陌生化""反常化"的语境中，这也是雕琢过甚的败笔。别说新闻事实杳无踪迹，连抽象的概念也被撕扯成一堆玄虚朦胧的文字碎片。只觉一片华丽而浑浊的浓雾遮蔽了一切，真让人"不识庐山真面目"了！

（三）忌堆砌

在阅读新闻时，有时能见到这样一些句子："天空的彩霞映照得场上格外通红。"其中"格外"和"通"都是强调程度的副词，语意重复了。"胜利凯旋归来"，其中"凯"就是胜利，"旋"就是归来，等于把相同的意思说了两遍。这样的废话说多了，篇幅大了，信息却没有增加。

除这样简单的语意重复之外，有时还会有不厌其烦地罗列细节和数字的现象，同样也是语言的堆砌。有一段文字这样介绍一位农民勤劳致富的事迹：

×××种承包地55亩，去年收小麦1.25万公斤，稻谷1.15万公斤，黄豆1000公斤，赤豆、绿豆等500公斤，山芋干1000公斤，花生2000公斤，共2.85万公斤，收入1.22万元；同时他利用余粮和稻谷，饲养耕牛9头，出售小牛4头，收入2500元；出售6头肥猪，收入1400元；出售100只家禽，收入300元；小四轮跑运输，收入1800元；利用板桥火车站一个货位（三人合伙）出售砂石，自己净得1800元。全年总收入达2万元。

简直是一笔流水账，材料缺乏整理，语言更是缺少概括和提炼。这样写数字虽然很精确，主人公的事迹却很模糊。

（四）忌混乱

一位伟人曾经提醒我们，说话和写文章都要注意语法、逻辑、修辞。这里所说的混乱，主要是指违背逻辑。逻辑混乱的文章，读者很难看得明白。下面就是一段逻辑混乱的文字：

为达到赚钱目的，竟私刻杂技团公章，从濮阳市少林武术培训中心带走6名少年到南方“走穴”，谁知原定返校期限成了一纸空文。1月底，记者从濮阳市区公安分局了解到，6名被当成“摇钱树”的武校少年终于被救了回来。

（发表时间2000年2月1日）

这是一篇消息的导语。劈头一句话就漏掉了主语，让人搞不明白事件的行为主体是谁。经猜测，行为主体应该是犯罪嫌疑人——是他为达到赚钱的目的，私刻杂技团公章，骗走了6名武校学生。但接下来的一句是“谁知原定的返校期限成了一纸空文”，这很让人摸不着头脑。“谁知”表示没有料到，难道是犯罪嫌疑人没有料到吗？当然不是。这真是“你不说我还明白，你越说我倒越糊涂了”！那么到底是谁没有料到？读者只好再猜：是武校方面没有料到竟被人骗了。

这段文字的主要问题是叙事角度的混乱。在一句话中，作者一会儿站在犯罪嫌疑人的视角上说话：“为了达到赚钱的目的”，一会儿又站在武校的视角上说话：“谁知原定返校期限成了一纸空文。”读者因此找不到观察事物的立足点了，感觉自然是一片混沌。另外，“期限成为一纸空文”的说法也欠斟酌——期限是文书吗？

（五）忌空洞

在极“左”路线横行的时期，报纸广播上空话、假话连篇累牍，人们在学习、讨论甚至在生活中，也大量使用一些言之无物的公式化的套语。下面是1985年第6期《新闻业务》转载了一篇题为《万能表》的讽刺短文：

在______以来的大好形势下，在______会议精神的鼓舞下，______厂党委认真贯彻执行______精神，组织党委一班人围绕______专题，反复认真学习了______文件。通过学习，深刻认识到______的重要性，进一步明确了开展______的重要意义，从而大大增强了贯彻执行______的自觉性。在提高认识的基础上，他们针对本单位______的特点，狠抓了______的工作，做到了______，从而有力推动厂里的生产。到______为止，全厂已超额完成______计划的百分之______，总产值达到______，比去年同期增长百分之______，群众高兴地说：______。目前______，厂里的干部群众正在成绩面前找差距，为争取______作出新的贡献。

[注] 本表结构严谨，层次分明，段落清楚，主题突出，适用所有工矿企业的新闻报道。大、中、小学文化程度的同志均可使用，使用时稍加填写就可成为一篇正规的“新闻稿”。

过去多少年了，这篇短文中所讽刺的现象，在新闻中仍时时能看到一些痕迹。例如下面的一篇会议新闻：

发扬民主　加强团结　坚定信心　继往开来

××××三次会议胜利闭幕

本报讯××××三次会议圆满完成各项议程，×月×日上午在××胜利闭幕。

省党政军领导×××、×××、×××、×××……到会祝贺。

会议通过了××××、××××、××××……

省××主席×××在会上作了重要讲话。×××指出……

上午×时×分，大会在代表们雄壮的国际歌声中闭幕。

跟《万能表》又有多大区别呢？这样的报道，谁会浪费时间和精力去阅读？

6. 忌语病

或许是由于新闻写作讲究出手成章，在语言的推敲上无暇过细的原因，目前在报刊广播中出现的病句实在太多，应该引起新闻界的注意。例如下面这些句子：

××国艺术家的演出，博得了各界观众热烈的欢迎，对这次成功的演出给予很高的评价。

……像一阵春风吹遍了全县的每一个乡镇，开遍了每一个村庄。

他们在全厂推广了技术革新。

“演出”可以博得欢迎，但不能对自己给予评价，因此可见第一个例子犯了句子成分残缺的毛病，它的后一个分句缺了主语。第二个例句中的“春风”，可以“吹遍”但不能“开遍”，主语和谓语明显搭配不当。第三个例句中的谓语“推广”，只能带名词性宾语，而“技术革新”是主谓词组，带有动词性，属于动宾搭配不当。

第二节　新闻语言节奏的把握

一、新闻报道节奏的含义

我们知道，新闻是对新近发生的事实的报道。既然是报道，就对作者的主观能动性提出较高要求，即在客观公正报道时要在许多方面作出选择：既要选择报道的内容，也要选择报道的形式。受众拿起一张报纸，都希望看到能引起自己兴趣的东西。这一方面要靠新闻事实本身的诸多因素，另一方面也要靠新闻的写作者把握受众心理变化，形成报道强势。从这个意义上说，新闻作为一种特殊的商品，要在自身“质量”上下功夫。

新闻报道引起受众注意的方式除了事实本身的重要性、显著性等诸多因素之外，还有很重要的一点，就是新闻以什么样式出现在受众面前，即新闻写作者依靠自身素质，经过对事实的分析后，对报道形式作出的选择：是通讯还是消息，以及通讯、消息的写作方式、手法。对一个事实，若采用的报道形式合理，就会使传播的效果大为增强，而注重报道的节奏则是增强传播效果的一种有效方法。

节奏，原意是指音乐中有规律出现的强弱、快慢的变化。而我们这里所说的新闻报道节奏，是指在新闻写作过程中，通过作者的主观努力，使新闻呈现一种文字上或结构上或不同报道之间符合事件特点的、有规律的变化。这其中既包括一篇新闻中某段文字音律上的节奏，也包括一篇新闻作品的整体节奏，即通过内容的虚实、强弱的变化而形成的节奏，还包括一组新闻前后呼应配合的宏观节奏。

在某个新闻报道中采取什么样的节奏，应该说是有一定规律的。例如，采写内容较为平和的稿件，一般节奏要比较舒缓；而报道急难险重任务，则一般要节奏鲜明。在这里，节奏就像队列行进：或是齐步走的挥洒自如，或是正步走的刚劲有力，或是跑步走的疾风骤雨。我们不能说哪种报道节奏好，就像不能说哪种行进方式好，而只能是哪种步伐更适合于哪种场合。如果报道时不注意依据报道事实调整选择节奏，就像踢着正步去完成紧急任务一样，不仅形式与内容搭配莫名其妙，而且结果只能是把事情办砸。

在进行报道时，整体节奏的变化对于把握受众的心理变化，使受众对新闻由被动接受转向主动探寻有重要意义。

二、新闻报道语言的节奏

以平仄音调的变化与配合，形成音乐般的节奏美感。

在标题制作中，就专门有一种利用中国传统的对联形式的方法。如《错批一人　多生三亿》《紧急，两架客机空遇大雾　安全！幸有海军热情导航》。在新闻中加入脍炙人口的古代诗词也可增强新闻的节奏感，增强新闻所要努力营造的气氛，创造氛围美。

语句中文字的多少，形成不同的语速，前后呼应形成节奏。

三、谋篇布局的节奏

我们说节奏就像不同的行进步伐，通篇的节奏就像是不同的语言节奏的结合，有时可以一种节奏到底，而有时则另外还需要节奏上的变化。就仿佛阅兵时齐步与正步的互换，这种节奏的突然变化同样会带来美感。

这种通篇节奏是建立在语句节奏基础上，但同时又要超越单纯语句节奏。因为单纯语句的节奏控制，使新闻读起来朗朗上口，而新闻节奏最主要的作用还是要使新闻报道前后脉络清晰，事实发展水到渠成，或意料之外、情理之中。所谓“大象无形”，虚与实、抑与扬、动与静相结合，也是控制节奏的有效方法。

新闻故事情节上的抑扬也同样可以形成节奏。火山被压抑得越久，喷发的力量也就越大，同理，新闻故事情节上的先抑后扬亦可达此效果。报道好军嫂韩素云先进事迹的通讯《爱的礼赞》，开篇部分介绍韩素云未嫁先过门、悉心照顾老人、含辛茹苦拉扯弟妹等感人事迹，表现人物一直处在艰难命运之中。因为有韩素云的支持，丈夫倪效武工作出色，孩子的名字也由“难难”改成了“前前”。生活刚刚好起来，却又生枝节，韩素云患上了世界三大医学难题之一的股骨头坏死病，此时受众的情感也随着主人公的命运降到了最低谷。但与此同时，韩素云命运也开始强劲反弹——广州一家医院为她进行无偿救治；倪效武所在部队官兵捐款；社会各界纷纷伸出援助之手，表达崇敬之情。在专家的精心治疗下，韩素云终于恢复了健康，《爱的奉献》的乐曲更是将韩素云的命运与本篇报道推向了高峰。经过这“抑—扬—抑—扬”的节奏变化，整个报道呈现出明显的节奏感。

使用小标题是节奏调整的最简洁，也最有效的方法。有时只要一句话，就可挥洒自如地在不同的节奏间切换，使新闻达到好的宣传效果。如长篇报道《20 岁的生命礼赞——追记新时期的好战士李向群》（原载《人民日报》），以“滚滚长江水，永远记住了他的名字”“静静相思河，永远记住了他的名字”“清清南渡江，永远记住了他的名字”3 个小标题，使文章在李向群劳累过度牺牲前后、在部队的成长轨迹、牺牲后故乡人民的思念 3 个不同场景、不同报道节奏之间自然、顺畅地过渡、发展。

节奏控制也有反面例子。如一部反映“军旅标兵”叶乔波在第 16 届冬奥会上带伤比赛的电视专题片，解说词写道：“叶乔波带伤上阵，拖着一条伤腿，与对手在冰面上展开了较量……”一味追求快节奏，读者的胃口被吊得高高的，但结尾突然一句“终于获得了一枚宝贵的银牌”。这就像突然来了个急刹车，没有中间的缓冲，观众觉得，“费了半天劲，热闹大半天，就得枚银牌呀”？这人为地使受众对叶乔波最后获得一枚银牌觉得不可接受。受众的心情按俗话说是被“闪着了”，这就是典型的节奏问题。

第三节　语言运用的具体技巧

一、新闻语言的重要性

语言是最基本、最常用的传播符号，正如某位外国哲人所说：“Speak so I know you.（说话，使我可以认识你）。”在我国，人们也常用“文如其人”比喻文字和语言可以揭示人们的思想。这些都反映出语言具有直接表达思想的特性，它能使深藏在人们内心深处的某些东西跃然纸上。

新闻媒介是大众传播的重要手段，通过这一途径所传播的信息可直达社会上最广大的受众，其影响是巨大的。同时，新闻媒介属于国家上层建筑的意识形态域，它必定要反映一个国家的主流的、占支配地位的思想和文化。新闻媒介是实现这一过程的使者，所担当的责任是关乎国家文化和思想原则的，体现了一国对内、对外的整体发展战略。从这一角度看，新闻报道中的语言特别重要，它比一般的信笺、散文、小说等文学性语言要来得严肃、郑重。新闻语言应该是精练的、优美的，它表达的思想也应是磊落的、高尚的、符合社会总体价值观的。

二、新闻语言的不良表现

我国的新闻媒体在新闻改革中获得了长足的进步，包括网络、广播、电视媒体等多种媒体在市场经济环境中拥有了前所未有的发展空间，报道语言、写作风格等日益活跃化、多样化，但也出现了一些不良的语言现象，应引起传媒业的注意和防范。近年来，新闻报道中呈现出的一些新的不良语言现象大致表现在以下几个方面。

（一）“新语言”的尴尬

随着网络日益深入我们的社会和日常生活，新型的语言和文字表达方式出现了，伴随着新的生活方式正影响着许许多多的人，青少年一代首当其冲。应如何面对“PP”“美眉”“班竹”等这样的网络语言呢？显然，网络语言有自己的个性和特点，它是先进技术的产物，有些不失风趣和幽默，但是如不加选择地讲时髦和猎奇求异，可能会导致对传统文化的藐视和糟蹋。因此对于网络语言中的语言污染如不加以滤除，可能就会泛滥成灾，成为语言的垃圾，玷污我国语言文化，亵渎中华民族的悠久文化和语言文字的纯洁和健康，对青少年正规语言的学习将会产生很大的负面影响。这种语言的变态和退化在新闻报道中应引起重视，偶尔借用一两下无可厚非，但如果以此作文章的语言风格，则是一种堕落，是没有生命力的，也会损害新闻本身的传播效果。

（二）报道语言文书化、僵硬化

中国的汉语原本是世界上最灵活、最富有弹性的语言，但在当下的一些新闻报道中则显得僵硬、冷漠，缺乏亲和力，尤其表现在某些机关报的领导人活动报道和会议、政策等报道。这些报道语言文书化现象明显，充满了程序性和概括性，写作方式和语言风格大同小异，甚至有同无异。因此在进行这类报道时，要特别注意以下几点。

1. 处理好虚实关系。关键在于选取生动的细节和语言，增加报道的实质性内容，避免一般化、概念化，使新闻显得实在而不空泛，丰富而不单一。单调俗套的报道收不到良好的效果，有时甚至在受众中产生负面及逆反的效果，这是宣传报道应尽量避免的。具体的做法是可在一篇几百字的消息里加入一两句抒情或点染性的细节刻画，这种“空灵”的东西常常会使整个文章生辉，给读者带来美的享受和不可磨灭的印象。

2. 要善于从受众的角度进行报道。从受众出发原本就是传播效果实现的基点，况且党的政策制定与落实本身就是与大众密不可分。因此在进行相关内容报道时，其语言及内容都要贴近大众生活，让他们真正感觉到党的工作与基层群众息息相关，采用群众所喜闻乐见的语言，在树立、保持报道的权威性时，增强语言的可读性、可听性、可视性，适合受众的不同层次的阅读需求。

3. 结合社会热点问题、难点问题，深化报道主题。切实把人民群众普遍关心的问题及社会关注的热点问题和难点问题结合起来，对人民群众在党的领导下参与民主决策、民主管理和民主监督的生动实践进行宣传，积极营造健康、良好的民主与法制建设的舆论氛围，真正体现党为人民服务的宗旨。

（三）报道中的歧视性语言

我国《民法通则》第 101 条规定，公民、法人享有名誉权，公民的人格应受到保护。新闻媒介作为一种社会公器，应当保护受众的这一基本权利。社会的多元化发展趋势和社会进步，也要求我们加强人文关怀精神，在新闻报道中倡导和坚持人本主义原则。然而，在当今社会的新闻传媒上，经常会发现明显的歧视性语言，构成了对受众主体的不同程度的伤害，具体而言主要体现在三个方面：

1. 对女性的歧视。在一些新闻报道中，女性均以一种边缘性角色的形象出现，有时甚至是负面形象，语言含有偏见性。有的报道竟然对女性人格进行公然的贬损。这种缺乏科学、健康的报道语言与社会发展极不协调，不仅反映了记者本人品格、格调的低下，也反映出封建残余思想至今仍遗毒不浅。

2. 对弱势群体的歧视。这里所称的“弱势群体”是指那些处于社会底层、无力与新闻媒体相抗衡的人群，他们几乎没有社会话语权，在社会中处于相当被动的地位。这些普通的劳动者的人格同样也应受到认可和尊重，媒体不应对他们采取任何形式的歧视。新闻媒体应积极倡导良好的社会风气，提倡互助友爱，让更多的人关心、帮助他们。北京某报曾报道，被抓到的小偷皆“外地人模样”，不难看出，在偷窃人的身份未被确认时便有了这样的初步定论，显然是有失偏颇的。这种不公的字眼的背后是新闻记者潜意识里对外地人的偏见和歧视，对大多数外地人是不公平的，他们远离家乡故土，来到城市中进行建设，其间的痛苦、无奈才应是媒体所关注的。

3. 对被告和犯罪嫌疑人的歧视。名誉权作为公民的一项基本权利是人人平等的，不应因为某人是罪犯或曾经犯罪，媒体就可以随意侵害其权利。有些报道故意采用夸大失实的言辞，极力渲染其“恶”的一面，不仅可信性减弱了，更重要的是侵害、贬低了他们的人格。这种一味追求轰动效应，制造可读性、煽情性和猎奇性，迎合受众不健康的阅读心理的新闻语言，常常成为针对媒体的诉讼案的导火线。

总之，新闻工作者不仅是普通的社会一员，也是社会文化的传播者，这样的双重身份与媒介的双重性是一致的。新闻媒体作为重要的社会子系统，影响着社会政治、经济、文化等诸多领域，并以此发挥其独特的、不可替代的作用，从这个角度讲，新闻工作者需承担更多的社会责任，其报道所用的语言也应为反映当今时代主题、顺应社会潮流的发展、创造积极向上的舆论环境、更好地推动社会向前发展而服务。新闻工作者只有牢记这一点才能成为社会风气之先的倡始者，不断滤除社会中落后、腐朽、不良的习俗，最终完成推介、倡导先进文化的社会历史责任。

三、要做到新闻语言真诚

（一）真实鲜明，再现新闻事实

真实是新闻的生命，新鲜是新闻存在的价值，这是新闻最基本、最核心的特点。从本质上说，只有富有“时代感”的语言才能更真切地反映时代的“真”。

（二）通俗简洁，信息量丰富

新闻在本质上是一种信息，提供信息是新闻媒介的首要功能。在某种程度上，新闻报道的信息含量直接影响到报道的质量和传播效果，要想增加新闻的信息量，提高新闻的可视率，通俗简洁的语言是关键，而新闻语言不仅局限于文字或口头描述，还包括图片和画面。

（三）朴实真挚，语言情感化

新闻传播社会功能的实现离不开传播者与受众情感上的共鸣，从这个角度看，传播者要使受众明之以事、晓之以理，就需要动之以情。情感的共融不仅是一种感受力量，更重要的是可以成为一种动力，以“情感传播”达到宣传、教育和整合社会的目的，而要实现情感共鸣，朴实真挚的语言是必不可少的。

（四）生动形象，具有亲和力

现代人的阅读习惯是快餐式的，面对大量的信息，很少有人耐心去读冗长乏味的新闻，因此，新闻报道要力求语言生动有趣。动词是最生动、最活泼的元素，新闻作品中恰如其分地使用动词，就可以把新闻写活，使新闻事件富有现场感，使人物动起来，具有亲和力。同时，语言的人本化、故事化，硬性新闻的软化处理，技术术语的少量使用，都会使语言生动活泼。2008 年 2 月新华网《冰雪中，有一股热流在涌动》的报道，运用了“‘嗖’地跳上栏杆”“大声招呼”“把晕倒的女子举起来往外‘传送’”等一系列动词，将当时紧张而又感人的场景生动地呈现在读者面前，不需任何评论，这万众一心汇成的热流温暖着每一个人。

（五）普遍关注，体现人文关怀

大众文化正在以强大的冲击力和广泛的消费群体席卷着各类媒体，新闻报道也不可避免，民生新闻概念的提出，不仅打破了过去时政新闻是电视新闻主流的格局，更是将普遍关注、体现人文关怀的理念提升到了一个新的高度。

第四节　新闻体裁概述

一、新闻体裁的含义

新闻体裁，一般指新闻媒体所传播的新闻作品的各类载体形式，是新闻内容与表现形式相统一的报道样式的通称。新闻体裁又被俗称为新闻写作中的“十八般武艺”。

新闻体裁作为新闻内容的表达方式，也是新闻内容最常用的分类方式，它往往依据新闻内容的基本性质对新闻进行分类，有消息、新闻通讯、新闻特写、新闻专访、新闻分析评论等。

二、新闻体裁的分类

新闻体裁大体分三类：

第一类：新闻报道，包含有消息、通讯、新闻特写、新闻公报、调查报告、专访等；

（一）消息

消息是新闻报道中最重要的题材。它从现实生活中选择最新鲜的事实，及时加以报道，文字简洁，主题突出，是新闻报道的主要形式。

（二）通讯

通讯是由消息演变而来，因篇幅可稍长，能对新闻事实进行更具体、形象、生动的报道。它以叙述和描写为主，兼用议论、抒情以及修辞等表达方式，及时报道现实生活中有影响的人物、事件、工作经验和地方风情等。

（三）新闻特写

新闻特写是截取新闻事实的横断面，即抓住富有典型意义的某个空间和时间，通过一个片段、一个场面、一个镜头、对事件或人物、景物做出形象化的报道，给人们留下深刻、鲜明的印象，使人们感受到如临其境、如见其人、如闻其声。

（四）新闻专访

新闻专访是记者事先选定采访对象，对特定的人物、文体、事件和风情进行专题性现场访问之后所写的报道，是集新闻性、思想性、知识性和趣味性于一炉的一种可读性很强的新闻体裁。

第二类：新闻评论，包含有社论、述评、编辑部文章、评论员文章、思想评论、理论文章等；

（五）新闻评论

新闻评论是一种对最新发生的新闻提出的一定看法和意见的文章，是就当前具有普遍意义的新闻事件和重大问题发表议论、讲道理，有着鲜明的针对性和指导性的一种政论文体，是各种形式评论的总称。

（六）社论

社论是最为重要的新闻评论和舆论工具，是报纸编辑部就重大问题发表的评论。其中包括三个要点：

1. 代表报社

2. 评论对象是重大新闻事实和重大时政

3. 目的是引导舆论

（七）述评

述评是带有夹叙夹议、边叙边评性质的新闻，它是以新闻为主，述评性新闻不同于评论，而以新闻事实为依据，反映社会热点或国内外重大事件或问题的新闻体裁。

（八）思想评论

思想评论是以思想现象为写作对象的一种评论文体。具有及时性、针对性、论辩性和平易性的特点。

第三类：副刊体裁，包含有散文、杂文、小品、诗歌、小说、剧本、报告文学、回忆录、曲艺等。

所有这些与新闻有关的体裁，都是网络新闻资源系统中不可缺少的形式。各类新闻资源都有适应自身定位和表现内容需要的常用体裁，要从资源性质和体裁的固有联系出发，在把握体裁特点及其表现功能的基础上，紧紧围绕发挥多种体裁相互配合的互补效应，恰当调动、巧妙运用各种新闻体裁。

4. 提要标题的突破

提要题原是提示新闻要点的文字，一般用在内容较重要、篇幅较长的新闻中，帮助受众快速了解新闻的实质，其位置放在新闻标题与正文之间。现在提要题在内容和形式上都打破了传统，打破了常规：内容上它超越了仅只提示新闻中最主要、最核心文字的局限；形式上变单一为多样化：它既可置于题后文前，又可放在总标题的上方或引题位置，还可置于正文中间；而提要题与主题直接构成的新标题形式，突破了过去提要题单独处理的常规做法，今广泛应用于除评论外的各新闻品种和文章之中。

内容不“提”正文之“要”，以揭示新闻事实的某些现象，造成悬念，以吸引受众。如：

（提要）股市阴跌不止，中国经济面临通胀压力之际，外资投行又出现一片集体看空声。

香港市场卖空行为密集增加，6 月份日均卖空额升至近八个月高点

（主题）外资投行再现集体唱空 A 股

提要题中的文字虽是新闻中有的，但非新闻的主要事实，更非要表现的主题，主题是揭露外资“空唱 A 股”的现象，并对“唱空做多”戏码是不是再度上演提出问题悬念，最后分析了“唱空”，提出了研判之后的观点。此提要题重在现象之后提出问题悬念，增加了文章的可读性。

内容不“提”正文之“要”，以揭示背景材料，引发受众的兴趣。如：

（提要）近日，国内不少论坛都在热传一则名为“春运三票女叫嚣炫富”的视频。7 分多钟的短片里，一名乘坐动车的女子，一人买了三张坐位票，并在上面躺着，同车厢一名持站票的老者想要借坐，被其冷漠拒绝。视频上线后，引发众多网友热议，大多数人指责该女子不近人情。铁路部门表示，女子一人三票的做法并不违规，但未考虑到其他乘客的感受，属于合理不合情。

（主题）女子买三张坐票在车上躺卧无座老人想借坐遭拒

这篇报道是 2011 年 2 月 23 日的新浪网上的新闻。提要描写了女子一人三票不让座的社会现象，而正文主要写社会各方的态度反映。这些虽然与新闻正题评论毫不相干，但它的主要作用却是通过介绍故事背景制造和激发受众的新闻欲，同时也增加了新闻的深度与厚度。

内容不“提”正文之“要”，用提出问题制造悬念，吸引受众。如：

（提要）面对欧元启动、日元贬值、亚洲金融风暴等中国如何应对当今国际市场出现的复杂局势

（主题）专家谈国际市场趋势

提要题中提出问题可谓是紧抓受众和吸引受众注意力的方面，提出的问题必须要有现实针对性，了解群众最迫切想知道的信息，要击中“要害”，引发受众的兴

趣。上例中提要题提出的如何应对国际市场的复杂局势，正是当时社会普遍关注的热点问题。

形式上从以往行文平铺直叙发展到运用多种艺术手法，强化形式对内容的作用及其艺术魅力，其目的在于增强感染力。正如《人民日报》前总编辑范敬宜指出的："新闻作品最重要的是什么？最难达到的是什么？总结几十年走过的新闻道路，我终于抽象出来两个字：感染……感染是新闻作品生命力之所在……"

运用说明的手法——

（提要）：6月20日，温家宝在会议上指出，国务院决定在全国范围启动城镇居民社会养老保险制度试点，并加快新农保试点进度，在本届政府任期内基本实现制度全覆盖。温家宝要求，中央要加大财政补助力度，地方政府要调整财政支出结构，宁肯少上几个项目，也要确保这方面的支出。

（主题）温家宝：任期内基本实现全民"老有所养"

这里提要题是温家宝在会议上的演讲为内容，重在说明国务院决定在全国范围启动城镇居民社会养老保险制度试点，实现全民"老有所养"的目标。

运用抒情的手法——

（主题）我的孩子，咱们到家了……

（提要）昨天，在白花、素衣、挽联、眼泪之中，无数次目睹了人间重逢喜悦的首都机场，承负了母亲失去女儿，父亲失去儿子，儿子失去母亲的巨大悲痛。

昨天，首都机场的停机坪终于把家的概念注释得真真切切……

"感人心者，莫先乎情。"以美国为首的北约，悍然轰炸我驻南斯拉夫大使馆，邵云环、许杏虎、朱颖3位新闻工作者为国捐躯。提要题这段壮美文字情丰意切，抒发了国人痛失亲人的深切悲痛之情，感人肺腑。

运用议论的手法——

（提要）走私，使大量外国货以较低的价格进入国内市场；走私，使从正规渠道进口原材料和商品的企业在市场上直面不正当竞争；走私，不仅不会给老百姓带来实惠，反而使国家和人民利益损失严重——

（主题）打走私初显成效

进口货价位回归

提要题从"价格""市场""竞争""国家和人民"等多面对走私的严重危害进行议论，鲜明有力地表现了报纸的坚定立场和态度，有力地引导了舆论，起到了很好的宣传效果。

5. 长标题、厚标题的复兴

长标题（包括长题短文式）、厚标题（包括厚题薄文式）在旧中国的报纸就有过，90年代以来这4种形式越来越多，形成了一股潮流。它的独特优势一是便于读者快速阅读，能用较少的时间获得较多的信息，同时也便于编辑部评述自己的观点和态度，加深读者印象。例如：

（引题）不久前，北京市人大常委会向社会公布《奖励和保护见义勇为人员条例（草案）》，就见义勇为立法公开征求社会各界意见——

（主题）立法：为见义勇为者撑腰

其优势之二是长题短文、厚题薄文与大中型稿件互相配合，交相辉映，使版面生动活泼、多姿多彩。受众喜闻乐见自然好，可是这种标题又存在着一个明显的弱点，即标题一长往往容易与导语重复，如某报发布一条仅 50 多字的消息，标题中有十几个字与导语 34 个字中的十几个字表述基本一样。本来长标题含有丰富的信息量，若消息内容不多，导语又与标题重复，倒不如把短消息浓缩成标题新闻更为直接。因为长题短文、厚题薄文不仅是为了有多彩的写作形式，而且必须要为内容服务，否则将失去标题存在的根本意义。

6. 力求“轰动效应”

各媒体为“抢”受众，在标题制作上力求制造“轰动效应”，或言人所未言，或出人意料，让人震惊，吸引眼球。如：

人情猛于虎

巨额粮款化为水

这几条标题不论是歌颂赞美的，还是针砭时弊的，都是主意高、气势大，写神又写意，把夸张、比喻等写作技法运用到了登峰造极的地步，出神入化又精彩动人。如：电视专题《人情猛于虎》用“人情”喻“虎”，且胜过“虎”，标题高度概括了“人情风”这一社会问题蔓延到何种程度，已经直接威胁到农民们的生存与命运；农民交了订购粮，可是“巨额粮款”却“化为水”，农民得到的是一摞摞“白条”，电视述评的标题形象地描绘了新闻事件的严重性，深刻反映社会的黑暗面：对农民的压榨和人权的丧失。这些具有“轰动效应”的标题更加体现生动活泼，感情色彩强烈集中的效果，使广大受众过目难忘，或欲罢不能，极大地增强了信息传播的感染力和可读性。但应遵循一点的是，它们在创新时都遵循一条原则：题文一致。

7. 追求“视觉效果”

视觉效果在新闻标题中的作用非同小可，不仅大大地提高可读性和趣味性，更是当下报纸、广播和电视新闻竞争的最有效武器。标题的视觉效果可以多角度、多视点、多侧面、全方位地展开。

例如：

国庆节，中英街国旗高悬

（提要）他潜心于南极淡水生态系研究。连续在野外采样，他磨破了脚，拄着拐杖，每天照样步行七八个小时，患了“黑色素恶性肿瘤”。他是——

（主题）两赴南极的杰出科学家李植生

这条标题构思新颖、形神兼备、情感真挚、视野开阔，从感情上和艺术上深深地打动着受众。标题中打造的视觉效果是一项艰苦的创造性劳动，是新闻工作者心智高低的一场竞争，它要求记者不仅要把握好客观事实，更要从主观上深挖主题。这条标题在挖掘主题的深度上狠下了功夫，抓住了最能反映事物本质、最感人的新闻真相塑造标题的视觉艺术形象。例子中则抓住了李植生在南极顽强地与病魔拼搏，献身科学的最感人的事迹，为我们塑造了一个不屈不挠的英雄战士的形象——我们似乎看到了身患恶性肿瘤，还拄着拐杖，一瘸一瘸地在南极艰难采样的杰出科学家李植生。例中塑造人物的视觉效果鲜明、突出，“色、香、声、味俱全”，呼之欲出，形成了强烈的第一视觉冲击波，栩栩如生。

标题是最先和读者见面的。一篇文章，一条消息，能不能打动读者，吸引读者去看，标题往往起着很大的作用。俗话说“题好文一半”，一个好标题，常常会为一则新闻增色添辉，达到画龙点睛的效果，因此人们常把新闻的标题比喻为人的眼睛。

（三）新闻标题的结构

新闻标题按其结构来分，有单一式和复合式两种。单一式标题只有主题而无辅题，主题可以是一行题或两行题（又称双主题）。复合式题有主题和辅题，辅题包括引题和副题。引题又名肩题、眉题、上辅题；副题又名子题、下辅题。在复合式标题中，可以同时具有引题和副题，也可以是只有其中的一种。

1. 主题、辅题、引题、副题的含义

主题是中心。从内容来说，主题说明新闻中最重要的事实和思想，是标题中最主要的部分。从结构来说，主题是标题中最主要的部分，是标题的枢纽，引题和副题都是直接与主题发生关系的。

引题是位于主题之前的辅题，主要作用是引出主题。引题文字宜简洁，最好不要超过一行，否则，喧宾夺主，不利于主题的突出。

副题位于主题之后，主题不能完全包括或表述的重要内容，往往由副题来承担。副题主要起补充和解释主题的作用。

辅题包括引题和副题。引题又名肩题、眉题、上辅题；副题又名子题、下辅题。在复合式标题中，可以同时具有引题和副题，也可以是只有其中的一种。

2. 主题与辅题的关系

主题是中心。从内容来说，主题说明新闻中最重要的事实和思想，是标题中最主要的部分。从结构来说，主题是标题中最主要的部分，是标题的枢纽，引题和副题都是直接与主题发生关系的。

引题引出主题，可以有多种方式。最常见的是，通过交代和说明相关的背景、意义、目的、原因、结果以及具体事实等引出主题。

副题对主题起补充和解释的作用。分两类：第一类是主题不写事实，只提出一个论断或疑问，标题要提示的新闻事实，全部写在副题中。第二类是主题已经承担部分叙事任务，副题则补充交代其他事实。

二、标题的结构安排应注意的问题

（1）必须正确体现辅题与主题之间的逻辑关系。主辅题之间存在着一定的逻辑关系，如因果关系，目的与手段的关系等。制作标题时要注意把这种逻辑关系正确清楚地表现出来。

（2）主题的分行要自然，便于阅读。

三、标题易出现的问题

（一）位置颠倒型

是指新闻标题中的引题与主题的位置颠倒。引题与主题位置互换，不符合复式标题的制作规律。

（二）引题重复型

此类标题散见于通讯员、特约记者所来的稿件中，属于随意独创，任何报纸及新闻专业书籍中似乎并无这样的先例及相关介绍。

（三）虚占其位型。是指新闻标题中的引题虚占其位，没有发挥引题的说理作用。此类标题实际上只有主题，没有引题，如果将其做成单式题中的双行式主题反而更加贴切。

（四）逻辑松散型

引题与主题之间好像没有什么内在的逻辑关系，而且在导语中对引题也无任何阐述和解释，在标题中还出现了一个别字，有“部署”之说而无“布署”之说。

（五）人云亦云型

是指新闻标题制作中的因循守旧，亦步亦趋，人云亦云。这种标题在报纸版面上屡见不鲜，俄国 19 世纪文学批判名家伯林斯基有句名言：“第一个用鲜花形容女人的是天才，第二个是蠢材”。我们在新闻标题的制作方面，为何不多来一点创新、创意，使之别出心裁、别开生面、别具一格呢？

四、新闻标题的功能和特点

（一）新闻标题的功能

提示新闻内容：新闻标题是以最精练的文字将新闻中最重要、最新鲜的内容提示给读者。

评价新闻内容：标题不但简明扼要地介绍新闻内容，而且能够代表编辑部评价新闻内容。一则好的新闻标题具有鲜明的思想性，不仅能向读者提示新闻内容，而且能帮助读者理解新闻内容的性质和意义。

标题对新闻内容的评价方法有很多：

（1）通过对新闻事实的选择进行评价。

（2）通过把新闻事实安排到标题中的不同位置进行评价。

（3）通过对新闻事实的直接发表议论进行评价。

（4）通过特定的叙事方式进行评价。

吸引读者阅读新闻：编辑制作标题，不仅要注意通过标题向读者提示和评价新闻事实，而且要善于用生动优美的形式去吸引读者阅读新闻。因此，标题表现形式是否生动优美，也是吸引读者阅读不可忽视的一方面。组织和美化版面：标题不仅能够提示、评价新闻的重要和新鲜的内容，吸引读者阅读新闻，而且还能把内容相近的稿件组织在一起，使版面变得有秩序，从而具有美化报纸版面的功能。

（二）新闻标题的特点

（1）新闻标题以报告事实为主。新闻标题与通讯标题的最大区别在于是否标出新闻事实。新闻主要是报告新近发生的有意义的事实，简洁明快，一般对事物发展过程不作详述。这就决定新闻标题重在叙事，即使是就实论虚的标题，对必要的事实也应有所说明。

（2）新闻标题对事实的表述呈现一种动态。标题不仅要报告新闻事实，而且对事实的表述要体现出一定的动态，即告诉读者事情的发生与发展。通讯标题则不一定如此。通讯标题对事实的表达多数呈现的是一种静态。

（3）新闻标题形式具有多样性。新闻标题除单一式结构之外，还大量采用复合式结构。新闻标题往往是通过主题、引题、副题的配合，向读者报告新闻的内容，指明其性质和意义的。通讯则一般不使用引题，在副题运用上多数只用来说明作者写作本文的对象、意图以及采写的方式。

五、新闻标题的制作

（一）题文一致

即新闻标题必须与新闻内容相一致。这种相一致包括两方面含义。

（1）标题所提示的事实，要与新闻内容一致。具体来说，其一，标题所写的事实应是新闻中本来就有的，不是虚构的。其二，标题可以从新闻中选择某一事实，但是这种选择不能不顾及事物全貌，不能歪曲整个新闻的基本事实。

（2）标题中的论断在新闻中要有充分依据。标题可以具体描述新闻事实，也可以对新闻中的事实进行概括，作出论断，但所作概括和论断一定要有充足的新闻事实作为根据，而不能片面、夸张、拔高。

（二）修辞运用

（1）比喻——是用现实生活中具体的、浅显的、熟知的事物来说明和描写那些抽象的、深奥的、生疏的内容。

（2）比拟——是把事物当作人来描写。

（3）借代——是改换名称，不直接把人或事物的名称说出来，而用一个跟它有密切关系的名称或事物来代替。

（4）引用——就是把现成话如诗词佳句、成语、俗语等写入标题之中，用来叙事、抒情或议论。

（5）仿拟——是指模仿现在的句子格调，创造一种意义相反或相近、相似的词句，以取得讽刺、幽默的修辞效果。

（6）对比——或称对照。是把两个相反相对的事物或一个事物的相反、相对的两方面放在一起加以叙述，突出标题中对比的内容，使其更为鲜明。

（7）对偶——即选用字数相等、词性相当、结构相同或相近的两个语句表达相关或相反的内容。

（8）排比——就是把三个或三个以上的结构相似的词句排在一起，表达同一性质、同一范围的内容，使整个标题铿锵有力，气势贯通。

（9）拈连——即用表现这一事物的词语拈来表现另一事物。

（10）反复——即把同一词语反复陈述，以突出内容，加强语气。

（11）联珠——即把前一句末尾的词语作为后一句的开头。

（12）双关——即用同一词语关顾两种不同的事物，产生言在此而意在彼的效果。

（13）反语——即有意将反话正说，或将正话反说，具有幽默、风趣的特点，通常用于讽刺揭露。

（14）设问——即在行文中故作无疑之问。有的作答，有的不作答。

（15）呼告——即撇开读者，直接对第三者说话。

（三）制作程序

一般都要经过读稿、命意、立言、修正四个步骤。

（1）读稿，即精心阅读稿件，这是制作标题的第一步。认真阅读导语及全文，提炼出最重要、最新鲜的内容。

（2）命意是对标题内容的酝酿与构思过程，目的是在通读原稿的基础上，把新闻中最具有新闻价值和社会意义的事实提炼出来。

（3）立言在标题制作过程就是把命意阶段已经确定的标题的内容和表现方式用适当的文字把它表达出来。标题立言要注意力求深入浅出，通俗易懂，生动引人。

（4）修整是制作新闻标题最后一个程序，也是必不可少的一个程序。只要时间允许，编辑应对标题进行仔细推敲。

（四）制作要求

题文一致，突出精华，准确鲜明，言简意明，易读易懂，生动活泼。

1. 题文一致

即新闻标题必须与新闻内容相一致。这种相一致包括两方面含义。

（1）标题所提示的事实，要与新闻内容一致。

（2）标题中的论断在新闻中要有充分依据。

2. 突出精华

（1）将新闻中的精彩部分作为标题的写作内容。即将新闻中最具有新闻价值和社会意义的事实写在标题之中。

（2）将标题所写内容中的精彩部分放在主题之中。

3. 准确鲜明

新闻要准确地宣传马克思主义，宣传党的各项方针政策，所以新闻标题须切实做到表意要准确，表态要鲜明。表意准确：标题表意要准确；评价事实要准确；运用文字要准确。表态鲜明：即指标题报告事实有鲜明的倾向性，笔下带有感情。态度可分为肯定，否定和中立三种。实题表态主要是通过叙事中对事实和词语的选择以及表现方式的运用来表示。虚题表态则主要采用议论的方式来表现。

4. 言简意明

简洁明快的标题使读者一瞥就能了解其中的意思，被读者接受。要使标题简洁明快，应做到：善于省略；锤炼语言；善于利用标题之间的关联性。

5. 易读易懂

标题文字应生动易懂少用古字，方言，技术术语等，如果搬到标题之中，有的会造成阅读及理解障碍。

6. 生动活泼

标题要把新闻中的精华告诉读者，还应讲究生动性，以优美的形式吸引读者。

（1）巧用富有表现力的事物表现标题的内容，如比喻、比拟、借代。

（2）巧用诗词佳句或模仿现在句式格调表现标题内容，如引用，仿拟。

（3）利用词语、语句之间的各种联系，表现标题的内容，如对比、对偶、排比、拈边、反复、联珠。

（4）巧用词语的多重含义来表现新闻内容，如双关，反语。

（5）巧用提问和呼唤的方式表现标题内容，如设问，呼告。

要想纠正新闻标题制作中存在的问题，进而制作出简洁醒目的、能在“三步五秒”内吸引读者阅读下去的新闻标题，必须要大量阅读古典文学作品，增强自身的文学修养；要多读新闻业务书籍，从理论上明确各种新闻标题的确切含义；要注意浏览各类报纸，博采众长，为我所用；要勤于动笔善于用脑，努力在实践中学习，在实践中提高；还要解放思想，转变观念，牢固树立创新意识，不断培育创新精神。

俗话说“秧好半年禾，题好一半文”。一个好的标题，可以激起读者内心的波澜，拨动读者的心弦，磁石般吸引读者去读新闻，而且能够增强文章的可读性和艺术感染力。反过来说，一个不好的标题，也许会使一条极有价值的新闻从读者的眼皮底下滑落过去。因此说，制作好的新闻标题不仅仅是编辑的职责，也是记者、通讯员的职责。让我们共同研究和探索新闻标题的制作技巧，为我们的报纸提供更多更好更能抓住读者心弦的新闻标题。

第二节 新闻标题的写作

新闻报道的目的是披露事实，让人了解。只有拥有了读者，为读者所了解，新闻才有实际意义。新闻标题是进入读者视野的第一内容，为了吸引读者，创作中，新闻标题常采用各种方法，刻意求工，以增强其表现力和艺术效果。因此，认真分析新闻标题 ，无疑会对语言的锤炼能力有较大的提高。

一、新闻标题要用语简练

标题是标明文章内容的简短语言，新闻及时迅速地报道新近发生的事件，篇幅一般不长。因此，题目更求措辞精练。但精练并非无限制地压缩文字，而要以概括文章的内容为前提。如标题“奥运会第一枚金牌为我夺得”，若改为“我夺得金牌一块”，作为首枚金牌的特点和意义则无法突出。再如“中国人民解放军百万大军横渡长江”，乍看感觉题目不短。细分析无一字可减。“百万”“横渡”写出了我军磅礴的气势、胜利的豪情；“中国人民解放军”指出了我军的性质。若改为“我军渡过长江”，虽也能讲明情况，但从气势、感情、感召力等方面则明显逊色。这真正做到了“增一分则太肥，减一分则太瘦”。可见，语言简练是以恰到好处为原则而非一味简短。

二、新闻标题要概括性强

新闻常以导语的形式来概括事件的主要内容和中心意义，语言简明。标题也用来概括新闻的主要事实。可见标题的概括性更高。正因此特点仅阅读标题就能获得许多信息。如“美挑战者号航天飞机升空后爆炸”，这一题目已向我们清晰展示了航天史上这一大灾难的发生国、灾难主体、灾难发生的基本情况等众多内容。再如“数学奥林匹克中国队成绩卓越 六选手夺得五枚金牌一枚银牌 是 1986 年参赛以来的最好成绩”，这是一较完备的标题形式，它具有引标、主标和副标。其中引标说明形势，引出主标；主标概括消息的主要事实；副标则对主标作进一步的阐述和补充。仅阅读此标题，就对中国队的参赛项目、参赛成绩、具体收获、历史背景等均有了一定了解。

三、新闻标题要多种修辞并用

尤其是这些修辞的运用都从表达需要出发，为传情达意服务，不脱离内容的表达而沉湎于形势技巧的玩味，即通过完美的形势表达健康的思想内容并取得良好的表达效果。如“党国万税 国民党政府又将征资产税”，标题称之为“万税”，名副其实。“万税”与“万岁”谐音，但一贬一褒，意思正好相反。标题运用了语音上的双关对国民党政府的横征暴敛进行辛辣的讽刺。与直接的批评相比，听觉上的反语效果更浓，更耐人寻味；再如“两万张地图走进清河县农家”，不说“挂上墙”。而用“走进家”，拟人化的手法让人感到亲切自然。地图已成为农家的“一员”，可见农村的变化和进步已由物质发展到经济、文化领域，时代气息较浓。“走”结合“两万张”又给人络绎不绝之感。

人们常说题目是文章的“眼睛”，常能揭示出文章的灵魂。今后，我们在读报时，只要坚持认真地分析、揣摩、品味，对语言的感悟自然会积淀在我们心里，语言的运用能力自然会不断提高。

四、新闻标题应写明的要点

（一）标出事实

标出事实，也就是消息标题要标明此篇消息要报道的是什么事，直截了当，开门见山。这是消息中最常见的标题，因为消息直接报道新闻事实的居多。这样做的好处是，读者看了标题就知道文中要讲的内容是什么，进而对要不要阅读这篇消息、对文中内容感不感兴趣，做到心中有数。报纸多做这样的消息标题，也符合“让标题醒目突出、让篇幅短小精悍”的新闻规律要求，从而在有限的版面上尽可能多地传播读者关心的信息。

（二）标出主题

标出主题，就是标明消息想要说明的主题思想是什么，想要通过消息告诉读者什么观点。这类消息标题多是反映中心工作报道的消息和政治教育与思想工作方面的消息。要实现对党的中心工作的舆论引导和配合服务，党报就要多刊登有思想性、指导性和启发性的反映中心工作的消息，就要在消息的标题上尽量体现思想性。对这类消息而言，新鲜深刻的思想观点就是新闻性，就是可读性和指导性。

（三）标出导向

我们说新闻是有其阶级性的，也就是说有其政治倾向性，这一点已经是不争的事实。无论在西方资本主义国家，还是在社会主义国家，体现一定政治集团利益的报纸媒体在新闻传播过程中都会体现一定的政治倾向。我们的党报在对内宣传中也不例外，也要明确告诉读者自己的用意和导向。

（四）标出焦点

标出焦点，就是在标题上标明读者最关心的新闻核心。这个核心可能是一个观点，也可能是一个现象或结果。

（五）标出状态

新闻的发生总有其时间状态和空间状态，消息标题应当尽量标出这种状态，给人一种立体感。不同程度地标明了新闻事件的时态，告诉读者“已经怎么样了”。

（六）标出形象

作为新闻消息的标题，在准确简练基础上，应当尽量做得生动形象。

（七）标出结果

有的消息只要标明新闻事实或新闻事件就可以了，而有的消息需要标明所报道新闻事件的发展结果，才能收到应有的宣传效果。比如，你对某单位存在的不良现象提出批评，只说明“是什么”是不够的，读者需要知道“怎么样了”“为什么”。

（八）标出数字

一些消息标题是以数字显示其新闻性和可以量化的成果及成效的。

（九）标出悬念

有些消息还在标题上直接设立问题或悬念，进而吸引读者，效果很好。通过悬念吸引读者，看过正文才能明白结论如何。

五、“比较”与“否定”中做好标题

好题目有时候似乎可以脱口而出，其实这种情况是得益于长期的思考和学习积累，形式上是“脱口而出”，实质上却并非一时的产物。更多的时候，好标题是苦心琢磨，经过反复比较与多次否定才做出来的。在做题目的实际过程中，自己深刻体会到了“反复比较”和“多次否定”确实是做出一个好题目的重要途径。对同一篇文章做出若干不同的题目来进行比较，自然能发现孰高孰低。有时候，不一定是写出几个题目来，而是着重对一个题目中的关键词语反复考虑和比较，这也是一种比较的方法。另外，要比较就离不开肯定和否定。如果离开了对标题一次次全体或部分的否定，比较也将无法进行。

实践告诉我们，要做出一个好题目来就必须多动脑。自觉多拟出几个题目来进行比较，这往往不仅是必要的，而且是必需的。特别是要勇于对拟出的题目进行否定，否定的过程其实正是激荡脑力、有所创新的过程。没有否定的过程，脑力激荡不起来，“灵感”不出现，好题目往往做不出来。我们尤其要注意听取别人的否定意见，从别人的否定意见中脑力往往更容易受到激发和震荡，进而拟出一个更好的题目来。在拟题这个问题上，切忌思想懒惰和听不进不同意见。只有广纳博采，反复比较、多次否定，才能做出好题目来。

六、新闻标题十忌

一忌题文不符。所谓题文不符，即新闻标题与新闻事实不相符合，这是标题制作中的第一大忌。读者读报当然是先看标题，如若标题不准确，就会把错误的信息传递给读者。假如读者只看标题不看正文，那么读者就完全接受了错误信息；如果读者看了标题再读文章，那么他就会心生疑惑，大大减弱他对这篇文章乃至这张报纸的信任度。

二忌以偏概全。一个事物常常有全体和部分之分。制作标题不能以部分去概括全体，否则就会失实。当然，反过来也一样，不能以全体去代替部分。下面是以部分概括全体的例子：中共干部队伍数量减少质量提高（主题）/去年底共有各级各类干部4113万人（副题）。这条新闻报道说，截至去年年底全国有各级各类干部4113万人。显然，这里所说的干部，除了身为中国共产党党员的干部外，无疑还包括那些民主党派和无党派的干部，怎么能把所有的干部都说成是中共干部呢？这样的标题会产生把中共当成国家的误会，在读者中造成不良影响。

三忌滥摆噱头。把新闻所包含的主要的、独特的、新鲜的内容提炼出来，通过鲜明、生动的标题对读者产生强大的吸引力，这无疑是新闻标题制作所要努力去达到的目标。但是他绝不能为了抓住读者的吸引力而不顾标题是否有事实做基础。以下的标题就有滥摆噱头的毛病：他的追悼会上被突然公开（引题）/人事局长私人秘密（主题）。看到这样的标题，读者会有什么样的期待呢？不用说，基本指向那些不怎么光彩的秘闻。而事实上稿件所披露的却是这位人事局长如何克己奉公、公而忘私，尽管两个女儿下岗多年，也决不徇私开后门。对于这样一个共产党人的楷模，在标题里点出他的感人事迹，难道就会失去魅力，读者就会不屑吗？

之所以会制作出这样的标题，无非也是期望造成炒作、猎奇的新闻效果，以引起读者的阅读兴趣。殊不知这种做法让读者会有上当受骗的感觉，效果只会是适得其反，甚至使报纸的公信度受到损害。标题制作中的这种滥摆噱头、弄虚作假是不可取的。

四忌逻辑不通。所谓逻辑不通，是指引题和主题、主题和副题之间的逻辑关系不顺，不紧凑，甚至颠倒，以致弄得读者摸不着头脑。

五忌望文生义。所谓望文生义，就是没有弄懂某个词句的正确意义，从字面上牵强附会，结果在标题里错误地运用了这个词语。标题除了具有向读者传递言简意赅的信息的功能外，还起着向读者传授知识的作用，如果标题里错用某个词语，就会以讹传讹，从而降低了报纸的权威性。

比如“空穴来风”这个成语就有一个误用的例子——法新社：北京申奥的赞

成票已领先其他城市 15 张（引题）/北京奥申委：空穴来风（主题）。按照题意，“空穴来风”无疑要做“无中生有”解。而“空穴来风”的本义为：有了洞穴才进风。比喻消息和传说是事出有因的。看到这个标题，了解此成语的正确意义的读者就会得出与标题含义完全不同的结论，而不懂这个成语的读者就把它当成了“无中生有”的同义语。这样就会使谬种流传。

六忌用词不当。编辑不恰当地使用某个词语，往往是由于仅凭大致的印象而未能弄清其确切含义。这种粗枝大叶、满不在乎的工作作风肯定要出错。

有这样一则标题：米洛舍维奇东山再起蝉联党主席（主题）/虽然总统选举落败但塞尔维亚社会党对即将在 12 月举行的议会选举仍抱乐观态度（副题）。“东山再起”比喻失势后重新恢复地位。米洛舍维奇既然是蝉联党主席，那他在党内就未曾失势，就不存在东山再起的问题；而他在南联盟总统选举失败后，并未重新在南联盟得势，因此也不能说他东山再起。“东山再起”这个词用在这里是不合适的。

七忌产生歧义。标题制作过程中，有时需要凑字数，或者形式的美化，或者需要合并句子，这时很容易使标题产生歧义。

比如有这样一则标题：泰王大赦英人/上了牛津大学（并列题）。读者读了标题一定会以为泰国国王大赦英国人，因此得到报答而获准进入牛津大学学习。如果真是这样，那简直是天大的笑话了。事实上这篇新闻稿讲的是，一个因走私毒品在泰国坐了七年牢之后获泰国国王大赦的英国女子最近被牛津大学录取。

八忌搭配有误。所谓搭配有误，是指词语或句子间的搭配不恰当、不合适。

比如：米洛舍维奇入狱后（引题）/匆匆睡去（主题）。“匆匆”的意思是急急忙忙的样子，一般与“离去”“走来”等类似的行动相搭配。而睡觉是一个安宁、平静的过程，如何会出现急急忙忙的样子呢？

又如：久违了，节日又闻织机声（主题）/两家企业初一加班工人高兴地说，上海纺织业的“春天”来了（副题）。这里的主题，正确的搭配应该是：久违了，节日里的织机声；或者：节日又闻织机声。

九忌随意断句。汉语句子不能随便断，如若断错地方，意思就会大相径庭。

如这样的标题：瑞士联邦院支持（引题）/瑞士加入联合国（主题）。看了这个标题，会以为在瑞士联邦院的支持下，瑞士加入了联合国。其实不然，瑞士联邦院通过决议，支持自己的国家加入联合国。而按标题里现在的断句，一个将来可能发生的事情变成了“事实”，从而向读者传递了错误的信息。

十忌缩省减度。这里的“缩”“减”失度，前者指国家、组织、部门等名称缩略不规范，后者指标题中减略过度，以致造成误解。

前者的例子有：本尼满意米卢高兴（引题）/印中之战竟是“双赢”（主题）。此新闻报道的是本届世界杯足球赛外围赛小组赛里中国队对印度尼西亚队的一场比赛。标题把印度尼西亚简称为“印”，按习惯，“印”是印度的简称，而印度尼西亚的简称则是“印尼”，面对这样的标题，读者很自然的会产生疑问：与中国队同赛的没有印度队啊？

第三节　导语的写作

一、导语的含义

导语就是以凝练的文句提示新闻要旨，吸引受众阅读新闻开头第一段或第一句话。导语往往是新闻事件的高度概括，使读者看过导语后，不用看下文，就能了解消息的主要内容，这种结构形式的特点避免了消息写作中把最重要、最新鲜的事实淹没在大量一般性事件里，突出了“新”字。

新闻导语按照其表现形式，大体可分为硬式导语、软式导语、复合导语等几种，由于其表现形式不同，因而在写作上所运用的手法也就不同。

（一）硬式导语

所谓“硬式导语”，是指那些“六要素”导语、归纳式导语等比较规范直观的导语，它常被用在动态消息，政策性强、内容单一的短消息以及突发事件等新闻当中。如：

新华社驻美国记者任毓骏王如君报道：9 月 11 日上午 9 时 48 分，一架飞机撞到了纽约世界贸易中心大楼，飞机把大楼撞了个大洞，在大约距地面 20 层的地方冒出滚滚浓烟。就在楼内人员惊慌失措之际，18 分钟后，又有一架飞机撞上了世贸大楼，这架飞机是从大楼的一侧撞入，由另一侧穿出，并引起巨大爆炸。

这一类导语开门见山，把最重要的信息首先传递给读者，满足受众渴望获得信息的需要，是最常用的导语表现形式。硬式导语在写作手法上突出写实，用词凝练、笔法简约，很少运用带有作者感情色彩强烈的词句。

硬式导语曾被前人奉为新闻导语写作的典范，然而由于它的局限性，容易使文章听来呆板、苍白、缺乏趣味性，最后陷入“千篇一律”的格式里，因此，软式导语也就应运而生了。

（二）软式导语

其实是与硬式导语相对而言的，由于它形式多样、写作灵活而被新闻工作者广泛使用。

软式导语常以描写式、仿写式、反问式、悬念式、隐喻式、引语式、背景式等表现形式出现，其中以描写、抒情、说明手法最为常见。

描写型的软式导语多用一些散文的笔法，导语的构思巧妙、结构松散，或以写景、或以写人、或以一个故事为开头，它不是对全部新闻事实的概括，而是找出富于趣味性的吸引点为开头，将读者注意力集中，用几个轻松的段落组织一个富有戏剧性的开头。

如《纽约时报》的理查德·塞弗罗采写的有关去纽约市后失踪的几千名妇女中的一名妇女的故事的报道，他以小故事为导语开始他杰出的报道。

这毕竟是乔安妮·巴肖德不快活的半年中最快乐的一天：在她二十四年的生活里，她的家人从未见她这样高兴过。九月二日，乔安妮在纽约市的贝勒弗尔医院的某个地方的公共电话亭打电话时宣布说："昨天我生了个女孩。"她的妹妹巴巴拉在俄亥俄州柯特兰的巴肖德住处接到这个电话时大吃一惊。全家人谁也不知道乔安妮已怀孕，甚至连她住在哪儿都不知道。

打电话的四天后，这个婴儿就死了。婴儿是在乔安妮称之为家的东哈莱姆贫民窟里被乔安妮宠爱的、唯一的伴侣—— 一条饥饿的德国牧羊狗咬死吃了……

描写型导语的突出特征就是使读者一开始就感受到某种强烈的现场气氛，产生如临其境的现场感，软式导语与硬式导语比较而言，硬式导语开门见山，而软式导语则更加含蓄，表达方式更为曲折委婉，多用藏头露尾的方式。

（三）复合式导语

就是兼具硬式导语的准确性、客观性、快捷性和软式导语的可读性、可视性、可听性、感人性等特点的一种导语。目前比较流行的"流线型"导语就属于复合导语的一种表现形式。

好的新闻导语创作是优秀新闻体裁稿件的基础。那么在开始导语写作前该如何展开工作思路？美国明尼苏达大学教授丹尼斯说："好的导语可以简短而明快，可以细细道来，将读者徐徐引入正文，也可以热火朝天、气势如虹。导语可以产生悬念，也可以蓄力而发，导语应当适应稿件的特殊需要。它之所以重要，不仅因为可以传达信息，而且可以为稿件确定情绪与基调。"因而导语在其写作手法上应灵活多样，切忌陷入方框化、程式化、公式化的僵局，使一些套话、空话、老话充塞其中。浏览国内外的优秀新闻作品，大多都有一个形象、生动、有血有肉的导语，这些导语或抒情、或描写、或评论，其灵活多变的笔调。

二、导语的重要性

导语——开启受众的金钥匙

写一则消息，导语的设计十分重要。其作用不仅在于对主体内容的提炼，而且还在于提高新闻的整体效应。

何谓导语？"导语就是以凝练的文句提示新闻要旨，吸引受众阅读新闻开头第一段或第一句话"。导语为"新闻工作术语，在一篇较长的报道开头，用简洁的话介绍主要的内容，提示它的主题思想，以便引导读者进一步阅读全篇”。从受众心理进行分析，笔者认为，导语的作用起码有以下几点。

（一）引发受众兴趣和注意力

消息的开头如何，与其整体的关系非常大，它直接影响到受众的阅读兴趣、情绪和所处状态。记者如果在撰写消息时精心设计好导语，新闻就会像磁铁一样紧紧吸引住受众，使之产生浓厚的兴趣和高度的注意力。《泰国北碧村发生“蛙战”》是一则曾引起广大受众普遍兴趣的消息。它的导语是这样写的“在泰国南部博他伦府博他伦县北碧村的一块田野里，前不久发生一起有数千只青蛙参加，历时一个多小时的‘蛙战’”。这简短的导语激发了受众揭启“蛙战内幕”的企盼，而产生急于往下看的浓厚兴趣。如此，可以看出导语在受众中的重要位置。

（二）调动受众思维的积极性

消息的导语如能通过适当的引导，激发受众积极思考，新闻的效应也能真正发挥出来。那么，怎样调动受众的思维积极性呢？众所周知，有引导就会产生思索，有思索就会产生求知的欲望。因此，导语通过巧设疑问，能起到开启受众思维的积极作用。例如，《人民日报》刊登的一则消息开头“长江究竟有多长？源头在哪里？经长江流域规划办公室组织查勘的结果：……在唐古拉山脉主峰拉丹冬雪山南侧的沱沱河，全长不止5800千米……”。这则消息“开头见问”，提出了人们普遍想知道的知识性问题，因而赢得了受众。

（三）从受众关心的问题入手

每一时期、每一阶段，都有受众关心的热点和难点问题。而这些热难点问题，正是新闻媒介所要关注的焦点。如果记者能从解决问题入手，撰写好导语，这对受众来说是至关重要的。如《人民日报》的另一则消息《马鞍山减速机厂工程师金铭新无端受排斥 工人上书为知识分子说公道话》就是针对群众关注的难点问题进行报道，请看其导语：“最近，中共安徽省马鞍山市委认真处理工人来信中反映的问题，对排斥知识分子的减速厂党支部书记裴吉宏就地免职调离该厂……”记者心里装着受众，撰写的稿件，找准典型之“矢”，射问题之“的”，其导语击中了要害。

从上面的例子可以看出，导语在消息中不仅有提示新闻内容的作用，还有利于激发受众兴趣和调动思维积极性，犹如一把开启受众的“金钥匙”。那么，记者编辑怎样恰当地设计和撰写导语呢？笔者认为：

1. 要精，有概括性

导语只是新闻的提要，并不是消息的全部内容。因此，导语要切中消息的重点，语言要精练、概括，不能拖泥带水，不能泛泛而谈。那种占用长幅和时间，交代新闻背景和随意发挥的做法，都是不应该的。如果说标题是新闻消息的“眼睛”，那么导语就是面向受众的“窗口”。记者要抓住新闻中心，以简洁的语言撰写导语。

2. 启发，吸引受众

不管是受众关心的热点问题，还是社会上存在的难点问题，作为新闻工作者都有责任引导受众正视这些问题。因此，报道的新闻，导语设计应有针对性和启发性。“针对性”是指导语的内容要正视问题，不要回避矛盾；“启发性”是指导语要善于引发受众思考，有启示作用。

3. 要活，不拘一格

导语不仅要概括新闻的内容，还要紧紧扣住受众。这就需要记者在尊重新闻的真实性和客观性的前提下，讲究灵活多样的报道方式，导语也不例外。实际操作中，可以变换一个视角，找准导语的切入点；从受众心理需求入手，适当运用对比、比喻、拟人等修辞手法，烘托气氛。有人提出导语散文化，就是这个道理。总之，只要我们从受众出发，切实改进新闻报道的方式，消息的导语不仅可以采用叙述的方法，也可以用抒情、描写、议论等方法。

事实上，随着新闻报道的持续进行，这些用冲突要素构建起来的新闻导语还将不断增加。只要认真观察和仔细分析，把握住新闻中的冲突要素，用简单、明晰和生动的语言，一个新闻领域里的新手也能写出读者爱不释手的新闻来。

导语是引导读者阅读记者作品的一扇门，它没有固定的模式，但必须体现记者的智慧和思想。这扇门张扬记者的个性，体现记者的风格，并让经过的每一位读者驻足不前，产生步入你构筑的新闻殿堂的欲望。

三、导语的类型

消息的导语写法虽然千变万化，又无一成不变的格式。但是，由于消息报道的题材、立意、角度和表达手法等各有不同，导语也有了不同的类型。在中外一些新闻学著作中，对消息的导语写法一般分为两大类型。

一类是直接性导语。这类导语的写作是直接叙述已经发生或正在发展变化中的事实。其写作的特点是开门见山，简明扼要地突出点明最新鲜、最重要的事实或最有新闻价值的内容。

对此类导语再细分，又有以下三种。

(一) 单元素导语

即导语中只表述一个新闻事实。它应当是消息中最新鲜、最有新闻价值的核心事实，这是按照报道的内容而定的。有的新闻学又称为单要素导语。这是按新闻五要素来区分的。单要素导语计有如下五种：

1. 何人导语

这种导语一般来说，只突出报道显要或影响大的新闻人物时采用。因为这些人从事的活动，比一般人做的事情更能引起读者的关注。有时，使用这种导语的另一种情况，是读者对报道的事件产生或带来的后果所关心的程度超过了事件的起因。

2. 何事导语

一般说来，新闻事实本身的重要性或影响力超过了其他新闻要素，应当用这种导语。比如：

新华社电中共北京市委在最近举行的常委扩大会议上宣布：××××年清明节广大群众到天安门广场沉痛悼念敬爱的×××总理，愤怒声讨“×××”，完全是革命行动。

3. 何时导语

读者关心的事情什么时候会发生或进行，可用此种导语。例如××××年××月初报道日全食的消息，导语就这样写的：

新华社 电3月9日9时零7分，在××省××县境内将发生日全食的罕见天象。

这个消息发表后，3000多位中外专家和天文爱好者在当年3月9日前赶到××，观看我国21世纪最后一次的日全食。

再说，报道公众可以参与的活动，如运动会、演讲会以及群众集会等，在导语里也常常强调“何时”，便于读者知道自己应在什么时候去参加。

4. 何地导语

报道一些重要或有特殊意义的地方发生重大变化的消息，常用此种导语。例如：

本报讯 因长篇小说《林海雪原》而闻名的威虎山地区过去靠松明子照亮，如今点上了电灯。

有时，一件事发生了，人们更关心是什么人干出的。在这种情况下，写消息时也可用何人导语。

5. 为什么导语

当报道一个事件的起因，比其后果更能引起人们的关注时，可用这种导语。比如：

本报讯高速超车导致一辆汽车，昨晚在三环路上连续两次翻车。

这个导语首先点明发生这起交通事故的原因是高速超车，对其他开车人来说是个提醒。

上述的种种单要素导语，都是依据报道的事实而突出一个引人注目的新闻要素。一般地说，单元素导语也好，单要素导语也好，写作都是简明扼要，中心突出，一语道破报道的事实和主题，故又称为“凝练导语”或“浓缩导语”。

（二）多元素导语

这种导语里包括两个或两个以上的新闻事实，或者说两个或两个以上的新闻要素。它一般要写出“何事”或“何人”在“何时”“何地”发生的两个什么事。

例如：

新华社电昨天傍晚，长江三峡工程坝址洪水流量已经突破每秒5.8万立方米。这是今年入汛以来三峡工程遇到的最大洪水。由于三峡工程抗洪设防坚固，整个工程没有出现险情，各项施工正常，受阻于大坝上游船上的旅客正在紧急疏散。

这个导语的内容就不是单一的事实。它包括长江三峡工程遭遇最大洪水的袭击，三峡工程没有出现险情；而且各项施工正常进行；受阻于大坝上游船上的旅客正在紧急疏散，导语中不仅写出“何时”“何地”“何事”，又有两个新闻事实。这条消息第二段写入汛以来长江形成四次洪峰的情况；第三段写三峡工程早已采取一系列防洪措施，可抗御百年不遇的大洪水；第四段又写洪水居高不下，使三峡工程坝址四次断航，受阻旅客都被安全疏散。即使上述二、三、四段内容全删去，只留下这个多元素导语，也构成了一条可发表的简讯。

（三）归纳型导语

这种导语中包括的内容较多，为了避免写得庞杂和冗长，用简练的语言把诸多内容归纳起来，概括成一个报道主题来统领全篇。在这种导语之后，再分段展开叙述报道的诸多内容。例如：

新华社电长江中下游目前水位仍然居高不下，大堤由于长时间、高水位浸泡，抗洪能力减弱，防洪形势十分严峻。沿江各地继续紧急动员，把防汛抗洪作为头等大事，数百万军民日夜坚守在漫长的大堤上，以确保两岸人民群众的安全。

这个导语是把下文报道湖北、湖南、江西、安徽以及南京等长江中下游流域抗洪抢险的形势加以归纳，形成的一个主题思想。这种导语多用于综合性报道。

上述的直接性导语其写作的难点，集中表现在“叙述什么”和“怎样叙述”的两个问题上。前者要求记者和通讯员具有高度的概括和准确选择事实的能力，抓住报道内容的要领。后者要解决怎样叙述诸多事实做到简洁明了，又不一般化和概念化，写出特点和新意。

另一类是延缓性导语，又称为间接性导语，多用于时间性不太强的消息写作。此类导语不直接叙述新闻主要的事实，是通过种种手法迂回地去引导。可以说，延缓性导语不以时效性取胜，而是“曲径通幽”，“曲”的目的在于激发一种寻根究底的心理，诱导读者非读下文不可。这类导语写出“曲”的具体方法是多种多样的。一般地说，如下一些写法可供借鉴。

其一，描绘一个场面。通过记者目击的现场，对事情发展的高潮、事物的某一有意义的侧面或某个特定的场景等，作出简洁质朴又具有特色的描写，用来渲染烘托一种气氛。比如：

本报讯 一冬默默无消息，春至方见雪花飞。今晨，人们推开门窗，看到一个银装素裹的京城和正在飞舞的雪花。

在此导语之后再引出北京下了一场春雪的情况以及对城市净化空气和郊区农作

物所起的良好作用。

其二，写出一个情节。请看这个导语：

本报讯 8月底的一天早晨，从湖北钟祥县开往武汉的长途汽车就要起动了。考取了北京大学的农家子弟柯洪云欢欢喜喜地登上了汽车。这时，一位中年妇女急急忙忙地赶来，把一件棉大衣塞到了他手上。乘客们以为，这一定是学生的妈妈。可是，人们怎么也没有想到，这位妇女却是柯洪云的老师。

消息开头出现的这个情节，吸引读者看下文，了解到这位教师辛勤培养的这个学生原来是孤儿，从而师生之间建立起“不是母子却胜过母子”之情。

其三，提出一个问题。在导语里设置一个尖锐、鲜明的问题，引起读者去关注与思考。举一例：

本报讯 目前哈尔滨市私有轻便摩托车5300多辆，而上半年到石油公司来买石油的还不到70户。那么，天天在街上跑的5300多辆“轻骑”都烧谁的油？

这样提问式导语，可以让读者“欲知此事如何，且看下文分晓”。

其四，造成一个悬念。且看下面这个导语便是一例：

本报讯 一位年轻的女售货员昨天来到本报，要求尽快刊登一条广告，寻找她接待过的一位外国顾客。

读者看了这个导语自然会想，这位女售货员为什么要急着登广告寻找那位外国顾客呢？为了解开这个悬念，势必要阅读消息的下文。原来，这位女售货员由于一时马虎多收了那位外国顾客的购物货款，急着想如数退还多收的钱。上述的种种延缓性导语，其写作的特点是一起一伏，峰回路转，耐人寻味，促使读者看完消息的全文，可以产生“山重水复疑无路，柳暗花明又一村”的感觉。

在直接性导语和延缓性导语之外，还有一类复合型导语。这类导语是指消息开头，由两个甚至两个以上的自然段组成，包含着报道的两层意思。在这类复合型导语中，第一自然段之后的第二自然段，又称为次导语或准导语。

说得更深刻：“导语是记者展示其杰作的橱窗。读者和编辑（以及新闻学讲师）都会自然地设想，如果记者未能在导语中表现出水平，那么，他就是没水平。因此，应该全力以赴地写好导语。写一遍，再写一遍，认真推敲，直到确信这是你能写出的最好的导语为止。”我国不少记者谈到消息写作时，还有这样共同的感受：“一个导语写好了，就是整篇消息写作成功的一半。”这些见解和经验之谈，可能对记者和通讯员写好消息的导语会有一定的启迪。

四、新闻导语的写作方法

所谓新闻导语，就是指消息的开头，通常是消息的第一个自然段。它把新闻中最重要最新鲜的事实提炼、概括，展示在开端部分，以吸引读者注意。如此一来，写好新闻导语，对整篇新闻来讲都是相当重要的。

俗话说："万事开头难"，写文章亦如此。新闻导语与文学作品的开头自然不能等量齐观，但就其重要性来说，新闻导语更加应该讲究开头，导语是记者展示其杰作的橱窗，读者和编辑都会自然地设想，如果记者未能在导语中表现出水平，那么，他就是没水平。所以，记者们包括一些通讯员，都在新闻导语的写作上刻意求新，各显神通。

具体地讲，写好新闻导语就要从以下几方面下功夫。

（一）要明确新闻导语写作的基本要求

新闻导语在写法上存在一定的灵活性，但也有一些公认的准则；最好用经过提炼的、简洁精彩的文字表达最主要最新鲜或富有趣味的事实，做到简明扼要，开门见山；要把通篇新闻所报道的中心思想加以突出，把中心思想掩盖了，事物的实质内容往往是最有特色的，把事物特点紧紧抓住，就能起到提纲挈领的作用；善于运用生动形象而又朴实的语言来润色导语，表现形式上要不落俗套，新颖别致，讲究文采。

（二）要有鲜明的主题思想

导语要有文采，具有鲜明性。许多导语常常是突出"为什么"这个新闻要素，形成了概念化的语言，新闻的思想性主要在事实本身的分量上，而不在普遍性的尽人皆知的口号上，应尽量避免那些空泛的套话。

（三）要占有丰富的新闻素材，善于突出一些形象化的事物、形象化的语言、形象化的细节

形象化的东西容易吸引人，但是，导语毕竟是新闻事实的核心和精髓。新闻导语中要写出点形象，需要抓住事物的特征，截取新鲜的画面，也要讲究表现的角度。大体可以运用以下几种表现方法使新闻导语形象化：一是通过群众的嘴说出新闻的形象。二是抓住最能体现事实本质的形象写。三是抓住新闻事实中新鲜而有具体感觉的形象写。要写好新闻导语，还要在深入采访上下功夫，只有这样，才能写出深刻、鲜明、形象的好导语。

（四）要学点语法、修辞，打好写文章的基础，还要学点逻辑学

写起导语来很容易冗长繁杂、眉目不清。由于导语要求简洁明快，一般要求只有几十个字甚至十几个字，这就必须字斟句酌，反复推敲。

总之，做好上述四点，是写好新闻导语的基本方法。有些经验丰富的新闻工作者，在写一条新闻时，往往写出几个导语加以比较、研究后，再选用其中最精彩的一个。难怪有的老新闻工作者说，写新闻时，先把导语写好，通篇新闻就可一气呵成了。

五、新闻导语写作应注意的问题

俗话说：好的开始是成功的一半。导语的写作，在新闻中有着引领性的功效：

它既是新闻稿标题和主体部分的衔接，在整体的结构中承上启下，导出主体内容的完整信息，又是新闻稿的“广告栏”，如一道明亮的风景线，牢牢地抓住读者的心。

导语的写作既要从新闻事实的实际情况出发，又要有创造性。写法因事而定，因人而定。但是无论采用什么写作方式，都必须照顾全篇的统一、完整、和谐。导语要突出观点，点明主题，力求生动，尽可能写得简要明确，使读者知其要领。总之，写新闻导语时，要尽可能做到“五要”与“四防”。

五要：

1. 要事实新；
2. 要事实最重要；
3. 要有新闻根据；
4. 要简短扼要；
5. 要文字生动。

四防：

1. 防公式化、概念化，不能用空洞的议论代替事实；
2. 防一开头就用很多的名字、机构和衔称，一连串枯燥的数字，难懂的技术名词；
3. 防不分主次、轻重，把太多的事实塞进导语里；
4. 防一开始就写旧闻，孤立地写历史背景。

六、突出不同导语要素

在新闻写作中人们常把5W（何时、何地、何事、何人、为何及如何）作为新闻六要素，缺一不可。因此，“5W”也成了设计导语所选用的基本“材料”，以呈现新闻内容之梗概。

早期的导语写作是六要素俱全，但不免文字多，句子长，重点难以突出。现代的导语写作中，不必硬性规定要把六个新闻要素统统塞进导语中，而应该根据每则新闻的特点，从六要素中挑选一两个最重要的、最能激发人们兴趣的要素，突出地写入导语，其余的要素可以放到后面各个段落分别叙述。

（一）突出何时要素

何时要素在导语中是很少能成为重点的，只有在特定的情况下，有特定的意义时，才必须特殊处理。如：

△明天（4 月 15 日）凌晨二时是我国开始改用夏时制的时间。

（二）突出何地要素

和何时要素一样，何地要素虽不可缺少，但也并不是最重要的，只有在特殊情况时才需用何地要素在导语中突出处理。如：

△宜兰大南澳山区，昨天发现台湾第一块原生铀矿。

在这则新闻中，读者更关心的是在“何处”发现了铀矿，因而导语中对何地要素率先指出。再如：

△杭州武林广场将搭起一个能容纳 500 人同台演出的庞大露天舞台。95 之夏大型民族音乐晚会将于 8 月 6 日晚启幕。

报道即将举行的一次会议、一场演出、一场比赛、一次展销会的地点，往往为读者所关心，导语中应首先考虑。

（三）突出何事要素

何事要素是新闻的核心。没有“何事”，就没有新闻；没有“何事”，何时、何地、何人、为何及如何，在新闻中就没有归宿，何事是新闻六大要素的核心。因此，导语最通常的方式，是以何事为核心展开的。如：

△伊拉克军队今天凌晨发动突然袭击，一举攻占了科威特城并向沙特阿拉伯边境前进。

这条导语中，何人要素是概括的“伊拉克军队”；何时要素是“今天凌晨”，仅表明新闻之时新，并无特殊意义；在何地发动突然袭击及为何和如何，没有提及。其事实的核心是“伊拉克袭击科威特”，这也正是这一新闻事件的最大新闻价值所在。

（四）突出何因要素

一般来说，何因要素在导语中也极少能成为重点要素的，但只要有可能，在导语中就必须注意挖掘“何因”要素，尤其是当原因比结果更引人注目的时候，更需要突出“何因”要素。如：

△只因为淘气被妈妈责骂了几句，一位 5 岁女孩一气之下逃出家门，至今下落不明。有关专家指出，独生子女的家庭教育问题已到了让人忧心的地步。

这一条导语的核心事实是 5 岁女孩逃出家门，至今下落不明。但为什么要逃出家门，这是让人疑惑的焦点。因此，导语一开始就说明了原因，并由此引出了一个大问题。

（五）突出何人要素

绝大多数新闻涉及人。如果这个人为大家所熟悉，具有特别重要的显著性，或者较之发生的事更为重要，设计导语时必须以“何人”居先。如：

△中国最杰出的军事家之一徐向前元帅今天在北京逝世，终年 91 岁。

△著名美籍华裔物理学家、诺贝尔奖获得者杨振宁教授认为，美国应加快撤除对中国的经济制裁，因为中美关系是世界稳定的基础之一，经济制裁中国只会对世界局势造成破坏。

上述两条新闻是因为人物本身的显赫，决定了新闻价值，因此导语中对何人要素作了突出处理。

（六）突出如何要素

如何要素往往是指一条新闻的发展过程或情节的展开或新闻事件中的细节。如何要素一般放到新闻主体中展开。但在需要特别强调时，应在导语中处理。如：

△用一把小小的铁汤匙挖掘数日，并巧妙躲过警卫每天的巡视，一名罪犯终于挖穿牢墙，于昨晚越狱。

这则新闻中涉及的何人、何时、何地、何因等因素均属较常见。但如何要素却是大众所关心的焦点。因为在一般人心目中，监狱总是壁垒森严，防备极为严格的，此罪犯靠何种手段、以什么方法躲过了狱警的耳目得以越狱成功的。因此在导语中从如何要素入手，率先回答读者的疑问。

七、花时间写个好导语

（一）要明确新闻导语写作的基本要求

导语在写法上自身存在一定的灵活性，但也有一默认的准则：要把通篇新闻所报道的主题思想加以突出，事物的实质内容往往是最有特色的，把事物特点紧紧抓住了，就能起到提纲挈领的作用；最好用经过提炼的、简洁、凝练、精彩的文字表达最主要最新鲜或富有趣味的事实，做到简明扼要，开门见山；巧妙地运用生动形象而朴实的语言来润色导语，表现形式上要不落俗套，新颖别致，讲究文采，表现手法多样化，丰富文章的可读性。

（二）要有鲜明的主题思想

导语要有文采，具有鲜明性。许多导语常常是突出“为什么”这个新闻要素，新闻的思想性主要在事实本身的分量上，而不在普遍性的尽人皆知的口号上，应尽量避免那些空泛的套话。

（三）要学点语法、修辞，打好写文章的基础，还要学点逻辑学

写起导语来很容易冗长繁杂、眉目不清。由于导语要求简洁明快，一般要求只有几十个字甚至十几个字，这就必须字斟句酌，反复推敲。

（四）要占有丰富的新闻素材，关于突出一些形象化的事物、形象化的语言、形象化的细节

形象化的东西容易吸引人，但是，导语毕竟是新闻事实的核心和精髓。新闻导语中要写出点形象，需要抓住事物的特征，截取新鲜的画面，也要讲究表现的角度。大体可以运用以下几种表现方法使新闻导语形象化：一是通过群众说出新闻的形象。二是抓住最能体现事实本质的形象写。三是抓住新闻事实中新鲜而有具体感觉的形象写。要写好新闻导语，还要在深入采访上下功夫，只有这样，才能写出深刻、鲜明、形象的好导语。

总之，做好上述四点，是写好新闻导语的基本要求。有些经验丰富的通讯员，在写一条新闻时，往往写出几个导语加以比较、研究后，再选用其中最精彩的一

个。有的老新闻工作者说，写新闻时，先把导语写好，通篇新闻就可一气呵成、顺理成章了。

八、个性化导语写作手法

从事新闻行业的工作者，对导语在新闻写作中的地位，都有一个基本认识，那就是导语在新闻作品中最重要、最精彩，是文章的精华、路标和广告。导语写得出奇斗巧、勾魂摄魄，就能紧紧抓住读者，使其穿门入户，通阅全文；导语写“砸”了，整个文章也就没戏了。正因为如此，许多名记大腕对导语的写作极为讲究，常常绞尽脑汁、苦思冥想，有的甚至翻来覆去、几易其稿，唯恐自己写的导语没有个性、落入俗套，大有“语不惊人死不休”的架势。

可是，翻阅手头稿件，一些新闻导语的写作并不尽如人意，让人读着起劲、爱不释手的导语越来越少了。塞满眼际的，大多是些形式单一、结构老套的模式化导语，要么是“某月某日在某地发生某事”的传统写法，要么是“……这是某部为某做法采取的又一举措”等陈词滥调，枯燥、乏味、呆板，缺少新意，令人生厌。

出现这种现象，有写作技巧的问题，也有对导语写作的认识问题。在新闻要素的认识上，有人认为要五个“W”俱全；在新闻事实的选择上，有人认为应将所有事实都浓缩于导语中。带着这些框框写导语，必然会像套公式一样去填空，有的像“晒衣绳”上的衣服，一件件地挂出来，不分主次；有的千篇一律，缺少个性，写出的都是司空见惯的“大路货”。

应该看到，导语作用的多样化，决定了它有时是为了突出新闻事实的新闻价值，有时却是为了吸引读者通阅全篇。从新闻价值上看，它并不一定是均匀地体现在新闻的诸要素上，也不一定平衡地体现在新闻事实的方方面面。它既可能体现在新闻事实上，也可能体现在主题思想上；既可能体现在新闻的所有要素中，也可能体现在某一个或几个要素中；既可能体现在新闻事实的全过程，也可能体现在新闻事实的某些关键环节。从引导作用看，它吸引读者的地方，可能是新闻的主体，也可能是某些局部情节，甚至可能是某一瞬间。从传播事业的发展前景看，受众对新闻内容和形式的选择呈现出多样化趋势，也要求我们的导语写作更富有个性。实践证明，传统新闻写作理论，已越来越难以支撑受众对导语的个性化需求，需要不断开掘导语写作的作为空间，满足受众的个性化需求。这里，笔者就结合自己的采编实践，谈一谈采写个性化导语的肤浅体会。

横看成岭侧成峰。同样一个单位，同样一个人物，同样一个事件，不同记者会有不同的观察分析角度。即使同一个记者，如果从不同角度去观察，也会产生不同的主观倾向，选择不同的新闻素材，提炼出不同的新闻主题，采用不同的表达方式，写出不同价值、不同内容、不同思想、不同形式的导语。因此，能不能写出一条个性化导语，很重要的是看能不能选择一个最有新意、最能揭示新闻价值的角度。

（一）选择最能反映本质特点的角度

每一个新闻事实，都有许多观察角度；但并非每一个观察角度，都能写出个性化导语。只有选择那些最能反映事物本质特点的角度，才能客观揭示新闻事实的内在规律，写出富有新意和吸引力的导语。一些新闻导语之所以出现雷同、一般化，很大原因就是没能发现事物的个性，没能抓住事物的本质特点。只有抓住事物的本质特点，才可能使我们的导语富有新意。

需要指出的是，提倡在角度选择上追求个性化，并不是单纯为选角度而选角度，而是为了更好地揭示事物内在的本质特点。如果不顾事物的本来面貌，甚至不惜歪曲事实，这种角度选择得再巧妙，也没有任何意义。

（二）选择最能反映时代特征的角度

任何新事物的产生和发展，都会与当时的社会背景，人们的思想观念、价值取向、行为方式等产生必然联系，会不可避免地打上厚重的时代烙印。我们要写出富有个性的导语，就要善于捕捉和发现那些最能反映时代特征的新闻事实，选择最能展现时代风貌的角度，以此回答解决社会变革中遇到的矛盾和问题。

“文章合为时而著，诗歌合为事而作”，要使我们的新闻导语具有浓厚的时代特点，就要将眼光时刻注视着党的路线方针政策，注意用上级的指示精神去衡量新闻事实，选择报道侧面。其次，要时刻关注人民群众普遍关心的问题，因为这些问题本身就带有浓厚的时代痕迹，很可能就是社会矛盾的综合反映；矛盾的特殊性，也决定了它很可能是宣传党的路线方针政策的最佳切入点，选择这样的角度采写稿件，其针对性就会更强一些。当然，这里所说的角度，是指新闻事实本身所固有的，能够反映新闻事实本来面貌的；如果单纯为选角度而选角度，把某种八竿子打不着的精神硬往新闻事实上贴，就可能歪曲新闻事实的本意，最终即使勉强贴在了一起，也可能使宣传效果大打折扣。

（三）选择最有新意的角度

导语的新意，不仅体现在时间概念上，更多的是体现在新闻内容上，也就是说，报道的内容，只有在许多读者事先并不知晓甚至连想都想不到的情况下才有新意；有些新闻信息，尽管已被人知晓或很容易被人预料到，但如果能从中选择出不被人知晓或出人意料的信息，同样也具有新意。实践证明，新意是衡量新闻价值大小的一条标准，也是最具诱惑力、最能吸引读者的重要因素。只要能选择出最具新意的角度，写出的导语就容易出新。

许多记者、通讯员感到，会议新闻很难出新。这主要是因为，大多数会议的内容已被人熟知或已预料到，缺少悬念；会议的形式也很单调，大多是固定的程序。但如果我们撇开这些，能用独特的眼光去发现一些不为人所知、所想到的事情，同样可以出新。

（四）选择受众最关心的角度

导语之所以与众多媒体有所区别，很重要的就是选择了最能引起读者兴趣的角度。它不是泛泛地去报道事件，而是站在报纸特定读者群，回答了市民普遍关心的问题。每一个新闻媒体都有自己特定的受众群。要写出富有个性的导语，必须坚持“三贴近”原则，努力反映广大新闻受众最为关心的问题，特别是要反映与大家切身利益密切相关的问题，很好地满足受众的求新心理、求近心理和得益心理。从这个角度出发，就能轻而易举地把读者的注意力吸引过来。

（五）选择最能切中要害、最能说明问题的角度

选择导语的写作角度，既要善于观察，更要善于思考。观察的环节，在于收集素材；思考的环节，在于整合素材。能否将必要的素材收集到手，反映了一名记者获取新闻信息的能力；能否将素材整合好，更是一名记者业务素质的综合反映。我们经常会看到，许多记者同时去采访同一件新闻，看的是同样的事实，听的是同样的介绍，写出的稿子却截然不同，有的不加选择，只是按照事情的发生过程，将事实被动地叙述一遍；有的却按照主题思想的表达需要，大胆取舍，整合自如，能动地反映新闻事实。这里的区别，主要发生在思考的环节。比如有一篇消息的导语这样写道：“出了事故的没被处理，没出事故的受了处分。这是某防化团防事故工作中出现的两个‘怪’现象。”为何会出现这样的情况，原来出事故的属于正常驾驶，事故责任完全在对方；没出事故的，属违章驾驶，潜伏着很大的事故隐患。稿件提醒部队不要一出事故，就大惊小怪，要将主要精力放在分析事故原因、引以为戒上，引导读者抓住防事故的关键，走出防事故的误区。稿件主题思想较为鲜明，原因就在于作者将两个性质不同的关联事件放在一起去报道，找到了一个最能说明问题的切入点。

由此可见，要选择最能切中要害、最能说明问题的角度，就要善于将具有强烈反差的事实与事实、背景与事实、原因与结果等矛盾的对立面结合在一起去思考、去表达，因为这个角度是矛盾最集中、最突出的地方，也是最能帮助读者认识事物本质的地方。从这个角度报道，会对读者产生强烈的震撼力和冲击力，收到事半功倍的效果。

（六）选择读者知识水平最易接受的角度

报道的新闻事实，有些是读者熟悉的，有些是比较陌生的。特别是医疗、科技题材的报道，往往技术性强、专业词汇多，从专业角度报道很难被读者接受。因此，我们要注意选择读者知识水平最易接受的角度。导语写作要接近读者，就要多从他们有兴趣的地方去考虑。

作为新闻工作者，要当好广大新闻受众的良师益友，努力使新闻成为他们在政治上、思想上、工作上和生活上的可靠向导，必须注意使我们的新闻宣传通俗化，让专业人士看得懂，让非专业人士看得明白，以便于他们理解，更便于他们接受。

（七）选择最富人情味的角度

一般说来，富有感染力的导语，大多是个性化较强的导语；大众化导语，很难引起读者思想和感情上的共鸣。作为记者、通讯员，在从事导语写作时，要注意发现那些人情味较浓的感人细节，捕捉容易激发人们思想感情的敏感地带和表达方式，并以此影响读者的思想感情。在这一方面，许多新闻工作者曾做了有益的探索，收到较好的宣传效果。

导语在反映新闻事实的同时，也表达出强烈的思想情感，使作品充满着很浓的人情味。做到这一点，不仅需要我们具备较强的表达能力，还要怀有一颗同情心，在新闻采写中全身心地投入，带着感情感受新闻事实、采写新闻稿件。要注意抓住那些诸如冒险、冲突、幽默、悲欢离合、两性、反常、个人利益等富有人情味的东西，将感情倾注笔端。此外，还要注意研究读者的阅读心理，尽量使故事情节奇峰突起、波澜起伏。

第四节　引语的写作

一、引语的含义

“引语是一则消息或特写的灵魂，它们能让无趣的故事变得有生命力，能使好故事变得更有趣”。在西方新闻界，能够巧妙地使用合适的引语——尤其是直接引语是一个好记者必须具备的素质。巧妙地使用直接引语能为新闻报道增色，但是直接引语必须确保准确使用，因为“引号是对受众的一份誓约，它保证引号中的话是某人说出或写下的原话”。一旦使用直接引语，编辑、记者必须确保引号中的句子是来自当事人的原话，而非杜撰。

二、直接引语和间接引语

直接引语是指新闻中用引号引起来的新闻人物所说的话，引文必须原原本本，准确无误，一字不差，绝对忠实于讲话人的语言和思想。

间接引语报道的是新闻人物所讲的主要意思，引文不用引号，它可以是讲话的原话，也可以是记者用自己的话进行转述的。

使用间接引语时虽然不加引号，但引述的内容也必须与讲话人的原意相同或者相近。不能断章取义，不能“各取所需”；不能移花接木，不能根据个人需要任意杜撰；更不能把新闻人物从未讲过的话加在他们的头上。

三、使用直接引语需注意的问题

众所周知，在新闻报道中引上几句直接引语，是让新闻活起来的“秘密武器”之一。如何恰当、准确地使用直接引语，成为当前国内新闻工作者必须正视、思考和解决的一个重要问题。

第一，使用直接引语必须原原本本，一字不差。引用新闻人物的语言时必须做到真实、准确，完全忠实于新闻人物的原话，切不可断章取义，任意肢解、歪曲说话人的语意。一些记者为了刻意追求新闻的传播效果，在引用采访对象的话时，明明知道这不是说话者的原意，却喜欢把自己认为最精彩的地方“挑”出来，并按照自己的需要加工或者篡改采访对象的话。更有甚者，甚至代为“说话”，这不仅是对采访对象的不尊重，也是对读者一种极不负责的表现。

第二，使用直接引语必须同时交代清楚新闻来源。报道中经常出现“相关负责人说”“围观的市民说”“有关专家说”等字眼。这些所谓的新闻来源，是真的在引述采访对象的话吗？无名无姓无职务的“说”，实际上是一种“说”的含糊化，其实这些说法往往就是记者自己的意见和看法，其可信度和权威性或多或少都会受到削弱。所以，为了提高直接引语的可信程度，在直接引述新闻人物的话语时，记者有必要清楚地交代新闻来源，写明白采访对象的姓名和职务。必要的话，还应该进一步提供他（她）的年龄、特点或其他与新闻事件有关的细节。

第三，直接引语要与说话者的职业、身份、性格等相吻合，做到“话如其人”。毋庸置疑，实际生活中不会有两个人的职业、身份、性格完全相同，也就是说，新闻报道中不该让两个人的话语风格一模一样。如果不能用话语表现出各自的风格，那么报道中的直接引语严格说来就算不上采访对象自己说的话，而只不过是记者挂在采访对象名下的套话罢了。因此，记者在使用直接引语时，人物话语也要有个体差异。若出现张冠李戴的现象，专家说市民的话，市民说话的口气反而像专家，则会成为读者茶余饭后的笑柄。

第四，直接引语不是越多越好，必须少而精当，一针见血。闪闪发光的言辞、犀利凝练的评说以及新闻人物对新闻事件的简要概括能加深读者对新闻报道的理解，深化文章主旨。在报道中使用这些直接引语，等于是给报道添加了“酱油”“味精”“醋”等调味品，使之有了“鲜味”。直接引语应当引用新闻人物原话中最精彩、最核心的部分。一般情况下，记者用引号引起来的当是“一针见血”的关键部分，以“投一石激起千层浪”的效果为最佳。

四、用直接引语突出新闻事实中最重要的内容

古人说：“起句当如爆竹，骤响易彻。”作为消息“起句”，被称作消息“眼

睛”“灵魂”的导语，有责任将新闻事实中最重要、最新鲜、最扣人心弦的内容传播给读者。在导语中，直接引语有着其他叙述形式无法比拟的可信度、可读性。

新华社3月26日电 一年前，在人代会上喊出“重振上海雄风”的朱镕基，上任市长后尝尽甜酸苦辣。在七届全国人大二次会议小组会上，他述说了自己的感受：执政务必从严。（新华社1985年3月26日电《执政务必从严》）

这条消息被行家认为是“体裁新颖、可信度高的实录式短新闻”。记者凭着敏锐的新闻敏感，牢牢捕捉住朱镕基在全国人代会上一次随感式的谈话来做文章。聪明的记者把朱镕基远近两次谈话的精彩部分原汁原味地“搬”进导语，起到了让“起句骤响易彻”的功效。

又如：

新华社1982年1月6日电 据报道：秦始皇兵马俑受到法国前总理希拉克极高的赞誉。他不久前参观西安秦陵兵马俑博物馆时说：“世界上有七大奇迹，现在秦俑坑的发现，可以说是第八大奇迹。”

一位世界知名人士高度赞誉秦始皇兵马俑为世界第八大奇迹，是报道价值极高的新闻事实。如果记者不是将希拉克亲口说的话直接引用到导语中来，就不仅会削弱评价的可靠性，而且使导语平淡无奇，难以很好地吊起读者胃口。

五、运用直接引语时必须注意的原则

（一）要讲新闻道德

道听途说、未加证实的话，或者不经本人允许发表的话，不要急于公布，以免造成不良后果。

（二）加工务须慎重

对当事人的话应尽量保持原样，以求淋漓尽致的效果。然而限于时空条件，当事人可能口不择言，语法混乱，词不达意。这时，作者可以在正确理解当事人本意的基础上，对其进行有限度的加工，但一般应征得本人同意，千万不能走调。

（三）引语不可太多

引语应当引用原话的精彩部分，并善于取舍，才能起到画龙点睛的作用；如果引用过多，不但不会增加文章的力量和权威性，反而会适得其反，“以文害意”，使文章单调乏味。

六、引语的热导力与震撼力

合理而精彩的引语运用无疑会使报道锦上添花，是一则消息或特写的灵魂。当前的财经新闻报道中，引语的使用既是陈述事实的方式，也是一种增强新闻可读性的表现手法。引用当事人富有美感的语言，一方面让枯燥的财经新闻报道增加生动的情景，使事实有血有肉，另一方面可以增强冲突悬念、戏剧性效果，给读者带来阅读外的享受。而通过引用与之相关的权威人士的一些不同观点，给出尖锐的权威分析，则更有利于解释报道的内容。引语正确而恰当地使用会给枯燥、有时还会为略显深奥的财经报道添色不少，增加了报道的感染力。

第五节　消息源的写作

一、消息源概述

（一）消息源简介

消息源是记者生命的血液，没有通过消息源得来的情况，记者就无法活动。有学者提出新闻界应该享有“消息源保密权”，认为消息源是传媒领域的职业秘密，记者只有为消息源保密，才能获得更多更有价值的情报。保护消息源不仅是基于双方长期合作的需要，同时，与忠于事实、客观公正、独立负责等一样，为消息提供者保密，也是西方新闻界乃至国际新闻界的一条重要的职业道德准则。

（二）消息源分类

新闻记者是一群被看作社会守望者的职业信息传播者，他们要在纷繁复杂的事物中寻找具有新闻价值的信息传递给受众，在这个过程中，新闻记者不得不耗费大量的时间用于寻找、培养可靠的信息来源。

一般来说，消息源包括人物消息源和资料消息源。为新闻记者提供报道所需要信息的人可被称为人的消息源。《中国新闻实用大辞典》认为，消息源是新闻真实可靠的依据，它可以是政府、政党、团体、企业及其发言人，也可以是有资格、有权威的人士或当事者本人、事件的目击者。在记者到现场采访的情况下，记者自己就是消息源。物的消息源包括会议记录、文件、参考资料、数据库等，可信度比较高。

消息源是维持记者职业生涯的可靠保障，不能通过消息源接触信息的记者很难履行自己的工作职责。因而，新闻记者愿意给予消息源充分的信任以及与其保持良好的关系，从而保证信息的可靠和稳定。在网络时代，互联网已经成为传播新闻信息的重要渠道，传统媒体开始关注网络上的声音，网络上有什么风吹草动，很快就会被传统媒体做成新闻，新闻记者也越来越愿意借助和利用网络资源来获取新闻信息。

同时，能够为新闻记者采写新闻报道提供信息的网络中的人和物都可以被称为网络消息源。而在新闻记者的职业活动中，网络消息源也越来越被重视，成为重要的新闻来源之一，这一方面在于作为事业单位的新闻媒体在企业化经营方面已经感受到市场压力，这种压力也在媒体日常量化管理中传递给新闻记者。为了“挖”新闻完成任务，除了继续走好传统的途径外，新闻记者还需要开掘新的消息源。另一方面，互联网具有时效性强、传播主体互动性高、信息海量等特征，而且拥有广泛的网民基础，每日都有数以千万计的传播主体借助网络传播信息，更为重要的是作为网民一分子的新闻记者可以方便地接触和使用这些消息源，这些因素使其成为新闻记者极佳的信息“粮仓”。

综合来说，新闻记者主要从以下几个网络途径来获取消息源。

1. 浏览论坛帖子

论坛是网民的主要聚集区，国内的天涯、西祠胡同、猫扑等著名网络论坛在网民中有着极高的凝聚力和影响力，每日都有大量的新帖挂在论坛网页中。由于信息的海量，新帖子随时会被更新的帖子占据在网页中的位置，也就是说有价值的信息随时会淹没在一些垃圾信息中不能被更广泛的受众所接触，这就需要新闻记者运用自身的专业素养快速准确地找到这些有新闻价值的消息源。

2. 关注微博尤其是名人微博

新浪微博2009年8月公测，新浪宣布截至2010年10月底，新浪微博用户已达5000万，用户平均每天发布超过2500万条微博内容，明年则有望达到1.45亿。

人们从事微博写作有不同的原因，既有纯粹出于工作和学习需要而写的，也有纯粹是业余闲散写作的，而其中的名人微博更多的则是为了工作需要，以期直接表达自己的观点。新闻学理论认为名人本身就是新闻，其言行具有新闻价值，因而现在许多新闻记者已经将浏览名人微博当作自己每日的必修课。当然，草根微博这个消息源也不可忽视，注重内容才是核心。“名人策略”是微博拉拢用户的第一步，名人能带来用户规模短期内快速增长，但如果没有持续高质量的内容，用户很容易就会厌倦。需要指出的是，目前我国尚未实行微博实名制，更多是匿名写作，很难确定微博用户的身份。因而，从新闻专业角度出发，与名人微博相比，只有当草根微博能够提供具有新闻价值的事实信息或者其自身涉及一些新闻事件时，新闻记者才会将其个人言行作为消息源。

3. 查看企业、学校、政府等有影响机构的网络主页

一直以来，政府、企业、学校都是新闻媒体主要的消息源，新闻记者一般都会通过培养通讯员、参加新闻发布会、亲自上门采访、翻阅文件等方式从上述机构中获取新闻素材。在互联网时代，由于这些机构普遍都拥有自己的网络主页，因而除了上述获取新闻的方式外，新闻媒体也开始从这些机构在网上所发布的公开信息中寻找消息源挖掘新闻。新闻无处不在，缺少的只是发现新闻的眼睛。通讯员大多愿意向新闻记者提供一些具有正面新闻价值的信息，然而，由于其本身新闻专业素养的不足，可能会使一些有价值的新闻被埋没。新闻记者不能够因为通讯员的存在就

忽视了对上述机构公开信息的解读，因为一些新闻并不是很容易被发现的。尤其在教育领域，几乎每所大学都拥有自己的校园门户网站，考研、就业、高考以及其他比较热门的教育话题在这些网站上大都有所体现。比如每年的高考以及考研时节，许多学校都会把自己的招生专业、人数、考试科目等信息发布在网上，而这些恰恰是许多受众关注的，因而很多新闻记者就能够把这些内容转变成新闻。

网络中有着海量的信息，获取消息源的途径也多种多样，除了上述几种主要方式外，新闻记者还利用知名网站、聊天室、QQ 群、新闻跟帖等各种形式来获取消息源。

由于网络虚拟性、匿名性等因素的存在，网民常常会用一些反常规的观点、哗众取宠的消息来吸引大家的“眼球”，提高自己的网络知名度，这种做法使网络消息源的可信度比较低。为了能够让新闻记者了解在线消息源的可信度，威德纳大学的自由主义者简・亚历山大与玛莎・安・泰特指出对网页可靠性应进行 5 次测验：

权威性——网页是谁制作的？你能否接触到制作网页的人？你能否了解是谁撰写了网页上的信息？他们的资质如何？

准确性——是否有可供验证信息准确性的资源？

即时性——网页是否即时更新？能否在网页中看出某条信息于何时撰写？何时发布？

全面性——资料全面吗？有疏忽遗漏的内容吗？

客观性——广告与信息区分明确吗？如果有偏见，这种偏见明显吗？

真实是新闻的生命，也是新闻记者撰写新闻要坚持的最基本原则。新闻记者要想采写一篇客观公正的新闻报道，首先要保证自己获得的消息源真实可靠，在使用网络消息源时更应如此。运用上述 5 次测验法检验网络消息源的可信度，能够使新闻记者更好地履行工作职责的同时降低新闻失实的风险度。

二、消息源的几个基本问题

（一）使用消息源的基本原则

1．真实原则

即消息提供的信息来源必须真实，不欺骗造假。

路透社：我们提供消息源时决不应误导读者，把消息源公开说的事情作为背景性的东西来引用，或者当我们只有一个消息源的时候，却以多个消息源的形式来引用。

《华盛顿邮报》：如果一个报道引用多个消息源，我们必须有多个消息源。如果报道说某人拒绝评论，那也必须是事实。我们不能企图通过不准确地写作——他们拒绝我们的采访来保护消息源。

真实是使用消息源首先应遵循的原则。根据路透社等传媒的规范，新闻传媒在使用消息源时应避免以下不诚实的行为：

谎报消息源的数量，无中生有，以少充多，添枝加叶。虚假描述、编造消息源提供新闻的信息的方式。

2. 多源核实原则

即通常情况下，消息内容应具有多个消息源共同的相互佐证，而不应只是依靠单一消息源做报道。

美联社：一般情况下，美联社的报道应寻求不止一个消息源，以便信息能被其他消息源证实或得到解释。

根据上面案例，记者在进行多源核实时应注意以下问题：

采集消息源的数量应与新闻的重要性、敏感程度和复杂程度成正比。也就是说，新闻越重要、敏感、复杂，就越需要记者采访核实更多的消息源。通常，采访的消息源越多，新闻的真实可靠性往往就越高。

注重采访中立方的意见。比如“后妈虐童”案例中提到的公安部门和医院。它们是中立者，而且对事件的发言具有权威性，是报道不可缺少的消息源。

注重多个消息源的平衡性。即一般情况下，争议双方或多方消息源的数量要保持适当的平衡，不能“一头热”，只采访争议一方的消息源，否则采访的消息源越多就越可能适得其反；也不能在一方消息源的立场上采集消息源，这样必然会导致消息源的不完整性。

注重多个消息源之间的独立性。就是警惕消息源之间有串谋，用同一个声音说话。

那么，在什么情况下可以使用单一消息源做报道呢？

这是在极少情况下，一个消息源才是足够的，也就是当资料来源于一个完全提供详细信息以至于其准确性毫无疑问的权威人物或者是记者直接能够得到第一手资料时。

3. 透明原则

即尽可能向受众提供有关消息源的信息，以使受众对消息源的情况有一个比较具体明确的认知，以便对消息源及其提供信息的可信度能有准确的判断。

美联社：我们应提供消息源的全名和确认该消息源身份所需要的信息，包括消息源的年龄，头衔，所在公司、组织或政府部门的名称，还有家乡。并解释为什么他或她是可信的。

《华盛顿邮报》：应在报道中最大限度地向读者披露信息的消息源。我们应该使我们的报道尽可能地对读者透明，以便他们可以知道我们怎样和从哪里获得的信息。即使对匿名消息源，也应尽量提供一些信息，力求在一定程度上透明。

该原则中可归结为一点，就是尽可能具体、准确地交代消息源的背景信息，匿名消息源也不例外。一般来说，消息源越透明，报道的可信度就越高。透明度是其可靠性的关键。

三、归属

归属是指在新闻报道中引用的信息或引言要明确指明其来源，多用于使用非本人采集信息的情况。路透社、《华盛顿邮报》《纽约时报》等传媒的新闻规范中都对归属有专门的规定。

（一）必须归属的情况

（1）引用他人资料。记者在写一篇报道时，除了自己原创性的内容外，常常需要使用来自他人的资料。在使用他人资料时，一般情况下，必须做归属。路透社的规范如下。

应在报道中将非我们自己采集的资料清楚地归属于消息源，包括当消息源是我们的竞争对手时。这种透明是必需的，做不到这一点，会使我们面临剽窃的指控。

第一种情况，使用其他传媒报道。

路透社：来自他人的报道必须指明消息源，无论是报纸、网站、广播或通讯社，甚至路透社的竞争对手。唯一的例外是，当报道是基于一个在电视上露面的明显容易认出的消息源（例如政府部长或知名公司执行官）。

第二种情况，使用独家的、有争议的敏感资料。

美联社：当资料是独家的、有争议的或敏感的时，我们总是归属它。并且我们不以其最初形式播发这些报道；我们改写它们，以便其形式、内容、结构和长度符合我们的要求并适合我们服务的更广泛的受众。

引用他人资料时，除了必须附有归属外，还应注意以下几点。

一是资料真实可靠。

美联社：在考虑其他来源的信息时，……我们必须使我们自己确信，我们自己报道所用资料是可靠的。如果它不符合美联社标准，我们就不使用它。

也就是，只有在准确判断他人的资料可靠时才能使用，否则就不应使用。

二是必须核实。

路透社：尽一切努力核实来自别人的报道。如果我们不能获得证实，就在报道中澄清我们的努力。

美联社：我们可以使用新闻稿的信息和引语，但我们必须核实该资料，用其他来源的信息补充它，然后写成我们自己的报道。

（2）记者本人没有获得第一手资料时。《华盛顿邮报》：尽管记者没有亲眼所见，但是却断言某事实际上发生过，这种断言应被归属。所以，描述一个事件的叙述策略，如果就像证人在向我们叙述，那么这种叙述策略必须包含归属。如果我们重建人们之间的讲话或交流，而它基于那些人或听见他们讲话的证人的回忆，那么我们必须一目了然地归属那些回忆。

（二）归属必须诚实

除记者本人亲眼看见事实过程外，其他所有的信息都应是来自其他渠道，因此必须具有诚实归属，不能将他人提供的信息占为己有，或混淆不清。

《华盛顿邮报》：我们对信息的消息源必须诚实。报道中的事实和引语，如果不是源自我们自己的报道，必须被归属。读者应能区分开记者看见的东西和记者从其他消息源得到的东西，如通讯社、记者团、电子邮件、网站等。如果记者没有出现在报道中所描述的现场，报道应澄清这一点。

四、与消息源打交道

与消息源打交道是记者职业活动重要的组成部分。与消息源之间的良好关系是记者极为重要的工作品质和工作能力。因而，记者与消息源打交道应遵循以下原则。

（一）求真公正

所谓求真公正，就是要追求每一个具体事实必须合乎客观实际的基础，还要公平地对待消息源，不能偏袒或偏见，这是记者与消息源打交道的过程中应遵守的首要原则。

《华盛顿邮报》：我们努力公平地对待消息源。这意味着，把我们所引用的陈述放进背景，并以公正、公平和准确的方式概述我们所引用人的观点。……我们不应刊印未披露姓名的消息源怀有偏见的引语。

路透社：记者也不可以报道或引用家庭成员，以避免给人偏袒或偏见的感觉。

（二）距离适当

即与消息源的采集应保持在适当的职业关系的范围之内。

路透社：我们鼓励职员培养消息源，但也期望他们知道与消息源保持一定距离的必要性。重要的是我们不应站在争议的一方培养或联合消息源。在此有理由提出疑问，是否这种关系已超越适当的职业关系的范围。……职员应适当地向主管透露其同消息源或可能成为采访对象的人感情史或家庭式的情感。

（三）许诺慎重

记者不宜轻易向消息源方面做任何自己的担保许诺，最好是避免任何许诺。

《纽约时报》：我们不对消息源许诺，我们将不做另外的报道，或不努力证实已报道的信息。我们不对消息源许诺，我们将不就报道对象寻求来自他人的评论。（然而，我们可以同意有限的延迟进一步的调查——比如，直到股票交易结束）

（四）避免利益接触：利益接触是记者与消息源打交道时应尽量避免的行为之一。如：接受消息源提供的礼物、旅行、购物卡等。严禁记者接受消息源提供的任何有价值的东西，严格禁止可能会造成利益接触的机会，已成为西方传媒界的道德准则和行为指南。

第六章　新闻结构与体裁的写作

第一节　新闻结构引论

一、新闻结构的含义

新闻结构是指一定的新闻体裁中的内容，它表明作者如何安排、运用材料和表现主题。先写什么，后写什么，整体与部分，部分与部分之间进行组织，以何种方式进行展现。说得确切一点，报道的结构就是如何安排信息的顺序，以便有效地传递和接收信息。

二、常见的4种新闻结构

新闻文体的组合形式。新闻一般由标题、导语、主体、背景和结尾组成。但不是每篇新闻都具有这5个部分，有的新闻就没有导语和背景。常见的几种新闻结构有以下几种。

（一）倒金字塔式结构

（1）特点：①它的导语一般采用“部分要素导语”，即在新闻导语中突出一两个最吸引人的新闻要素；②对于过程的叙述往往比较简略。

（2）适用范围：适用于时效性强、事件单一的突发新闻，而对于某些非事件性新闻就不适宜了。

（3）优点：能迅速地把最新鲜、最重要的事实，开门见山地告诉读者，使读者一目了然，节省读报时间。

（二）金字塔式结构

又称“逆转倒金字塔式”。

（1）特点：把最重要、最精彩的内容放在后面，按时间顺序，依次叙述。

（2）适用范围：适用那些故事性强，以情节取胜的新闻，尤其适合现场目击新闻。

（三）车辐式结构

（1）特点：以一个中心事件或事物为纲，其他事实像车辐一样辐射出去。

（2）适用范围：宜于报道比较散的事件。

（四）并列式结构

（1）特点：把众多主要事实并列叙述。

（2）适用范围：适合报道事实各部分的重要性相等或相似的新闻，多见于公报式新闻。

三、新闻结构的规律要求

新闻的结构一般由五部分组成，阅读时要特别注意把握其结构。

（一）标题浓缩核心内容

新闻的标题就如人的眼睛，要能传情达意，表达出新闻的核心内容，帮助读者迅速了解新闻的主要内容，以吸引读者了解详情。

（二）导语扼要揭示核心内容，先声夺人

导语是新闻开头的第一段或第一句话，它主要是告诉读者这条新闻的内容是什么，制造适当气氛，使读者乐意读下去。它要求用简洁、生动的语言把最新鲜、最重要的事实放在前面，以便先声夺人。

（三）主体内容充实，层次清楚，语言简明

主体是新闻的主干，它要承接导语，用实在的、典型的、具体的材料，印证导语中的提示，对导语的内容作进一步的扩展和阐释。

（四）背景烘托和深化主题，不喧宾夺主

任何新闻都是在一定的环境和历史条件下产生的，这就是它的背景。好的背景，能烘托和深化主题，同时增加知识性和趣味性，帮助读者理解新闻的内容。

（五）结语注意简要概括，进行评论或提出希望。

结语是整篇新闻的收笔之处，它的作用是阐明事实的意义或指出事件发展的趋向，给读者以完整的感觉，也可给读者留下思索的余地。一般有对事实结果简要概括，对主要内容进行评论和根据报道的内容提出希望三种形式。不过，背景和结语有时可以暗含在主体中。

四、新闻写作结构的组成要素

新闻写作结构是报道各组成部分相互之间的关系及其组合排列所呈现的外在形

式。我认为，报道结构是由下列一些要素组成的。

（一）空间

指报道在媒介空间位置方面表现出的特质。报纸在这方面尤其明显，如报道在版序上、版面位置上的安排；网络新闻传播也在空间位置上有所表现，如报道内容放置的网页层次；广播电视新闻报道在空间概念上的意义则主要体现在通过各个栏目、节目的组合，形成立体化的报道格局。

（二）时间

指报道在时间延续方面表现出的特质。大多数策划性报道都有或长或短的时间延续性，对于突发事件的追踪报道，对于重大社会问题的深度报道，对于一些重大会议或活动的连续报道，在时间延续方面一般尤为突出。

（三）符号

指报道用以展现客体的符号所表现出的特质。不同的媒介有不同符号系统，而具体到每一个报道，所采用的符号又有各自不同的组合方式。

（四）广度

指报道在集纳有关客体的横向信息方面表现出的特质。任何报道客体都是存在于一定的社会系统中的，客体的发生、变化与周围环境具有千丝万缕的联系。新闻报道不仅要揭示客体自身的现状，有时还要揭示与其相关的其他客体的现状，即提供受众有关报道客体的环境性信息、相关性信息，这类信息的结合构成了报道的广度。

（五）深度

指报道在集纳有关客体的纵向信息方面表现出的特质。报道客体的发生与发展都有从量变到质变的演化过程，而新闻报道只能在事物发展变化过程中的某一时间域中展示客体，因此，要让受众全面准确地了解报道客体，有时还要提供客体的背景性信息和前景性信息，这类信息的结合构成了报道的深度。

（六）角度

指报道在反映客体的着眼点和侧重点方面表现出的特质。报道可以从客体的某一侧面或要点切入，也可以从多个侧面、多个要点切入，有些持续较长时间的报道，角度还可能在报道进程中有所变化，如从一个侧面转向另一侧面，由一个侧面转向多个侧面。

以上六方面因素不计其数的组合变化，使新闻写作结构千姿百态。尽管很难描述所有报道在结构上的林林总总，但考察我国各类新闻报道，还是能够对其结构模式作一个大体的分类。

五、目前比较常见的新闻结构类型

（一）线型结构模式

（1）特点：选择某一个角度切入客体，对客体的发展变化进行追踪反映，直至客体变动告一段落。新闻报道依时间延续表现出单向性的、直线型的发展轨迹。

（2）适用范围：在一些事件性报道、问题性报道、活动报道中都有广泛的运用。

（二）放射型结构模式

（1）特点：选择某一角度切入某一客体，对这一客体的发展变化进行跟踪反映，随着报道进展，拓展报道客体，转向对更多相关客体的反映，报道依时间延续呈现出由线到面的放射状特色。

（2）适用范围：对展示和剖析比较复杂的事件与问题有重要意义，它能够由点带面，扩大报道的社会影响力。

（三）收束型结构模式

（1）特点：从多个客体切入，以多种事实的变动指向某一共同的主题，使这一主题得到深入挖掘和充分展示。

（2）适用范围：适用于动态性、连续性报道的信息组合。

（四）网状结构模式

（1）特点：从多个客体、多种角度切入，报道随时间延续或追踪、或拓展、或沿着客体各自的方向发展，表现出相互烘托、交错递进的特色。

（2）适用范围：特别重大的报道、战役报道。

需要说明的是，以上归纳的四种结构模式只是对目前我国媒介报道结构的一种粗线条的勾勒，因为构成报道结构的因素很多，某一因素又会有很多变数，报道策划者完全能够在这些模式框架中灵活变通，不拘一格为我所用。但万变不离其宗，任何报道结构的选择和设计，都是依据报道选题和报道效果目标的设定而操作的，不能是也不应该是策划者随心所欲的结果。

第二节 把握新闻体裁应注意的要求

所谓新闻体裁，是指新闻写作的表达形式。在新闻写作时，由于表达主题手法不同、选择材料的角度不同、组织材料的结构不同等等，所以新闻报道的体裁是多种多样的。古人说，文无定法。新闻体裁也并不是一成不变的，而是不断发展的。目前，我国报纸、电台和通讯社常用的新闻体裁，一般有消息、特写、通讯、调查报告、记者来信、人物专访、工作研究、采访札记等。消息这种体裁，是大量使用的“常规武器”，而且消息又有简讯、短消息、长消息之分。怎样做到在写稿时把握住体裁的特点，以适应报纸、电台、电视台的宣传需要，应注意以下三点。

一、要做到“量体裁衣”

写什么样的新闻采用什么样的体裁，内容决定形式。动笔之前，应当分析自己掌握的题材内容如何，再确定选用哪种体裁合适。如果报道的内容只能写一条消息，却硬写一篇长通讯。因材料不典型，写出的稿子，只好堆积事例，添些空话、废话。其原因除了盲目追求写通讯之外，主要是没有做到“量体裁衣”。许多有经验的通讯员的写作实践证明，一篇稿件要运用体裁得当，只有“量”（即确定报道主题和选择题材）得准，才能“裁”（即选用体裁）得巧。这就要求在选择新闻体裁时，先在“量”上下功夫，再在“裁”上显本领。

二、要“抓住时机”

在采写各类新闻及运用体裁的时候，要抓住报纸、电台、电视台根据党中央一个时期宣传重点所提出的报道中心。就是所谓的抓住宣传时机。只有根据这个报道中心，去采写稿子，选用恰当体裁，才能达到“适销对路”。可见，新闻写作时运用什么样的体裁为好，既要“量体裁衣”，又要抓住宣传时机，否则，难以得到最佳的宣传效果。

三、要有针对性

做到有针对性。一个报道题材要不要写成新闻，该写成什么样的新闻？既要考虑到报道的具体内容及其新闻价值，又要考虑到报纸、电台、电视台的不同需要，以及应当宣传的范围。这样写出的稿子，才能避免盲目性，做到有针对性、提高用稿率。

第七章　新闻背景、主体与结尾的写作

第一节　新闻背景的穿插

一、新闻背景的含义

（一）新闻背景的含义

所谓新闻背景，是指新闻事实发生的历史条件、现实环境。

能对新闻事实起到说明、补充、衬托作用的历史条件、现实环境，又被称作“新闻背后的新闻”。

（二）背景在新闻中的作用

“野旷天低树，山青花欲燃。”这树、这花好比新闻事实，这旷野、这青山就好比背景了。美国记者阿尔比力·罗斯说：“任何事件的新闻价值全在于通常被称为背景材料的上下文之中。”可见，背景在新闻中的作用很大。总体而言，背景材料在新闻中的作用，主要有以下几方面：

1. 充实新闻主体。有些新闻本身的主体材料比较简单，只有补充了有关背景材料，才可以使新闻内容丰富起来，甚至背景材料也同样具有相当的新闻价值。这样，就能把“死”材料也变成“活”材料。

2. 拓宽读者视野。新闻事实本身并不是孤立的、静止的，而是处于历史发展的长河之中。要把运动变化着的事物清晰地反映出来，就要从纵横两方面运用背景材料，对新闻事实加以说明。

3. 突出新闻事实。许多新闻事实就其本身现状来反映，不能引人注目，不能给人以很深的印象。不走平地，不显高山，有比较才有鉴别。所以，要运用背景材料，抓住今与昔、新与旧、正与反的种种对比来报道。这样，背景材料可以对新闻事件或人物起到补充说明。

4．渲染新闻意境。俗话说："牡丹虽好，还须绿叶扶持。"如果把新闻的主题比作牡丹，那么起烘托作用的背景材料就是"绿叶"了。所谓烘托作用，就是用与新闻事实有关的事物和情景加以衬托，构成一种令人神往的意境。

5．深化新闻主题。新闻通常是只限于写新近发生的事件，人们对该事件还不了解，甚至是还不知道这件事，因而，很难将其与历史联系起来。但是，在新闻中恰当运用历史材料作为背景，也有助于突出主题，收借古鉴今之效。

6．传播新的知识。在科学技术日新月异的今天，科技新闻逐渐增多。在报道每一项新的科学技术时，结合新闻事实通俗地介绍有关知识，有助于读者对新闻的理解，并可收到扩大科普宣传的效果。

7．表达政治倾向。背景材料在政治性报道中，是表达记者政治倾向的好办法。虽然新闻背景的内容都是事实性的材料，但是记者在运用时，写什么、不写什么，张扬什么、避开什么，却是大有奥妙的。这里面渗透着记者的政治观点和倾向，选用的背景材料含有"弦外之音"的意思，有可以意会的"潜台词"。

二、新闻材料的含义

新闻材料只是采访所得材料的一部分，特指写入新闻作品中的材料。新闻材料不等于采访所得材料。

在新闻写作中直接材料和间接材料都不可少，它们是相辅相成的。

（一）从获取材料的方式分，新闻材料可分为间接材料和直接材料

（1）间接材料是新闻报道中运用最多的材料，就是别人提供的材料，记者的报道实际上是转述别人提供的材料。从新闻事实到记者，中间经过一次转述者，叫第二手材料；经过两次转述者，叫第三手材料；经过三次转述者，叫第四手材料，以此类推。需要注意的是，转述的次数越多，失真的可能性就越大。因此，记者在运用间接材料时，要认真分析。

（2）直接材料是记者从新闻现场亲耳所闻、亲眼所见、亲身所感得来的，比起间接材料要真切得多，给广大群众的感觉也可信得多。直接材料在报道中常常成为最重要、最生动的材料。直接材料的优点是真实可信，生动形象，而且对间接材料还有印证作用。

（二）从材料性质分，新闻材料可分为言论性材料、新闻事实材料和背景事实材料三种

（1）言论性材料，是指记者引述别人的言论来说明新闻意义、本质的材料。

（2）新闻事实材料，是新闻报道中的主体材料，也是新闻评论中的主要论据。构成新闻事实的具体材料包括事件的称谓、规模、形态、原因、结果，事件发生的时间、地点，事件中的人与物等等。

（3）背景事实材料，是指记者在报道中引用一些与新闻事实有关的历史事实

或现实生活中的相关事实来衬托新闻事实的材料。

三、新闻背景材料包括哪些方面

背景材料必须对新闻事实起到映衬、说明、补充的作用，必须和新闻事实存在着内在的联系。那么，新闻背景材料通常包括哪些方面？

（1）有关新闻事实本身的历史状况，以便读者用现在同过去相比较。

（2）不仅要反映某一事物本身，还要从宏观范围中看出它的地位、作用、影响以及与其他方面的联系。

（3）与不同方法、不同形式的对比。如平均分配与按劳分配、联产与不联产的对比。

（4）事物产生、发展的多种因素的互相制约。如定产很低，是不是荒滩薄地；节约很多，是不是过去浪费太大；节约在什么水平上为宜，是否影响到生产；产量猛增，是否存在掠夺式经营或拼设备的现象；产值上升太快，是否影响质量，是否都成为最终产品，有无积压等。对这些，都要作全面估量和分析。

（5）与周围事物的对比。如与国际上、其他地区、其他行业、其他工种相比，有些什么特点。

（6）有关事物的专门知识，有关某一问题的各种观点、看法以及各种学派、各种艺术流派和学术见解的介绍等等。

（7）报道新产品、新技术、新发明等，要简要说明它的经济价值、科学价值及其性能特点。

（8）在人物介绍中交代有关身世、经历和在某一方面的成就等等。

（9）有关某人、某事、某地的轶事、传闻和历史、地理、风俗习惯的介绍。

（10）必要时，在新闻中用了不为一般读者理解的名词、术语和专业用语，要加以简明而通俗的解释。

上述新闻背景，是消息中常见的一些内容，它是构成新闻的一个有机组成部分。虽然它们中的大部分是过去的“旧闻”，但好的报道往往正是因为它善于利用这些“旧闻”，用过去说明现在。许多报道如不使用背景材料，就会使人感到不全面、不深刻，因为它没有给读者提供必要的情况。

背景的有无取决于消息主题的要求，并不是每篇消息都非有背景不可。有些小消息特别是短讯，非必要时就不必交代背景。

四、新闻背景材料的种类

（1）从材料的性质内容角度分，背景材料可分为政治背景材料、经济背景材料、文化背景材料、地理背景材料等；也可分为人物背景材料、事物背景材料等等。

（2）从新闻背景与新闻事实的时间和空间距离分，背景材料可分为纵剖面背景材料与横断面背景材料。

纵剖面背景材料，也就是历史性背景材料；横断面背景材料，就是现实背景材料。

第二节 新闻主体的丰满

一、主体含义

新闻主体，又称新闻躯干。从结构上看，它是导语之后的那一部分；从内容上看，它是新闻中的主干和中心，是新闻中用典型生动的事实展开导语内容，表现全篇中心思想的一个重要部分。主体的写作要求是：

（1）层次清晰，环环紧扣。新闻主体部分的容量是很大的，它所包括的内容也是比较复杂的，写作中必须从全盘出发，抓住主线，按照层次步步展开，只有这样，才能主题鲜明，层次清晰，结构严谨，顺理成章。

（2）叙述为主，事实说话。新闻主体部分的写作要求以叙述为主，用事实说话。要选择那些具有代表性、典型性的事实，用事实来阐明观点或倾向，表达主题思想。这样的新闻才能令人置信，可读性强。

（3）通俗易懂，生动引人。新闻应为大多数人所接受。所以，在写作中应注意雅俗共赏，要符合广大群众的口味，力求通俗易懂，使其准确、朴实、鲜明、生动，并有起伏、波澜，符合广大读者的阅读习惯。

（4）简短凝练，寓意深远。新闻提倡简短凝练，主体部分的写作尤其是这样。“新闻要写短，主题是关键。”写作中不能因为主题的容量大而洋洋洒洒。相反，它的写作是非常考究、非常严谨的。动笔之前作者必须首先在认识事物、提炼主题、剪裁取舍、结构设计、谋篇练字等方面下一番功夫。这样才能使主体部分语言凝练，以一当十，含蓄有味。

二、新闻主体常见的结构形式

（1）并列式，即几个段落之间的关系是平行的，彼此之间无交叉重复，但都为了一个中心，即开头提出的中心观点。

（2）递进式，即几个段落之间的关系是不断深化的，呈现从表面到本质的逐步递进关系。整体结构符合“是什么”“为什么”和“怎么办”思维规律。这种结构安排有助于了解事物发生的事实、原因和措施，理解的过程是逐步深入的，对于单一事件式的结构布局采用这种形式是合适的。

三、主体的品质和思维素养

（一）主体的品质素养

品质是人们从事某一种活动所必备的基本品性。对于记者而言，写作技巧是重要的，而品质更为重要。品质是后天的因素。为什么同时踏上新闻工作岗位，有的记者在新闻写作上突飞猛进，佳作频频，而有的在原地踏步，甚至一事无成呢？原因当然有多方面，但后天的努力是重要因素。凡在新闻写作上有成就的记者，大多具备以下几种优秀的品质。

1. 强烈的事业心

爱因斯坦说：“热爱是最好的老师。”事业心是记者搞好新闻写作的原动力。当写作成为主体发自内心的强烈愿望时，记者才能全身心地投入到写作活动中去，也才能写出好的新闻作品来。

应该承认，新闻写作素材来自社会生活，写作灵感来自外界信息的刺激，但素材不会自动跑到记者的头脑里来，灵感也是个“不喜欢懒汉的客人”。只有强烈的事业心，才能使记者主动地深入生活，捕捉写作素材。同时，事业心对正在进行的写作活动还具有持续推动作用。新闻写作是一项极为艰苦的劳动，缺乏事业心，很可能会随时中断写作过程。

2. 坚韧不拔的意志

从心理学角度看，意志是人们自觉地确定目标，并支配调节自己的行动去克服外部和内部的各种困难以实现预定目标的心理素质。新闻工作的特殊性使写作主体经常陷于外部困难之中。如时间紧迫，记者为赶截稿时间，心理压力很大；有时写作环境恶劣，记者往地上一蹲，将稿子垫在膝盖上就开始写作……记者不能以此为由而放弃写作。

写作过程的各种内部困难更是常见。面对新闻事实的各个方面，如何下笔，大到情节结构，小到选择细节，遣词造句，都要费尽心机，精心设计。即使是一些很有才华的记者，也会有文思阻塞的时候。这种来自主体自身内部的困难，其阻力往往比外部困难更大。此时，坚韧不拔的意志显得尤为重要。

3. 真诚坦荡的胸怀

为人要真诚坦荡，新闻写作也需要真诚坦荡。这是一种最基本而又最可贵的写作品质。记者因为真诚坦荡，才能正视现实生活，真实、客观、全面地反映现实，不至于为了某种目的而歪曲事实，写成的新闻作品也经得起历史的检验。

4. 超乎寻常的胆略

新闻写作需要才能，同时还得有胆略。古人云：“昔贤有言，‘成事在胆’。‘文章千古事’，苟无胆何以能千古乎?”才离不开胆，唯胆能生才，无胆则才不能伸。新闻写作也是如此。

记者要敢于面对事实，敢于说真话，要有忠于事实、坚持真理的勇气和气节，决不能见风使舵，曲意逢迎，主观片面，弄虚作假。尤其在当前新闻官司十分频繁、批评报道越来越难搞的情况下，更需要记者超乎寻常的胆略，不怕得罪人，不怕打击报复，也不怕别人不理解，不怕牺牲个人利益。

与胆略相反的是怯懦。因为胆怯、懦弱，写作主体往往会思前顾后，患得患失，从而失去心灵的自由。而没有心灵自由，是难以写出真实自由的文字的。总之，记者要写出创新之作，就要努力培养自己的胆略，树立献身精神。为了新闻事业，连死都不怕，自然就敢于讲真话，写真事了。

（二）主体的思维素质

新闻是客观事实信息经过记者的头脑加工制作而后传达给读者的，它既是客观事物的反映，又是记者思维的产物。记者对于新闻事实的发现、选择、加工，都离不开一定的思维方式。记者的思维支配着写作活动。不同的思维方式，对外界信息的加工、处理不同，对客观事物的认识、反应也会有很大的差异。

新闻写作的思维活动是建立在记者某种心理定式上的审美感知、记忆、体验、情感、想象乃至经验、潜意识、灵感、直觉等多因素、多层次、主体性的和流动的综合过程。它既表现出因受审美基本规律的约束的同一性，又表现出记者的个性、气质、心境、动机等方面的差异性。新闻写作正是在记者多因素、多层次的思维活动综合作用中完成的。

思维是人脑对客观事物间接的、概括的反映，其中逻辑思维以概念、判断、推理的形式来反映客观事物的运动规律；形象思维用表象来进行分析、综合、概括。新闻写作过程是逻辑思维与形象思维相交替的思维活动过程。

作为创造性的精神劳动，新闻写作要求其主体不仅具有一般的思维能力，而且还必须具有创造性的思维素质。所谓创造性思维素质，指的是通过思维，不仅能揭示客观事物的本质及其内在联系，而且要在这个基础上产生新颖的前所未有的思维成果。

写作主体的创造性思维素质，具体体现在以下几个方面。

1. 思维的发散性

这是指写作中思路开阔，思维活动十分活跃，心智活动通畅无阻，能举一反三，随机应变，触类旁通。它要求记者冲破消极思维定式的桎梏，打破常规思维，把封闭的思维变为向四周散射的发散性思维，利用综合、比较、移植、放大、缩小、代替、组合、颠倒等方法设计多种写作方案，最后通过收敛性思维作出最优化的选择。

比如报道某城市公共厕所建设这一题材，记者先从“不足”方面思考，概括出布点不合理、数量少、管理差、卫生糟等几个方面的表现。其次从“困难”方面思考，归纳为选址难，居民不配合，资金短缺等几条。再次从“长处”方面思考，发现近年西湖边的公共厕所已发生很大变化，表现为外形美观、新颖，与西湖景色很协调；实行收费管理；卫生状况令人满意等。这个思考的过程，体现了主体思维的发散性，表明“公厕建设”这一题材，至少可从三个写作角度切入。

2. 思维的独特性

新闻写作追求新意，不落入俗套，不步人后尘。写作的独创性来自主体思维的独特性，尤其对那些非独家报道的题材来说，更是如此。记者必须具有独特的思维方式，才会有独特的视角、独特的构思和独特的表现。如前面所述“公共厕所”一例，记者在至少三个角度中进行优化选择，认为前两点实属老生常谈，后一点倒有新意。于是浙江日报记者所写的《西子湖畔公厕不负四周美景》一稿，成为一篇出色的独家报道。

3. 思维的深刻性

新闻写作有快、短、新、活的要求，同时也有“深”的要求。新闻之“深”，有人称之为“理论色彩”或“思辨色彩”，或说要具备思想性，除了题材本身所蕴含的深刻意义外，还有赖于记者思考的深度。新闻作品是理性认识的产物。

4. 思维的敏捷性

思维客观存在着敏捷与愚钝之分。新闻写作要求“倚马可待”，记者的思维就要做到敏捷、锐利。采访时快速反应，选材时一抓一个准，表达时出手不凡。

四、主体的传达能力和展开

（一）主体的传达能力

新闻写作的传达，就是记者运用语言符号及其形态构成，把构思时孕育在头脑中的内在形态，外化为可供受众接受的客观存在物——精神产品，也即新闻作品。

新闻写作是一个双重转化的过程。构思是由“物”到“意”的内孕飞跃，而传达则是由“意”到“文”的外化飞跃。在传达阶段，记者按照内心构想来选词择句，有形之物尽绘其形，含声之物尽显其声。或沿枝搜叶，或顺水寻源，或由隐渐显，层层递进，或从易到难，步步深入。有时灵感袭来，如猛虎长啸、百兽驯伏；有时佳句泉涌，似蛟龙出水、海鸟惊飞。有时词意贴切，易如注水；有时词意不合，难似坐火。整个过程要清心聚念，凝神思考，梳理万绪，诉诸语言，将天地收纳于内在形态之中，将万物措置于纸笔之间……记者进入手脑并用阶段，逐渐克服、弥补内孕阶段那些模糊不定之处，疏漏矛盾之点，不够圆合之节，尚欠连贯之脉。这是将内孕继续深化、发展和完善的阶段，是记者逐渐强化对内在形态的感受和把握的阶段。他将在这个阶段揭示出事件的谜底，刻画出典型的新闻形象，描绘出多彩的画面，展示出错综的矛盾……最终完成他的写作意图。

但是，记者要把无声的思维外化为规范的、明朗的、能为广大受众接受的语言，把流动的构思凝固成稳定状态的文字，并不是一件很容易的事。因此，新闻写作主体必备的另一项素质，就是熟练、高超的传达能力。新闻文体的特殊性，要求记者的传达行为必须符合以下要求。

1. 可接受性

新闻是写给人看的、听的。在新闻写作流程中，反馈期也是一个必不可少的环节。一则新闻没有被受众所接受，没有被社会所理解，这则新闻的写作就不能算已最后完成。记者的传达决不能无视受众之存在，这就要求主体不仅对难以传达的东西要准确地传达出来，而且对可以传达的内容，要采用最优化的方式传达出来。

比如，明了的叙述，生动的描写，精彩的议论等，一切以方便受众接受为原则。记者既要进入作者的“角色”，是主动的信息传播者，又要时时把自己置于读者、听众的位置，摸索以怎样的方式方法去“抓住”受众的注意。新闻导语要承担导读的功能，结尾要使人“执卷流连，若难遽别”（李渔语）；主体的展开要符合读者的阅读心理节奏，结构的安排要跌宕起伏；布局的疏密，情节的张弛，音节的长短，情韵的高昂浮沉等，都要符合可接受性的要求。

2. 逻辑性

新闻写作的传达要符合逻辑。新闻事实本身存在着复杂的内在逻辑，新闻写作也有其特殊的规律。记者通过自己对客观事物的认识，挖掘出符合事物本来面目的内涵，并合乎写作规律地表达出去，这正是新闻写作传达的难点所在。记者不具备这种传达能力，就无法从事新闻写作。

3. 精细性

记者用语言把构思的结果传达出去，称得上是一项精细的工作。构思是内隐的，而传达则是外显的。新闻写作要求记者高度准确地报道事实，将头脑中的种种判断、设想以文字的形式传达出来，没有情人般体贴细致的精神，很容易出现偏差。

新闻写作主体的传达能力，本身也是一种综合能力。它体现在真正动笔写作的过程中，具体又可分解为筛选材料的能力，表达主题的能力，驾驭语言的能力，安排结构的能力以及寻找“由头”的能力等等。限于篇幅，这里不赘述。

（二）主体的展开

主体是由导语为源头展开来的，是紧承导语之后被展开的新闻主要段落。有了它，新闻才显得完整和充实，主题才有可能得到具体的揭示和深化。主体展开常见的结构方式有以下几种。

1. 按时间顺序展开

即新闻主体写作顺序按事物的自然发展、时间先后来安排材料。这种结构方式，往往导语部分已简要交代了事实梗概或结果，主体部分则按照事件发展的先后顺序展开，层层推进，脉络清晰，有完整的故事情节和时间脉络，比较清楚地反映出新闻事实的始末。请看下面实例。

（引）解囊集款为病人救死扶伤是己任

（主）桐乡县创设白求恩救急基金

急危病人进院或转院抢救而身边一时又无款交费怎么办？浙江桐乡县因有37家医疗单位普遍设立了“白求恩救急基金”，这一棘手问题迎刃而解。到昨天为止，全县已筹集基金7500余元。

春节前，桐乡县卫生局局长励德琅到民合乡慰问生病的卫生院院长，了解到该院一名难产大出血的产妇在转送大医院急救时，病人家属无法借到医药费而一筹莫展，卫生院院长和医务人员急病人所急，纷纷解囊凑集了300元医药费给病人垫用。事后，病人家属到医院里千恩万谢，并表示到晚稻收割后一定照数归还这笔钱。此事给励局长很多启发，桐乡每年有140万病人，且大都是农村病人，出现这种情况绝不是少数，有必要大力倡导民合乡卫生院的崇高医德和感人义举。

2月上旬，县卫生局发出倡议，在全县医院、卫生院创立“白求恩救急基金”，提议全县医务人员从今年3月起连续两年每人每月交纳5元的无息存款作为基金来源。

这一提议立刻得到全县医务人员的拥护，从局机关干部到每一个医务人员都争先恐后地前来交款，不少人一下子就交了60元。县第一人民医院外科主治医生郁竹林曾多次亲眼看见一些急救病人到外地抢救治疗时，因未带足钱差点耽误了治疗。为此他深有感触地说，基金会的设立是为病人办了一件实实在在的好事，我一次交60元，凑成个大数，可早些为急危病人解决困难。

3月1日，在“白求恩救急基金”成立的当天，该县屠甸乡15岁的韩萍姑娘患急性阑尾炎，县中医院诊断急需开刀。这时，她母亲打电话到乡里借钱，因找不到人，钱无着落而焦急万分。医院“白求恩救急基金”即向她伸出援助之手，借300元钱给她。手术后第三天，韩家就把这笔救急款高兴地还给了院方。

背景的战略是这则新闻的导语出示了最主要的事实及结果，主体按照事件的起因、进展的顺序展开，先后交代了春节前、2月上旬、3月1日等时间概念，给读者一个完整、清晰的印象。

2. 以事实的重要程度为顺序展开

也就是把最重要的事实安排在主体的最前面，次等重要的东西放在稍后段落里，最次要的放到最后，依次形成一个“倒金字塔”的结构形式。这种结构的优点是便于记者赶截稿时间、便于编辑制作标题和删减稿件、便于读者阅读。请看下面实例。

世界最大的石油钻塔开始移动

世界上最大的石油钻塔——也许是世界上最大的能移动的东西——今天开始了从苏格兰西岸到尼尼安油田的430英里的第一段行程。

这个价值3亿英镑（5.4亿美元）的60吨的钻塔正在由8个牵引车拖运到它的新址，该地在设得淡群岛西北105英里处。这一行程需用14天。

随着这个钻塔启运，英国的钻机建造工业发现自己再度陷入危机。在苏格兰和英格兰北部的8个建造厂有一半现在关闭了，只有一个厂今年年底以后才有工作。

这个钻塔高达500英尺。它的混凝土钻台伸入水面以下275英尺。

建造这个巨型钻塔的霍得华多丽丝公司的肖基恩湖建造厂目前也成了寻求订货的厂了。

预计今年北海石油开发工程的投资为5亿英镑（9亿美元），其中不到1/5将用来建筑混凝土钻台。

据认为，混凝土钻台性能较好，因为它抗腐蚀。

这是一条典型的按“倒金字塔”结构展开的新闻。全文300多字，分7段，导语部分使用拟人化手法出示最重要事实，其余几段组成新闻的主体部分。第2段是对导语提及事实的细节性注释，使之更清晰、更准确。第3段介绍背景，补充说明石油钻机塔启运对钻机制造业产生的影响。从第4段到第7段，主体内容按重要性层次依次递减排列。如果由下往上删，删至任何一段，剩下的仍然是一条完整独立的新闻报道。

3. 按空间顺序展开

这种结构方式是指将发生在一定时间内、不同地点的新闻事实，按横向空间顺序展开，就像电视镜头一个画面接一个画面地扫描过来。请看例文。

（主）常山农业会议开得别开生面

（副）听一场科技课　看一次农技展

逛逛科技书店　个个满载而归

常山县一年一度例行召开的农村工作会议开得别开生面。与会代表听一场科技课，看一次农技展览，赶一趟科技书市，个个满载而归。

9月4日上午，听科技课的时间还未到，代表们已经早早地来到了会场，在整整两个多小时的讲课中，会场内鸦雀无声，几乎无人走动。10时半，科技课一讲完，与会代表又兴致勃勃地挤进了县文化科技大楼的门厅。水稻、油菜、金针菇、柑橘、小水果的科技夺高产介绍，一项项看得见、摸得着，既有本地特色，又有实用价值，使这批来自农村基层第一线的农村干部眼界大开。在一个个图文并茂、通俗易懂的“畜禽疫病如何防治?”“怎样防止鱼病?”“柑橘高产如何优质栽培?”等小专栏前，不少人打开了笔记本如饥似渴地抄了起来。

“别抄了，那边书市上全有哩!”在展厅的一角，县新华书店特设的“科技书市”被挤得水泄不通。一双双粗糙、满是老茧、被日头晒得黝黑的手翻阅起《农药使用手册》《555天养鸡新法》《池塘养鱼高产技术》《食用菌育种栽培加工技术》等书刊。营业员一边介绍各种书籍，一边递书结账，个个忙得大汗淋漓。不到20分钟，备购的《柑橘高产优质栽培法》便告罄了。来自芳村镇石塘村的许田土，手里拿到一本刚刚抢到的《柑橘高产优质栽培法》，笑得合不拢嘴。作为一个全村已拥有10万株橘树的村支书，他越来越感到这方面知识太需要了。

这边，大家为买到了一本实用性很强的好书而热烈地议论着。那边，来自大桥头乡大桥村的詹海林、莲塘村的李正良、花厅村的郑雨田，这三位村支书则站在介绍“山村科技播种人”洪四火事迹的专栏面前沉思着、议论着。詹海林说：我们三人当了多年村支书，这次会议开得特别，开得新鲜，让人感到有学不完的东西。

说到为何要在农村工作会议上开设这三项活动，常山县委书记陈艳华说：“农业要上新台阶，出路在依靠科技进步上，而科技兴农的关键就是要让大家牢固树立科技是第一生产力的思想意识。”

这则新闻的主体，将大量的事实归纳成不同的空间板块，选择了“会场”“门厅”“小专栏前”“展厅一角”等人物活动空间，并一一对应到位。这种结构方式看似散乱，实则每个空间都紧扣新闻主题，构成宏观新闻脉络体系。

4. 按逻辑顺序展开

即按事实发生的内在联系和规律来编排组合材料，展开主体。事物发展都有其内在的逻辑，材料与材料之间或是因果关系，或是并列关系，或是转折关系，或是递进关系，主体结构便按这些逻辑脉络展开。请看下面按因果关系展开的实例。

十五斤牛肉干成了难题

南市区老西门工商行政管理所里来了一个操四川口音的外地人，要求把他随身带来的15斤牛肉干收购处理。

原来，他是四川省某农机二厂的干部，名叫向友府。他这次来上海出差，联系业务，本以为“圆图章不及熟面孔，不送礼办不成事”。为了使工作进展顺利，他特地在当地买了15斤优质牛肉干，作为联系工作时拉关系之用。可是他到上海两个星期来，去了化工局、农机公司等五六个单位，这些单位都拒绝收礼，15斤牛肉干一斤也没有送掉。向友府在要求收购的申请书上写着：“我已圆满地完成了任务，所带的牛肉干只得请你们协助，按照上海规定牌价处理。”南市区工商局最后按市价作了收购处理。

这则新闻的导语告诉读者一个具体而完整的事实，随后带出了疑问：外地人为何要这样做？主体展开的结构按照事实的呈现再追溯原因——告知结果这样的顺序来安排，步步深入，环环相扣，突出了事物的本质和意义，增强了说服力。

五、构思能力决定主体质量

构思，原指作家、艺术家在孕育作品过程中所进行的全部思维活动。包括选取题材，提炼、确定主题，设计、安排结构，考虑情节的展开、人物的活动和总体性布局，以及探索最恰当的表现形式与主要表现手法，等等。

新闻写作的构思，是记者在掌握新闻事实素材的基础上，孕育作品的一系列有目的、指向的创造性思维活动，是对新闻作品的整体设想。

构思的过程，是记者对社会生活的感受和认识继续发展、深化的过程，是记者剪裁、布局、想象、联想能力充分发挥的过程。构思能集中反映记者的洞察力和概括分析能力，体现记者的思想深度和写作素养。高超的构思能力，是写作主体必须具备的一种素质。

从新闻写作流程来考察，构思处于预备期和感知期之后，外化期和反馈期之前的“内孕”阶段。这个阶段，记者的思维在写作动机的支配下，同时向两个方向运动。一是向多种内在的物象投射，即让思维活动进入内心深处，视觉收回心底，听觉返回脑际，驰骋想象，神游八极天宇，心游万丈峰峦。二是向某种内在的形态聚合，即内心的神游渐渐聚合，所要表现的事物轮廓渐渐清晰，内物随之在心中明朗起来，作品的“胚胎”在这阶段时间形成。

除了一般的构思能力外，新闻这种文体对写作主体在构思方面的素质提出了特殊的要求，即构思的快速性。由于时效的限制，新闻写作的构思不能是慢条斯理的，也可以是并不“深思熟虑”的。它表现为时间的短暂、节奏的快速以及思维频率强度大。所谓“脑子转得快”，主要是指记者构思之“快”。

写作主体的构思能力，至少要承担以下几个方面的任务。

（一）联结采访和传达的纽带

新闻写作构思居于采访事实和表达事实之间的中介阶段。古人认为，写作“不宜卒急拈毫。袖手于前，始能疾书于后”。鲁迅主张“静观默察，烂熟于心，凝思结想，一挥而就”。这些都说明记者在采集新闻事实、对生活有所认识以后，必须要经过一番“凝思结想”，等到所要表达的内容以及相应的形式已经思考得较成熟了，才提笔来写。

（二）设计新闻作品的蓝图

设计作品的蓝图，是构思的主要任务。记者应处理好主体与客体、内容和形式的关系。记者通过采访，获得大量的素材，在这些客体的作用下，写作主体必然产生种种不同的思想感情。然后通过思维，使新闻事实同主体的思想感情相互交融，孕育出主题来。同时，又根据主题的需要，理顺材料，谋篇布局，安排结构，遣词造句，将事实表达出来。整个过程就是设计新闻作品的蓝图的过程。

（三）不断调整写作心态

写作心态是指写作时精神高度集中和兴奋的状态，是一种神情专注的情绪倾向。记者要成功地从事新闻写作，就要自始至终地保持良好的写作心态，在构思中神情专注而又平静、持久，心情激动而又舒展、沉稳，写作欲望强烈而又不狂乱、急躁。主体的心态太紧张或太松懈都不利于写作。

六、新闻主体注意的问题

主体是消息的主要部分。它承接导语，阐述导语所揭示的主题，或回答导语中提出的问题，对消息事实作具体的叙述与展开。写主体要注意如下几点。

主干突出。消息的主体是主干，典型材料要用在主干上。要去头绪，减枝蔓，与主题无关的要舍弃，次要材料要简略。

内容充实。回答导语中提出的问题，其内容必须具体、充实，这样才有说服力。导语提出什么问题，主体就要回答什么问题，这样才能紧扣中心，突出重点。

结构严谨，层次分明。要恰当地划分段落，有条不紊地展开叙述，安排层次有以下几种顺序：一是时间顺序，按事情的发生、发展、结束的先后顺序安排层次；二是逻辑顺序，就是根据事物的内在联系来安排层次；三是时间顺序和逻辑顺序相结合，这样写严密而有条理，活泼而不紊乱。

第三节　新闻结尾的点睛

一、新闻结尾的含义

新闻结尾，是新闻写作艺术中容易被人忽视的一个领域，实质上它是新闻（标题、导语、主题、背景、结尾）5 个重要组成部分之一，是写作艺术中必不可少的内容。新闻结尾尽管处于文章的最后位置，但它对于受众接受心理的影响却不容低估。据心理学的有关研究材料显示，处于系列首尾位置的记忆材料，比处于系列中间位置的材料更容易被记住，其概率几乎相当于中间位置的三倍。“一篇报道既要有好的导语，也要有一个有力的结尾。”美联社记者马利根对此深有体会。

新闻界公认“导语是记者展示杰作的橱窗，读者和编辑以及新闻学教师都会自然地设想，如果记者未能在导语中表现出水平，那么他就是没有水平。”所以导语写作理所当然最受重视，耗费的心血也最多。但是，新闻结尾对于受众接受心理的影响并不亚于导语。美联社记者马利根对此深有体会：“一篇报道既要有好的导语，也要有一个有力的结尾。事实上，我常常在最后一段下的功夫比在第一段下的功夫大，因为我希望那真正动人的最后一行话将使编辑高抬贵手，不致砍杀我努力的整个成果……一条使人激动的引语、一件概括性的趣闻、一段将最后一次打动读者的情感，即引起读者悲伤或大笑的有趣材料，可以使一篇报道生辉。这样，这篇报道看起来就是一个统一体、一个完全的整体。”开头和结尾尤其值得讲究。文章起头起得好，才能抓住“眼球”；结尾收得好，才能有回味。所以，明代诗论家谢榛在《四溟诗话》中提出：“起句当如爆竹，骤响易彻；结句当如撞钟，清音有余。”

二、结尾的方法类型

结尾被称为永恒的印象。对于许多写作者来说，结尾同报道的开头一样重要，遗憾的是，许多读者不会读到结尾，但是如果他们读了，就应该用一个值得怀念的结尾来回报他们。下面来介绍几种新闻的结尾方法。

（一）意尽则止式结尾

这种结尾从表面上看好像还没有写完，其实事物已有了结局，在恰到好处的地方收笔。

（二）循环式结尾

形象地说，循环式结尾是以一种绕圈子的方式返回导语以求获取一个想法用来结尾时，就已经在使用循环结尾方法了。

（三）用引语结尾

特定报道和硬新闻最普遍的结尾样式是引语结尾。寻找一条能够总结报道主题或主要观点的引语，当用一句引语作为结尾时，把消息源放在引语之前，如果用两句引语作为结尾，消息来源就放在第一句引语后面。

（四）用高潮结尾

这种类型的结尾出现在悬疑小说写作手法的报道中，让读者把悬念一直带到小说的结尾。这种结尾更适合叙述式的特写报道或者那种在一开始就抓住读者并驱使读者找出真相的短新闻，它能被用在采用金字塔结构的报道中。

（五）用未来行动结尾

新闻报道以一个事件的下一步发展情况来结尾，只有在报道本身具备未来发展动向时这种技巧才有效。如果下一步对于追踪报道至关重要，它在报道主体中的位置应该更靠前，但是如果它以自然结论的方式起作用的话，它就可以成为结尾，它可以采用陈述的形式也可以采用引语的形式。

（六）用事实结尾

事实具有强有力的事实陈述，它们有时可取代导语，总结报道基调、口吻或总体特征的陈述。它们比引语结尾更难写，但是如果处理得好，它们会给读者强有力的震撼力。

力求浓缩一个非常短而精湛的陈述事实的句子，一定要选择一个意味深长的事实，这个结尾将留给读者持续的印象。

（七）感情激射式结尾

这种结尾的特点是包含了情感，以情感激射读者。它以含蓄、深沉、热情、委婉的手法运笔，令人深刻思索，受到感情的激射。

（八）用悬念结尾

悬念技巧更普遍地用于结尾，尤其经常用在连载的系列追踪报道中，这一技巧也能用在分节式报道中彰显魅力，每小节的结尾都设置一个悬念，这样就迫使读者继续阅读下去了，它的吸引力就是："下一步将会发生什么?"

（九）燃气用完式结尾

这个方法适合于硬新闻报道，可能在没话可说时结尾，尤其是使用概括式导语和按重要程度降序排列支持要点的报道，结尾可以是一句引语、未来行动或报道中的其他事实。

（十）启发式结尾

这种结尾形式是在结尾时交代作者的感受和态度，或者表示作者的希望，让读者明确方向，唤起联想、启迪、思考，加深印象。

此外，还有叙述式、点题式、反问式、广告式等多种结尾，但不论采用哪种形式结尾，都要力求新颖、生动、风趣、别致，或者耐人寻味，或者发人深省，或者激人奋进，或者戛然而止，或者动之以情，或者画龙点睛，总结全文。

一篇好的报道在形式上应当是具有对称美的。如果说新闻的导语是"凤头"，那么结尾就必须是"豹尾"。我们既要在导语上呕心沥血，也要在结尾上殚精竭虑。无论如何，新闻不能狗尾续貂，要避免使人在结尾时失望。写好新闻结尾，不仅可以使新闻在形式上更为完美，而且可以画龙点睛，使新闻的主题得到进一步的深化和升华，引起读者回味与思索。

三、新闻结尾应遵循的原则

结尾的形式可以多种多样，但这并不是说可以随心所欲，想怎么写就怎么写，而应遵循一些基本的原则。

（一）紧扣主题，切忌漫无边际

不少记者、通讯员感到，稿子写到最后该好好"发挥"一下了。这一发挥，可不得了：天南地北，不着边际。有的感到稿子写完了，再加一个好的结尾吧！于是为结尾而结尾，表面上写得花里胡哨，实际上离题万里，让读者摸不着头脑。稿子的结构具有完整性、统一性，应把结尾作为结构的有机组成部分，使其在文章中发挥应有的作用，而不应将其游离于稿子之外，变成"独立王国"，其结果必然形成“稿子是稿子，结尾是结尾”的难堪局面。有的在写稿前，已经准备了一些“得意之笔”，只是在正文里无处下脚，吃之无味，弃之可惜，那就放在结尾吧，想给稿子添点彩。这些东西之所以在正文里没有地方放，正说明与稿件的主题联系得不很紧密，应该坚决舍弃。硬要在结尾处加上一段，只能是狗尾续貂、画蛇添足。在结尾写作中，一定要把结尾纳入文章的整体结构通篇考虑，无论是内容，还是形式，都应与稿子的整体一致起来，与稿子的其他部分一起，为表现主题思想增砖添瓦，贡献才力。

（二）增添信息，切忌重复絮叨

一些稿件之所以败在结尾上，很多是因为结尾重复絮叨，了无新意，要么对前文进行概括总结，要么对前文中的某一新闻事实进行再叙述。稿件中每一部分有每一部分的功能，每一部分有每一部分的作用。结尾也是一样，应结合它在稿件中所处的地位和作用，精心设置其内容和形式，确保结尾能提供更多的新闻信息，帮助读者对稿件的新闻价值有更深刻的认识，以增强稿件的表达效果。

（三）顺势而行，切忌节外生枝

不管是根据时间的推移，还是按照空间的转换，每篇稿子都有其内在的叙述线索，都会通过起承转合、起伏呼应，展现新闻事实间的内在逻辑关系，有的先抑后扬，有的先扬后抑，有的平铺直叙，有的跌宕起伏。作为结构内容的结尾，应沿着稿件的表达线索，顺势而行，该抑则抑，该扬则扬，“击首则尾应，击尾则首应，击腹则首尾应。”要防止为结尾而结尾，即正文写正文，结尾写结尾，出现前后“两张皮”的局面。

（四）遒劲有力，切忌拖泥带水

简洁明快，是结尾写作的一个基本要求。有的作者稿子写到最后，突然“文思泉涌”，于是东拉西扯，势必冲淡主题；有的写到最后，感到主要任务已完成了，就草草收笔；还有的不注意选材，按照主题表达需要，故事本来已经讲完了，可又像拍电视连续剧似的写起了续集，影响了稿件的表达效果。结尾应按照稿件的叙述节奏，简要明了，遒劲有力，给人回味，给人启迪，不能拖泥带水，没完没了。

四、写新闻结尾应注意的问题

结尾，特指能深化报道主旨的消息最后一部分，但新闻的最后一部分不一定都称得上是结尾。

新闻结尾的写作，一般要注意四点：

（1）结尾是新闻的组成部分，要紧扣主题，起到表现或深化主题的作用，不能游离于主题之外画蛇添足。

（2）新闻的结尾要有内容，切忌空谈空论。它要力求精练，力避重复、啰唆，因此结尾的内容要安排适当，防止用公式化、概念化的语言。

（3）新闻一定要有结尾。有人认为有的新闻不必有结尾，或不重视结尾，这种看法是不正确的。问题是，新闻的结尾，不一定是单独成段。就是一条简讯，乃至“一句话”的新闻，也是有头有尾的，否则读者就看不清楚，听不明白。一个句子也有开头，就是主语；也有结尾，就是谓语。往往有的句子因缺主语成了错句；又有的句子缺了尾巴（谓语或宾语）也成了残缺不全的错句。至于一句话的新闻，如何把这一句话写得有头有尾，是要花力气，认真对待的。

（4）新闻的结尾宜自然，忌生硬。有时候，与其勉强地写出一句结束语，不如听其自然地将新闻收住，这也是结尾。有时正文部分把事情讲清楚了，首尾圆妥，也算是有结尾。有一位美国新闻工作者就结尾问题说过一段话：“当你坐在打字机前，眼盯着稿纸，为想一段漂亮的收尾文字而绞尽脑汁时，很可能文章的结尾已经写出来了，你在那儿刹住就行了。”可见，新闻写作不可能没有结尾，但不是任意加上去的“尾巴”。这就好像豹子的尾巴不是由人接上去的，它既不是狐狸的尾巴，更不是蛇的尾巴。

第八章　新闻写作要求及技巧

第一节　新闻写作的基本要求

一、新闻的含义

新闻有广义和狭义之分，狭义的新闻是指媒体对社会新近发生的信息的传播，广义的新闻指社会新近变动的消息。

新闻，是以宣传为手段反映当前生活的一种社会意识形态。新闻是报刊、广播、电视经常大量运用的一种文体。新闻，是消息、通讯、特定、速写等体裁的统称。

二、新闻写作应坚持的原则

新闻写作原则是由新闻作品的基本特征决定的。

（一）坚持真实性

真实是新闻的生命，它是取信于民的所在。新闻真实性要求构成新闻的基本要素都要确凿无误。也就是说，新闻事实中的时间、地点、人物、事件、因果等都必须真实、准确。如果新闻不能坚持真实性，新闻就失去了它存在的价值。

（二）坚持时效性

新闻常被称为“易碎品”，这是因为新闻作品的新闻价值的实现是一瞬间的、一次性的。

（三）坚持思想性

思想性也可称为指导性，即新闻媒介通过具体的新闻报道，以影响、指导受众的思想、态度、情感和行为，最终把他们引导到一定的目标上去。

要做到这几点：

第一个应注意思想性与针对性的结合，抓住群众普遍关心却又感到困惑的问题的解决途径，这样的作品必然会使受众感到正中下怀。

第二个应当注意的是思想性与深刻性的结合。这种结合取决于记者对问题研究的深刻、透彻程度，好的新闻作品会使思想长出飞向读者心坎的翅膀。有了深刻性，但如果对问题研究不深不透，毫无尖锐泼辣的锋芒，也就大大削弱思想性的分量。

第三个应当注意的是寓思想性于信息传播中。思想性是蕴含在事实之中的，是事物本身所具有的本质属性，并不是外加的、主观的东西。

（四）坚持简明性

简明是一切体裁的新闻作品最显著的特征。简明性要求新闻作品必须写得人人都懂，同时简洁凝练，使受众在最短的时间内获得尽可能多的信息。

三、新闻写作对作者的素质要求

（一）敏于捕捉

新闻采访与写作人员要写出好的新闻稿件，就需要有敏于捕捉蕴藏在现实生活中的丰富而有意义的新闻题材的特长。新闻采访与写作人员就是要追新逐异，并且着力于标新立异，新闻要力避老生常谈的依样画葫芦，力避不能敏锐报道与评述生活的陈词滥调。但对生活中的种种“新异”，一般人往往习以为常，熟视无睹。加之生活在前行的轨迹中闪现的新光异彩，总是一掠而过，一瞬间便成陈迹。这就要求新闻采访与写作人员有敏锐地捕捉“新异”从而摄取新闻的能力。这种敏锐能力不是轻易就能具备的，需要新闻采访与写作人员有较高的思想理论修养，深入生活，留心各种各样的事情，将新的发现、新的感受、新的分析思考写进“新闻手记”。这样的功夫下得越深，捕捉新闻的敏锐感就越强。

（二）勤于采访

新闻采访与写作人员的实践，主要是指采访的实践。

采访是一门专门的科学，采访是一个完整的系统工程，采访也是一种独特的艺术。

采访要顺利进行并获得理想的效果，就要拟写采访提要，找准采访对象，注意采访方式。

（三）精于构思

有了从采访中获得的真实情况，要拟定出切合要旨的新闻稿，还要精心构思。一篇新闻立什么主旨，选取什么材料表现主旨，材料的详略处理，先后安排等等，都得一丝不苟地精心构思。这里的一个“精”字体现了写作主体的匠心独运。

（四）疾于运笔

如果有了材料，又下过一番构思的功夫，就得疾于运笔，迅速成篇，交付发表，这样才不致贻误时机。

运笔要“疾”，不仅仅是从时间上要求快，还要快中求好。

运笔之疾的能力，是从艰苦笔耕中获得的，只有勤耕不辍，才能有敏捷的才思，才能“妙笔生花”。

四、新闻写作对读者心理的研究

通过报纸接受新闻的读者们对新闻的兴趣、反映和评价，对新闻报道的通讯员写好新闻关系极大。

新闻事业，是党和政府的喉舌，也是人民的喉舌，只有表达人民的意见，反应人民的呼声，取得人民的信任，才符合上述的性质和宗旨，才有存在的意义。只有研究读者的心理，才能确保新闻存在的意义。那么有哪些读者的心理需要加以研究呢?

（一）读者共同的，普遍的心理

人们常有一些共同的、普遍的心理规律或者心理特点。

（二）时代不同，人们的心理也不同

情感、好恶、憧憬等，是有极大差异的。时代在前进，人们的物质生活、精神文化生活不断发生变化，发展着的社会就会给人们心理带来新的影响。作为通讯员就要研究这种变化，并且根据这些变化改进新闻报道，使之适应客观实际，适应读者的心理。

（三）要注意研究特殊的心理规律，特殊的心理状况

不同的职业、经历、科学文化水平和生活条件，不同地域、年龄、性别的人，都可以形成不同的心理状况。因此新闻报道就应研究各类读者的特殊心理。

五、新闻写作的基本规律

社会大众丰富多彩的生活构成了新闻写作的基本素材；与我们息息相关的社会生活构成了新闻写作取之不尽、用之不竭的源泉。无论从什么角度来看，新闻写作都具有基本的规律。归结起来，新闻写作的客观规律表现在以下四个阶段。

（一）感知

唯物主义反映论认为，新闻作品是客观新闻事实在记者头脑中的反映。从这一认识出发，新闻写作活动总是把客观事实当作写作对象。客观事实经过记者的感知进入意识后才能进行精神生产。这种感知，是指在写作活动中的客观事实，经过记者的采访（观察、感受、体验），在头脑中转化为主体意识的曲径深入的过程。这

是写作活动中由信息向主体的初步转化过程。

在这个转化过程中，记者对新闻事实的感知不是消极地接受，而是积极能动的反映。对新闻写作信息的知觉是在“心理定式”的基础上发生的，记者正是在这种“心理定式”的基础上去观察新闻信息，感知信息一经有了新闻事实，在定式效应中的知觉，就会敏感接受和捕捉到新闻信息，使之与报道需要的内驱力相碰击，产生写作动机。

记者的感知过程，是一种增强实践意识的活动。这一活动方式在报道意图的指导下定向地进入“内孕”阶段。

（二）内孕

内孕，是新闻写作活动中一次质的飞跃。它是记者把感知到的新闻信息进行创造的平台，外化为生命的“胎儿”，这是新闻作品的一个重要阶段。

新闻写作活动要将无机物创造为有机组合的具有活力的精神产品。这个转化的过程也就是孕育过程。

这一过程的显著特征就是“生命化”和“整体化”。二者是相辅相成的。

“生命化”是“孕育”阶段的关键。生命化的表象就是要具有生气。生气是生命的标志。在写作的过程中要十分讲究“气韵”。“整体化”是记者孕育阶段的一个最后环节，无论什么新闻形式，总得要一个写作构架，用内部语言把有关新闻写作素材运用多种思维，多种方式进行内部组合、融化，根据报道需要，以选择最佳角度，最优化的途径勾勒出作品的内在“骨架”。

（三）外化

通过对作品孕育过程形成了“胎儿”，但还未出世，它仅是记者头脑的思维活动，写作活动只有把它物质化，把它外化为一个客观化的有物质形态、有生命的存在物。这一转化过程叫新闻写作的外化，是新闻写作活动又一次质的飞跃。

外化就是用书面语言把构思的成果变成作品。新闻写作的外化，实际上是指“物质化”，要使记者内在的“动”的形态转化为“静”的外在存在形式，使孕育过程以物质形式固定下来，加以形迹化，让人看得见，摸得着。具体地说，就是“写”的实践活动。

外化并不是照搬地把新闻信息记录下来。记者通过孕育过程，已经在头脑里形成了一个初步轮廓，但要外化，还要受到写作技巧、文字语言等因素的影响和制约。

外化的关键在于记者写作技巧和语言功底。如果缺少这些功夫，写作技能不高，词汇贫乏，不擅修辞，那就根本谈不上作品的外化。外化是十分重要的转化。没有外化的飞跃，写作活动则是无效劳动，这是写作活动的基本认识。

（四）再创造

再创造的意义在于，对新闻报道给予重新确认和伸拓，突破了传统观念的写作格局，把新闻的生命延伸到包括受众在内的强大领域。这种创造性是新闻写作活动中最后一次质的飞跃。至此，新闻写作才算完成了全过程。

六、新闻写作应注意的事项

写作新闻时除了注意到新闻事实新鲜、角度新颖以外，行文时还要注意做到形象生动，让读者如闻其声、如睹其物、如临其境。具体写作时要注意以下几点。

（一）抓好细节

下面这则消息，尽管作者没有展开详细描绘，但是这个3岁小娃娃边吃早餐边看通知，以及最后声明“我不去”时的神态表情，还是跃然纸上，令读者忍俊不禁。就是这两个小小的细节，把整个消息带活了。

三岁娃娃将被征入伍

（合众国际社纽约电）（原电日期不明）谁也搞不清楚这是怎么一回事儿——本星期五，居住在纽约市约克城高地的3岁小女孩皮丽·夏普洛收到了应征入伍通知书。

昨天，她像平时那样吃早餐，她边吃边看一张华盛顿征兵处寄来的通知单。根据这张通知单，她得在“从18岁生日那天起30日内报到入伍。”

尽管小皮丽仍有许多年时间考虑这件事，但她已明确表示：“我不去！”

（二）写出人情

要想写好事，先要写好人。而要想写好人，就必须写出他的人格、性情。

（三）扣人心弦

如果能让读者看不完不愿撒手，不管怎么说都是一种成功。这首先来自事实本身的魅力，其次还要看作者组织材料和表达的功力。

要想扣人心弦、引人入胜，仅靠事实本身的魅力还是不够的，还要讲究笔法。

例如下面这则报道的事实就很有魅力，但在笔法上稍有欠缺。

澳机历险记

乐　民

悉尼警方最近披露了一则令人惊异的消息：一位从未摸过飞机操纵杆的乘客竟能在飞机驾驶员因病昏厥的情况下，驾驶飞机飞行了20多分钟，机上全体人员均安然无恙。听到这则消息的记者们莫不称奇叫绝并为之庆幸。

3月30日，晴空万里，澳大利亚的一位20多岁的飞机驾驶员精神抖擞地驾驶一架双引擎小型飞机从墨尔本飞往新南威尔士。飞机一直平稳地向前飞行着，乘客们也悠闲地看着电影。飞行了30多分钟后，驾驶员突然满头冷汗，因头部剧痛而晕倒。

除驾驶员外，飞机上还有三男一女共四位乘客，但他们谁也没有驾驶过飞机。得知驾驶员昏厥后，乘客们不觉心头一震。在这千钧一发之际，乘客中一位戴眼镜的男士挺身而出，立即机智沉着地充当起“飞机驾驶员”来了；正巧另一位男士熟悉电讯业，他立刻发出了国际无线电求救信号；而其余的两位乘客，则全力以赴地抢救那位年轻的飞机驾驶员。这几位乘客在这险象丛生的危急关头，显得秩序井然、沉着冷静，这就是他们后来奇迹般脱险的关键。

墨尔本机场飞航管制员收到飞机发出的呼救信号后，当即通过电台发出了“如何使飞机保持平稳和正确的航向”的重要指示。同时他向上司报告了这架飞机的险情。机场当局马上举行紧急会议并当机立断派出一架直升机和一架飞机跟随那架正在历险的飞机以便及时给予引导和指示。“新驾驶员”得到及时的指导，感到激动万分，心里也踏实多了，于是便聚精会神地继续驾驶着飞机……

大约过了20多分钟后，那位得急病的飞机驾驶员奇迹般地清醒了，他立即接替“新驾驶员”，重新掌握起飞机的操纵杆，机上的全体乘客们禁不住大声欢呼起来。又飞行了10多分钟后，这架历险的飞机便安全平稳地降落在丹尼利昆机场上。

这真是绝处逢生，可谓奇迹。

——1992年5月5日《工人日报》

第二节 新闻写作的基本技法

新闻一般不直接论述对事实的观点，而是叙述和再现事实，运用事实本身的逻辑反映现实，采取“寓论断于叙事之中”的办法。

一、学会用典型事实说话

那么典型事实有什么特点呢？

（1）必须是鲜活的、读者所未知的事实；

（2）必须具有重要性而且是具体的；

（3）必须是针对受众，也就是读者群的需要而精心选择的事实。

二、通过再现场景说话

“再现场景”，就是把新闻事实的某些现场情景具体地描述出来。

新闻中的人和事，一般都是有形可感、有物可托的。把它们逼真地再现，使新闻报道做到有神、有形，使读者仿佛身临其境、亲眼所见，这种方法自然会加强新闻的可信性和说服力。

场景再现在有关新闻写作的一些论述中的目的是：“让受众犹如身临其境地感受新闻的存在和发展。”这种再现的写作方式虽然难度比较大，但它所增强的可感性显著，对读者说服的效果相应的显著。

第一人称再现法，是再现场景常用的一种手法，也就是由作者直接把读者带入现场，它具有特殊的真实魅力，使得读者在“请看事实”的过程中，接受与领会了作者传达的信息。在批评类的报道中，通过“场景再现”让事实说话，即现场目击记，更是经常使用的一种方法。

李娜夺冠后与姜山亲吻　孙晋芳热情“吓坏”李娜

网易体育6月10日报道：

在李娜夺得法网女单冠军后5天，法网官方公布了官方摄像队记录的李娜夺冠后从赛场走向休息室的珍贵镜头，网管中心主任孙晋芳一看到李娜就激动地展开双臂上前与她拥抱，并高喊“太激动了”，这一幕令人印象尤为深刻。反倒是李娜新教练莫滕森和丈夫姜山的反应相对平静，姜山话不多说深情一吻，此时“无声胜有声”……

孙晋芳高呼“哎呀，太激动了，抱抱，抱抱”。

在法网正式的颁奖仪式结束后，李娜带着她的冠军纪念奖杯走进休息室，她首先接受的是球童列队的欢迎。当然，那些在休息室等待李娜的领导们才是现场最尊贵、最亮的主角，他们超乎寻常的热情让李娜有些受宠若惊。

看到身为大满贯冠军的李娜出现在自己的面前时，孙晋芳主任极为激动，她高喊“啊……啊……”，并同时展开双臂，兴奋地等待拥抱自己的“弟子”。当时，第一个与李娜拥抱的是中国驻法国大使孔泉，她和李娜拥抱后用铿锵的嗓音说：“祝贺，祝贺，大家为你的每一个球感到欢欣鼓舞。”

紧接着是孙晋芳主任与李娜深情相拥，后者情不自禁的喊道：“哎呀，太激动了。”见到如此真情流露的孙晋芳，李娜显然惊讶不已，对这种场面有些不习惯的李娜马上说：“淡定，淡定。”有意思的是，李娜说完“淡定”后，孙晋芳以及在场祝贺李娜的中国网球队总教练蒋宏伟、前女排国手杨希也都跟风说：“淡定、淡定、淡定。”最后，孙晋芳还不忘用双手触摸李娜的脸颊，几乎让人忘却了两人过去曾经有过的不和。

莫滕森平静，姜山深情一吻。

与动作夸张，表情激动的领导们相比，李娜团队中极为重要的教练莫滕森和李娜的丈夫姜山却是显得相当平静。红土赛季起执教李娜的丹麦人莫滕森同样拥抱了李娜，但他的动作和表情却相当平和，他真挚地对李娜说："你打得太好了，我为你感到骄傲。"

接着李娜来到了丈夫姜山面前，姜山什么话都没有说，两人用眼神近距离地交流，最后姜山更是给了李娜深情一吻，以此来表达自己的喜悦和感动之情。此时，无声仿佛胜有声……

全文没有记者一句话的议论，只是通过记者与有关人员一问一答，记者把想说、要说的话都通过当事人的嘴说出来，没有一句议论或倾向性的话，但大家都会感到描写的很有分量，这个分量就是来自用事实说话，通过场景再现来达到的。

三、用背景材料说话

新闻报道中的背景材料，常被称为"新闻背后的新闻"。背景材料在新闻报道中一个重要作用，就是通过灵活地使用背景材料，巧妙地表达记者的观点。

一般来说，在新闻写作中，主要通过以下方法来运用背景材料说话。

（一）善于联想

善于联想是一种通过把所报道的新闻事实，与其他一件或几件事实关联起来陈述的方法，暗示与引导读者进行联想，从而得出结论。

例如在2011年体坛新闻中《北京首钢正式签约独狼马布里 一年合同期待创佳绩》的报道中，通讯员就加入了这样一小段背景材料。

上个赛季，马布里代表佛山队对阵北京的比赛中，表现都非常出色，两场比赛，一场拿下51分，另一场32分，他在北京队面前证明了自己的实力。在这个赛季之后，马布里对中国的热爱，也为他积攒了不少粉丝，成为目前国内俱乐部中最受欢迎的外援之一。

这样把上个赛季与这次的赛季联系在 一起，引起读者的回忆的同时，并得出结论：马布里已成为众多球队追捧的对象。

（二）善于对比

通过背景材料进行对比与衬托。俗话说："不怕不识货，就怕货比货。"讲的就是把两件事或更多的事实放在一起对比，横向对比，纵向对比都可以，这样有助于发现问题，认识事物的本质。新闻写作也常常采用这个方法来发表无形的意见。

例如一篇来自新浪网2011年的《梅西38票压哈维荣膺首届欧洲最佳球员 C罗仅得3票》的报道中有这样一段的叙述：

以往欧洲足联年度颁奖有最佳门将、后卫、中场、前锋和最佳球员等几个奖项，但在《法国足球》金球奖与国际足联世界足球先生合并后，欧足联也顺势与欧洲体育媒体联盟（ESM）合作推出了新的“欧洲最佳球员”奖项，四个位置的单项奖则被取消。

这样一段对比性的背景材料，使读者很清楚地了解此次颁奖的不同点。这样显然比记者直接站出来讲更有说服力。

（三）综合立体地使用背景材料加大说话的深度和力度

(1)

新华社珠海（××××年）××月××电 ××省××市的第一个机场建设今天竣工并通航。

正在××视察的×××同志出席了机场的通航仪式并为第一个航班剪了彩。

机场建设历时两年半，耗资××亿元人民币。机场的×××米长的跑道使全国第二长跑道，仅次于××的××机场。

这一新机场的导航和地面设备均为世界上最先进的设备。

——此新闻背景材料的插入，仅就事论事，但事实比较笼统，读者所得信息有限。

(2)

人民日报稿。本报××月××日讯 ××机场通过国家验收后，今天上午正式通航。国务院总理×××为机场通航剪彩，宣告××向国内各省市敞开了空中大门。

××机场场名是×××总理题写的。第一期建设规模可保证年起降各类飞机××万架次，年旅客吞吐量×××万人次，年货邮吞吐量××万吨。起步营运就有××多个航空公司开辟了××条航线，每周始发××个航班。

××机场所在地原是日本侵华时修建的×××军事机场，日本投降时进行了销毁性的破坏，留下××个弹坑。为了适应××经济特区蓬勃发展的需要，市政府决策改建这个机场。××××年××月经国务院、中央军委批准立项，××××年××月动工，仅××个月就抹掉了×××昔日的荒凉和战争的创伤，一座面积为××万平方米的现代化大型航空港巍然屹立在珠江口。

规划中的这个航空港占地××平方公里，首期开发××平方公里，已建成长×××米、宽××米的跑道一条；长×××米、宽××米的平行滑道一条；可供目前世界最大型飞机起降，高峰小时起降能力为××架次。候机楼面积××万平方米，高峰小时旅客吞吐量×××人次。机场通信、导航、气象等主要部位和关键设备都是当今世界民航机场采用的先进设备。

——增加了些事实，关于机场本身的情况，更详细；也增加了背景材料，但仅仅是有限的历史材料，缺乏宏观的视野和大历史的理念，仍没有报道的深度。

(3)

美联社稿。美联社中国××（××××年）××月××日电　×××总理星期二在中国最富的一个南方省，正式开通了一个大型国内机场。

×××航高级官员和地方负责人的陪同下参加了××机场的通航仪式，并为通航剪了彩。××是位于××省的一个经济特区。

××机场是由一个日军用机场改建而成的，距×属××千米，是繁荣兴旺的四大新机场之一，其他三大机场均为国际机场，它们是：××机场，预期今秋晚些时候通航；××的××机场，预期××××年或××××年通航。××新机场，已经通航。

中国将最终掌管这四大机场，因为香港和澳门的主权将分别于1997年和1999年回归中国。

××机场的年吞吐量为1000万旅客和40万吨货物。旅客候机大楼的面积达9.16万平方米，是目前我国最大的候机楼。

机场将开始部分投入使用，××××年旅客吞吐量将达××万人次，××××年达××万人次、××市市长×××说，“××地区经济高速发展，早就需要有一个这样的机场”。

中国是世界上第三大国，随着70年代后期的经济改革，坐飞机旅游的需求剧增。从××××年到××××年，国内航线客运量年均增长近20%，达4000万人次，是这一时期世界客运量年均增长的3.5倍。

在此篇报道中运用了大量综合性背景材料，清楚交代了××地区机场建设格局，和经济发展形势，视野更开阔，历史感更强，甚至涉及了百年中国崛起、发展的历史，所以，这篇消息，无论在视角上的广度上，还是历史的深度上，都做得相当出色。

四、借助直接引语说话

所谓直接引语，是指记者通过采访得来的被采访者的原话。在报道中直接引用原话已经成为现代新闻写作不可或缺的手法。直接引语用得好的报道，内容文趣盎然，生动真实，现场感强，且观点鲜明。

直接引语的作用表现在：

(1) 直接引语是新闻报道中不同身份、不同个性人物所说的话，适当地引用它们，可以使报道具有现场感，富有变化和人情味，有助于克服新闻写作中容易出现的单调乏味与概念化。

(2) 直接引语一般都有出处，即消息来源，有助于提高新闻的真实性。如果直接引语来自重要人物或重要机构，还有助于提高新闻的权威性。

(3) 直接引语可以使记者利用新闻报道中的人物之口，讲出自己希望说出又不便直接出面说的话。

第三节 具体性描写的写作技巧

场面归纳起来大体可以分为两类：一类是以人物活动为主的场面，如竞赛场面、欢迎场面、表演场面等；另一类是以情景气氛为主的场面，如热烈欢呼的场面、紧张忙碌的场面、喧哗热闹的场面、悲痛伤感的场面等。在写作时怎样写好这样的场面呢？

一、抓住场面的要点

在场面描写中，人物不能是一个，必须是很多个，并且要以人物描写为主，场面为辅。场面描写要为表现人物服务、为突出中心服务 。场面描写少不了景物、人物的心理活动和语言。

二、写好特定环境中的人物活动

场面描写要注意两个方面：一是要注意写好场面所在的环境。因为任何一个场面的人物活动，都离不开特定的环境。二是要以动态为中心，写好特定环境的中心人物活动。因为任何场面不能没有也不能离开人的活动。

因此，描写场面不仅要从环境、人物动作、语言、神态等方面表现场面的特点，还要注意点面结合，既写场面的全体，又写场面的个别。这样，一定能给读者以身临其境的真实感受。

三、写好场面要注意的事项

（一）写出气氛

气氛是人在一定环境中看到的景象或感觉到的一种情绪或感情。无论什么场面，都会有气氛，如庆祝场面有欢乐的气氛；比赛场面有紧张的气氛；送别场面有难舍难分的气氛等等。

（二）写场面要有顺序

场面是由人、事、景、物组合起来的综合画面，不可能几笔就同时都写出来。因此，写场面时要安排 好先后的顺序。一般来说，场面描写可以按照由面到点来安排顺序。比如，描写庆祝教师节的场面，可以先写欢庆活动的总体气氛，勾勒“面”的情况，然后分别写校长、老师、同学的表现。这样就能点面结合、条理清楚。

场面描写即把活动的场面和情景有重点地、具体地进行描写。关键是在场面描写中要写出应有的气氛，展示一幕幕精彩的场面，使人有种身临其境的感觉。

（三）要交代清楚场面的背景

如活动场面发生的时间、地点、环境等，这样人们才知道场面是在怎样的社会或自然环境中发生的。

（四）写好总体的基础上写具体

写场面时，要对场面有总体概括，使读者对总体面貌有所了解。但场面同时也应该有重点部分，对这部分要写详细、写具体，做到有点、有面。

1. 好场面的方法

（1）要把观察的视线向横的方向展开，要看到整个场面在同一个时间里所发生的事，不能只集中看一点。

（2）要运用点面结合的方法写出整个场面的状况。就是要有整体的概括，又有重点的具体描写，一般采用先总述再分述的方法。

（3）要把人物的活动交织在一起写，这偏重于动态描写。如果是环境描写就偏重于静态描写。

2. 写好细节描写的方法

细节并不在于文字的长短，关键在于有典型性、个性化特征。消息的细节具有典型性、个性化了，就能“以一当十”。这就要从消息的实际出发，选择那些或具有典型性、或具有个性化特征、或两者兼备的细节。

（1）要选择具有典型性的细节

简言之，就是选择的细节要能反映事物的本质。有些细节深刻地反映了事物的本质，超出了一般，代表了事物的发展方向。好的细节能感动读者，虽然细节描写的不一定是惊人的壮举，但是却应具有典型性。

（2）要选择具有个性化的细节

一篇消息是否有个性，关键要看所选择的细节是否有个性。如果一篇消息中有一两个有个性的细节做支撑，就会使满篇生辉。

3. 增强对细节的捕捉

高尔基指出：“世界事物，每个人、每件事、每件东西，都有它的特点、意义和形式。”这些特点和形式，蕴涵着丰富多彩、形象生动的细节，其中有静态的，也有动态的。细节存在于生活之中，为了练就对细节的高度敏感，增强对细节的捕捉能力，要做到以下三点。

（1）要细致地“问”，培养发现力

一般事情发生后，通讯员才去采访，因为看不到当时现场情况，就要通过“问”来补充。问，可以把那些眼睛看不到的经过和变化，重新了解清楚，从中发现事物的特点，发掘其中的意义，从而捕捉表现其特点和意义的形式。

（2）要细致地“看”，培养感受力

通过观察可以获得事物的具体细节，为稿件增色。生活本身富有立体感，有形、有声、有色、有味，如果缺少敏锐的感受力，就无法表现形、声、色、味，当然也就难以把富有立体感的事物细节捕捉到。

（3）要认真地“记”，培养判断力

通讯员在采访时仅靠问、看是不够的，还要记录下来。除了记“五个 W”外，还要记录能反映人物特点、思想的精粹语言，被采访者对问题的认识、分析、看法，通讯员采访中看到的东西以及自己想到的东西，然后加以分析、综合、判断，安排细节。

4. 白描手法的运用

为了在写稿中更好地运用白描这一手法，下面提供三点技巧。

（1）选择和拣取最有典型意义的事实和细节进行描写

一篇消息文字有限，必须选择那些最能表现主题思想的典型细节和事实，精心描绘。

（2）文字要洗练

白描，既可以描写生动的细节，也可以粗线条勾勒事物的面貌。不论是细描还是粗描，都要文字精练，勾画出事物的主要特征；寥寥几笔，便描摹出人物、景物、场面的特点，给人留下深刻的印象。所以，写消息时，很有必要抓住人物的特征，用简练的白描手法，给人物画一幅速写式的肖像画，让人物的形象久久地留在读者的心中。

（3）白描语言要形象

古人说：“言为心声。”人物的语言要切合他的身份、经历，反映他的思想感情。抓住人物富有个性的语言进行描写，可以在消息中揭示人的性格，表现人的形象，使消息摆脱枯燥无味的陈述，显得生动活泼。事实上，人人都有各自的特征，没有两个说话口气绝对相似的人。就性格而言，也不尽相同，有的开朗，有的孤僻，有的严肃。就是同一个人在不同的场合，说话的语气、姿态也不尽相同。所以，写消息就要尽量使用能代表人物个性，表现人物思想的语言。

下　编

各类专业新闻写作

第九章 消息的写作

第一节 消息的要素及其关系

一、消息概述

（一）消息的含义

消息通常被人们称为新闻。“新闻”一词有广义和狭义之分。广义的新闻是指各种新闻体裁的总称，包括消息、通讯、特写、调查报告等，狭义的“新闻”指的是消息。我们这里所讲的消息，指的就是狭义新闻。

消息是报纸、广播、电视中最广泛、最经常使用的新闻体裁，它是报纸的主角，是新闻报道数量最大、最常见的新闻形式。据统计，美联社、合众社每天发稿300多万字，其中，三分之二是消息。新消息的定义：用简洁明快的语言及时报道新近发生发现的有价值的实事的一种新闻文体。

新华社每天的发稿中绝大多数也都是消息。

（二）消息的特点

1. 反应迅速，简短明快

消息，应该在事件发生后最短的时间里见诸报刊等传播媒体。

行文简洁明了是消息写作的风格。

首先，是写一个扼要的、但却引人注意的导语；然后，顺着这条导语，在主体部分使用现实的或者背景的材料让事实更加清晰起来；最后，来一个戛然而止——或画龙点睛或余音绕梁——的结尾。

整篇作品要干净利落、清清爽爽。

2. 准确无误，完全真实

真实是消息写作的生命。真实性的具体要求是：人物，地点，时间，事件缘由、因果、经过等细节必须有案可查；消息中引用的资料、数据、引语、史实等现实的和背景的材料一定要确凿无疑。

3. 寓理于事，叙述为主

消息是事实的综合。事实胜于雄辩，用事实说话，是消息写作的一大特点。

一篇理想的新闻报道应该把读者带到现场，使他能看到、感觉到，甚至闻到当时所发生的一切。

（三）消息的种类

按照通常的看法，大致可将消息分为下列三类。

1. 动态新闻

是迅速及时地反映国内外政治、经济、文化、体育、科技、军事、外交、金融、人物、世情等各方面的新发展、新变动、新情况、新气象的报道。

2. 综合消息

是将不同地区、不同部门或不同战线、不同行业中发生的具有共性的新闻事实集中归纳起来，围绕一个中心视点或中心思想进行鸟瞰式的报道。

3. 典型报道

是一种导向性很强的新闻。它通过对一些地区、单位、人物、事件的采访、调查、剖析，找出同类事物中具有代表性和普遍性意义的经验、教训来，或指导工作、教育读者，或暴露落后、警示社会。

二、消息的写作格式

消息结构的主要成分是：标题—导语—主体—结语。它有三种基本类型。

第一种是“倒金字塔”式，即把最重要、最新鲜的事实放在最前面，其他内容按事实重要与新鲜程度的大小依次排列。

第二种是“并列”式，即平行排列事实。

第三种是“金字塔”式，即开始设置“悬念”，将最重要的事实放在后面。

（一）标题

消息的标题可以归纳为下面三点。

1. 多行标题，容量很大

消息除了正题以外，还有引题和副题。

（1）引题又可称为“眉题”或者“肩题”，其位置在正题之上，字号比正题小。

它的作用在于或交代形势、说明背景，或揭示事件意义，或烘托气氛，以引出正题。

（2）正题又可称为“主题”或者“母题”。它是一则消息里最主要的事实和含义的概括与提要。正题是标题的主体，字号最大、最醒目。一条消息可以没有引题和副题，但一定要有正题。

（3）副题又称“子题”或者“辅题”，其位置在正题之下，字号也比正题小。

它的作用在于或补充正题的事实，或说明正题的来源和依据，或挑明意义，展示效果，往往起提要的作用。

2．虚实相间，互为补充

在新闻标题的作用上，概括事实、揭示主要内容、说明结果，即昭示“谁”“怎么样”的标题称为实题；交代背景、说明形势、烘托气氛和表明作者倾向的标题称为虚题。制作多行标题，一定要使其互相配合、互相补充，做到各行题目之间虚实搭配、相得益彰。

3．准确简洁、新鲜醒目

标题的写作必须精练贴切，不能啰唆也不允许啰唆，要引起读者注意，要生动活泼，具有感染力。

（二）导语

导语的写作方法多种多样，变化灵活。常见的有下列七种。

1．概述式

用凝练的语言，扼要叙述出消息中最主要的事实。

2．摘要式

摘取主要事实，对消息内容进行高度概括，也是导语常用的方式。

3．描写式

对事实发生的环境、时间或人物的态度作形象、扼要的描述。

4．结论式

即先将从事实中得出的结论端出，然后再做进一步阐述。

5．引语式

引用诗词、民谣、谚语、警句、格言，或人物的话语、各种条文等作为开头，然后引出事实。

6．提问式

响亮地提出问题，引起读者的好奇或兴趣，促其将消息读下去。

7．评论式

对导语中的简要事实明确表态，正确与否，表示鲜明的倾向。

（三）主体

导语后面是消息的主体。消息的主体承担的任务，主要有两点。

其一是进一步阐述导语中的事实，使新闻内容更加明确。

其二是运用背景等材料补充导语，使消息的根据更确凿、内容更丰满。要注意，在主体中不要再重复导语。

主体大致有两种结构。

1. 以时间为顺序

以时间的顺序来安排材料，即开始怎样，如何发展，怎么结束。

2. 依据事物的联系

也就是根据主次、因果等逻辑关系，或先重后轻，或有点有面，或并列安排结构层次。

（四）结语

消息的结尾是消息的尾巴，标志着一条消息的终结，常常是一两句话。如果事尽文止，就应自然收束。

三、消息的要素

写作消息要设想并回答读者问的问题，这些问题就构成了新闻五要素，即：When（何时）、Where（何地）、Who（何人）、What（何事）、Why（何故）。有的新闻学上补充了一个要素：How（如何）。在五个 W 和一个 H 中，最主要的是 What（何事）、Who（何人）。写作时要认真写好这几个方面的内容。

四、消息的写作要求

（1）以记叙方法为主写，把事实的前因后果、来龙去脉照实写下来的方法。消息写作主要采用记叙方法，是因为消息的任务在于向人们报告最新事实这样一个特点决定的。叙事的内容包括 5 个要素：什么人，什么事，什么时间，什么地点，什么结果。

（2）把消息的导语写好。导语居于消息之首，是消息的“窗口”；写导语要求“立片言以居要”，用简明的一两句话扼要交代消息的核心内容，先给读者一个总体的印象，吸引读者读罢全文。

（3）主体部分叙事要分清主次，井然有序。主体是消息的基础，要展开叙述消息的主要事实。叙事要突出中心，主次分明，这是写文章的常识。因为消息不宜写长，一般是三五百字，所以在叙述事实时，尤其要注意集中笔墨写好事实的重要部分，以防没有主题。

（4）争分夺秒，事发文成。消息本身就是一种迅速及时反映现实及其变化的新闻体裁，因此写作消息无疑就要求雷厉风行，争分夺秒，力求做到事发文成。

第二节 动态消息与简讯的采写

一、动态消息的含义

动态消息，亦称动态新闻。即对有新闻价值的事物最新发展变化的动态，进行及时报道的一种消息式样。

动态消息是新闻报道中体现新闻定义——新近发生的事实的报道，体现新闻传播规律的要求，最直接、最鲜明的新闻式样。它是消息中比较完备而典型的体裁。动态消息有明确的标题和导语，必备的新闻要素齐全，以报告新近发生的新闻事实为基础，必要时也可涉及相关的背景材料和作必要的解释、有限量的议论。

动态消息是新闻媒体中最基本、最常用的一种报道形式。各新闻媒体每天都要播发大量的新闻，据一些调查显示，其中近90%是动态消息。动态消息是新闻媒体中最引人注目、使用最广泛的文体。

动态消息对有新闻价值的事物的动态报道一般采用三种形态，即：一是对刚刚发生的事物或过程极为短暂的事件，作完成式的报道；二是对重大事件和重要问题，对事物在运动、发展、变化之中的最新变动，作同步发展的连续报道、跟踪报道；三是对将要发生的、而且是必定发生的事实，作预告式的报道。

二、动态消息的结构

动态消息通常由标题、导语、主体、结语、背景几部分组成。

（一）标题

标题可以帮助读者选择信息，引导读者理解和阅读，直接从标题本身获得信息。标题有多行标题和单行标题之分。多行标题分引题、正题和副题。引题也叫上副题，通常不是一个完整的句子，要有正题才能存在，放在正题上面，作用是交代背景，点明主题，提示意义，烘托气氛。其文字少于副题，以一行为宜。正题也称主题，它能表达一个完整的意思，通常是动态消息的主要事实或中心思想的概括。副题也叫下辅题，排在正题下面，起注释、补充、印证主题的作用。在多行标题中，一般引题主虚，副题主实，正题可实可虚。多行标题中的正题不可少，引题、副题可全要，也可只用其中之一。

（二）导语

导语是动态消息的开头，又是消息的主要内容和主题的概括，它类似于“本文提要”，但比本文提要更精练、更富新闻性。导语一般由最新鲜、主要的事实或精辟的议论组成，对于消息有着特殊的意义，它或者将最重要的事实告诉读者；或者刺激读者的新闻欲，吸引继续读下去。所以，好的消息必有好的导语，而写作导语则是作者的基本功。根据表达方式分类，导语有 4 类：叙述、描写、说明、议论。

叙述性导语。又称直叙型导语，是一种以直接叙述事实梗概、关键、结果、主旨为特征的导语类型。其特点，一是以叙述作为主要的甚至是唯一的表达方式；二是开门见山，不留底蕴。这种叙述性导语要求短小。叙述性导语是消息中最常见的，也是写作难度很高的导语类型。

描写型导语。这是一种以描写效果吸引读者的导语样式。它通过导语的现场感，以其生动性和情趣性来吸引和影响读者。在导语中使用描写，有以下几个前提：一是准确判断主题，是否描写最好。二是事实本身应具有较为明显或生动的色彩、声响、动作、语言、情节、场面。三是作者本人对于描写对象应确有所动，有把握个性特征的能力，手法和语汇积累。对描写的要求是：描写必须提供事实与信息，描写通常与叙述紧密结合，描写必须精当、简洁、克制。

说明型导语。这种导语的主要特征是：说明手法在导语中居重要或主要地位。说明方法很多，介绍、诠释则是用得较多的。在使用说明性导语时，对说明的要求是：说明必须正确无误；说明应该深入浅出，力求通俗易懂，明白生动。

议论型导语。这是一种直接、公开地表明作者观点、倾向，有明显的议论性的导语。它在叙议结合的基础上，将新闻事实的意义、影响“点拨”出来，甚至“由此及彼”“生发开去”。

（三）主体

动态消息的主体，通常是指导语之后，被展开的消息事实的主要部分。在“倒金字塔”结构的消息中，主体的梗概、关键和精华，几乎均被置于导语之中了。故其主体实际上是在导语之后，被具体化了的，进一步展开了的事实过程及其原因、影响等。在无导语的短消息中，主体即是整个消息全篇。

用足够的、典型的、有说服力的具体事实，正确、深刻、充分而又生动地表现主题，是主体的任务。因此，我们在写作动态消息时，要把着力点放在写好主体上。主体的写法因消息结构的不同而异，倒金字塔结构，其实体比较方便，逐渐展开即可；述评新闻则主体写作要求高。但有两点必须注意：一是主体必须紧承导语，二是通常用下列几种方法组织材料，按时间顺序组织材料，按空间位移组织材料，按逻辑联系组织材料。这几种方法有时同时结合运用在同一消息主体中。

（四）结尾

它是动态消息中最后一段文字或一句话，主要的要求是短而有力。

（五）背景

也叫背景材料。它在动态消息中并不像导语、主体、结尾那样，能独自成为一个构成部分单列出来。背景材料，主要是指那些与新闻人物、事件有密切关系的，非新闻事实本身的，但能帮助人们进一步了解新闻事实或意义的材料。具体说，背景材料还常指下列四类：历史背景、地理背景、人物背景、事物背景。在新闻写作中，作者要充分发挥背景的作用：通过背景材料巧妙地表现作者的立场、观点；通过背景材料增大新闻价值；通过背景说明新闻的起因，回答为什么的问题。

三、动态消息的写作要求和技巧

（一）动态消息的写作要求

一要熟悉政策，二要突出价值，即突出消息的时效性、变化性、显著性、重要性、临近性。三要精选报道角度，即从众多的表现角度中选出一个最好的，读者最关心的，最易于接受的，时空离读者最近的，最能表现主题的角度。

功夫用要点子上。

第一步，要了解情况。不是一般了解，而要做到最先了解、全面了解、深入了解情况。就是通常所说的收集材料的过程。第二步，要研究问题。不了解情况，没有深入研究，表达就不可能有深度，有见解，有反响。第三步，要 精于表达。“人靠衣装马靠鞍”，好的文章一半是标题，还有一半是开头。标题的制作至关重要。一般要求做到确切、简洁、醒目、形象地概括全篇的内容。常用的标题形式有几种：提示式——直揭主题；结论式——直表总观点；提问式。主题下有时可根据需要加副标题。开头也很重要。很多人看材料，翻一翻，看看标题而已，如果标题和开头不能抓住人，再好的文章人家也不看了。好的开头，使文章顺利展开，吸引读者，使读者乐于读下去。

（二）动态消息的写作技巧

1. 标题

简明扼要，点明大意。

2. “电头”

起首处一般要写“电头”，依次说明新闻的来源、时间和作者。

3. 从正文结构上讲，新闻的完整结构包括导语、主体、背景和结尾四个部分，其中导语和主体是最重要的，不能缺少。

（1）导语

导语是新闻的先导语言，概述新闻最主要、最核心的事实和思想，引导读者看新闻的全文。

（2）主体

主体是新闻内容的基础部分，紧接着导语展开叙述新闻的主要事实和内容。

（3）背景

背景是新闻的辅助和衬托部分，一般穿插安排在主体之中，没有确定的位置。背景用来介绍事实发生的现实的或历史的环境，同事实相关的解释说明，以便于读者了解事实的来龙去脉，增加新闻的知识性、趣味性。

（4）结尾

结尾是新闻的尾巴，标志着一条新闻的终结，常常是一两句话。如果事尽文止，就应自然收束。

第三节　非事件性消息的采写

非事件性新闻，即反映事物发展变化的阶段性、概貌性、经验性或典型性的报道，而不是仅仅报道一个新近发生的新闻事件。1998 年，解放军南京政治学院新闻系的蔡惠福主任对部分军区军兵种报纸所刊发的新闻稿做过这样的统计分析：当年 9 月，各报所发的新闻稿件中，非事件性新闻平均占到了 71.8%。今年 3 月，笔者对部分军区军兵种报纸的再一次统计结果表明，非事件性新闻比例有增无减，大约占到了 73.1%。由此可见，非事件性新闻在军内报纸上依然占据着主导地位。

鉴于非事件性新闻在军队报纸中的主导地位，它的成功与否已经成为军队提高报纸质量的关键。增大非事件性新闻的新闻价值含量，不仅是增强报纸可读性的现实需要，也是充分发挥其宣传功能的当务之急。这里，笔者仅就改进非事件性消息的采写方法做一点初步探讨。

一、以活制胜

工作经验乃十分典型的非事件性新闻的素材，一般采写工作经验类的新闻，面对的多是冗长的材料和千篇一律的做法，作者一旦陷入“如此做法取得了如此成绩”的套路里，便难以自拔，很可能就成了工作总结的翻版。这就需要我们以灵活的方法审视面前的素材，尽最大的可能寻找引人关注的闪光点。

（一）在非事件性素材中寻找事件性由头

非事件性新闻的素材看上去宽泛且抽象，但它同时又是由几十上百个小的事件累积而成的，其中也必然包含着若干的工作经历和探索过程，在这些小的事件中，往往就隐藏着让人感兴趣的东西，找到了这个“兴奋点”，也就找到了采写这类新闻的事件性由头。

一位作者两易其稿的经历给了我们上述的启示。1998 年，这位作者所在团下大力抓后勤人员军事训练，他便以“某团注重搞好后勤人员军事训练”为题采写了一篇消息，结果被编辑“枪毙”了。原因是题材大众化，标题无新意，新闻主体也由“大一二三套小一二三”的经验做法堆积而成。后来，他反复深入采访，在经验介绍的缝隙中挖掘到了一个典型的“事件”——两个连队搞对抗训练，一个连队炊事班错将饭菜送上了对方的阵地。于是，作者顺藤摸瓜挖出了炊事员不懂识图用图、驾驶员不知如何通过染毒区等一系列原因，以“错送饭菜”这一具体事件为由头，重新撰写了一篇反映勤务人员练军事的消息。这篇消息以生动的由头弥补了非事件性报道的平淡，摆脱了非事件性新闻枯燥无味的影子，既反映了工作，又起到了良好的警示作用，当年还被评为军区军兵种好新闻。

（二）在抽象化素材中挖掘有动感的内容

我们稍加留意就会注意到，“提高了”“加强了”“推动了”这类字眼和大话套话常常出现在非事件性新闻中，读起来很容易使人倒胃口，其实这种现象并非不可改变，关键要让呆板的表述动起来，这就需要作者摆脱受访对象归纳的条条框框，尽可能地挖掘有动感的内容。××军区有位作者写了一篇反映某团克服基层忙乱现象的报道，倘若作者不假思索，随便把做法和效果罗列起来，这篇稿子很难引起读者的兴趣。可贵的是，作者首先借用团领导一句鲜活的语言做了标题：《想想看，不干“什么”也能提高战斗力?》，一下使消息产生了动态效果。然后没有泛泛地反映减少了多少文电、砍掉了多少活动，而是围绕“忙乱”这个焦点，把“机关怎么做的、连队怎么说的”活灵活现地摆上桌面，在情景交融中完成了这篇消息。这一成功的尝试告诉我们，采撷非事件性素材中隐含的“活素材”，对其进行形象化处理，也可以产生近似于事件性新闻的效果。

（三）在逆向思维中标新立异

时常变换一下考虑问题的方式，往往能产生出其不意的效果。按照习惯的思维方式考虑问题，常常是“这样的做法导致了这样的结果”。有时不妨倒过来想一想，“不这样做的结果又会怎样?”“这样做的结果为何未达到这样的预期?”按照这样的思维方法选取角度、选择素材，也能使非事件性报道给人新的感受。

二、以深求新

从广义上说，新闻的“新”包含着多种要素，时间新、内容新、思想新、观点新都涵盖于其中。非事件性新闻不占有时间新、内容新的先机，可以在思想新、观点新上争取优势。一篇报道若能言人所未言，以深刻的见解和观点，给人新的启迪、新的教益、新的感悟，同样能满足受众“求新”的心理。

（一）用发展的观点审视老问题

长期以来，人们对固有问题的认识形成了思维上的定式，实际上随着时代的发展，这些问题所面临的外部环境也在不断地改变，这就必然导致一些新的情况出现：过去的优势可能成为现在的劣势，过去被人冷落的问题可能转化为当今备受关注的热点。这种悄然无声的变化提示我们，用发展的观点重新审视老问题，可能会有新的收获，用新的视角观察人们司空见惯的现象，很可能会出惊人之作。

（二）抓住关键点，深化大主题

非事件性新闻一般都用于工作报道，而许多反映工作的素材都有“题大面宽”的特点。采写这类新闻，如果开口过大，很可能犯下写不深写不透、说不清道不明的毛病。如何既能深化主题，又能写出新闻的新味呢？笔者认为，立足一点求突破不失为一种有效的方法。一项工作的结果往往产生于多种原因，其中有主要原因，也有次要原因，抓住了主要原因，也就抓到了工作报道的“根”，对作者来说，也就等于抓住了深化主题的关键点。

（三）超越素材重新提炼主题

采写非事件性新闻的作者大多有这样的感受，许多要反映的工作和经验十分普遍，这个单位这样做，那个单位也这样做，只有量的不同，没有质的区别，素材本身实在找不出闪光点，这个时候则应考虑超越素材本身来重新提炼主题。重新提炼主题最常见的方法，是从相反的角度、更深的层面去思考同一个问题，继而提出有别于他人的新见解。这种方法虽然操作起来增大了难度，经常要重新构思，重新挖掘素材，可一旦对人们看惯了的东西作出更深的思考，往往会引起更大的共鸣。

三、以巧补拙

一则报道，最好能够既有新的事实，又有新的思想和新的形式，如果少有新的事实、新的思想，那么退而求其次，有一点新的形式，即在表述形式上有所创新，也能在一定程度上给人新的感受，至少能让人产生读一读的愿望，非事件性新闻尤为如此。如果这类新闻既无新内容，又无新形式，千文一面，千篇一律，自然无法引起读者的兴趣。这里，我们不妨对变换非事件性报道的形式做一个初步的探讨。

（一）变换体裁

其实，非事件性新闻的体裁没有固定的模式，一些作者所以常常将其写成一成不变的消息，很大程度上是自己束缚了自己。我们截取非事件性素材中的“事件性片段”，可以写成如临其境的特写：深入挖掘淹没在其中的素材，可以写成细腻入微的工作通讯；提炼出精辟的思想，又可以写成思辨型的综述；跳跃式的选取几个热点，还可以写成较有深度的专题报道。

同样面对非事件性问题，采用不同的报道形式，所产生的效果大相径庭。2000年《前进报》曾成功地组织过一次“做好新形势下经常性思想工作”的专题报道。作者和编者没有泛泛地空讲大道理，而是将非事件性主题分解成若干个具体事例，让读者从每一个具体事例、具体做法中形象直观地受到启迪。这组专题的部分标题至今还让人留有印象：《新军官咋带老士官》《鹤“离”鸡群谁之过》《谈心为何伤了战士心》《一堆道理为啥顶不过一封信》《照顾“孤寡”咋被赶出门》。实际上，非事件性新闻的报道形式还有很多种，札记、巡礼、随笔等等，都可以拿来一试。

（二）变换标题样式

标题好比新闻的眼睛，是新闻最传神的部位。一个画龙点睛的好标题，对于提示新闻内容、揭示事实实质、深化主题思想、激发读者兴趣，起着不可替代的作用。再好的新闻事实缺少一个传神写意的标题，也会留下无法弥补的缺憾。标题的突出作用，恰恰为非事件性新闻写作提供了大显身手的空间。

制作标题的方法很多，仅修辞格式的运用方法就有比喻、借代、引用、示现、比拟、层递等几十种，这里仅围绕三种类型举例说明。

（1）动感型——通过活用动词或其他手段，使标题产生动态效果。标题有了动态效果，可在一定程度上弥补非事件性新闻呆板老套的缺陷。《把形式主义赶出练兵场》《让先进典型走下“宝塔尖”》，用动词“赶”和“走”活化了标题：《冬季餐桌告别“老三样”》，用“告别”这个准动词增添了标题的动感；《绿了章古台 白了少年头》，采取的是古汉语中词类活用的使动用法，“绿”和“白”前后使动，互相呼应，不仅给读者“正在进行时”的感觉，且生动地刻画出了主人公的内心境界。

（2）形象型——采用借代、比喻和引用等手法，寓意于惟妙惟肖的直观感受之中。比如《选拔贤才不应先量“胡子”长短》，用“胡子”借代“资格”，只两个字，便点明了论资排辈的现象；有条反映新战士成长进步的新闻，引用新战士家长的一句话作了标题：《“这小子真的长大了”》，以它生动而鲜活的形象引起了读者的关注；《中国大闸蟹“横行”曼谷酒楼》这则消息并非典型的非事件性新闻，但它别有风趣的标题却给人有益的启示。若以《中国大闸蟹畅销曼谷》为题也不算差，但与“横行”一题相比就逊色多了。

（3）引申型——采取启发、诱导等方法，迫使读者做进一步的思考。比如《“钢丝上的典型”何以稳坐39年》，这个标题的长处不仅仅在于给“预防安全事故先进单位”换了个新鲜的名称，更在于它诱导读者略过“无事故”的表面成绩，去关注“无事故”背后的经验；再比如《这样训练，打仗行不行?》，这是一个典型的引申型标题，只看一眼标题就能引发读者的联想与反思。

文无定法，可以开掘的表现方式还有很多，比如以日记体的方式、以书信体的方式、以图表嵌入文字的方式等等，都有待于我们去尝试。

第四节　人物消息的采写

一、人物消息概述

（一）人物消息的含义

所谓人物消息，即对人物的主要特点放大和再现，对人物进行集中突出的描绘，相当于电影中的近镜头。在选材上，则抓取现实生活中人物活动的一两个场面，一两个镜头，充分地展示生活的横剖面，描绘比较细腻，感染力强。在结构上，既不同于一般新闻，也不同于一般人物通讯，而是取二者之长，常常用一个概括性的导语开头，点出部分事实要点；或从生动的情节、场面、引语入笔，但不透露太多，真正最重要、最精彩的东西，放在后面，使读者看完全篇产生一种满足感。在角度上，选择一个特定的角度，仔细观察局部特征，选择一个侧面加以报道。人物消息是一种重要的应用文体，也是应用写作学科研究的重要文体之一。

（二）人物消息的特点

所谓人物消息，即以消息的形式专门报道新闻人物的活动与事迹的新闻体裁。

人物消息，既不是缩短了的人物通讯，也不是微型报告文学，它是消息的一个品种，具备消息的各种特征。

人物消息的特点：

一是新闻性。我们所选择的人物必须具备较强的新闻性，也就是具有较高的新闻价值，可以通过对“这一个”的报道，传递给受众某种信息。

二是典型性。人物消息中的人物必须是具有时代精神的典型，也就是说在社会上具有一定的代表性，能够成为社会生活的一面镜子，通过写好独特的“这一个”，看到诸如此类的“这一群”。

三是思想性。它包括两个方面，一是应该具有社会性，具有时代感，通过对笔下普通人的报道，能折射出社会的变化、时代的变迁；二是应该具有哲理性，富有理论色彩，通过笔下普通人对人生、事业的追求，生活中的喜怒哀乐，给受众以人生的启迪。

四是篇幅短小，叙事单一。人物消息往往截取新闻人物最具新闻性、最有新闻价值的某一片段，展开报道。它主要报道谁做了什么事，发明了什么，创造了什么。它也要求反映人的精神面貌，然而这往往通过人物的活动、成果来展示，而且只要求突出其中最富有特色、最有感染力的部分，不必面面俱到。

五是时效性。人物消息所表达的内容必须是“现在进行式”或“现在完成式”。人物消息要求快速采写、快速编发与传播。

六是故事性。人物消息一般需要选择适当的情节与人物活动来反映人物的精神面貌，因而故事性较强，能够打动人、感染人。

二、人物消息的写作要领

（1）选材上，要抓取现实生活中具有新闻性的人物的一两个场面、一两个镜头，充分地展示其生活的横断面。一个先进人物，事迹是较多的，而且往往涉及各个方面。记者不能“扯到篮里都是菜”，见到就写，而要精心研究哪些是读者最感兴趣的、最有吸引力的，其中特别需要从全部事迹中发掘出其新闻性和典型性。

（2）结构上，常常用一个概括性的导语开头，点出部分事实要点；或从生动的情节、场面、引语入笔，但不透露太多，把那些真正最重要、最精彩的东西放在后面，使读者看完全篇产生一种满足感。

（3）角度上，人物消息在写作上要高度集中，往往只写一人一事或一个侧面，仔细观察其局部特征，集中写一点、一个方面。在运用材料上，注意“以事显人”，做到点面结合，不必面面俱到。面的概括材料，主要是事实的概括，避免空泛的议论；典型事例要选择最能体现主题、最能代表人物某一精神的事实。

（4）要有新鲜感。人物消息的魅力在于新，不仅事实要新鲜，观点要新鲜，表现方法也要力求新鲜。

（5）语言要生动。一篇文字不长的人物消息，给读者能不能留下深刻的印象，往往还取决于对这个人物内心世界揭示的程度如何。“言为心声”，高尚的思想往往是通过人物自己的语言反映出来的。因此，在人物消息采写中，要全力去捕捉人物生动形象的语言，让受众能如闻其声，如见其人。

三、怎样写人物消息

人物消息是一种便捷、迅速而有效地报道新闻人物的手段。它不必像人物通讯那样有较多的具体生动的情节和细节材料，而只写一人一事，突出人物的某种行动或某个侧面，直截了当，短小精悍，迅速及时加以报道。

比起人物通讯，人物消息容量小，主题单一而集中，时效性强，因而更偏重于一个“新”字。报道一个突出的新闻人物，往往先发人物消息，然后再发人物通讯。人物消息没有必要也没有可能全面地介绍一个人，它的语言简洁概括，以叙述手法为主，且大多“以事写人”。

另外，人物消息刊登时，可通过标题处理使主题表达更为醒目突出，容易引人注目。而人物通讯的主标题往往比较含蓄，多属虚题。

人物消息写作格式如下。

（一）标题

标题是全文的眼睛，是内容的提要，因此标题一定要能引起读者强烈的反应。

（二）导语

用几句简短的话写出消息中最主要最新鲜的事情的事实，揭示消息的主题，吸引读者注意。

（三）主体

主体紧接着导语，对消息作具体的介绍。

（四）结尾

结尾，是对消息的内容进行概括，加深读者的认识。

新闻采访与写作人员在写人物消息时应注意以下几点要求。

（1）在选材上，应抓取现实生活中人物活动的一两个场面，一两个镜头，充分地展示生活的横剖面，描绘比较细腻，感染力强。

（2）在结构上，既不同于一般新闻，又不同于一般人物通讯，而是取二者之长，常常用一个概括性的导语开头，点出部分事实要点，或从生动的情节、场面、引语入笔，但不透露太多，真正最重要、最精彩的东西，放在后面，使读者看完全篇产生一种满足感。

（3）在角度上，选择一个特定的角度，仔细观察局部特征，选择一个侧面加以报道。

附：人物消息的写作范本

宫峰学成博士乐当“炉前工”在炼铁实践中已解决多项难题
撰写的论文引起各国专家关注

本报讯　我国屈指可数的冶炼工科博士宫峰，自愿到鞍山钢铁公司炼铁厂做“炉前工”，和工人一起把汗水和智慧融进钢花飞舞的铁流中。10月27日，×××同志亲切接见了身着工作服、头戴安全帽的宫峰博士，勉励他走理论联系实际，同工农相结合的道路，为“四化”建设作出更大贡献。

今年34岁的宫峰15年前考入鞍山钢铁学院冶炼系。1985年，再度考取东北学院攻读博士。去年11月，他终以14万字的、颇有建树的《高炉矿焦混装空气动力学技术研究》论文通过博士学位答辩，并荣获冶金部“科技进步二等奖”。不少科研院所和高等院校慕名向他伸出热情的双手，甚至以优厚的生活待遇吸引他去，宫峰却出人意料地选择了鞍钢炼铁厂炉前工。从此，历经沧桑的10号高炉有了位博士副炉长。

宫峰的选择令很多人费解。面对各种疑问，宫峰坦然地说：“我是为自己补课呢。一补对工人阶级的认识课，二补社会实践课。我从未参加过炼铁实践，研究冶金的不知怎样炼铁，理论如同建筑在沙滩上的高楼。在实践中发现问题去研究，效果会更好。”

和工人朝夕相处，宫峰时时受到工人阶级无私奉献精神的感染，思想感情发生了极大变化。高温季节，他每天都要冰上一箱汽水，逐一送到工人手中。他主动向工人阶级学习，脏活累活抢着干，不讲报酬。每当处理渣铁分离，需要人工制作沙口时，他总是跟班大干。工人师傅常拍着他的肩膀说：“宫博士，好样的!”

宫峰以解决生产难题为己任。他看到操作工由于缺乏理论知识，操作不准确，影响生产，便随时随地给工人讲如何布料，矿石比重大小对煤气流分布的影响等问题，提高了大家的操作水平，对炉况能准确判断并及时调剂，提高了铁水的质量。宫峰在实践中发现，多年来我国高炉冶炼采用的层装布料，在一定程度上限制了高炉的强化，造成煤气分布以及炉料运动的不合理，影响降低焦化和生产率的提高。因而，他致力于矿焦混装研究这一目前国内炼铁界的重要课题。他撰写的论文在美国波士顿国际冶炼学术会上发表，引起各国专家关注。现在，他正全力把这项重大科研成果往大型高炉上推广应用，已收到较好的节能增产提质效果。

第五节 会议消息的采写

一、会议消息的写作

要想改革会议报道，首先必须明确究竟什么才是会议消息，了解会议消息价值到底在哪里。事实上，程式化的会议动态与有价值的会议消息并不是一回事。前者的着眼点是会议，报道重心是会议本身，体现的是会议举办者“指导工作”的主观意图；后者的着眼点是新闻，报道重心是会议透露的新鲜信息，满足受众的需求。弄清这个区别很重要。它提醒新闻工作者要时刻牢记自己的职责，把握新闻的规律。同时也告诉新闻工作者，受众头疼的其实是枯燥的程式化的会议动态，而不是鲜活的有价值的会议消息。对后者，他们是欢迎的，是有接受和了解的需要的。所以，会议报道改革的指导思想，首先就是要减少程式化报道，增加会议消息的“含金量”，变“会议动态”为会议消息，使其成为真正的新闻。

会议消息属于动态消息，有很强的时效性，但新闻讲究时效，并不意味着在没有认真思考的情况下就把重大事件匆匆忙忙地报道出来。如何在很短的时间内抢发出一条精良的会议消息，事实上记者的功夫不在会场内，而在会场外；不是在会议后，而要做在会议前。善于从会议文件、发言、交谈、活动中，发现、挖掘出受众关心的有报道价值的新闻或新闻线索，是记者的重要本领。西方国家的新闻媒体，也经常采取“以点触面”的报道方式，即以会议为突破口，全方位、多侧面地剖析重要会议，在会议中提取受众关心的内容。

按照会议消息的定义和规律，只有鲜活的，为人所关注的、所感兴趣的事实，才能够成为新闻。电视会议消息如果报道时镜头在会场一摇，解说时再加上某月某日举行某会议、某领导出席并作重要讲话等等，很难调起受众的“胃口”。众所周知，事情与事情之间有着千丝万缕的联系，其中某一对或几对之间的关系，还甚为紧密，若把它们放在同一“关系场”中，则能产生独特的效果。例如，每一时期、每一阶段，人们都有这样或那样的话题，如果把这些社会焦点转移到分析社会现实的会议报道上，就会使会议落脚点的含金量体现出来。这样处理，既能突出会议的主体，又能及时表达政府的观点。如涉及千家万户的计划生育、殡葬改革、社会治安等问题，报道时，一是要结合当前当地干部群众对此的反应，然后进行综合分析；二是要把会议报道放在深化干部群众思想认识的基础上进行，以达到行动统一的目的，使会议报道更加充实、更加全面、更加深刻。

这是一个颇为巧妙的角度。它不是正面地、直接地去报道那些能够显示中心、支配整个会议的核心内容，而是运用与核心内容有关的其他事情的背景、缘由的材料来突出报道的主题。这样的报道，摆脱了镜头摇来摇去均是台上或台下的状况，调来与报道内容相关的镜头，以丰富场景，挖掘会议背后的真实。程式化的电视会议报道，场面往往庄严、肃穆而缺乏生机活力，但受众最感兴趣的还是鲜活的画面、现实的说法。因此，应把镜头的触角伸向更为广阔的空间。例如，当会议提到发展“三高”农业时，调来一组组有关的镜头，再加上相关的介绍性文字，既可丰富电视报道的内容，又可加深受众对会议内容的理解。

选好会议报道的角度与切入点，对提高宣传水平和收视率有着重要的作用。作为一名电视新闻工作者，在会议的采访报道时，怎样才能有效地选好角度、选好切入点呢？首先需要认真钻研党和国家的方针政策，切实提高自己的政治敏感性；其次是经常深入生活、了解基层干部群众最关心的问题，树立群众观念；再者是要不断“充电”，善于运用各种写作方法和拍摄技巧，真正提高会议报道的新闻质量。

二、会议消息内容的筛选

开会是我们研究问题、布置工作的重要形式，就全国来说，每天都有大大小小不同形式不同内容的各种会议。这就为我们如何写会议消息提出了一个值得深思的问题——在诸多会议中是否都有报道的必要？什么样的会议可以报道？其答案只有从会议内容来看新闻价值的含量多少而定，即从众多的会议内容中精选出有新闻价值的内容进行报道。

（1）抓住会议提出或解决的主要问题选取对当前工作有指导作用的精华部分。

（2）从读者的角度出发，选取群众关心而又迫切需要解决的问题进行报道。

（3）发挥新闻的特长，会议中哪一点有新意、有启发，就抓住哪一点发新闻。

（4）可以打破会议程序的内容限制，利用记者看到的，感受最深的，以及与会议相关的背景材料，使报道的内容超出会议主旨，告诉读者更多的东西。

三、会议消息应写出会议特色

在我国，天天有会议，日日有会议，会议很多，而且会议的内容也各不相同。因此，会议消息一定要写出会议特色，否则就吸引不了读者。所谓特色，就是这个会议与其他会议，与同类型的会议有何区别，有何独特之处，有何新情况、新问题、新变化等等，只要能突出“独特”两字，会议的特点就抓到了，会议消息也就有特色了。

会议消息要写出特色，记者的眼睛不能只盯着会议文件袋里装的那些死材料，而是要把注意力集中在会议进程中生动有趣的活材料，从中去发现有价值的新闻，所谓独特，就是别人看不到的，或者看到了没有当作一回事的现场新闻，通过你的发现和感悟，紧扣会议的主题写出来，那么，特色就出来了。可以这样说，要写好会议消息，没有发现就没有特色。

除此之外，还要注意发现会议以外的新闻，也是把会议消息写出特色的一个方面。“有心栽花花不发，无心插柳柳成荫”，有时候会议以外的事实，会产生意想不到的效果。如有的会议一开始就宣布：会议期间不会餐，不送纪念品和礼品，不留合影，本地代表不驻会等等，也能写出特色；讲成绩实事求是，不用溢美之词，讲缺点敢于揭短，露丑，通过转变会风来写出特色。还有一种情况就是通过记者自己的努力，实在找不出特色的情况下，可以靠理性取胜。这就是根据会议的主旨，通过分析归纳，在观点的精辟和思想的深刻上下功夫，靠传播一些精辟的见解，使读者受到启发，或加深对某些事物的理解，这也是一种特色。

四、会议消息之病因和创作

（一）会议消息之病因

会议是新闻媒体和新闻报道中不可缺少的一个新闻源，同一切新闻一样，不是要不要报道，而是怎样做精、做细、做活、做好的问题，以达到领导满意、群众乐意、社会欢迎之目的。

然而，一个时期以来，会议报道曾出现了变味和误区。首先是错位的规格待遇。少数领导认为会议报道篇幅简短，就减弱了会议的重要性，甚至降低了领导的“身价”。其二是习惯性思维束缚人。其三是懒惰形成“八股”文。刚步入新闻圈的青年记者喜欢泡会，在于有现成的材料，一编了之；成熟一点的记者虽能捉到

"亮点"，写作也能出新意，但实感稿件悬念多，风险大。于是乎，你编我也编，你编两千字，我编三千字，"八股"式会议消息由此形成。

（二）会议报道的创新

会议报道的创新，要把握好三个问题：

（1）把握好会议的权威性和指导性。有些法定的会议权威性很高、指导性很强，既是党和人民政策生活中的大事，又为今后或相当长的一个时期工作作了安排，这些会议不仅要全面报道，而且要有战役报道或后续报道。

（2）把握好社会和公众需要的有价值信息。凡会必有主题，必有信息。要及时准确地将社会和公众欲知未知的有价值的信息传播出去，并成为群众工作、生产和生活的指南。

（3）把握好解决和待解决的突出问题。许多会议是为研究解决工作而召开的，记者不仅要人入会，而且要心入会。要将会议解决的问题抓在手上、待解决的问题放在心上，除报道会议外，还要有序追踪。只有这样才能把党和群众普遍关心的大事要事和热点难点问题报道好、引导好，才不至于使会议消息跑调，不能因为会开完了，新闻便做完了。

五、会议消息的写作和采编

（一）会议消息的写作

（1）让会议消息"出彩"，功夫在会外。一个高明的记者，包括他对会议报道的驾驭能力。会议报道除了正确运用新闻要素外，其政治素养、新闻敏感度和写作技能十分重要，缺一不可。说到底是一种"悟性"，这种悟性便是综合素质的具体体现。

（2）没有风险就没有"红利"。做会议消息就像玩股票，"风险越大红利才越大"。之所以会议消息读者不爱看，领导不高兴，其中有三：要么不该写的你写长了，要么报道写得平淡无味、没亮点，要么主题报偏了、领导的讲话报"歪"了。换个角度说，你将会议消息做得既没跑调，又有新意，一目了然，如春风送爽，还有什么可挑剔的呢。怕的是既不敢改革创新，又拿着材料编稿子，翻开报纸套路子，"开头、中间、结尾"老三段，"指出、要求、强调"次次用，久而久之，便成了"材料专家""传话专家"了。

（3）会议消息如何"三贴近"。要学会解读会议，跳出会议抓新闻，先抓住会议的"眼睛"，再寻找新闻的角度，集中加以凸显有新闻价值的东西，把贴近群众、贴近生活和贴近实际的东西推上报端。

（4）思路决定出路，技巧"出奇制胜"。创新会议消息写作，须善于总结写作经验，要有好的写作思路，创新写作技巧。根据不同的会议采写成"特色会议消息""观点会议消息""解读会议消息""组合会议消息""对话会议消息""纵深

大剂量维生素C可对抗肝素和双香豆素的抗凝血作用，导致血栓形成。

摄入大剂量维生素C可使其尿中排出量增加，因其还原性可产生尿糖的假阳性反应，有碍于糖尿病患者的诊治与确切掌握降糖药物的剂量。

大剂量维生素C可降低妇女的生育力，且影响胚胎的发育。动物实验结果十分清楚地表明这种现象。

维生素C剂量每日超过了3克时，可导致肠蠕动增加，引起腹部绞痛与腹泻。

维生素C与含有维生素B_{12}的食物同时摄入，可破坏相当量的维生素B_{12}，而维生素B_{12}大量破坏后，使人易患贫血。

高浓度维生素C静脉注射，可产生严重溶血反应。

综上所述，虽然维生素C是维持人体代谢所必需的物质，对防治多种疾病有很重要的临床价值，但是过量摄入对人体无益，甚至有害，所以必须牢记：切忌滥用。

第十章　通讯的写作

第一节　通讯写作概述

一、通讯的概述

（一）通讯的含义

通讯是一种比消息详细而深入地报道新闻事实的新闻体裁。

西方传媒中没有我们所说的“通讯”，它们的“新闻专稿”（又称特稿），即“比消息更详尽的新闻”，近似于我国的通讯。

通讯与消息同属新闻体，但有几点区别：从容量上看，通讯容量大、事实详细，一般篇幅长；消息容量相对小些，事实概括，一般篇幅短。从报道对象看，通讯选材相对较严，消息选材范围宽。从结构上看，通讯灵活多变，而消息相对稳定。从表达上看，通讯以叙述描写为主，表达比较灵活自由，而消息以叙述为主。从报道时效上看，通讯不如消息快。

（二）通讯的特点

通过以上比较，我们可以看出，通讯的主要特点有三点。

1. 容量大

前已提及，较之消息，通讯可以反映更多、更具体的情况，把事件的来龙去脉交代得更详尽，篇幅可以稍长。

2. 样式多

此点可在通讯的类型中详见。

3. 写法活

写法活具体又表现为结构的灵活多变、表达方式较消息更自由，语言形象生动。

应该指出的是，有些教材将新闻性、文学性、评论性作为通讯的特征，其实并不准确。首先，新闻性固然是通讯所具备的，但这与其他新闻报道体裁并无相异；其次，文学性也非每篇通讯必备之素质；再者，较之消息，通讯固然在表达方式上灵活自由些，议论、抒情的运用略多些，但通讯毕竟仍以叙述、描写为主，很多通讯并非一律要直接体现“报道者”的意志，而应以客观为佳，故评论性也非通讯之特征。

（三）通讯的类型

通讯的类型一般有两种分法。一是按报道内容分，有人物通讯、事件通讯、工作通讯、风貌通讯。二是按报道形式分，有访问记、专访、特写、大特写、新闻小故事、集纳、巡礼、侧记、记者来信等。

1. 访问记

由记者出面登场，以采访活动的过程为主要线索来结构和组织材料。写作时有问有答，现场感较强，而且可以穿插各种背景材料，使通讯有一定深度。

2. 专访

访问记的一种，是就特定的问题、特定的对象进行的专门的访问，内容集中。专访以人物、现场和记者为三要素，突出“专”“访”二字。专访涉及面一般不宜太宽，不应贪大求全。

3. 新闻小故事

或称新闻故事、小故事。其要求一是“小”，二是有“故事”，三是以小寓大。通常反映一人一事，表现一个片段，内容单一，篇幅短小、线索简单，不求写繁多人物，不必横生庞杂枝节，但求精悍、生动。

4. 特写

将生活中某个特定的画面予以放大，集中突出地描绘事件和人物的某些片段、细节和部分，给人以深刻的印象和强烈的感染。

5. 大特写

是抓住社会热点中的事件、人物或现象，对新闻事实作全方位、多侧面的报道，用优美的文笔、新颖的题饰、突出的照片吸引读者的一种报道形式。也有人认为它是深度报道的一种形式。

6. 集纳

把表现一个主题的而又相对独立的小故事或片段事实组合起来，“集纳”而成为一篇。集纳中的事实，可以是发生在同一时间的，也可是不同时间的；可以是发生在同一单位、一条战线，也可以不是。

7. 侧记

从一个侧面反映新闻事件或新闻人物的通讯。取材自由，不求反映事件全貌、全过程，但求抓住特点，扣紧受众的兴趣点、回答受众普遍关心的问题。写作时往往夹叙夹议，兼谈感受。

8. 巡礼

边走边看，巡游浏览，很自由地把所见所闻写出来告诉受众；讲求动态感、现场感、亲切感；常用移步换形的方法，有较多议论和抒情。

二、通讯结构的常见形态

（一）纵式结构

凡全篇的层次与层次之间呈现纵深发展态势的，都是纵式结构。具体来说，又有两种基本形态。

1. 按时间的推进安排步骤组织材料

这种结构形态可以被简称为时间结构。其基本特点就是以时间为脉络，沿着时间的长链，把事件的发生发展区分为若干个不同的步骤，每个步骤形成一个大的层次，几个层次构成全篇。

2. 由浅入深地组织材料

这是一种“递进式”的纵式结构。特点是从浅层到深层，从现象到本质，或从感性到理性。层次与层次之间，呈现逐层深入的态势。

（二）横式结构

层次与层次之间呈现相互并列关系的，就叫横式结构。它又可分为若干类型。

1. 空间并列式

空间并列式的特点是把发生在不同地区或不同单位的具有相同性质的新闻事实组织在一起，形成一篇完整的通讯。每一次空间的变换，就形成一个新的层次。

2. 人物并列式

人物并列式是在集中报道几个同类型的人物时采用的结构方式。每个人物的事迹相对独立，形成一个层次。若干个人物的事迹共同合成一篇，揭示一个深刻的主题思想。

3. 侧面并列式

事物总是由不同的侧面组成的，通讯安排结构也可以按照不同的侧面相互并列地组织在一起。这样的结构在人物通讯和工作通讯中占有较大的比例，因为人物的思想境界是可以区分为不同侧面的，工作中的成就或问题通常也会被条分缕析地区分为几个不同的方面。

（三）纵横结合式结构

在一篇通讯中既采用纵式结构，又采用横式结构，就形成了这种纵横结合式结构。在这种两相结合的结构之中，总会有一种占主要地位，另一种占次要地位。或者整体上采用纵式结构，有局部地方是横式结构；或者总体上是横式结构，某些局部是纵式结构。采用这种结构的作品以1961年2月28日《中国青年报》刊登的长篇事件通讯《为了六十一个阶级弟兄》最为典型。

三、通讯的写作方法

（一）通讯的主题

正确、深刻、新颖的新闻主题从哪里来？自然来自实践，来自作者对新闻事实及其所处时代的深入了解，也就是许多记者所说的“吃透两头”。“两头”指“上头”和“下头。”“上头”即党和国家在新的历史时期的方针政策等方面；“下头”即指实际，受众普遍关注的事实。

列宁的夫人克鲁普斯卡娅曾说：“列宁在做新闻编辑工作时，很重视选择那些政治上重要的、为大众所注意的、涉及最迫切问题的主题。”这通常被认为是通讯确立主题的准则。

“政治上重要的”，即指选择和确定通讯主题时，要抓方向性、决策性的问题。也就是吃透“上头”。

“为大众所注意的”，是说确立主题时，应考虑受众普遍关心的问题和事物，急人民所急、想受众所想。即要吃透“下头”。

“涉及最迫切问题的”，是说确立主题时，应回答、提出、解决人民群众最关心的、最紧要的问题，要注意其及时性、指导性和有效性。

通讯主题确立和提炼的方法主要有三个方面。

首先，“站到高处，作宏观分析。”善于开掘新闻事实的内在本质，要站到高处，抓住其所包含的时代精神和普遍意义，将事实放在历史、现实和时代的大幕上来观察、考察，做纵向和横向的宏观分析，显示其意义和价值。《为了六十一个阶级弟兄》《县委书记的好榜样——焦裕禄》《领导干部的楷模——孔繁森》等作品，莫不如此。

其次，“走到低处，作微观比较”。通讯主题的提炼不仅要“站到高处”，发掘事实中蕴含的时代精神和内在本质，还要“走到低处”，作微观比较，将新闻事实和人物作具体细致的观察、考察和比较、分析，发现其特殊性、个性，找到其矛盾和差异。宏观分析等于飞机上看北京城，真是美丽、壮观极了，但仅此还不够，要写出其美和壮观，须得下飞机去游历一番。

最后，“变换角度，作多面透视”。就是说在提炼主题时，宜多角度对事实进行观照，全面把握事实的本质特征，然后选择最佳角度来表现。

（二）通讯的结构

通讯的结构方式通常有三种。

一是纵式结构。即按单纯的时间发展顺序、事物发展的顺序（包括递进、因果等）、作者对所报道事物认识发展的顺序、采访过程的先后顺序等来安排层次。

二是横式结构。即按空间变换或事物性质的不同方面来安排层次。常见的有：

空间并列式。如新华社记者采写的《今夜是除夕》即属此类。文章开篇之后，分别写了五个地方的人们做着日常工作的情况——在中央电视台：不笑的人们；在长途电话大楼：传递信息和问候；在红十字急救站：救护车紧急出动；在北线阁清洁管理站："城市美容师"的话；在妇产医院：新的生命诞生了。

性质并列式。即按新闻事实各个侧面之间的关系来安排材料。如《人民日报》1995年4月19日头版头条《浦东，璀璨的"双桥"格局》就是如此。文中三个小标题，分别揭示"双桥"格局的三个侧面：

南浦、杨浦两座桥——基础建设由小到大的跨越；

金桥、外高桥两座桥——城市经济功能由低到高的跨越；

改革、开放两座桥——城市开发机制由旧到新的跨越。

群相并列式。即按不同人物及其事迹组织材料。

对比并列式。将正、反的人物或事件并列，从对比中见主题。

三是纵横结合式结构。即将纵式和横式结合起来。此结构多用于事件复杂而时间跨度大、空间跨度广的通讯，如《为了六十一个阶级弟兄》等。此结构有纵横交叉式和蒙太奇式两种。

（三）通讯的表达方式

通讯以叙述和描写为主要表达方式。但又不局限于此，亦可灵活运用多种表达方式和方法。

通讯在表达方式的运用上有自己的个性，即：

叙述的具体性和直接性。通讯因较详细而深入地报道人物和事件，故而叙述的运用不宜如消息一般概括，事实的叙述宜具体、形象、生动。但又不宜过于铺张、不能沓散零乱、不必过于舞文弄墨、转弯抹角。

描写的直观性。通讯是新闻体裁，其描写不能靠虚拟、想象，不能靠花哨的修饰和夸大的形容，而应深入现场、亲眼看见，描写事物或人物的本来面貌，表现出新闻性和现场感。

议论抒情的实在性。文学作品中的抒情，或直抒胸臆、或借景抒情、或托物言志，其情是真的，而景、物和人、事则不必真，即缘情而发，因情设事者多。而通讯之议论、抒情皆须缘事而发，因事生情、情不离事。而且，通讯中抒情、议论不可乱用和滥用，要用在适当处，通常是开头之处做诱导、关键之处做渲染、衔接之处做黏合、结尾之处做点睛。其旨或在揭示本质、升华主题；或在使事实、形象生辉；或在阐明事物之内部联系；或在激发启示读者。

通讯的语言既要准确、简洁，又要生动、形象，文中人物语言应具有实录性，不可妄加虚拟。

四、通讯的写作要求

（一）选好典型，确立主题

典型是通讯的筋骨，主题是通讯的灵魂。选好典型，确立主题对通讯来说十分重要。选择什么样的典型呢？要选择那些具有代表性、具有普遍意义、具有宣传价值和教育意义的人和事，选择那些在一定时期内人们所关注的问题。确立什么样的主题呢？要确立体现时代精神，表现时代风尚的主题，确立反映人物和事物、本质和规律的主题。

（二）写好人物

写好人物是通讯写作的重要任务。不论是人物通讯还是事件通讯，都要把人物写好。写人离不开事，因此，写人必写事、写人物自己所做的事实的事，写能揭示人物内心世界的事。写人物还要用人物自己的语言、行为、活动来表现人物；人物要写得有血有肉，有音容笑貌，有内心活动；写事要具体形象，有原委，有情节。

（三）安排好结构

纵式结构，是按时间顺序、事物发展的顺序或作者对报道事物认识发展的顺序来安排结构。在这种结构里，时间发展的顺序、情节展开的顺序、作者认识事物的顺序成为行文的线索。在采用这种结构时，要详略得当，布局巧妙，富有变化，避免平铺直叙；横式结构，是指用空间变换或按照事物性质来安排材料的。这种结构概括面广，要注意不同空间的变换，恰当地安排通讯所涉及的各方面的问题。采用空间变换的方法组织结构时，要用地点的变化组织段落；按事物性质安排结构时，要围绕主题，并列地写出不同的几个侧面；纵横结合式结构，是以时间顺序为经，以空间变化为纬，把两者结合起来运用。采用这种形式，要以时空的变化组织结构。

第二节　人物通讯采写

一、人物通讯的含义

人物通讯，就是以人物为中心报道对象，主要是记叙在新时代社会主义现代化建设中，特别是在社会主义建设的改革大潮里涌现出来的那些甘愿无私奉献、勇于开拓进取、并卓有贡献的新人物。写他们的新思想、新作风、新成就、新风格、新品质，为人们树立榜样。以榜样的力量推动社会生活的健康发展。人物通讯也可以写反面人物，通过反面人物的事例起到对人们的警示作用。从实际报道的情况来看，能够进入通讯中充当主角的人，大致上有这样几种类型。

（1）各行各业的英雄模范人物。

（2）人们普遍关心的社会名流。

（3）在平凡的生活和工作中体现了某种人生价值的普通人。

（4）某些对社会有警示作用的反面人物。

二、人物通讯的写作要求

人物通讯的重点是写人物。写人物，一种是全面记叙人物的事迹，如《县委书记的榜样——焦裕禄》；一种是只写人物的一两个侧面来表现其思想心态。那么，如何才能写好人物通讯呢?

（一）选择典型人物

这是人物通讯写作的关键。物色人物，首先要看其言行事迹、思想风貌是否具有时代的特征，能不能体现历史的进程，能不能体现社会发展的方向。

（二）注意表现人物性格的特异点

这是小说常用的刻画人物的方法。不过，小说写人物，常把人物的性格夸张到远离常态的地步，虽能给人留下深刻印象，毕竟有违真实原则。通讯写人，可注意捕捉人物不同于别人的性格特异点，但不能夸张失实。在写人物的新闻作品中，数学家陈景润的“痴”和“迂”，就给读者以深刻印象。还有“老坚决”潘从正的木讷和倔强，“爆炸大王”陈火金的痴迷和书生气，都是成功的范例。

（三）在矛盾冲突中写人

人物性格在激烈的矛盾冲突中才能够充分显现出来。写文章也一样，把人物逼进风口浪尖中去，才能冲刷出人物的深层本色。这种矛盾冲突多是在人物与自然、人物与落后势力和陈腐观念、人物与自身弱点等关系上展开的。

（四）运用典型事例写人

以事写人，这是人物通讯常用的方法。写事首先要写典型的事例。所谓典型事例，就是有代表性的、足以表现人物思想面貌的事例。较之一般事例，典型事例能起到以一当十、以少胜多的作用。那种使用材料多多益善的观念，那种“见物不见人”“见事不见人”的写法，都是不足取的。

（五）借景写人

利用景物写人，是我国的传统写作手法之一。使用这种方法，使人物形象更鲜明、更感人。

（六）借他人之口刻画人

《领导干部的楷模——孔繁森》一文，多次借藏族同胞之口对孔繁森的形象进行渲染衬托，特别是孔繁森因公殉职之后，人们那些含着泪水表达的思念，对刻画孔繁森的形象起了重要作用。

三、人物消息的类型及写作

（一）根据基本结构形态的不同，人物通讯有这样三种类型：

1. 传记式

其特征是较完整地写出人物一生的主要事迹，篇幅较长，内容丰富。

2. 特写式

侧重于写人物的一时一事，或某一侧面。虽然比一般的特写涉及范围大得多，但属于集中于一事、一个侧面的写法。真正写一时一事的人物通讯，现在也很常见。

3. 群象式

特点是报道对象不止一个，而是一个集体中的若干人，或是同一时空范围内的几个同类人。

（二）请谁来当“新闻人物”

选择人物，要注意如下标准：

（1）能体现时代精神，反映社会面貌；

（2）有能构成新闻的较充分的事迹；

（3）生命形态和生活轨迹有一定的独特之处；

（4）人物有鲜明的个性，能给读者留下深刻的印象；

（5）可以反映某道理，事实的人物。

（三）展现人物的常用手法

（1）注意表现人物性格的特异点；

（2）在矛盾冲突中写人；

（3）借他人之口刻画人；

（4）借景写人；

（5）通过事实塑造人物。

四、人物通讯的写作要点

人物通讯即具体、形象地报道人物事迹、经历的通讯。

人物通讯可写一人，也可写群象；可写人的一生，也可写一个阶段或某个侧面；多写正面人物，如先进人物、英雄人物、有突出贡献的人物等；也可写反面典型；可写大人物，也可写普通百姓。

人物通讯写作有以下几点尤需注意。

一忌“有人无魂”。即人物的经历、事迹都写了，但不善于选择典型材料、组织安排材料，或不善于透视人物内心世界，不善于站在时代高度对人物进行观照。“人”是有了，但思想感情、性格风貌、精神境界却没表现出来。

二忌“有魂无人”。即作者能站在一定高度，把握了方向性和时代性，但人物的精神面貌、思想境界表现得空洞、抽象、缺少丰满的血肉，没有具体、丰富而典型的事实，只有“幽灵”而已。

三忌“千人一面”。有的作者在写人物时，难以克服雷同之病，或与自己以前写过的人物雷同，或与别人笔下的形象相似，缺乏个性，没有特色。

四忌“褒一贬百”。不宜用“水落石出”的方法，压低一片，抬高一个，不能故意把群众写得特别落后、矮小，从而突出所写人物的先进、高大。而应用“水涨船高”的方法，处理好“一”与“百”的关系。

五是要写“全人”。主要是处理好“软与硬”“正与反”的关系。所谓“软与硬”，即指既要写关键性的“大”材料，又不能忽略日常小事、生活琐事的“小”点滴。再伟大的人物也有与普通人生活相同的地方，也要食人间烟火。只有这样，人物的形象才丰满、才真实可信。所谓“正与反”，是指对报道对象作既有“正像”又有“反像”的“全息摄影”。把新闻人物写成没有七情六欲、满口豪言壮语的“神”的做法是不实事求是的写作。把常人写成超人、圣人，把新闻人物写成“高”“大”“全”的人，这不是我们所说的“全人”。如写先进人物坚守岗位、勤奋工作，不要动则写他父母病危也不回家、妻子难产亦不离岗。“无情未必真豪杰，怜子如何不丈夫。”科学家有了成绩，并非都要走路时还在思考问题，碰到电线杆，然后还说“对不起”；做菜时，也并非都因思考问题把手表放到锅里当鸡蛋煮。还有，不要写人好则“好绝”，写人坏则“坏透”。

此外，人物通讯还要善于通过人物的行动、语言、心理和典型细节等来表现人物。

第三节 事件通讯采写

一、事件通讯的概述

（一）事件通讯的含义

所谓事件通讯，就是报道典型的、有普遍教育作用的新闻事件。写事当然离不开与事件有关的人，但它不像人物通讯那样着力刻画人，而是以事件为中心，在事件的总画面中，为了写好事来写人。它既可以反映现实生活中发生的重大的、振奋人心的典型事件和突出事件；也可以从某一新闻事件截取一个或若干个片段，进行细致详尽的描述，揭示事件的深刻含义；还可以是若干事件的综述。

（二）事件通讯的特点

事件通讯是人们熟知的一类新闻体裁，对于其写作 ，尽管从理论到实践的探索都是深入的，但在许多问题的认识上却不尽统一。

这是一个颇有争议的问题。争议之一是事件通讯特点数量的多少不同：有的说三点，有的道四点，还有的总结概括得更多；之二是质的认识表述很有异：情节性强，故事性强，时代感强，突发性强；主要写事，不孤立写事；题材广泛，以小见大；事件的典型性、时间上的新近性；展示人物形像、结构纵横交叉；真实、客观、准确、系统、形象、快捷；新闻性与具体性、典型性与重要性，完整性与形象性等等，都是常见的基本观点，真可谓八仙过海、异彩纷呈，让人眼花缭乱，很难理解与把握。对此，我们认为事件通讯的特点宜归结为这样几点。

（一）题材广泛

应当说，在各类新闻体裁中，事件通讯的题材是最广泛的。因为人类社会是由人，也是由事构成的，有人就有事，事因人生；有事便有人，人以事显。在复杂的社会形态、社会生活中，每天每时，不同或相同的地域，不同或相同的社会层面，不同种族、性别、年龄、地位的人都在干着大大小小、形形色色相同或不同的事。没有事件就没有世界，没有人类社会。因此，从个体到群体，再到人类社会及大千世界，大到联合正面反面，凡是对人们，对社会有益、有趣、有影响的事件都可以巧妙勾连，尽收眼底，游走笔端，成为事件通讯的写作题材，其范围之广是无可非议的，这完全可以从近百年的中外事件通讯中得到证实。

（二）取材典型

事件通讯虽然题材十分广泛，但绝不是信手拈来，随意入题的，而是有所选择，讲求典型的。因为写通讯不同于写消息，这种报道方式本身就决定了凡是可读性、故事性、情节性、新闻性不强，不重大的题材就不能用来写通讯，而只宜用作写消息。因此，其典型性主要体现在题材的重大性、重要性，故事本身的情节性、完整性上，意义重大，影响深远，且时效性强，时代性强，具有广泛的代表性和较强的说服力，能揭示事件本质，对人类、对社会起教育、启示、鼓舞、鞭策和警示作用，而绝不可能写日常生活琐事或鸡毛蒜皮类的小事。即便是那种用来写小通讯、新闻小故事的凡人新事，也是具有重大价值的，能以小见大、见微知著，是精心筛选出来的，从这个角度看，也同样是典型的。可见，典型性是事件通讯的突出特点之一。

（三）形象生动

事件通讯是形象生动的，其形象生动性除去事件本身的鲜活性和事件生成的自然与社会环境因素之外，主要还源于并表现在以下两个方面。

一是故事性、情节性强。从众多通讯中不难看出，凡是事件通讯，都是将事件的来龙去脉，起因结果，发生发展过程、高潮、结局予以完整叙写，以此来具体展开情节，再现场景，交代过程，表现主题的。其间，人、事、景、物、情、理集于一体、错综交织，有的还构成了复杂离奇的故事情节，让人读起来峰回路转、一波三折，趣味性、可读性都非常强。使读者无论看标题还是读正文都会被吸引住，都会有情节、可读性强的感受。

二是运用多种表现手法，使之叙写十分生动。这既包括对人物，也包括对景物的描写，还包括了对情节的安排，以及语言文字的锤炼。只要不违背生活的真实，什么样的手法都可以运用，使读者获得与文学作品并无多大差异的感受。

二、事件通讯的写作

事件通讯的写作也与其特点一样，人们的看法是很不统一的。对此，笔者认为，应当强调的是这样几点。

（一）郑重选择题材，深刻揭示意义

虽然事件通讯的题材极其广泛，但并非什么都可以写，而应当尽力追求题材的重大性、典型性，这就必然有一个郑重而严格的选材，使之以一当十，产生巨大震撼力、很强感染力的问题，这是无须细加讨论的。

深刻地揭示意义，显然是一个开掘主题的问题。很多新闻事件的意义较为浅近，一看即明，不需花太多的时间来提炼。但有的事件却不一样，其价值意义是深层次的，并非轻而易举、唾手可得，而是要经过认真分析，反复多次地深入开掘才能提炼出来的。当然，这里的深刻的要求是高层次的，它不仅仅指事件的本质，还要看到事件本身所产生的社会历史意义，看到事件重大的现实社会意义，即对当今社会所将要产生的影响。

对于一个新闻事件，要是发掘得不好，不仅深层次的意义揭示不出来，好的主题会白白地从眼皮子底下溜掉，而且还会浪费宝贵的新闻资源。因此，通讯的主题提炼、事件的最佳意蕴揭示与确立是十分重要的，决不能等闲视之。

（二）巧妙组织情节，生动再现场景

新闻报道不存在虚构，编造情节问题，因为它的基本事实是真实的，唯其真实，才冠之以“组织”二字。虽然通讯是用的真实材料，但同样的材料、同样的情节，如果组合的理念、方式不同，虽然表达的主题都一致，效果却是大相径庭的，这是基础写作中就已经讨论解决了的理论问题，其相关知识和技能技巧在通讯写作中仍然是实用的。

生动地再现场景，这就是通讯与消息写作所不同的地方了。消息只是简明的让人知道干什么，是怎么干的，通讯则要具体地描述过程、情景，给人以如见其人、如闻其声、如临其境的真实感受，这就包括了各种描写（人物、景物、环境、过程）和叙述、说明、议论抒情、正面侧面、集中分散以及各种不违背生活真实性的其他艺术手法的大量运用。

（三）精心安排结构，恰当措置人事

事件通讯写作涉及的问题固然很多。但其间的结构安排是十分重要的。因为就事件来讲，要交代清楚其发生和发展的相关问题，让人搞清其来龙去脉，要能增强其可读性、吸引力，很好地表现主题，在很大程度上都取决于对相关材料的安排，对结构的处置问题。由于结构具有表述性，同样是那些材料，谁先谁后，孰轻孰重，怎样才能最大限度地表情达意，求得最佳效果，都是颇值得研究玩味的问题。对于通讯来讲，其结构形式那么多，可供选择的余地非常大，膏药是一张，就看你怎么熬炼，关键是对其重要性一定要有充分的认识。

人和事都是人物与事件通讯不可回避的问题，因为社会生活的主体是人，人是要干事的，事是由人来干的，写人必然涉及写事，写事必然涉及写人，人事交叉，关键在以什么为主。作为事件通讯，固然当以事为主，以事来带人，此其一。其二是在写事时虽然写到人，但不能静止、孤立的写人，让人占了主体，而应当将其穿插其中，让其动态地出现。而且在写人的时候一定要简笔勾勒，不能精雕细刻，更不能浓墨重彩，弄得喧宾夺主，搞成了本末倒置，因为那样就会发生质变，使之变成写人物而非事件通讯了。

三、怎样写事件通讯

事件通讯的写作，要准确写出某一事件发生的缘由、开端、发展、高潮和结果的全过程，让读者了解事件的来龙去脉。在写作中，要处理好写人与叙事的关系，即以叙事为主，以写人为辅，写人为写事服务。事件通讯的结构较为灵活，可以顺叙，可以倒叙，也可以运用插叙和补叙。在表达方式上，为了增强文章的生动性和形象性，除了叙述之外，还可以综合运用描写、议论等手法。

四、事件通讯的写作要点

事件通讯是详尽、具体而形象地描写新闻事件的通讯。它具有新闻性、典型性、完整性、形象性等特点。一般有一个中心事件，其他人物或事件都围绕这一中心事件展开。

事件通讯以写具有典型意义的正面事件为主，但也有揭露性的事件通讯。

此种通讯虽以写事为主，但同时不能忽略写人，不要见事不见人。

事件通讯的写作应注意以下几点。

（1）要抓住一个或几个关键性场面或情节来写。事件通讯一般要再现事件全貌，但又不能从头至尾、事事俱现，记流水账。这就要求在写作中能抓住对事件的表现、对主题的揭示起关键作用的一个或几个关键点来写。在写作前，作者就应分析手头占有的材料，是否能满足一篇通讯的需要。一般而言，一篇事件通讯至少应有一至三个骨干性材料。有一个骨干性材料，便可写成一篇“小通讯”；三个以上，可写中型通讯；多组材料，可写中等篇幅以上的通讯。

(2) 写好事件的高潮。没有高潮，事件就是“死”的，就是平淡无味的。高潮是矛盾之焦点，是人的思想和行为的“闪光”之处，故应调动多种手法，不惜笔墨，写活写好。

(3) 在写事的同时，写好关键人物。事件是事件通讯的核心，而事件又终究离不开人。写好关键人物，又有助于把事件写活。

(4) 在记事的基础上，恰到好处地点出事件的意义。也要善于寓情于事、寓理于事。

第四节 工作通讯采写

一、工作通讯的概述

(一) 工作通讯的含义

工作通讯是以报道现实生活中人们在工作中取得的成就和成功经验，揭示和讨论工作中存在问题的通讯类型。

它一般是记叙某项工作如何开展，如何打开局面的情况；或者是贯彻党的方针政策所取得的新成绩、新经验；或者是回答在实际工作中所关心的和迫切需要解决的问题，借以推广经验、解决问题，指导和推动工作。

(二) 工作通讯的类型

工作通讯的类型一般有以下两种。

1. 报道型工作通讯

这类工作通讯主要是向受众报道工作中的新鲜经验，或涉及政治、经济、党风、官风、民风的重要问题。

2. 研究型工作通讯

研究型工作通讯重点在于探讨问题的成因，研究解决问题的办法。一般是针对涉及全局性、有普遍意义的问题提出解决的办法。

二、工作通讯的写作格式

工作通讯一般由开头、主体、结尾三部分组成。

1. 开头

工作通讯开头通常要概述事件的基本情况，简要介绍人物、交代中心思想或提出问题等。概述部分一般不设小标题。

2. 主体

主体是工作通讯的主要内容部分。由于通讯的内容较多、篇幅较长，主体部分常常划分层次，并冠以小标题形式。

3. 结尾

工作通讯的结尾，可将事件作一小结，作一画龙点睛式的评论，也可用文尾展望前程，描绘远景，发出号召，给人以希望和鼓舞。

三、工作通讯的写作要求

工作通讯的写作要求如下。

（一）要抓住主题

要注意选择那些在贯彻执行党和国家方针、政策中碰到的问题，选择那些人民群众普遍关心的问题，把着眼点放在推动工作的开展上。

（二）要用事实说话

要选择典型事实，突出重点问题，多角度、多方面地选取材料，证明观点；否则，所谓的经验、结论就只能是空中楼阁了。

（三）要找出解决问题的出路和办法

不仅暴露问题的工作通讯要提出解决问题的方法，报道成功经验的工作通讯同样如此。事实上，对成功经验的肯定，本身就是为同类的单位或企业指出可资借鉴的方法。

（四）要写得生动活泼、可读性强

这本是通讯的共同写作要求，这里特意强调一番，是因为工作通讯比较容易让人产生轻视生动性的误解。也许工作通讯在情节上不如事件通讯和人物通讯那样引人入胜，但是不能因此放弃通讯的这一基本特点。缺少文学性、不能有效吸引读者阅读的工作通讯，不能算是成功的作品。

四、工作通讯的写作要点

工作通讯是谈工作经验、教训的一种通讯体裁，具有较强的针对性、政策性和指导性。

工作通讯侧重于对工作中出现的新情况、新经验、新问题的探讨和研究。它也要反映新闻事实，往往带有现场活动。这使它区别于一般总结性文章并和其他新闻通讯体裁相同的方面。它与其他新闻通讯体裁相异处在于：要将事实作经验性的概括，对问题发表议论，对矛盾提出解决的办法，有一定的评论色彩。

工作通讯写作的要求有三点：一是要有现实针对性，切合当前工作需要。如社会前进过程中新冒出来的问题，实际工作中长期积累起来而未引起注意的问题，长期存在但悬而未决的问题，人民日常生活中经常要注意的问题等，都是有现实性的问题。二是具体、透彻地阐述问题和经验。三是夹叙夹议，有理有据。或用议论作点睛之笔，点出问题之所在，或是运用背景材料同事实对比，进行有说服力的分析；或是作者直接发表意见。无论采用哪种方式，其议论应求深入浅出、有理有据。

第五节　风貌通讯采写

一、风貌通讯含义

风貌通讯是指着重描绘社会变化、时代风尚及风土人情的通讯报道。它一般是反映新貌，抓住特色，点面结合，开阔读者视野，增长读者知识，给人以美感和现场感。

风貌通讯的表现形式比较丰富，报刊上常见的“见闻”“巡礼”“侧记”“纪行”“掠影”“纪游”等等，都属于风貌通讯的范围。众多的表现形式，使得风貌通讯在表现题材上比其他通讯更加广泛多样。概括地说，它可以反映一个地区、一个战线或一个单位发展变化的新气象、新面貌；可以报道重要的建筑工程、展览会、陈列馆等的内容及规模；也可以赞颂革命历史文物和名胜古迹，介绍旅游风光；此外，它还可以反映异国的社会现状和风土人情，以促进国际交流。

风貌通讯总是以全景式的介绍来报道对象，努力给人有一个“概貌”的感觉。但是这不是高度概括和抽象化了的东西，而应注意点面结合，将那些能反映报道对象特点的具体事物、精彩片段和侧面，与报道对象全貌结合起来，让读者既能了解报道对象的全貌，也能看到报道对象的细微之处，以形成立体化的认识。

二、风貌通讯新闻性缺失的原因

风貌通讯在种属上归于新闻体裁之列，这是已经没有争论的事实，但是很多风貌通讯作品的内容无论是从新闻定义还是从新闻价值上来衡量，都找不到其属于新闻体裁的理由，特别是从风貌通讯的历时性演变来看，这一问题体现得更为明显。这既不利于新闻专业主义的实践与发展，也不利于新闻教学中讲授风貌通讯这一内容时的专业性。因而，对什么是风貌通讯以及如何把握好其评判标准应该正本清源。

从起源上来讲，有观点认为：柳宗元被贬永州后写的《始得西山宴游记》《至小丘西小石潭记》《袁家渴记》《石渠记》等“永州八记”就是风貌通讯，还有学者指出徐霞客的游记也是风貌通讯。这有一定的道理，但严格来说，在近代报纸没有出现以前，作者是没有新闻思维的，所以又何来属于新闻体裁的风貌通讯。因而，正常来说，“我国报纸之有通讯，实在是黄远生开创的。”（宋云彬语）持此论断的还有我国现代著名新闻学者黄天鹏：“自黄远生出，而新闻通讯放一异彩……为报界创一新局面。”

黄远生的通讯多是对当时上层社会及政治内幕的忠实记录，他的通讯“记述则须眉毕现，评议则山岳为摧”。之后二三十年代兴起的旅游考察通讯，同样遵守了客观的原则，其中影响较大的作品有瞿秋白的《饿乡纪程》《赤都心史》，范长江的《中国的西北角》《塞上行》以及邹韬奋的一些国外风貌通讯。范长江的风貌通讯，语言平实但不平淡，白描能力强，“通讯作为时代的镜子”在他的通讯里得到了很好的体现，做到了对社会现实镜子式的照射，其议论、描写、抒情也是有感而发，无空洞抽象夸张的议论抒情。

风貌通讯发展到后来，功能与写作风格发生了一定的变化，这从当今对风貌通讯的定义就能很清晰地体会到。如“风貌通讯，是指着重描绘现实生活的变化、日新月异的面貌，以及社会风尚、社会现状、建设情况、风土人情的通讯报道。”①风貌通讯，是着重描写事物发展中的新变化、新面貌的通讯。②风貌通讯是报道某一地区、某一单位、某一建设工程的新成就、新面貌、新风尚的通讯，也称概貌通讯。③从这些定义的共同点来看，风貌通讯主要是报道新变化、新面貌、新气象，突出今昔对比，以宣扬我国日新月异的发展变化，其主要目的是起宣传、鼓舞、歌颂的作用。但是，如果从这一定义来看，就存在三个问题，一是定义本身就显示了其报道的选择标准不一定要符合新闻规律，而是以是否反映了新成就新风尚等为取舍标准，这就会造成通讯内容上缺乏新闻信息的可能，同时在写作上也会出现浮夸空洞抒情的可能；二是这一定义不能概括我们称之为风貌通讯的所有作品，例如难以把黄远生、范长江、邹韬奋等所写的那些揭示社会黑暗的风貌通讯归于其类；三是我们的风貌通讯所写的新变化、新面貌、新风尚到底是不是都属于新闻，也是值得思量的地方。所以，上述三个问题说明了应重新严格其定义的必要性。

综上所述，从定义上来看，风貌通讯的性质变化很大；从演变历程上来看，风貌通讯在功能与写法上也转向明显。但从本源上来看，风貌通讯属于新闻体裁之列，其内容有明显的新闻性，写法上多借鉴白描等简练生动的文学手法。从黄远生到范长江，他们的风貌通讯都遵循了既有新闻性又有文学性的基本要求，是对现实问题的真实写照，虽然可以有多种文学手法的运用，但这些手法的运用是为了更好地表现真实。

（一）风貌通讯内容与新闻性相背离的表现

风貌通讯属于新闻体裁范围内，那么，它就首先必须是新闻并要遵循真实客观这一新闻的基本原则。但如果这样来看，很多风貌通讯的内容有真实性但缺乏新闻性，这一问题主要体现在两个方面。

一是多出现于那些散文式的游记类风貌通讯，毛病表现在有文学性而缺乏新闻性。这种情况从邹韬奋的一些国外风貌通讯就可以看出来，所以，风貌通讯的缺乏新闻性并不是从中华人民共和国成立后才出现的。如他的《月下中流——经苏伊士河》完全是一篇写得不错的散文游记，但里面没有什么新闻而言。他的《华美窗帷的后面》《大规模的贫民窟》则可以称得上真正的风貌通讯。

早期的通讯主要反映社会现实，揭示社会现状的真面目，基本反映了通讯的本质功能，即它应该是时代的镜子，观照民生风貌。从范长江、邹韬奋、瞿秋白、邵飘萍等风貌通讯名家的作品里，可以感受到风貌通讯最初的本质：其一，这些通讯从内容上看有新闻性，其二，其写作手法既不是消息的简洁纪实，也没有后来的通讯所存在的空洞夸张抒情。如范长江的风貌通讯《中国的西北角》一度“洛阳纸贵”，其根本原因在于他用简洁传神的语言告知了读者一个根本不了解的中国西部状况，具有很强的新闻性和可读性，如对红军长征情况，西安事变的真相，陕西根据地情况的报道，都有极强的新闻性。

中华人民共和国成立后的有些游记性质的风貌通讯，从其标题以及内容上来衡量的话，不属于新闻的现象增多，这些风貌通讯在对新风貌、新风尚、新变化、新风俗等方面的事实选择上往往对新闻信息的含量问题考虑不足，重心多在歌颂赞美上，写法上也多接近于散文笔法而远离新闻笔法。当然，这些风貌通讯有其存在的必要，对革命和建设起到了一定的推动与鼓舞作用，对提高民众的精神境界也有一定的推动，但是这些风貌通讯有的并不符合新闻体裁的标准。因为，其一，内容上缺乏新闻性，其二，语言上过于主观抒情，而不是对新闻事实的生动白描，缺乏本质意义上的风貌通讯写法。

二是多出现于那些成就展现式的风貌通讯中，毛病表现为既缺乏文学性又缺乏新闻性。这类风貌通讯要么描绘某项工程战天斗地的场面和情况，要么宣扬某一地区或某一行业取得的变化或成就，在内容上主要就是史诗般的赞扬与歌颂，虽然依托的有事实有故事，但给人的感觉就是颂扬宣传，而不是在告知新闻。如某些“巡礼”“见闻”“纪实”类风貌通讯，其内容往往占据一个整版，甚至一个通版，但是里面包含的真正属于新闻的信息不多，难以引起受众的选择性注意。

如果那些表现为散文式的游记属于散文之列的话，某些“巡礼”“见闻”“纪实”类风貌通讯则既不是文学作品也不是新闻作品。

（二）如何改变这种缺乏新闻性的现象

对于新闻体裁，虽然没必要做非此即彼的绝对分类，但基本的明晰归类准则还是应该有的，刘勰在《文心雕龙·附会》中也提出作文之前“宜正体制”。作为一种写作体裁，风貌通讯就要遵循这种体裁写作时的规律，才能改变这种缺乏新闻性的现象。

首先，要清醒认识到风貌通讯是一种新闻体裁，在写作时才能带着新闻的视角去采访写作。这就要求先在观念上树立风貌通讯是属于一种新闻体裁的意识，然后在采访上再按照新闻的标准来判断有关采访对象的信息资料，用是否有新闻性作为取舍的主要标准。这样，才能首先确定要采写的对象有没有新闻性，然后才能做到采访时所收集的资料是新闻信息，而不是大量的成就数据等。

其次，在写法上既要避免过于散文化的倾向，又要避免空洞的议论、抽象的抒情和浓烈的颂扬。通讯在写法上可以用排比、抒情等文学手法，但不是说可以恣意地使用。新闻通讯不同于文学作品，它既有篇幅的局限，又有极强的时间性，不允许大肆铺张笔墨，而必须用极简洁的描写，状物写人，表神传情。读者阅读风貌通讯，是希望从中看到新闻，过多地进行抒情、议论，结果只能是增强报道中的主观色彩，削弱客观性和新闻性，给读者留下虚假和泛政治化的印象。

三、风貌通讯写作的基本要求

风貌通讯写作的基本要求是：

（一）抓住特点、突出“新”和“变”

风貌通讯重写作者见闻，而这“见闻”又须是新的见闻，能提供新的信息、反映新的变化。因此，着眼于“新”和“变”，写出事物的新情况，揭示事物的新变化，是此类通讯的重要特征。

（二）善用对比衬托

要写新，要突出“变”，通常运用背景材料，选择事实和数字，作今昔对比，这是较常用的一种手法。有时还可用民谚、故事来衬托事物的变化。

（三）丰富知识，增添趣味

风貌通讯常运用历史、地理、文化、科学等方面的知识来增强知识性和趣味性。但也应注意以扣主题、关联现实、恰到好处、避免冗杂。

（四）叙论结合、情景交融

风貌通讯可灵活调动多种表达方式。可以边叙边议，叙论结合；也可写景抒情、情景交融。

四、风貌通讯的写作要点

（一）抓住特点写出特色

任何一个地方的面貌都是丰富多彩的，又都是富有自身特色的。风貌通讯要抓住报道对象最有特色的地方落笔，这样才能写出它的个性，给读者以深刻的印象。如《柿乡访柿》一文，只抓住柿子做文章，就把一个山区乡镇的面貌写活了。

（二）运用对比烘托手法

风貌通讯重在反映报道对象的新面貌、新变化。新在哪里？新只有在同旧的对比中才能显现出来。因而对比烘托是风貌通讯最常用的手法之一。如《春风吹绿花园口》，就用当年国民党扒开花园口黄河大堤造成重大水灾和大面积黄泛区的历史，跟眼下花园口“一派江南风光”的现实形成对比，深刻地揭示了文章的主题思想。

（三）传播科学文化知识

风貌通讯往往会涉及许多天文地理、历史典故、文化教育、科学技术等方面的知识。可以说风貌通讯的一个重大功能就是传播科学文化知识，它同时也是吸引读者的魅力来源之一。后面所附的《福冈：从历史走向明天》一文，就写进去不少有关日本地区与中国进行文化交流的历史知识。

（四）描写抒情讲究文采

风貌通讯是通讯中散文化色彩最突出的一种。这就是说，风貌通讯比起别的通讯形式来，要求有更多的文学性。风貌通讯的文学性，主要通过描写、抒情的方法来实现。描写主要是写景状物，要把景色、事物写活。抒情则是缘景生情、借景抒情，努力做到情景交融。

第六节 通讯的写作范例

一、人物通讯的写作范例

生命的最后126小时

〔2008年7月9日讯〕 从5月20日14时受命为抗震救灾紧急采购特种装备，到不幸去世，在生命最后的126个小时里，他分秒不停地奔波了2000多千米……

他叫张同法，总装备部工程兵军代局驻上海和厦门地区军代室高级工程师。

5月20日14时，军代室接到命令：紧急采购500台国产、300台进口舷外机！

舷外机，就是冲锋舟的发动机。此时，受灾地区形成的30多个堰塞湖及大量震损水利工程威胁着灾区人民的生命。

张同法顺手从桌上抓起一瓶降血压药装进兜里就出了门，随口撂给同事一句话：“给我家里打个招呼，我来不及告诉她们了。”

领受任务仅仅15分钟，张同法就带着军代表唐苏华从上海出发了。

20日22时30分，张同法赶到国家舷外机动员中心——江西乐平为民机械厂。部署任务，细化计划，一直忙到次日凌晨3时，好不容易躺下，张同法却怎么也睡不着：这次突然增加500台生产任务，已大大超过厂家生产极限，舷外机的外协单位涉及36个厂家，分布在全国10多个省市，临时增加订货，配件能否按时供应？

在张同法积极动员和强力组织下，工厂产能硬是提高了3倍多。

21日，张同法拉着厂长就往火车站跑，协调发运装备的车皮；午饭后，他跑到工厂检验科，了解产品质量自检情况；接着，到当地银行协调资金贷款问题；晚饭也没吃又匆匆来到火车站，仔细向前来接装的押运员交代注意事项。直到23时多，张同法还在商讨生产进度、产品质量等问题。

22日一整天，组织验收100台紧急采购的舷外机，研究下一步生产计划，查看舷外机零配件加工情况。

23日，在组织验收时，张同法发现1台舷外机化油器溢油。经反复检查，工厂最终认定问题出在配套零件厂在生产过程中清洗不彻底，导致化油器内残存铝屑。他立即督促工厂派人飞赴东北某配套厂协调解决。

24日，工厂采购部传来消息：由江苏某厂提供的舷外机的关键配套零件——三拐曲轴连杆，因任务太急，无法按时间节点供货！望着工厂领导焦急的表情，张同法说：“我去解决！”

25日16时30分，张同法奔波10多个小时赶到上海转车。回到军代室，他向领导简单汇报了情况，并交完4000元特殊党费后，就和其他同志匆忙赶赴江苏。

谁也没想到，张同法这次出发竟成了诀别。5月25日19时40分，军车即将驶出上海时，他因劳累过度，心脏永远停止了跳动，55岁的生命时针，定格在受命出征后的第126个小时上。

不久，经张同法组织验收的100台舷外机，从江西乐平装车陆续发往灾区……

二、事件通讯的写作范例

寻觅“吵架的”

解国记

9岁的儿子已经嘟囔了好些日子：“老师让我们在大街上观察一场吵架，描写人在吵架时的神态、语言、动作。可找了几天，没见到一次。交作业的时间马上就要到了，该咋办呢？”

偌大的郑州，找一起吵架的还不容易！1月13日是星期日，我推出自行车，带上儿子，满怀信心地上了大街。

市东部最热闹的地方是花园路，只见街上挂满了红红绿绿的标语：“依法纳税是每个公民应尽的义务”“支持生产是税务部门的首要职责”。道旁还设了不少税法咨询站、宣传站。对，今年是全国税法宣传教育年，今天又是郑州市税法宣传教育日。过去常因为交税收税之事争争吵吵，口角不断，说不定在这里也会有人干上“仗”的。我俩认真“搜索”，仔细寻找，可映入眼帘的是，人流熙来攘往，或驻足宣传栏前，阅读有关税法条文；或伏案咨询台，倾听税务工作者的耐心解说，处处细语低声，笑容可掬，哪里有什么吵架的迹象。

于是，我俩又“搜索”这长长的人民路，来到市中心“二七”广场。广场周围有四家大商场，是郑州最集中的购物中心。我想，在这里找几起顾客与营业员吵嘴的事还不是探囊取物一般！可是，出这商场，进那商场，从一楼到二楼，就是见不到斗气吵架的。走出商场门口，我们终于听到了吵声，儿子不禁“喜出望外”，拉着我就跑上前去。遗憾的是，不是大人在吵架，而是一位妈妈在训斥不懂事的孩子。

猛然记起摄影记者樊鸣涛同志告诉我的，文化路上的太平洋商场今日开业，海鲜、水产最多最便宜。我想，新开业的商场肯定人多，人多吵嘴的机遇可能性就多一些。于是立即飞车而去。果然，“太平洋”里简直是“人海”，虽离春节还有月余，但那气氛跟除夕临近似的，鲤鱼、武昌鱼，三块一二角钱一斤；大带鱼、小带鱼，两块多钱一斤；上好的海米，10来块钱一包。还有鱿鱼、丁鱼、海螺，简直目不暇接。人虽很多，但处处秩序井然。我俩在黄花鱼柜边一站，营业员就笑眯眯地说：“称点黄花鱼吧，又便宜又对小孩子身体好。”“多少钱一斤？”“两块七。”嘿，真便宜，我没犹豫就要了500克，又要了一包海米。

走出“太平洋”，孩子提醒我：“找个乱糟糟的集贸市场吧，那里保准有吵架的。”我想也是，便飞车来到西郊我印象中最乱的五里堡集贸市场。但一到那里就有点犯“傻”：过去胡摆乱放、横七竖八的这个市场，如今井然有序。摊档分列两旁，三类小商品、主副食品琳琅满目；中间又加一排干鲜水果摊，苹果、大枣红通通，香蕉、鸭梨黄澄澄，看上去都眼馋。整个市场人挨人，人挤人，难找一点缝隙。但与我们“愿望”有悖的是，大家都不急不气，慢悠悠地“随流”而走。忽然，街侧一辆自行车与一辆三轮车迎面相撞，自行车连人带车倒在三轮车车把处。我与儿子相视一笑：“机会”来了。谁知那两人彼此看看车、人无损，居然互相一点头，各自走人。

回到家里已是晚上六点半钟，妻子听我俩是出去找“吵架”的了，哈哈一笑：

“吵架的肯定有，不过现在吵架的比过去少多啦。”年近八旬的老岳母也说：“我天天都到门口街上转转，难得碰上个吵架的。”儿子直埋怨：“真是，老师咋出这个题目。”

三、工作通讯的写作范例

为了24万受灾群众
——陕西省宁强县财政局抗震救灾工作纪实

〔西安2008年7月20日电〕 突如其来的“5·12”汶川大地震给陕西省宁强县人民带来了前所未有的灾难，34万宁强人民中有24万人不同程度受灾。民房倒塌、校舍倒塌、办公楼倒塌……

在灾难面前，宁强县财政局全体干部职工团结一心、不畏艰险、奋力拼搏、勇挑重担，和24万受灾人民一道奋战在抗震重建第一线，为灾区人民送去了党和政府的关怀。

快速反应投入救灾

灾情发生后，宁强县财政局领导快速反应，在第一时间投入救灾工作，迅速组织局机关干部职工及其家属撤离转移到安全地带。随即，财政局局长赵立中等主要领导迅速前往县委、县政府汇报灾情，受领任务，并马上成立了抗震救灾领导小组。将全局人员分成两个工作组，由局领导分别带队，深入全县26个乡镇、企业、农户查看、统计灾情。

5月13日一早，局领导便带领机关7名同志前往负责帮扶的曾家河乡。听完乡政府的简短汇报后，一行工作人员随即分为3个工作小组，在乡干部的带领下进村入户开展调查，他们用了3天时间，走遍了全乡6个村1234户人家，每到一户，都详细记录村民家里的受灾情况，与随行的乡、村干部逐一落实，并积极解决灾民的吃饭、饮水、住宿问题。随后，大家分批对部分村庄倒塌严重的房屋进行清理，对压埋在下面的粮食和值钱物品、生产资料进行了抢挖，同时对形成的危房进行了简单处理，并加固了临时搭建的帐篷，以便让灾民更安心地居住。

随后，当县委紧急部署县级机关干部进百村访万户及深入抗震救灾第一线工作时，财政局又专门派出10名干部到抗震救灾一线工作。刘强和许军被安排到重灾镇燕子砭后，听说庙子岭因地震形成了长2千米、宽0.68米的裂缝，如遇雨天，极易形成滑坡，灾民生命财产将受到严重威胁，于是他们挨家挨户做群众思想工作，帮助灾民们转移粮食、家具、农具等生产资料。

村民李凤珍老人因在山上居住多年，且加之腿脚不便，不想搬走，刘强和许军便一面抢运老人财产，一面耐心地做老人的思想工作，随后许军背着老人摸黑走了

2 千米多的山路，在山路中石头碰破了他的脚，鲜血直流，但他仍然坚持把老人转移安置到安全的地带。

恪尽职守保障资金

灾情发生后，全国各地的捐赠物资纷纷涌向宁强，民政局的工作一时难以展开，为确保全县救灾物资有序发放，财政局领导主动抽调 10 名同志协助民政局救灾办、救助站填发救助证，装卸、登记、分发、运送救灾物资，建立捐助款物记账等工作。同时，立即开始策划，快速从县本级财政筹措挤出首批救灾资金 125 万元，于地震第三天即拨付到乡镇。

随后，财政局工作人员在余震持续不断的情况下，一直坚守工作岗位，很多单位都在室外空旷地带搭建了临时办公场所，而财政局干部职工一直坚持在办公室办公，保证财政局抗震办公室 24 小时岗位不离人和信息畅通，而负责救灾资金拨付和审核灾情任务的业务科室更是夜以继日、忘我工作，保证了每一分救灾款拨付到位，以及每一项灾情数据准确无误。

为加强救灾资金管理，财政局还建立了日报制度，尤其对“三无”和“三孤”人员的确定，严格要求按国家的政策办事，通过深入乡镇、村组、农户调查了解，并要求乡镇每天 16 时以前将救灾资金发放、使用情况书面上报，统一汇总后每天 17 时将当日资金拨付情况向县纪检、审计、检查等部门报送，接受监督。财政局专门组织了 5 个检查组，先后多次到乡镇巡回检查救灾资金管理和使用情况，并配合民政、监察、审计部门随流动举报站一起奔赴乡镇和受灾群众家中，听取群众对救灾款物发放使用的意见和建议，以确保救灾资金及时拨付和良性运行。

此外，财政局还专门制定了一系列救灾资金的管理办法，采取专账管理、专项使用、专人发放等办法严格管理救灾资金。同时，坚持“专款专用、重点使用”的原则，按照灾大灾小，受灾人数等统筹分配。由于地震后一段时间经常停电，拨付资金不能上机操作，资金科、社保科的同志便采取手工操作的方法，加班加点，力争做到资金快速拨付不超过一个工作日。

尽心尽力奉献爱心

在地震后的数十个日日夜夜里，宁强县财政局干部职工舍小家，为大家，夜以继日、尽心尽力，保障着灾区抗震救灾工作的顺利进行，同时也用实际行动奉献着自己的一片爱心。

财政局职工刘小军在一次运送救灾帐篷前往毛坝河镇的途中，山上掉下一块巨石挡在路中，当过兵、做过汽车司机的他，在仔细检查完汽车后，发现汽车轮胎被扎破，由于地点偏僻，且天色已晚，要想修补轮胎必须前往20多千米外的巴山镇修补，他二话没说，扛起轮胎，徒步前往巴山镇修补轮胎。脚磨破了，他忍着疼痛；渴了，他就喝口山泉水；困了，就在路旁休息，他一心只想着早点把帐篷送到灾民手中。当把轮胎修好后，他不顾劳累，自己装上轮胎，并找来附近的村民，帮忙把巨石移开，把救灾帐篷安全送到了灾民手中。

巾帼不让须眉。资金科虞春芳的父亲癌症晚期，但为了救灾资金能够及时拨付，她一直坚守在工作岗位上，没有时间在病床前照顾病重的父亲。虽然她心里十分难过，但为了把党和政府的温暖早点送到灾民手中，为了受灾群众，她只能将病重的父亲交亲友照顾，就连父亲病逝，她也只请了三天假，简单处理完父亲丧事的当天晚上，便租车回到了单位，紧张地投入到工作之中。

宁强县是一个国家级贫困县，又在地震中遭受严重损失，但是为表达财政干部职工对灾区的爱心，财政局机关全体党员干部职工在自己家中受灾的情况下，纷纷慷慨解囊，向灾区人民伸出援助之手。全县财政系统捐款24590元，其中局机关职工捐款总额13980元，人均150元以上。随后，全局党员又踊跃缴纳了6350元特殊党费。

在这场抗震救灾斗争中，宁强县财政局首批深入抗震救灾一线的10名干部中有3人分别被推荐为省、市抗震救灾先进个人，7人受到县和乡镇党政的通报表扬；县财政局也被宁强县委评为抗震救灾先进集体，全局15名党员被评为县抗震救灾模范党员。目前，宁强县财政局已被财政部列为全国财政系统抗震救灾先进事迹演讲团成员。

四、风貌通讯的写作范例

水清云疏泉淙鹭舞　杭州周边最风雅之地

〔2008年8月6日讯〕　苦夏难挨，最闲适之处莫过于水清云疏、泉淙鹭舞的江岸。既得凉爽，又获野趣，如幸遇雾霭迷离，则云水一色，人在画境。新安江似乎都满足上述的描述：水、云、泽、梦……人行明镜中，鸟度屏风里，自然之力的丹青巨作，可远观，亦可置身于其中。

溪

山淡远，一条承载了太多文人气息的河流，流淌出隽永而风雅的节奏。发源于黄山南麓的新安江，把这块世界上最美花岗岩的山涧飞瀑，碎琼乱玉，一一收集。

水从山骨无泥气，玉漱花汀作佩声。百转千回，迤逦出山，又得徽居的秀逸清雅，渲染出枯淡幽冷，极具文人士大夫逸品格调的山水长轴。“青溪清我心，水色异诸水。借问新安江，见底何如此。人行明镜中，鸟度屏风里”文字的力量在自然的大美之前依旧是稚浅的，“敢言天地是吾师”，石涛、黄宾虹等新安画派的大师，功力固然已臻于化境，但妙笔终究难书天然之趣，丹青还欠造化之意。

苦蝉声住，寒江起暮雾，孤舟送客归，水云深处。古渡繁华不在，却被岁月填满，拴船石上，苍苔依旧，依稀可见精美的雕刻，埠头边的青石，铭文已然模糊，却分明可见时间留下的印记。离垢避嚣，遗世独立的古村落依旧以黑、白、灰这样简单而经典的色调诠释着山高水远、飘逸空灵的中国传统美感。气质和新安江江水一般清洌。渡头沽泊聚黄昏，三二蚱蜢舟闲在水岸，如黛远山即是画纸，只添几竿野竹便尽得疏简枯淡之笔墨、荒逸高洁之意趣。暮色渐起，村民们在江边浣洗，弄碎了碧波，江上的雾霭悄然而至，但见半城江雾半城山，人在虚无缥缈间。

雾

为新安江一奇，翩然而至，云涛涌动，卷起千堆雪，顿时四野苍茫，山水萧然；悄然而逝，则如初出峡谷，豁然开朗。妙在不期而遇的惊喜。

奇雾源自上游水库与下游江水水体之间的温差，早晚尤甚，气象万千。或如绶带般缱绻缠绵，或似云海惊涛拍岸，气吞万里如虎。船行江中，但闻橹槁揉水，却不见其形。只在有清风习习，拨散云水，方可见江心沙洲点点，白鹭争渡，江畔野蒿及人，绿意盎然。野渡无人舟自横，靠岸最近的沙洲上，年迈的渔翁和他老伴在这里讨生活，扁舟为家，渔网作帘，相伴的还有自家的黄犬和成群绕舟而游的白鸭。一支长槁插船尾，却惹来了翠鸟，江水清冷如冰，养得锦鳞肥美。人与鸟共图这江中之物，倒也有些趣致，“洞澈随清浅，皎镜无冬春。千仞泻乔树，百丈见游鳞”，舟已泊，水也静，风景亦在这里歇脚。

一叶扁舟，玲珑精致，船夫不紧不慢地摇着橹，自己也成了风景，像是山石盆景中摆放的一粒小小的核舟，江上也有摆渡的机械渡轮，突突的马达声带来了恼人的喧嚣，渡江的村民推着自己的自行车，挑着蔬菜担子，甚至赶着刚在集市上买的猪崽，闹哄哄地上了船。一块钱的船资，五六分钟的船程，风景，于他们来说已是熟视无睹的习惯。陌生或熟识的人都在小小的渡船和清澈的江水中往着同一个方向，“他年一携手，摇艇入新安。”……

第十一章　新闻特写与专访写作

第一节　新闻特写概述

一、新闻特写含义、特点及种类

（一）新闻特写的含义

新闻特写——用类似电影“特写镜头”的手法来反映事实，是作者深入事件新闻现场采写的一种现场感较强，篇幅较短小精悍的新闻文体，侧重“再现”。往之用文学手法集中突出地描述某一重大事件的发生现场或某些重要和精彩的场面，生动形象地将所报道的事实再现在读者面前。

新闻特写——截取新闻事实的横断面，即抓住富有典型意义的某个空间和时间，通过一个片段、一个场面、一个镜头，对事件或人物、景物做出形象化的报道的一种有现场感的生动活泼的新闻体裁。是以描写为主要表现手段，截取新闻事实中某个最能反映其特点或本质的片段、剖面或细节。做形象化的再现与放大的一种新闻体裁。

（二）新闻特写的特点

新闻特写是区别于消息与通讯的一种体裁。它提取新闻事头中最富有特征和表现力的片段，通过多种表现手法作具有强烈视觉及情感效果的着力刻画，使其产生立体感，从而更集中、突出地表现新闻事实和主题。

（1）生动而集中地再现场景与人物。

（2）渲染与烘托气氛，形成视觉—神经—情感—思维的感应过程。

（3）透视全局。

（三）新闻特定的种类

（1）事件特写：摄取与再现重大事件的关键性场面。

（2）场面特写：新闻事件中精彩场面的再现。

（3）人物特写：再现人物的某种行为，绘声绘色，有强烈动感。

（4）景物特写：对于有特殊意义或有价值的罕见景物的描写。

（5）工作特写：对于某一工作场面的生动再现。

（6）杂记性特写：各种具有特写价值的新闻现场之生动再现。

二、新闻特写的写作

（1）选准一个“镜头”（包括选准一个片段、一个情节），加以“放大”。

（2）要抓住人物和事物的特点。

（3）要抓生动的形象，捕捉人物、事物的动态、动势。

（4）要抓有感情色彩的东西。情能感人，要善于把人的喜、怒、惊、思、忧、悲、恐、惧等感情，恰到好处地表达出来，让情融于事中，使情满而不溢。

（5）要抓取新闻事件的高潮部分。

（6）要运用较多的描绘手法，把已逝的情景写得栩栩如生，但必须严格遵守新闻真实性的原则，不能夸张、虚构，更不能合理想象。

三、新闻特写的格式

（一）标题

导语。用一段话概括全文的主要内容，让读者对全文有一个总的印象。

（二）正文

确定主题，安排结构，列小标题，逐点逐层报告，正确地表达内容。

（三）结尾

总结全文的主要观点，深化主题，做出结论。

四、写作中应注意的地方

因为特写这一体裁要求既要再现新闻事实，又要生动形象，所以特写的叙述性语言要简洁，形象的描述语言要生动，对所要表达的人或事要合理地安排素材，语言既不能“浓妆艳抹”，也不能过于直白。在写作中值得注意以下几个方面。

（一）抓画面，就是用生动的形象说话

写新闻特写，首先要能“叙事如画”，就是要善于挑选有意义而且富于形象的材料，用活生生的形象说话。有些新闻如果用消息的写法就不能充分地展现现场的活跃气氛，而用特写的形式就能把比赛的场面活生生地摆在读者面前。

（二）写反映事件特征和高潮的片段

要写出事件的特色，吸引读者，还必须紧紧围绕事件的特征运笔，对那些能反映事件特征的场面或片段进行突出的描写，注意不要事无巨细、面面俱到。

（三）要有富有特征的细节的描写

新闻特写要有声有色地反映出现场的情景和气氛，不能靠堆砌形容词来表现，而应该通过对人物活动的描述来实现。有人的活动，就会有言谈举止，音容笑貌，就会有传神的细节，生动的镜头。把这些细节、镜头描述好，就会使特写显得有声有色，给人以身临其境的感觉。

（四）善于判断，选择适用体裁

新闻特写固然感染力强，能吸引读者，但并不是任何新闻题材都要用这种体裁来反映。有的题材值得用特写来表现，而且表现的效果很好，而有的题材没有感染力和生动的形象，没有典型的有特色的事件和人物活动的情节，或者新闻价值主要并不体现在外部形象上，就不适于这种体裁了。所以，我们在学习了各种体裁后还要判断，自己获得的新闻题材用哪种体裁表现最好，该用消息就写消息，该用通讯就写通讯，该用特写就写特写。在这里需要向小记者们提示的是：小记者们都生活在校园里，和大记者相比，从新闻时效上肯定相对处于劣势地位。但从对事物的了解和观察上又有自己的优势，所以，从观察中发现新闻，多写些新闻特写的文章，肯定会受报社欢迎的，也是会有读者的。

五、新闻特写与一般通讯的不同之处

新闻特写与一般通讯相比，确实有一些不同之处。特写的特征，与媒介竞争有一定的关系。广播电视出现以后，报纸在时效性上远远落后。为了生存，报纸一方面不断提高报道的时效性；另一方面，还积极对新闻事实的纵深进行挖掘，以满足受众想了解事件详细情况的需求。于是特写应运而生。特写的时效性很强。与此同时，特写将新闻人物或新闻事件某一细节放大，为的是更好地突出它们的形象性。此外，特写还受到电视新闻制作手法的影响，善于表现画面，所以现场感特别强。新闻特写与通讯的不同表现在如下三个方面。

（一）关注的视角

一般通讯比较注重描述新闻事实的发展过程，并通过它来反映通讯的主题，尽管也比较注重细节 ，但它所关注的并不是细节本身，而是关心如何能用细节更好地表现通讯的主题。而特写却热衷于放大新闻事件中的细节，并通过对细节的聚集，将新闻事件的最显著的特征呈现在读者面前。特写就像是摄像机的镜头，集中于一处，不断放大，把一些细节清晰地表现出来。

（二）表现的内容

通讯所展现的是新闻人物的活动和新闻事件的发展，记录新近发生的新闻事实。而特写往往是截取新闻事件的一个精彩断面，通过对这个精彩断面的详尽描述，使人们产生一种身临其境的感受。因此，特写写作特别强调作品要表现出现场感。

（三）时效性

一些事件特写的时效性之强几乎可与一些动态消息相媲美。由于它篇幅不长，采写也相对简单，所以成文较快。而一般通讯的时效性，总是因为各种条件的制约而存在着较为明显的局限。

但特写和通讯没有什么本质的分别。相对于其他新闻文体，通讯与特写在结构、表达方式、语言上的共同点更多，人们很难将它们从根本上区分开来。有一些文章同时具有特写和通讯的特点。特写与通讯之间相似处多于不同点，特写理应算作通讯的一种特殊文体。

在通讯的特殊文体中，新闻特写与新闻速写十分相似，比如两者在时效上都有比较严格的要求，而且两者又都比较注重细节的处理。这就让人很难区分这两种文体。如果要说它们之间到底有些什么不同，那么说到底，差别有两点：

（1）写作的视角不同。速写必须把描绘新闻人物和新闻事件的轮廓作为自己的主要任务，因此对于细节只是点到为止。而新闻特写是将细节充分放大，以写细节来提示文章的主题。

（2）写作的笔法不同。速写的写作主要以简笔为主，粗线条勾勒。而新闻特写则多以繁笔为主，对一些细微之处不厌其烦地加以细细描绘。甚至对于很短时间内发生的事，也要使用很长的篇幅。

第二节　专访概论

一、专访的含义、特点及类型

（一）专访的含义

专访，具有通讯和谈话录消息的某些共同性，一定意义上说，它是用通讯体裁写的谈话录，或者是以记录专一访谈为基本内容的通讯。从表达手法看，它应归入新闻三大类体裁中的通讯类。

（二）专访的特点

专访跟通讯有相近的地方，都讲究详尽和丰富，都运用多种表达方式以求文章的生动性和可读性。但是，它们也有一些不同，主要表现在以下几方面。

1. 记言为主

通讯是写人、述事、写景、状物为主，而专访以记言为主。记言为主是专访的特点，主要是采访者和采访对象之间的对话，其中以采访对象的话语为中心。在专访中，记者除了提出问题、作些适当的插话之外，基本放弃了话语权，即便是转述，也不得违背采访对象的原意。

2. 专题性

这是专访在选材上不同于一般通讯的地方。“专”就是记者根据目前形势和受众的期待，事先就一个比较热门的问题，针对一个专门的意图和目的，而进行采访和写作的一种特征体现。

3. 访谈性

专访从形式上看，是采访者和采访对象之间的双声对话，具有一定的“口述实录”性质。话题围绕着一个中心，在问答的过程中次第展开。这种谈话是双向互动的，不像新闻发言人答记者问那样死板。在交互的问答中，话题不仅始终在双方的兴趣范围之内，而且双方有着较多的相互讨论和情感交流。

（三）专访的类型

专访，按内容分为人物专访、问题专访、事件专访、科学专访。

1. 人物专访

抓住当前人们普遍关心的人物或单位，用第一人称出场的形式写，常用问答式介绍访问内容。这种报道以“访”为主，即以叙述被访人的看法、意见为主，以“作者”为辅即围绕被访者对某特定问题的看法，写他在这方面的经历和见闻。

写人物专访有以下几个要点：

（1）要交代清楚访问对象和访问原因。

（2）对被访问者的描述要有重点。

（3）要抓住特点，刻画出人物的精神面貌。

（4）要注重描写人物语言，给人以访问的实感。

（5）人物专访的结尾，可写一点作者的感受或对被访者的祝愿和希望。

2. 问题专访

这是一种出现频率较高的专访。记者针对某一个具有普遍意义的社会问题，请采访对象提供有关情况或发表相关见解。问题专访一般比人物专访和事件专访有较明显的理论深度，采访对象通常是某一领域的专家学者或权威人士，所发表的意见，应该具有一定的学术性、权威性。

3. 事件专访

事件专访虽然也是采访人，但采访者和采访对象的主观意向都不在于人本身，而在于采访对象所经历过的或比较知情的某件事。从采访者角度来看，目的无非集中在以下两点：请采访对象提供事件的过程或真相；请采访者发表对事件的意见和评价。

4. 科学专访

这是一种以传播科学知识为主的人物专访，由采访对象向读者介绍有关某一学科或某一技术的基本知识和应用前景。

二、专访的结构形式

专访的结构形式可分为问答交谈式、人物自述式和散文式三类。

（一）问答交谈式

问答交谈式是以“问”和“答”为记言的主要方式。专访中的“问”与“答”，常伴有对话，即记者有时不是纯粹地“问”，也表达出思想、观点，和被访者形成对话，这种对话可能是双方认知的共鸣、互补，也可能是观点的交锋，在共鸣或交锋中产生思想的火花。无论是共鸣还是交锋，都使专访的“问”与“答”显现出交流、交谈的色彩。

（二）人物自述式

人物自述式专访，是指由人物以自述的方式谈人物自己的思想、情感、业绩。谈话录中的人物直接叙述，一般是针对记者的提问，回答问题，陈述观点。这里的人物自述，主要是述人物自身。一般在人物自述之前，由记者交代背景，介绍人物。

人物自述式专访比一般人物专访的取材面宽，具有人物通讯的取材幅度，但表达手法没有人物通讯那么多样，这可以说是体裁演变发展的新尝试。

（三）散文式

散文手法，和谈话录消息的记言叙述式写法看似相仿，实则不同。记言叙述式是用记者的话语串联被访者的谈话，基本是记言。散文式则是将记言、叙事、写景、描绘人物音容笑貌融为一体，有时还可以融入记者的议论和抒情，有较浓的文学色彩。

三、专访的写作要点

（一）记言准确传神

专访和谈话录消息一样，记言是最重要的特色。因此也和谈话录消息一样，要求记言必须准确而传神。不仅要准确记录谈话的寓意，还要准确体现被访者的性格、身份。要抓住被访者个性化的语言与风格，再现于作品。对于被访者的话，可以直接引用，也可以转述即间接引用。直接引用更具现场谈话氛围，间接引用便于概括集中。

（二）再现场景

这里的场景，是指访问现场。再现场景于作品，一是给读者以身临其境的感觉，增强作品的表现力；一是以景写人，用场景衬托人物身份、性格、情趣和精神风貌。

（三）透出时代气息

专访，访的是当代人物，写的是当代人们关心的事情或问题，因此，时代感便成为专访的生命。时代感，主要是通过问题的针对性和人物的精神、观念体现出来的。

选题要切准时代脉搏，要写当代人们关注的问题，写当代人们政治生活、经济生活、文化生活中普遍感兴趣的问题。选择专访对象，要选择具有先进思想、先进事迹或者掌握先进知识、先进文化的代表性人物。

只要专访的问题切准了时代脉搏，专访的人物具有时代的代表性，专访的时代精神、时代气息也就在其中了。

（四）新鲜活泼

新鲜是指内容而言，活泼是就形式而论。内容新鲜，一是要及时捕捉生活中出现的新问题和新人新事；二是要选择好新闻的由头，这里就有个时机问题。

（五）专访要“专”

专访的“专”，表现在两个方面，一是内容的专题性，写人、写事、写问题都要求集中、专一，不宜散。二是媒体专栏、专页、专版的“专”要有特色。不同的媒体，面对不同的受众，有不同的需求，因此不同的媒体应形成自己专有的、不同于其他媒体的专访栏目，谈论自己的受众关心的问题，访问自己的受众关注的人物，采用贴近自己受众的语言和表达方式。

另外，专访的结构应灵活、自然。写人物，可以按几个片段组织材料；写事件可以按几个侧面安排层次；无论写人、写事、写问题，都可以按访问谈话的自然次序写来。可以直接入题，也可以从环境写起。

第三节　新闻特写与专访的写作范例

一、事件特写的写作范例

新闻特写：秧歌扭起来　笑声响起来

中国石油新闻中心　2011 年 8 月 2 日

每天晚上，华北油田华隆综合服务处社区的居民都会聚集到文化活动中心广场，甩胳膊、迈大步，随着音乐或扭或走，开始每天一小时的快乐健身活动。300 多人随着音乐起舞，那场面比任何健身口号都具有感召力，越来越多的人加入其中，成为社区健身新时尚。

谈到这项运动，还要从2008年说起。当时社区一些爱运动的居民找到居委会主任王艳敏，建议组建秧歌队，满足大众的健身需求。王艳敏一听，马上乐开了怀：这是好事呀，对于健康向上的娱乐活动，理应支持。于是，她把这一情况反映给了处工会，得到处工会的大力支持。处工会出资购买了DVD、功放等设备，还购买了扇子和绸带发放给居民。很快，秧歌队就在工会、居委会的大力支持下成立了。

最初，社区没有大的活动场地，居民就在西区靠围墙的马路上活动。因为场地偏僻又狭小，每天晚上只有十几个人参加。随着社区文化活动广场的修建完成，秧歌队将阵地转移到了广场，宽敞的空间，平整的大理石地面，明亮的广场灯和五彩的地灯，使这里成为秧歌队活动的理想场所。

场地有了，来健身的人慢慢多起来。但是所用的传统秧歌曲目比较单一、节奏慢，不能满足不同年龄层居民的需求。秧歌队骨干们想在曲目上来点创新。她们把自家的光盘都拿出来，挑选出节奏适合、大家耳熟能详的曲子。拿到广场一试，效果真不错，居民们扭起来更带劲了。但问题很快又来了，一般一首曲子3分钟左右，两首之间都有停顿。这走走停停的，好像不过瘾啊。她们又反复上网搜索，终于找到了6分钟左右的曲子，而且是一首反复放，中间没有停顿。6分钟换首曲子，换个心情、稍事休息，感觉刚刚好。她们将这些曲子刻成20多张光盘，每张有10多首曲子，一个小时的活动足够了。大家每天边扭边哼着小曲，既健身又放松心情。

别小看扭秧歌，这里面也有学问。比如说领队吧，每天组织者们都会根据居民人数分成或多或少的几队，领队比较固定，不仅要求点踩得准、扭起来漂亮，而且每个人在节奏上也要有差别，有快有慢，可以带领不同身体状况的居民起舞。这些领队在社区小有名气，每人都有自己的“粉丝”。再比如说队伍里的“自由人”。他们一般喜欢走在队伍的后面，有的是因为走不快，在后面自由，快点慢点自己说了算，不影响别人；还有的是喜欢扭传统秧歌，不愿把秧歌扭得像“走路”，依然按照传统秧歌的要求甩手、抬头，每一步绝不马虎，那份投入很让人佩服。

每晚活动一小时，大家从中收获的是轻松、是快乐、是健康。那一张张笑脸，流露出的是生活在和谐社区的自豪感和幸福感。

二、场面特写的写作范例

新闻特写：一切为了高考

2011年6月9日

雨中出警

今天一早，大雨如注。但记者在长春市各考点看到，交通井然有序，安检快速便捷，整个高考平稳顺利进行。在省实验中学考点，整个工农广场周边有5名交警冒着大雨在指挥疏导交通。据了解，由于今天长春市普降暴雨，长春市交警支队临时决定，除机关留守人员外，所有民警均上路执勤，保障高考期间道路顺畅。据了解，全市共出动700余名交警在各个路口维持秩序。每个考点都配备了至少5名警力、2辆警车，随时随地拉着考生开警灯直接应急。

开辟特殊考生通道

一整天的阴雨天气，对于腿脚不便的特殊考生来说，是个不小的考验。长春各考点都为特殊考生开辟了绿色通道，让他们提前入场准备考试。

在长春市第五中学考场，腿部受伤的刘同学下午2点被父亲送到考点。等候在校门口的两名监考老师一人接过轮椅，一人撑伞，将她推入考场。看着女儿顺利进入考场，父亲放下心来。“女儿考前不慎被车撞伤了腿，昨天来考试时，学校就特别关照。今天下雨，怕路上不好走，我们特意提早出门。没想到学校又为她开辟绿色通道，允许她提前入场。校方能为考生想得这么周到，作为家长，我很感动。”

百辆公交车雨中送考生

今天清晨，长春下起了倾盆大雨，但高考免费送考生的公交司机们按时到岗，为考生提供接送服务。

7时20分，记者登上一台160免费服务车，看到驾驶座后摆放着5把雨伞。司机高师傅说：“昨晚看天气预报，预报今天长春有雨，车队就给我们每台车配发了5把雨伞，供忘带雨伞的考生使用。”

8时，记者又赶到54路电车红旗街站点。车队张队长在雨中忙着给考生递矿泉水和车队特意制作的纸鹤。他告诉记者，只要是高考考生，我们都提供免费服务。今天，雨下得挺大，路上积水多，我们也提示司机，尽量将考生送得离考场更近些。

爱心雨伞温暖考生

高考第二天，长春市整个城区从清晨开始普降暴雨。记者在各个考点看到，雨伞、雨棚、毛巾、感冒药等均准备齐全，全社会以各种爱心方式关爱着考生。

在103中学考点，记者看到，学校特意为考生准备了爱心雨伞。在学校四周部分商家也义务支起了遮雨棚，方便陪考家长避雨。据103中学的老师介绍，每个考场都准备了脸盆、香皂和毛巾，淋雨的考生可以先洗把脸，把头发擦干，再来考试。另外，学校还准备了感冒药、伤风胶囊等药品。

考场外的爱心助考

8日，通化下起了阵雨。记者在通化市第一中学、靖宇中学等考点看到，交警熟练地指挥车辆有序通过、120救护车整装待命，众多陪考家长或悠然自得耐心等待、或表情凝重默默祈祷……他们唯一的心愿就是希望考生能考个好成绩。

10时许，记者在通化市第一中学考点看见一辆供电抢修标识的蓝色小解放，车内坐着通化供电公司的工作人员。开车的郑师傅正在大口嚼着面包。“我们这一组共5个人，早上7点就过来了，任务是维护学校附近的配电设备，保证正常供电。”通化江西供电公司配电班一分队吕越说。

三、人物特写的写作范例

那个“点灯”的人走了　却把光明留了下来
杭州人老张走完最后一程　眼角膜捐送到温州延续光明

浙江在线新闻网站　2011年7月27日

《寻找身边的感动彰显城市的力量》，为您讲述我们这座城市中一帧帧真实的瞬间、一个个感人的故事。点点滴滴，或许弱小，汇聚成河，却澎湃激昂。它彰显着信仰的力量、精神的力量、道德的力量、学习的力量、创新的力量，它带给你我那份源自心底的感动，更带给你我一份积极向上的心。它是我们这座城市民众精神的体现，是我们的价值观的生动案例。

城市，因为这份感动，更加美好；城市，因为这份力量，更为阳光。

瓶子里装着的老张的眼角膜，给人带去了光明。

60岁的副厅级干部老张走了，走时面容安详。他与病魔抗争8年，最后的遗愿就是捐出眼角膜，让光明在他人身上得以延续。

7月26日上午9：25，省防盲指导中心角膜劝捐员朱强荣和他的家人一起，陪着老张走完了最后一程，45分钟后，他的一对眼角膜被顺利取下，随后送往温州医学院附属眼视光医院，它们将让至少两位等待角膜移植的患者重见光明。

每一个眼角膜捐献志愿者背后，都有一则动人故事，讲述人之良善和城市的温情。而现在，当老张安然离去时，关于他对这个世界绵长的希冀和最后无私的奉献，将再一次，感动我们每一个人。

军礼

我们还记得第一次见到老张时的情景。

那是6月29日，女儿帮他在眼角膜捐献志愿书上签完字的第二天。

他躺在市二医院的病床上挂点滴，就在两个月前，和癌细胞抗争了8年的他右半身瘫痪，甚至不能再开口说话了，身体状况已非常糟糕。

当时，老张的爱人张阿姨立在床侧，说：“2003年他知道自己病了的时候，就有了捐献的想法，最后一次谈到则是今年3月份，那时人还清醒，能说话，可能意识到自己不行了，所以又交代了这事。”

家人最初是反对的，但是这是老张最后想为社会做的事，他们找到了红十字会，朱强荣就在这个时候出现在他们面前。

当女儿替老张在捐献志愿书上签完字之后，朱强荣给他敬了个军礼：“他是个老党员，在部队里待了20多年，他能感觉到我这样做是想表达内心的感激和崇敬。没想到，他意识清醒地回敬了我一个军礼。”

临终

7月下旬，朱强荣经常接到张阿姨的电话，告诉他老张的情况越来越不好，希望他随时做好取眼角膜手术的准备……

7月26日凌晨4：47，一夜辗转的朱强荣再次接到她的电话：“小朱，他的血压和其他指数更低了，我觉得再拖下去也是种痛苦，我们……打算放弃了，你们等一下过来吧。”

26日上午8：00，医生遵循家属的意见，给老张停了药，朱强荣赶到时，老张还有微弱的呼吸。

从老家赶来送他最后一程的亲戚在痛哭，怀着7个多月身孕的老张女儿在痛哭。只有张阿姨强忍着悲痛，询问朱强荣取角膜前需要准备的事宜，她说，她要让他走得安安心心的。

9：25，仪器里的心跳成为一条直线，医生宣布老张去世。张阿姨打来热水为老张最后一次擦拭身体，换上早已准备好的入殓衣物。

她忍着眼泪，对等候的温州医学院附属眼视光医院杭州分院李军花医生说：“前两天眼睛好像还有水肿，请先检查一下，如果眼角膜是好的你们就动手。”李医生和朱强荣向老张的遗体鞠躬三次。

光明

10：00，老张的两片眼角膜被顺利取出，李军花说：“角膜的质量非常好，像水晶一样，非常透明，可以判断生前非常健康。”

在门外等候的张阿姨走进来，哽咽着说：“让我最后看他一眼。”经过仪容恢复，老张安静地躺在病床上，看上去像睡着了。张阿姨端详了一会儿，流着眼泪说：“我的老张一直很帅的。”随后，老张的遗体被送往殡仪馆。

昨天19：40，温州医学院附属眼视光医院接到了从杭州送去的这两片眼角膜，经过精密的检查和处理，这两片眼角膜将在近期移植到两位患者身上。送走李医生时，张阿姨曾说：“我们没有别的要求，他生前嘱咐过，不必告诉我们受捐者的详细身份信息，但能否在手术以后，大致告诉我们他们是男是女、多大年纪、手术成不成功，我们只要知道他的眼睛仍在帮他们看世界就可以了。”

其实我们知道老张的全名，但通篇却不得不以这个平凡到仿佛路人的称呼代表他，因为他的家人一再强调：“他一生清正廉洁，一副热心肠，但为人低调，请不要写他的名字。”

朱强荣很感激老张：“6月30日稿子见报之后，7月1日，11位受他感召的老党员老干部到我这里进行了捐献登记。”

朱说，这两年，做眼角膜劝捐工作，已经不像从前那么困难，因为越来越多像老张这样的人，想要自己的善良温暖这个世界。

四、人物自述式专访

本色纳达尔的自述式访谈：男人哭不一定因为输球

北京时间5月30日消息　纳达尔在法网比赛期间接受了《泰晤士报》的专访。在这篇专访中，纳达尔向人们展示了私人生活中最本色的一面：他一天的作息时间、比赛习惯、朋友圈子，这位坚强的红土之王甚至会为一部感人的电影而哭……以下是作者MelBradman用第一人称进行写作的相当特别的自述式访谈：

我什么时间起床要看我当天的比赛时间。今天下午1点我要去训练，所以我差不多10点左右就起来了。洗澡、穿衣，早餐喝了杯热可可，一个羊角面包或是蘸橄榄油的吐司，还有一些水果。我从来不喝咖啡或茶，我不喜欢它们。

吃完早餐后我就去赛场了，和教练还有我的叔叔托尼一起进行热身训练。我的训练时间是从下午1点到3点，训练结束后我还得洗个澡，然后吃午餐。入乡随俗，在什么国家我就吃什么东西，但通常我会吃一些意大利面、鱼还有沙拉。我不怎么会做饭，顶多做一些意面。当我远离家乡在外面参加比赛时，我会做一些祖母做过的蛋糕，这种典型的马略卡蛋糕（马略卡是纳达尔的家乡），可是我祖母的独门秘方。我喜欢吃牛奶巧克力，基本上每天都吃。我还喜欢吃花生酱、薯片还有饼干。有一种叫作Quely的咸味马略卡饼干（纳达尔还曾代言Quely饼干），我总是会随身带几袋。

（略）

我总是会在很晚的时候给朋友打电话。无论输或赢，我妈妈都会让我多保重，派送一个吻。然后我会看电视或是电影。我上一次看的电影是《阿凡达》。我一直都通过DVD看美剧《越狱》和《迷失》。我还会看名叫《LosSerrano》的西班牙电视剧，这是一部有关两个家庭的电视剧。

有时候我会因看一部感人的电影而哭。我并不经常哭的，不过如果我看到某个运动员赢下某项重要的比赛，我也会哭。当我赢下某项比赛时，我或许也会哭。但是我在输球的时候哭可不常见。每次当我输球了，我会直接回马略卡岛去。

我为自己的现状感到幸运。出名有时候并不是那么美好，但是还好并没有改变我的生活，尽管它让我更引人注目。人们问我“有那么多女孩追求你感觉如何?”，但是我并没有意识到有很多。有时候我会喜欢这些光鲜的事物，但我能回到现实，回归平常。在家里，没有人认为我与众不同。

我一般会在深夜到凌晨2点之间睡觉。六年前，我会因为在睡觉前想着第二天的比赛而睡不着。现在我会在床上看看DVD，然后慢慢入睡。我经常做梦，各种各样不同的梦，但是我的睡眠很好。

第十二章　深度报道与评论写作

第一节　深度报道写作

一、深度报道的含义、特点及类型

（一）深度报道的含义

所谓深度报道，就是在报道新闻事实的同时，对事实作出解释和分析，努力阐明事件之间的因果联系，并力图对事件发展趋势作出准确预测的报道方式。

（二）深度报道的写作特点

1. 重视揭示新闻事实基本性质和深层蕴含

深度报道的这一特点体现在：

（1）不仅要报道现象，还要抓住现象背后的本质。

（2）不仅要叙述清楚事件本身，还要揭示出事件的深层蕴含。

（3）不仅要确认事件的现状，还要预测事件的发展趋势。

2. 解释充分，分析透彻

深度报道永远离不开解释和分析。

3. 形式多样化

报道形式的多样性是深度报道中一个显著特点，但一般情况下在单篇作品中看不出来。深度报道自身并无固定的体式，可以借助于通讯、述评、专访、调查报告的形式，也可以融合以上各种形式于一体。

4. 视野开阔，材料详尽

深度报道叙事不局限在中心事件上，议论也不局限在一事一议的小范围之内，它所提供的信息有一定的立体感和系统性，带有明显的视野开阔的特点。

（三）深度报道的类型

深度报道分复合型和单项型。复合型由若干篇组成，其组合形态又有两种情况，一种是沿时间顺序展开的进行性深度报道，另一种是呈并列态势的系列性深度报道。单项型是指针对一个中心话题，作一次性的集中报道。

1. 复合型深度报道

（1）系列性深度报道

系列性深度报道跟进行性深度报道的不同之处在于，它不是在时间的链条上逐次展开纵向结构，而是围绕一个中心，分别从不同角度进行报道。每一篇文稿之间，基本上是呈现并列关系，合构起来才能体现思想的深度。

（2）进行性深度报道

一个事件正在发生和发展的过程中，还没有出现结果，新闻就可以对它进行连续的阶段性报道，这就是人们常见的连续报道或追踪报道。如果这种报道不满足于现象的描述，而是逐步进行深入的发掘，这组报道就是进行性深度报道。

连续性深度报道是在时间顺序上逐次展开的，每一篇文稿都是整个报道中的一个环节，作者在写作前面的文稿时，并不知道事件下一步将发展为什么状况，更不知道事件最终的结局。能够成为连续报道题材的新闻，一般都是众人关心的事件，而后续内容的不确定性，不断地制造出悬念来，吸引着读者更强烈的关注。

进行性深度报道多以事件为中心题材，也有以某一人物一个时期内的行动，或以某一存在问题的探讨过程为中心题材的。

2. 单项型深度报道

（1）典型性深度报道

典型深度报告，就是选择一个具有广泛代表性的事物，对其进行深入的剖析，得出一些具有普遍价值和意义的结论，用以指导全局的一种报道方式。典型性深度报道一般用于报道有模范意义的先进人物和集体，或介绍和推广成功经验。

（2）预测性深度报道

预测性深度报告，指作者对于人们密切关注的新闻事件的发展趋势作出必要性的预测，为读者提供可资参考意见的报道方式。而且这种预测要建立在深入的调查、分析的基础上，要有相当多的事实和数据作依据，要讲究科学性。预测性报道常用在经济新闻和国际新闻中。

（3）解释性深度报道

解释性深度报道的特点是，在报道新闻事实的同时，对其发生的原因进行深入的说明和解释，以使读者对事件发生的必然性有准确的把握。其用于解释和说明的材料比较丰富，包括人物事迹、地理环境、历史形态、相关政策、物质条件等等。

（4）调查性深度报道

调查性深度报道是针对某一新闻事实，通过展示调查过程，提供大量事实、数据和有关反映及评价的方法，来深入揭示其本质、特征、发展规律的一种报道方式。调查性深度报道多用于各种媒体的新闻调查。

（5）分析性深度报道

分析性深度报道的特点是，在报道新闻事实的同时，运用分析、综合、比较等方法，确认新闻事实的性质、意义、发展方向，以帮助读者深入理解新闻事实。分析性深度报道常用于经济形势报道、政治形势报道和国际问题报道。

二、深度报道的写作要求

（一）善于把握导向

深度报道要具有一定的舆论向导作用。要有鲜明的立场、观点和倾向，要提供积极的、建设性的意见，对读者进行正确的引导。

（二）题材要有分量

题材分量要重，一是能引起人们的注意，二是有深入的余地。所谓分量重，主要体现在以下三个方面：

（1）是人民群众普遍关心、迫切要求解决的问题；

（2）报道所反映的事件关系到重大的原则问题；

（3）是引起各界注目的社会焦点。

（三）运用立体思维

深度报道所涉及的多是重大事件、热点问题，在写作时，作者必须运用全方位、多层次、多角度的立体化思维方式，才能不断开拓出新的思路，触发新的感想，获得创造性的发现。

（四）手法灵活多样

深度报道并无固定的形式和固定的写作手法，各种新闻体式皆可拈来，各种手法皆可运用。

三、写好深度报道及形式

（一）怎样写好深度报道

对于深度报道，我们在这里根据内容的侧重点直介绍三种最常见的类型：预测性报道、解释性报道、调查性报道。

怎样写好深度报道呢？当然要在“深度”上做文章，那么又该如何把握和体现新闻事件的“深度”呢？曾有记者总结了一个“公式”：发现新闻 = 重要时段 + 题材范围 + 角度选择。透视这个公式我们就会发现，它紧紧抓住了深度报道的三个特点。

首先，“重要时段”涉及的是新闻事件的背景，不仅是新闻事件发生的时间，更是与社会的大政方针及公众的普遍关心、促成事件发生的各种因素相对应的，只有把新闻事件放在这样的背景下来考量，才会有“深度发掘”的可能。

其次，深度报道所报道的事件和社会问题，就其题材和对社会的干预程度而言都是比较重要和重大的。但是深度报道的“题材范围”还应包括题材的延展性，就是说，不仅要报道新闻事件现状，还要提示其本质和深层意蕴，预测其发展趋势，因此，中心事件之外的信息提供也会为报道带来立体感和系统性。

最后，深度报道使用的材料可以从大时间、大空间，宏观的、微观的，多侧面、多角度等方面来展现，这就涉及“角度选择的问题”。“角度”选择简单地说就是报道的切入点，其实也可以说是记者或媒体机构预先设定好的报道思想，选择好恰当的报道角度往往能给读者带来惊喜和思索。能否恰当地抓住“角度选择”，依赖于记者的观察能力、快速反应能力和丰富的知识储备，以及记者对某一领域独特的研究或见解。2004 年，马加爵事件发生后，大多数媒体的报道都集中在马加爵是如何的凶残，平时又是如何的孤僻怪异上，而 3 月 25 日的《南方周末》却发表了一篇题为《还原马加爵》的报道，从人云亦云中跳了出来，比较真实、公平地报道了马加爵的为人及他成为杀人犯的原因，引起了极大的社会反响。这就是角度选择不同带来的结果。

以上三个方面是紧密联系在一起，并相互作用的，只有如此才会带来“深度”的体现。

（二）解释性报道

1. 解释性报道的含义

解释性报道又称解释性新闻、分析性报道。是运用背景材料来分析一个新闻事件发生的原因、意义、影响，或预示发展趋势的一种新闻报道 。侧重于说明新闻事实的来龙去脉，阐述事实发生的原因、结果以及相关事物之间的联系。

2. 解释性报道的性质

解释性报道是注重挖掘和运用背景材料，以解释新闻事实的原因、影响、发展趋向及深层意义等内容为主要目的和主要任务的报道。“解释性报道是一种作解释或者作分析的报道”，“它是一种加背景给新闻揭示更深一层意义的报道”。解释性报道能够帮助读者思考，加深读者对新闻事实的理解。

3. 解释性报道的作用

解释性报道是帮助读者认识复杂世界的有力工具，“孤立的、与其他事物不相关联的事实，仅仅因为是事实而能给人以印象，其实最容易使人误入歧途。背景材料、周围环境、先前发生的事件、动机的形成，都是真正的、基本的新闻组成部分。这种解释实际上是最好的报道形式。”

作品赏析

中国学者解读福岛核泄漏影响路径

研究人员称，福岛核泄漏物质通过海洋通道抵达中国附近海域的时间大致需要5年至15年

【财新网】（见习记者　崔　筝）“3·11”日本大地震和海啸造成日本福岛核电站发生泄漏后，北美、冰岛、中国等相继监测到环境辐射水平异常。中国学者发表的一篇研究论文，则对未来一段时间福岛核泄漏物质影响路径进行了情景预测。

在4月25日出版的2011年第12期《科学通报》杂志上，国家海洋局第一海洋研究所乔方利研究员及其同事发表论文称，核泄漏物质短期内对中国的影响主要通过大气通道，中长期则主要通过海洋通道。“从气流分布看，首先受影响的是北美，其次是欧洲，最后才传到中国和朝鲜半岛。早受影响（的话），浓度会高一些”。

据悉，该论文3月23日正式提交。在3月26日中国境内检测到核泄漏物质之前，研究人员已经基于发生核泄漏的纬带盛行强劲西风等因素，做出如下预计：核泄漏物质10天后影响范围可达北美大部，20天左右跨过欧洲，前锋进入中国境内，30天后布满整个纬带。

论文同时指出，核泄漏物质随着气流的运移扩散，浓度迅速降低。在不考虑沉降和衰变的理想情况下，其前锋到达中国时，浓度也仅为福岛附近模式浓度的百万分之一；如果考虑核泄漏物质存在沉降和衰变等过程，浓度量值应比前述估计还要低。而极低浓度的放射性物质首先从中国北方进入，也正是中国境内在黑龙江省首先监测到放射性物质的原因。

至于海洋通道传输，目前主体上是向东输运，需要3至5年才能到达美国西海岸，然后沿美国加利福尼亚沿岸向南，再转向西。经过这样一个大循环，再回到西太平洋。中国附近海域属于西太平洋的一部分。目前，对于放射性物质回到西太平洋海域的时间估计有所不同，但大致需要5年至15年。

不过，研究人员强调，海洋通道运输速度缓慢，长期预测非常困难。关于核泄漏物质何时通过海流进入中国管辖海域，还需进一步监测和研究。“目前我们预报了2个月……近期内对中国造成影响的可能性极小。但给出一个长期的、非常确切的估计很难。”

研究人员表示，核泄漏物质运移存在三类自然通道，即大气中随气流的快速输运通道、海洋表层随海流的慢速输运通道，以及海洋内部的极慢速输运通道。此外，还有船舶、飞行器等人类活动，海洋游泳生物等非自然输运通道。北美和欧洲在泄漏物质运输通道上处于中国上游，上述地区的环境辐射水平监测、评估结果将对中国具有警示和借鉴意义。

【点评】

注重对背景材料的条理分析

解释性报道区别于新闻评论最大的特点就是注重对背景材料的分析解释，而不光是倾向性的意见表达。从《中国学者解读福岛核泄漏影响路径》这篇范文中就可以清晰地看出来。

报道的第一段就直接性地说出了一中国学者发表了关于“对未来一段时间福岛核泄漏物质影响路径进行了情景预测”，紧接着第二段道出了文中的重要观点“从气流分布看，首先受影响的是北美，其次是欧洲，最后才传到中国和朝鲜半岛。早受影响（的话），浓度会高一些”。前两段就很好地作为了背景材料为下面丝丝入扣的条理分析做了充分而全面的铺陈。

接下来的原因分析才是文中的重点。第三段就“核泄漏物质随着气流的运移扩散，浓度迅速降低”的论点开始事实论证——“在不考虑沉降和衰变的理想情况下，其前锋到达中国时，浓度也仅为福岛附近模式浓度的百万分之一；如果考虑核泄漏物质存在沉降和衰变等过程，浓度量值应比前述估计还要低。”同时还附带的指出在中国境内的黑龙江省首先勘察出放射性物质的原因。层层深入，条理清晰，使读者读完之后有豁然开朗的感觉。

最后一段让读者在了解核泄漏的路径及原因之后，拓展式的更加深入的解释说明了核泄漏的3种途径，从横向上看拓宽了新闻的信息量，从纵向上看又增添了文章的深度。这篇解释性报道看似是观点的表达，但是作者是援引一学者的文章进行分析，还是属于解释性报道的范畴，并没有表现作者自己的倾向性。

（三）预测性报道

预测性报道是对将会发生而未发生的事实所作的前瞻性报道，它着重对新闻事实的发展变化趋势或前景进行科学预测，其价值取向表现为准确性、科学性和权威性。

预测性报道以理性、前瞻的眼光，向读者或受众提示、分析“明日生活”，不仅强化了新闻的实效性，而且对社会舆论和社会心态能起到导向作用。

作品赏析

专家预测对利军事干预行动最多持续两周

21日，美国总统奥巴马在“空军一号”上与白宫国家安全顾问汤姆·唐尼伦就利比亚局势通电话。

专家预测称西方并不想将卡扎菲赶下台利比亚最终可能会屈服于西方

深度解读

利比亚遭到多国部队的三轮军事打击，利比亚政府此前向平民发放武器弹药，并准备要与西方“打持久战”。利比亚最终会屈服于西方的军事打击吗？多国军事干预会持续到什么程度？

本报专访中国社科院非洲问题专家贺文萍和中国现代国际关系研究院中东研究室主任唐志超，详细解读和预测利比亚战火的走势。

本报特派北京记者石善伟、陈翔、李栋

本报讯唐志超曾于今年3月9日在媒体撰文《利比亚会是第二个伊拉克吗?》。

文中预测指出，美大规模向利出兵基本可排除，但不排除军事上一定程度介入的可能，其形式上将主要是三种：大力支持利反对派；设禁飞区，但由欧盟主导，美国协助；向利特定军事目标（如卡扎菲本人）从海空发动军事打击或派小规模特种部队渗透。

唐志超精准的形势预测一如利比亚后来的发展态势：由设立禁飞区决议引发多国军事干预。

唐志超解释说，一方面，美国“太忙了”，无暇开辟继阿富汗、伊拉克之后的“第三战场”。同时，美对阿拉伯国家动武一向敏感，也往往被“基地”组织利用来反美。奥巴马上任后不久即赴开罗发表演说，发誓要改善美国与阿拉伯世界的关系，尽快结束伊拉克战争，公开承诺在其任内不会再对阿拉伯国家宣战。事实上，美国参与这场军事干预是被欧洲人拉进来的，因为单凭欧洲的军事力量是不够的。

西方不想卡扎菲下台

本报讯唐志超认为，卡扎菲的政策是不停变化的，经常会做出一些一百八十度大转弯的决定。这点历史上是有过证明的，比如2003年利比亚跟西方的和好。

就目前来说，能够促使卡扎菲政策变化的原因主要是西方的军事打击。实际上，从卡扎菲2月到现在的讲话来看，他一直没有说要跟西方划清界限，他在最新的决议通过之后还给奥巴马写信。卡扎菲的高调更多是出于宣传的目的。

美国之所以对卡扎菲的“停火”声明不“感冒”，是因为美国所要的目标没有达到。美国所要的不是“停火”，也不是要把卡扎菲赶下台，更多的是要建立“禁飞区”。

唐志超表示，设立禁飞区本身就说明不管是西方还是美国都不想将卡扎菲赶下台，禁飞区本身就是维持现状的一个产物。禁飞区本身是保护防御，不是进攻。实际上就是遏制住卡扎菲，然后把反对派扶持起来。事实上，美国也还未找到卡扎菲合适的继任者，美国不喜欢卡扎菲，但也知道卡扎菲之后，利比亚可能陷入内战分裂，他们很担心没有了卡扎菲，谁来掌控局面。

兼具索马里和伊拉克特点

本报讯贺文萍认为，利比亚的未来有可能兼具索马里和伊拉克这两个国家的元素。

索马里的状况是军阀割据，各占一盘，没有一个强有力的统一的中央政府。在利比亚，西方保持强大的军事支援，还有可能直接送武器装备给反对派。同时，如果卡扎菲没有下台，他就始终是一面旗帜，他的精神力量能够号召和团结他的支持者。这样的话，利比亚的格局就可能出现索马里化，就会出现军事割据，各占一个山头，呈现一种分裂的状态。

伊拉克战争的最大特点，就是不断出现占领与被占领以及武装力量化整为零的情况。在伊拉克，美国部队是进去了，可反对派的势力化整为零，不断搞恐怖袭击，长期地出现占领军“进得来出不去”的局面。在利比亚，即便反对派力量占领全国，卡扎菲的残部和支持他的部族也可能化整为零。最后即使反对派的力量成为主导力量，也会不得安宁，经常遭遇袭击和恐怖活动。“所以，在我看来，索马里化和伊拉克化都可能会呈现在利比亚。”

未来出现打打停停局面

本报讯唐志超针对目前利比亚的局势，再次作出预测，利比亚可能最终会屈服于西方，多国军事干预最多只会持续一到两周，之后会出现打打停停的局面。

在他看来，目前空袭行动的目标是为了筹备建立禁飞区，设立禁飞区是要保证禁飞区巡航的安全。决议也不包括派遣地面部队的内容，除非是未来形势进一步发展，而且这需要安理会重新授权。

唐志超称，西方要的就是禁飞区和遏制卡扎菲的进攻，而不是推翻卡扎菲。根据历史来看，禁飞区可能会维持五年十年。军事行动的首要目标是将防空设施摧毁，如果之后卡扎菲也停止了进攻、从一些地方撤退了，那么可能一两周内空袭阶段就会结束，随后转入正常的空中巡航阶段。

当然，如果巡航阶段再产生摩擦或者卡扎菲再有行动的话，可能还会有一些打击，但这种打击不是常态。当年在伊拉克设禁飞区也是这种情况，哪天不高兴了或者对方挑衅了，西方就会打一下。

【点评】

准确、科学、权威——预测性报道的把关点

针对利比亚的战局形势，《专家预测对利军事干预行动最多持续两周》这篇文章不仅做到了文章内容的翔实，而且对预测性报道的要求以理性、前沿的眼光做出了准确、科学和权威的预测。

首先，准确是建立在客观的分析预测的基础上，客观分析预测又是以翔实的材料为基础的。唐志强精准预测分析是从多方客观分析得出来的——“唐志超解释说，一方面，美国‘太忙了’，无暇开辟继阿富汗、伊拉克之后的‘第三战场’。同时，美对阿拉伯国家动武一向敏感……”文中对利比亚战火走势使用了大量翔实的背景材料，预测分析准确可靠。

其次，科学性在文中可以从两个方面分析。一是共性与个性的结合。这点很清晰地从专家贺文萍的预测观点“利比亚的未来有可能兼具索马里和伊拉克这两个国家的元素”，这一预测观点一是从利比亚的战况局势出发，对比了索马里和伊拉克的共性特点，让个性更好地融入到共性中考虑。二是多次预测的反复推敲。唐志超和贺文萍都在准确分析目前利比亚的局势下做出预测，并且对战争的发展态势，唐志强做出了多次的反复推敲、理性分析。从而使预测更具有科学性。

最后，权威性体现在预测者身份上。“本报专访中国社科院非洲问题专家贺文萍和中国现代国际关系研究院中东研究室主任唐志超，详细解读和预测利比亚战火的走势”，这样专家所作的预测的可信度也会自然而然地得到提升。

（四）调查性报道

1. 调查性报道的含义

调查性报道指报道者通过自己比较长期而完整的亲自积累、观察与最近的调查研究，对某一或某类社会事实或社会现象所进行的深入、系统或深入详细的报道。调查性报道是深度报道的一种。

2. 调查性报道的种类

（1）调研式调查性报道。

这类报道意在调查清楚事实的真相，既不刻意批评，也不着意表扬，而是好处说好，坏处说坏。报道的目的不是为了揭发内幕丑闻，而是立足现实，面向未来，兴利除弊，意在通过对社会问题或社会现象的深入调查、剖析，使问题得到关注，用建设性的主张求得社会共识，推动社会良性发展。讲求系统与全面。

（2）追踪式调查性报道。

这类报道不以全面、系统取胜，而以对新闻事实深入追踪调查乃至于隐性采访、体验见长。往往字数较少，篇幅较短。

（3）揭露式调查报道。

这类报道重在揭露、批评各种违法乱纪、有悖社会道德等的活动与丑闻。目前，中国揭露式调查报道要在恪守国家法律、党的纪律的大前提下进行。

3. 调查性报道的采访特点

（1）采访相对独立；

（2）采访更加科学；

（3）采访投入较大；

（4）采访更加复杂。

4. 调查性报道的写作特点

（1）叙事的完整性；

（2）逻辑的缜密性；

（3）语言的平实性；

(4) 真实地展现调查过程；

(5) 结构的平衡性。

5. 作品赏析

联通 iPhone 销量真相调查

一个个 iPhone 手机缺货、要求补货的电话和邮件传递到中国联通运营终端的子公司联通华盛，在好不容易旺销之际，iPhone 手机却在全国大面积断货，出现罕见的一机难求的局面，这到底是怎么造成的呢？本报记者调查后发现，这其中虽然联通 iPhone 套餐降价带来销量大增为主要因素，同时，苹果公司对 iPhone 前景误判，导致生产和供货严重不足则是让人吃惊的另一原因，反映了 iPhone 在华销售的曲折道路。

iPhone 缺货困境

“iPhone 缺货”，从 4 月下旬开始，这一信息在经销商中开始传出。5 月 3 日，中国联通北京朝阳路营业厅，对于这个问题，一位营业员说：“目前北京基本还能保证 iPhone 供货，听说外地很多营业厅缺货，一般各地的旗舰营业厅里肯定有货。”

斜对面的苏宁电器朝阳八里庄店一位卖手机的店员则说，目前联通为保证自己的供应，对社会卖场限制供货，很多地方的手机卖场已无法卖 iPhone 裸机，联通主要保证合约套餐中的 iPhone 手机供货。

而中国联通运营终端的子公司联通华盛的一份内部报告也如此描述：“5 月初虽然 iPhone 呈现了良好的销售势头，但渠道库存异常紧张，尤其是 16G 产品缺货，广东、北京、江苏、山东等销售大省的库存已经严重告急，目前的到货只能满足销售大省联通自有渠道的部分需求。”

本报记者获悉的这份报告还同时指出：“随着五一后中国联通新的资费政策开始执行，iPhone 的绝对销量与合约计划销量比之前都有了较大提升。5 月绝对销量环比增长近 100%，5 月合约计划日均销量比之前增长近 140%。”

该报告同时向上级建议：一方面尽量减少卖 iPhone 裸机，而主卖 iPhone 合约套餐（内含 iPhone 及联通对用户的购机补贴）；另一方面，向生产商通报销售情况，积极申请货源，以保证市场供应以及向渠道代理商供货。预计 iPhone 缺货情况过段时间将缓解，以满足用户和渠道代理商需求。

降价及水货吸引力下降双重效应

一款 iPhone，曾令联通一再回避销量问题，但眼下却显示出卖得供不应求的局面，这着实令人吃惊，其实，iPhone 在华所有问题的始作俑者主要是价格和水货。

中国联通自去年 10 月开始销售 iPhone 后，11 月 3 日，在联通的股东特别大会上，联通总裁陆益民表示，在正式发布 iPhone3GS 的 4 天时间里，iPhone 的销量已经达到5000部。这一数字其实并不算高，韩国开始销售iPhone比联通晚，但开售一周内销量达3万部。

成也萧何，败也萧何，导致消费者对iPhone既爱且恨，徘徊观望的主要问题是价格，而现在iPhone销售火爆的原因也是价格。此前，中国联通5月1日开始执行新的3G资费。与此同时，联通版iPhone的合约计划也将同时变更，最低档月费由126元降至96元，以预存话费方式参与的合约价格也下降千元左右，总体降价幅度达20%，用户的进入门槛较大幅度下降。

本报记者的调查也显示，目前iPhone水货的吸引力大降，之前，网上报价16GB港版5450元，32GB港版6350元，比正品行货iPhone分别要低430元、640元，8GB版有大量美国货，比联通正品行货低1000多元，但现在iPhone3GS16G版本只需要预存话费且承诺使用286套餐即可享受0元购机，即免费赠送iPhone手机，这比水货还要划算，因此先前被价格压抑的用户需求一下子释放出来，导致联通版供不应求。

另外，所有iPhone水货都经过软件改动，苹果公司不给授权，不能升级，8G版比较容易“越狱”升级，16G版和32G版很难升级，因此，水货用户主要集中于8G版，而8G版已逐渐显得落伍，中高端用户开始全面向联通版靠拢。

本周将缓解

在这两种因素的促进下，尤其是iPhone降价的刺激下，iPhone销售开始火爆。联通原计划五一之后iPhone销售冲刺7万部，实际上最后结果是，根本不用“冲刺”，而是各地断货的告急信如雪片般飞来，渠道库存异常紧张。

但即便如此，iPhone也不应该供货告急，本报记者获悉的情况是，今年3月，iPhone的供应商苹果公司对联通iPhone的销售判断不足，未予安排足够的货源供应，即便联通iPhone降价，也未引起苹果公司足够重视。结果，如此热销局面大大出乎苹果公司的想象，但之前制定的生产计划目前根本无法满足货源需求。

在这种情况下，据悉，苹果公司已逐步调整了生产计划，从本周开始对中国联通的货源供应逐渐增加。

“好东西不愁卖。”中国联通一位高层曾如此坚定地对外说。但实际上，iPhone销售历经诸多曲折，“好东西也要讲究物美价廉。”这是消费者的反应。

（华夏时报作者：郭冬颖）

【点评】

“全景式”的调查报道

这是一篇典型跟进式调查报道。在2011年iPhone销售的现状让大家疑云重重的状况下，作者主动深入到市场中进行市场调查、取证。首先是从 iPhone 的断货现状进行全方位的市场调查，如从“中国联通北京朝阳路营业厅”“苏宁电器朝阳八里庄店”的 iPhone 断货情况入手，反映现象。而后紧接着以解释性的调查报道的写法道出“iPhone 在中国所有问题的始作俑者主要是价格和水货”，运用了调查式的报道材料和解释性的写作手法。既占有了材料，又展现了原委，既让读者在读的过程中不仅了解了 iPhone 断货的原因，而且也让读者对原因深信不疑。

然而作者并没有在此停止了调查的脚步。文中在反映完原因之后就顺势引出了“本周将缓解”调查预测。“据悉，苹果公司已逐步调整了生产计划，从本周开始对中国联通的货源供应逐渐增加”，给了消费者很好的消费服务信息。

整篇文章紧抓突破点，展开调查，层层深入，文章最后又来了个“柳暗花明”的预测，带给读者“全景式”的认识和逻辑分析调查。

第二节　新闻评论写作

一、新闻评论的含义和特点

（一）新闻评论的含义

新闻评论，是新闻机构所发表的言论的总称。新闻和评论一实一虚，如同鸟之双翼，构成报纸的两大文体。评论要运用正确的观点、方法对现实社会生活的种种事物、现象、问题在评析议论的过程中，透过现象揭示本质，从而分清是非曲直、优劣媸美，以其鲜明的意旨、明确的导向，提高人们的思想认识，指导人们的社会实践。

（二）新闻评论的特点

1. 新闻特点

评论这种说理文章，其内容仅限于针对最近发生的事实，眼下存在的社会问题、思想倾向进行评价论理，发表主张意见，从而发挥指导或影响群众思想，促进和推动工作的作用。它像消息、通讯一样，紧跟社会运转的步伐和节奏，有严格的时限，求快求新，而且多是配合着消息、通讯的主要内容选择、确定观点，展开评论。

2. 论理特点

评论文章的主要表达手段、主要内容在于议论说理，同一般说理文章很相近。评论文章运用概念、判断、推理的手段，即议论的手段，把道理直接说出来，文章的内容由论点、论据、论证三要素构成。

3. 灵活的特点

（1）从篇幅上看，评论可长可短，以千八百字长短居中的篇幅为多，近年来有日益短小精悍的发展趋势，三五百字、二三百字的微型评论越来越多。

（2）从内容上看，评论文章涉及的范围，除去很专门的学术问题、理论问题外，现实社会生活中的各式各样的问题大至国家前途、世界风云，小至一个人的言谈举止、街谈巷议，它都可以抓住其中的是非曲直进行评论。

（3）从风格上看，评论以通俗晓畅见长。在这个前提下，根据评论内容的实际情况，它既可以庄重严肃、朴实无华，也可以幽默轻松、活泼生动。

二、广播新闻评论的含义和特点

（一）广播新闻评论的含义

广播评论是广播电台播发评论的总称。广播新闻评论，是广播评论的核心，被称为电台的旗帜，专指新闻节目或新闻台播出的评论。它有着其他广播新闻不可替代的作用。

（二）广播新闻评论的个性特点

广播新闻评论的性质、功能、特点和党报党刊的新闻评论是一样的。广播新闻评论由于传播媒介的特殊性，也形成了它有别于报刊评论的个性。

广播体裁的风格特点是短、浅、软，这个特点，尤其是浅和软的特点，最明显地体现在广播评论包括广播新闻评论中。这样，广播新闻评论就形成了新闻性，政论性和短、浅、软为其表现风格的个性特征。

三、广播新闻评论的写作要求

广播新闻评论在论据、论证等方面的要求和报刊新闻评论是一样的。其写作要求有以下几点。

（一）直截了当

广播新闻评论由于传媒的特殊性，应单刀直入，直戳要害，不可兜圈子。要一条主线贯通首尾，不可枝蔓。

（二）论题要选得小些

广播新闻评论要求比报刊新闻评论更短些，而且还要有深度。这就要求论题要选得小些，只论一个单一小题目，不能庞然杂陈。只有小切入，才能以较短的篇幅把问题讲透。

广播新闻评论的论题必须是在某一个系统、某一个方面带有全局性的、倾向性的问题；立意必须对全局具有针对性、指导性。这就要求论证的材料必须是典型的。

（三）软些、近些

软是广播评论风格的又一特点。软是形式，是为了更好地贴近听众，为了更好地宣传硬的内容。

形式上的软主要是指表达亲和性、轻松性、幽默性、形象性。轻松幽默、生动形象是所有新闻体裁共同的要求，但比较而言，广播新闻特别是广播新闻评论，更需轻松幽默、生动形象。幽默而生动的形式，易于引起听众兴趣，以便把那些处于半收听状态的听众的注意力，完全吸引到广播中来；易于激发听众的通感心理本能，把听觉形象变为视觉形象，使抽象道理，变得似乎可触可摸，从而提高广播新闻评论的收听效果。

（四）深入浅出

广播体裁风格特征之一就是深入浅出。深入，就是深入题旨；浅出，是指表现风格浅显。其一，论据要选择典型的、为广大听众熟悉的材料；其二，推理的方式要尽可能简易；其三，语言要通俗易懂。

（五）运用音响

音响被称为广播的特殊语言。采用音响是广播新闻评论区别于报刊评论的特点，也是优点。精当得体的音响运用，能增强广播评论的真实性、生动性和感染力。

四、新闻评论的写作技巧

（一）新闻评论的类型和要素

1. 新闻评论的类型

新闻评论的分类大体上分为五类：社论、本台评论员文章、短评、编者按、专栏评论。

（1）社论

社论是代表编辑部就全局性或重大问题发表的指导性评论，是体现“政治家办报”“政治家办台”的旗帜和方向，是影响社会舆论的主要评论。

（2）本台评论员文章

本台评论员文章的规格仅次于社论。它通常不去全面论述重大问题、重大决策，而是选一个重要角度从侧面展开，对决策、问题作深层次分析。

（3）短评

短评的规格低于评论员文章，属于新闻评论中的“轻武器”“短兵器”。往往一针见血地对事件、问题评其一点。

（4）编者按

编者按有文前按语、文中按语、编后。称法有编后小议、编者附记、编辑后记、编者附言等。电台称编者的话、编后话、编辑点评等。

（5）专栏评论

专栏评论是一种形式灵活、个人署名、长短不一，在各种专栏里发表、播出的评论。这种评论理从事出，上谈国政、下议衣食住行，不拘一格。

2. 新闻评论的要素

新闻评论有以下三要素。

（1）论点

论点是从论题中提炼、引发出的观点，是评论者的主观意识与客观实际统一的产物。对论点的要求是正确、新颖、有针对性。

一些短评及编者按、新闻点评，一般只有一个总论点，而较高规格的评论在总论点下还有分论点。总论点就是评论的总观点、中心思想，或者叫立意。它是评论的灵魂，贯穿评论的始终，支配着评论的各个分论点以及选材、布局。

（2）论据

论据是指证明论点的依据。对论据的要求是真实、充分、精当。论据必须真实，论据失实，论点不攻自破；论据必须充分，论据不充分，以点代面，以偏概全，论点难以成立；论据充分还要求论据和论点间有必然的内在联系，而不是偶然的联系；论据还要求精当，所谓精当指的是要选取与论点有紧密内在联系的、能够以一当十的典型材料。

①理论性论据

理论性论据指的是已经被实践证明，被人们普遍接受了的正确思想、观点、公理、准则、经验等，包括哲学社会科学方面的成果如马列主义、毛泽东思想的基本原理；党和政府正确的决议、路线、方针、政策、政令；自然科学方面某些为人们熟悉的公理、定律；前人的文化遗产以及格言、谚语、民谣等。

②事实性论据

事实性论据指的是证明观点的具体材料、具体事实。事实是不能以人的意志为转移的客观存在。

新闻评论中的事实性论据，从不同角度分为新闻事实和背景事实、当前事实和历史事实、典型事实和概括性事实等。

新闻事实，是新闻评论立论的基础，论点是从新闻事实中引申出来的，新闻事实是证明论点的主干材料。

背景事实，也是新闻评论的重要论据。和新闻报道中的背景材料一样，通过背景的衬托，新闻事实的意义就更突出，评论的道理就更易明白。

历史事实，是背景事实的一种。和历史的思想、文化遗产一样，历史事实，特别是当现实生活中出现了某些与历史有关的现象，或者类似于历史的现象时，历史事实也是观照现实的一面镜子，它给人们的认识启迪与借鉴往往更生动、更深刻。

典型事实，指的是对证明观点能起到以一当十的那种最有说服力的具体事实。

可以是新闻事实，也可以是背景事实，这是证明论点的最生动、最有力的论据。

概括性事实，是指全局性的事实，常以统计数据出现。

在实际新闻写作中，常常需组合多种事实，证明其论点的正确或驳斥论敌观点的谬误。事实性论据必须真实，论据失实，论点就不能成立。

（3）论证

①论证的基本方式

论证的基本方式，从不同的角度可分为立论、驳论、直接论证和间接论证四种。

A. 立论，就是自己提出一个观点，再用论据证明自己观点的正确性。

B. 驳论，就是批驳，证明论敌观点的错误，从而间接证明自己观点的正确。

在实际写作中，立论和驳论两种方式常结合运用。一篇立论性评论，为了说理更有力，常常要树立一个靶子，树立一个假设的论敌，在局部范围里采用驳论手法。同样，一篇驳论性评论，在分论点时，有时也采用立论手法。

C. 直接论证，就是用论据直接证真或证伪，即直接证明自己观点的真理性、正确性，或者直接证明论敌观点的错误荒谬性。

D. 间接论证，就是通过否定论敌观点的正确，证明自己观点的正确；或者通过证明自己观点的正确，证明论敌观点的错误。

②论证的推理形式

论证的推理形式，包括演绎推理和归纳推理两种论证推理形式。

A. 演绎推理，是从已知的公理、定理出发，推证尚待证明的论点的方法，是由一般到个别的推理方法。运用理论论据，就得采用演绎推理。

演绎推理的论据，必须恰当地证明具体事物的本质、属性，必须对论证对象有理论的涵盖性；这些论据还必须是受众公认的真理，而不是一部分人的偏见，否则就会“言不及义”，证明不了观点。

B. 归纳推理，是与演绎推理相对应的一种论证方法，是从个别、从具体到一般的论证方法。就是将几个具体的事物归纳起来，抽象出其共同的本质、共同的属性的方法。

这也可以说是从事实到理性的方法，这种方法以事实性论据为依托。

运用归纳推理，必须选择和论点有内在联系的典型事实。所谓典型，是说材料与观点间的内在联系是必然的，不是偶然的；是紧密的，不是松散的；是那些“举此一端，可概其余”的事实。如果事实和论点间没有必然联系，仅仅是偶然的联系，或者是牵强附会式的“联系”，必然导致论点的不可靠。

③论证的具体方法

论证的方法是多种多样的，使用较多的大体上有以下几种。

A. 归纳法与例证法。归纳论证法由若干个别事实归纳出共性，从而得出一般原理性的结论，是一种由个别到一般的论证方法。归纳论证法只用于事实论据，先摆出一件件事实，然后作出综合概括，评定判断。常见的是先说出结论，再举事实以进行证明，这就是例证法。从行文次序上看，例证法与归纳法正好相反。

B. 演绎法。就是从已知的公理、定理出发，推证尚待证明的论点的方法，是由一般到个别的推理的方法。

C. 对比法。对比法是与类比法相对应的一种说理方法。主要是将性质上相反的两个事物或者一个事物在不同条件下的两个相反方面作比较，有破有立，在比较中明理。类比论证，侧重求同，理在同中；对比论证侧重求异，理在异中。

D. 引证法。就是运用演绎推理的方法进行论证，是运用已被证明的理论、原则或者公认的道理做论据来证明论点。引证法常引用经典的言论或者名言、名句作为立论的根据。引证的材料要注意科学性、准确性和权威性，且必须是完整的，不能断章取义。引用时还要注意适量，不能靠引用的话来代替自己的论述。运用引证法论证问题时要注意：一是引用的原理必须正确；二是不要引证过多；三是要注意具体分析。

E. 类比法。将性质类似的事物放在一起比较以显示其共同的本质。类比论证的比体，可以是事实，包括现实生活中的事实、历史上的事件，也可以是文学形象等。但对象必须是受众熟悉的事或人，且其性质、其中蕴含的哲理等是受众公认的。

F. 喻证法。用比喻的方法进行证明或者说明。这种方法能使文章生动富于文采。有的问题道理比较抽象，直接说明不容易把道理讲清楚，这时如果用一个恰当的比喻，即用人们容易理解的浅显的事物或道理来说明不容易理解的深奥的事物或道理，那么，就能生动地把道理讲得深入浅出，给读者打一个鲜明的烙印。因为比喻有这样的优点，所以这种方法被广泛地应用于评论的论证里。

G. 反证法。作者从反面设法证明对立面的观点错误，用以驳倒对方，从而说明自己观点的正确性。在驳论中，运用反证法为了证明对方论点是错误的，先证明与其相矛盾的另一个论点是正确的，从而以后者的正确证明前者的错误。

反证法的使用主要是出于这样两种情况：一种情况是直接正面说不便下手，讲不出什么道理。好比爬山，正面太陡，只好绕到背面。另一种情况是运用反证法，更能充分地展开论述，有力地论证问题，从而把文章写好。

H. 归谬法。鲁迅写过一篇文章，叫《文艺的大众化》，是批判所谓“作品愈高，知音愈少”论的。文中说：“倘若说，作品愈高，知音愈少，那么，推论起来，谁也不懂的东西，就是世界上的绝作了。”鲁迅这里用的就是归谬法。由此可知，所谓归谬法，是明明知道对方的论点完全错了，却先假定它是对的，沿着其方向往下推，验证于其他事物，引出一个显然荒谬可笑的结论。由于结论错得一目了然，无须再作任何解释，所以对方的观点便不攻自破，敌论因此而被彻底驳倒了。

这种论证方法，用于驳论性评论，批驳那些论据和论点之间没有必然联系的论点。

（二）评论的写作要求

新闻评论的写作要求有以下几点。

1．论点务必具体单一

评论和多数专栏评论属于跟踪现实生活中发生的具体事件、社会现象的说理小型评论文章，它们不正面接触大政方针、大是大非的问题。

2．关键是把“理”评出来

短评和专栏评论的论点具体单一，文章也不能写长，但是一定要把道理评出来，这一点和其他评论以及别的说理文章大同小异。评论说不出一点道理，无论长短，也无论论点怎样高明，都是不合格的评论。

3．采用“短平快”的论述节奏

从总体上说，评论的篇幅是比较短小的，文字量极为有限。因此，评论多采用简洁明快、直截了当的论述节奏。对于评论的事，要用尽可能简明的文字交代出来，而不必添加什么铺垫。因而也不需要绕弯子；评论的意见主张也宜开门见山，鲜明干脆地告诉读者，论证问题更要简明扼要，是非曲直的根据在哪儿，点到为止，而不能像写学术论文那样引经据典、长篇大论。

第三节　新闻评论的写作范例

一、社会评论的写作范例

养活自己是就业第一义

大学生就业问题，已经成为一个相当严峻的问题了。西北师范大学2009年应届毕业生谢绍东很了解这一点，所以，他把找工作的过程叫作“进攻”。

谢绍东是学教育专业的，但他的“进攻”是全方位的。上大学期间，他在校外英语辅导班做过兼职教师，在一家杂志社当过临时编辑，在北京奥运会期间当过志愿者……因为一次次的主动出击，快毕业时，很多同伴还在到处送求职书，他就已经与北京一家公司签约，实现了自己“进500强，进北京”的愿望。虽然找到了一份理想的工作，但他找工作的态度却非常现实：“如果找不到一份理想的职业，就先找一份挣钱的工作。”他的意思是：无论你要做什么，首先要做的，就是自己养活自己。或许正因为这种“现实”的就业态度，才使他比较顺利地找到了一份“理想”的工作。

不可否认，上大学的一个重要目的，就是为了将来能找个“好工作”。但是，当就业越来越难的时候，作为一个受过高等教育的人，就应该自觉修正找工作的心态。现在，很多大学生就业时，思想深处仍然钟情于“一步到位”：要上班，就要到足够热闹的单位去上班；要工作，就要到足够稳定的岗位去工作；要挣钱，就要到足够体面的行业去挣钱。结果是，越卖力地“推销”自己，越觉得自己是“滞销商品”。

“后果”似乎很严重，但“前提”其实很简单。那就是，他们没有真正理解就业的含义，也没有真正理解工作的含义。

就业，首先是生存需要。所谓生存需要，首先是养活自己。可以说，养活自己，才是就业的第一义。有了这样的认识，才可能有“退而求其次”的就业观念。省城不行，转而向县城；白领不行，转而向灰领；大单位不行，转而向小单位；高工资不行，转而向低工资。只要愿意一次次地自己给自己降低门槛，也就不难找到一只“饭碗”——铁饭碗不行，转而向一次性饭盒。

作出这个判断的背景是：一些人没事做，一些事没人做；一些人到处找事做，一些人到处找人做事。

工作的过程，是显示自己能力和水平的过程，也是显示自己增值潜力和增值空间的过程。在市场经济条件下，除非无可奈何，任何一个岗位，都不太愿意使用未经“检验”的人才；任何一家企业，也不太愿意给未经“检验”的人才出高价。从低处就业，就是让自己尽快进入检验的过程。在这个过程中，你的能量、你的价值才能体现出来，才能被市场发现，甚至才能被自己发现。到了那个时候，事情就会从另外的方向上向前发展：以前是你向别人“低价营销”，以后就可能是别人对你“高价采购”；以前是你到别人那里找工作，以后就可能是别人到你那里找工作。

无数事实也证明，成长青睐于那些正视低处的人，成功钟情于那些愿意卑微的人。

越是贫穷的家庭，越希望自己的孩子早一点自食其力；再富裕的家庭，也会以自己的孩子能早一点自食其力而感到自豪。这意味着，“工作不好”是次要的，“有个工作”才是重要的。这同时也意味着，为了上岗，为了自己养活自己，大学生的一些“架子”就应该先放下来。

只有先养活了自己，而后才能谈得上回报别人；只有先解决了自我生存问题，而后才能谈得上自我发展问题。

二、经济评论的写作范例

美国经济复苏的“油门”在中国

过去的几个月中，美国政府试图通过政府补贴、减少税收等临时性干预手段刺激消费和投资，但总体来看，美国经济仍然在低点徘徊，政府财政赤字急剧攀升至二战以来最高水平。美国财政部统计数据显示，2009 年美国财政赤字达到 1.42 万亿美元，从而使政府债务增加至 6.71 万亿美元。

美国政府减税和补贴带来的财政收入减少和支出的加大，以及未来政府在医疗改革、能源、环境保护等各项措施的推动下，财政将面临更大的压力。而工业生产的下滑，服务业的萎缩，失业率的增加，以及通胀的压力更使美国经济雪上加霜。

事实上，美国的问题远远要超出人们的想象，政府要面对的不仅是本土经济的复苏，更重要的是如何调整美国在全球经济体系中的战略地位。应该看到，在国内，奥巴马政府通过调整利率、汇率、税收以及公共补贴推出多项救市措施，推动美国经济短期回升。

但是，救市带来的财政赤字以及通胀压力和资产市场泡沫，使得短期经济复苏过程中的矛盾与冲突加大。无论是美元贬值后的财政可持续回归、还是就业问题的解决，当经济复苏的工具使用濒临枯竭时，似乎所有的解决之路都指向了同一个方向——增加出口！

或许，奥巴马访华正是美国人想在国际市场重新撕出一道口子的战略所在。扩大国际贸易，增加出口总量，成为美国经济复苏的最后一张底牌。

经济复苏的希望，让美国人选择了中国，无论是短期的贸易平衡，还是长远的全球化战略合作，这都是奥巴马政府所看好的。应该看到，奥巴马自始至终希望把中国推向国际大国的位置，其策略在于，希望中国在拥有国际话语权的同时能够承担起大国的责任，如在国际贸易平衡化、气候、减贫以及公共安全等领域。

对于美国来说，现阶段奥巴马政府最感兴趣的话题是，迫切希望通过扩大出口，增加就业、降低贸易逆差以及提高美元汇率和减债来实现经济复苏。现实问题是，已经收缩规模的中国外贸，能否继续减少出口份额。对于中国来讲，外贸缩水，内需消费启动艰难。虽然依靠政府投资经济增长强劲，但资产通胀与泡沫的压力，经济结构失衡的加剧，经济数据增长的背后潜藏着更大的隐忧。

不过，从长远来看，全球化的战略让中美两国之间的利益交换成为可能。不久前，中美两国领导人会晤以及《中美联合声明》的发布，使得中美两国在军事、气候、清洁能源、环境等多个领域奠定了合作基调，这是中美两国在战略合作层面上所鲜见的。

笔者认为，中美在全球战略问题上达成一致，是双方在经济合作和全球复苏问题上的共识，但两者最大的不同在于现实中的反差：双方的战略合作日益紧密，而经济争端似乎正在升级，不论是贸易保护还是汇率之争。归结起来，双方的争议将重点体现在成本的博弈、优势转换的博弈以及政治承受的博弈等。这将决定未来中美两国战略空间与经济利益大交易的走向。

笔者以为，中美关系由竞争转向战略合作，美国需要的是速度。奥巴马希望中国政府加快改革，拉动汇率、减少出口，给美国提供更多的就业岗位。中国则更加注重安全与有效。中国政府希望通过改革来调整产业结构，刺激消费，增加出口，适当减少政府的投资拉动，以寻找经济的平衡性。

然而，要退出对中国旧的经济增长模式的依赖，走完全化的内需市场消费经济增长的道路，中国面临着经济结构调整与改革。中国的改革和社会稳定的刚性存在必然联系，内需市场的启动需要通过深层的体制改革逐步完成，而体制改革本身也面临着多重的价值博弈，一方面要考虑到改革成本，另一方面还要兼顾市场的可控性。

旧的全球化似乎走到了尽头，中美两国的战略合作将影响世界格局的调整。在此过程中，中国需要的是深层改革，美国需要的是完全开放。而在这一过程中，美国经济复苏的油门握在中国人的手里。

第十三章　电子媒体新闻写作

第一节　广播电视新闻采写

一、广播电视新闻写作基本要求

广播电视新闻写作需要符合广播电视媒体的以下传播特点。

（1）快速及时，先声夺人：广播电视在时效性上具有其他媒介不可比拟的优势，甚至可以实现现场直播，广播电视新闻写作应高度重视时效性；

（2）线性传播：广播电视按时间顺序播放节目内容，在写作中要注意不断出现小高潮点，吸引受众；

（3）受众广泛，对象性强：广播电视直接诉诸受众的听学和视觉器官，较少受文化程度及年龄等因素的影响，因此，受众范围广泛，适应这一特点，广播电视写作中应注意通俗易懂；

（4）具体形象，感染力强：广播电视可以运用声音或图像再现人物和事物现场，给受众身临其境的参与感，在广播电视新闻写作中应注意运用好这一点，激发受众的接收兴趣；

（5）转瞬即逝，不留痕迹：广播电视的信息符号是声音和活动图像，稍纵即逝，广播电视新闻写作应扬长避短，少用抽象、复杂的内容，便于受众掌握。

易于接收接受：线性传播、转瞬即逝的特点要求受众的思维紧紧跟随，容不得细细揣摩，同时广播电视受众面广泛，在文化、年龄上是多层次，因此，广播电视新闻写作的内容和语言应明白晓畅，易于接收、接受。

可听性：广播电视要求受众用听学器官捕捉语音、语义，因此要让受众听得见，也听得懂，要求“上口”和“入耳”，便于口说耳听。

准确性：广播电视新闻写作要求真实准确，新闻报道对象确有其事，构成新闻的基本要素、过程细节、引语、资料等都应是准确的。

完整性：广播电视新闻写作中，信息应相对完整。

通俗性：要把深刻的思想、复杂的问题等用浅显易懂的语言表达清楚。注意通俗化不等于简单化、庸俗化。

用事实说话：新闻写作的基本方法，即通过叙述事实发表无形的意见。

（1）新闻报道中体现客观中立的立场；

（2）新闻报道中注意消息来源的多样性，确保报道的客观准确；

（3）采用多种“用事实说话”的手法，如选择典型事实说话、巧用背景材料说话、借用他人言论说话、用情节细节说话等等。

二、广播电视新闻的结构要求

结构线索单一：广播电视新闻的结构要适应线性传播的特点，力求线索单一，结构单纯，让受众在几分钟的时间内掌握报道要点。最常用的结构是时间顺序及层次单纯的逻辑顺序。

层次清楚：在叙事繁简适宜、详略得当的基础上，做到事实之间相互照应、环环紧扣，段落之间过渡自然、步步衔接，使之成为层次清楚的有机整体。

材料组织的整体构思：广播电视新闻是由多元素组成的，要求从整体出发，对文字解决、音响、画面、音乐等诸元素进行合理安排，使它们和谐协调，得到理想的整体效应。

核心信息处理：广播电视新闻对核心信息要加以强调和突出，如对核心信息进行适当的重复，在主体部分巧妙强化核心信息，围绕核心信息选择材料和突出主干材料等等。

三、广播电视消息

广播电视消息：运用广播电视媒体迅速及时、简单扼要地报道新闻事实的一类新闻体裁。它力求以最快的速度、最简洁的语言报道新闻事实，同时需要遵循广播电视的传播规律，以便于声音或声像传播、便于口说耳听的方式方法描述事物。

新闻六要素：新闻报道完备地表述事实通常应具备六个基本要素，即何时、何地、何人、何事、何故和如何。一篇新闻报道在表述中应尽可能地清楚交代这六项内容，但不能强求任何一篇新闻报道都要六要素俱全。

背景：新闻事实之外，对新闻事实或新闻事实的某一部分进行解释、补充、反衬或烘托新闻事实和新闻主题的材料。

导语：导语是整篇消息的第一个单元，它以凝练简洁的语言告知最重要的新闻事实。它起到提示新闻要点与精华、引导收视的作用。

广播电视消息导语写作的特点：

（1）选材精粹：突出最具新闻价值、最有吸引力的事实，或突出最能表现最新事态的新闻要素；

（2）具体形象：避免概念化、抽象化，使用经过提炼的典型事实、形象化的情节可富有特点的细节；

（3）简短精练：明确报道主旨，抓住新闻要害，用准确洗练的语言表达；

（4）照应主体：导语是消息的开头，在内容及语言上，要与新闻主体协调一致，相互呼应，防止相互脱节或矛盾。

常见的导语类型：

（1）直接式导语，直接陈述新闻事实，开宗明义；

（2）延缓式导语，不直接陈述主要新闻事实，而是运用描写、气氛渲染、解释、设问等手法先写一些相关的东西，再引出新闻事实。

广播电视消息的常用结构：倒金字塔结构、时间顺序结构、逻辑关系结构和金字塔式结构。

倒金字塔式结构：导语之后，新闻主体按新闻事实的重要程度或受众的关心程度排序的一种结构。特点是头重脚轻，短小精练，断裂行文（用段落之间的逻辑联系来行文，不用过渡段），优点是重点突出，成稿快，行文干练，有利于受众迅速把握报道重点，也有利于后期编辑控制报道时间。缺点是程式化。适合于时效性强、事件单一的动态新闻。

时间顺序结构：导语之后，主体根据新闻事件发生、发展直至结束的先后顺序来安排层次，展示事件的进程，这种结构保持了新闻事实原貌和进展的完整性，行文自然，线索清楚，符合受众接收信息的习惯；不足之处在于最重要的事实在报道中间或结尾，容易被淹没。

逻辑关系结构：导语之后，主体部分根据事物的内在逻辑或问题的逻辑性来组织材料、安排层次。主体可依据事实之间的因果关系、对比关系、并列关系、递进关系或主从关系等安排层次段落，表现事实。

金字塔式结构：报道将最重要、最精彩的事实放在最后，按照新闻事件的发生顺序或事件的因果关系等来安排组织材料。适用于趣味性或反常性较强的题材，具有悬念感。

结尾：为了深化新闻主题、强化新闻价值或扩大消息的信息容量，根据新闻内容写作的消息的收结部分。它通常是消息的最后一段或最后一句话。广播电视消息的结尾宜紧扣新闻事实，忌套话空话；宜增添新闻信息，忌同义反复；宜启发诱导，忌生硬说教，强加于人；宜精粹有力，忌拖泥带水、絮絮叨叨。

四、广播电视新闻专题

广播电视新闻专题的特点：广播电视新闻专题是运用广播或电视手段，深入、具体、详尽地报道某一重大新闻事件或某些具有新闻价值又为广大受众关心的典型人物、经验，新出现的社会现象等题材的新闻报道形式，其特点是：

（1）主题开掘深刻，揭示事物的本质，反映客观事物的内在规律性；

（2）用形象说话：在用事实说话的基础上，捕捉更容易被受众感知的形象材料，通过个别来反映一般。体现事物本质的倾向、观点是从场面和情节中自然流露出来的，使受众在形象中满足对事实认知的需要和情感宣泄的需要；

（3）表达方式多样化：可以有恰当的描写、抒情和议论，并大量使用其他的符号手段，如音乐、音响、特效等等。

新闻专题的表达手段：广播专题可同时调动同期声、解说、录音资料、音乐等手段，以对播、交谈、问答或听众参与的方式播出；电视新闻传播的表达手段，包括诉诸视觉的手段，如活动画面、照片、图片、动画、字幕、特技等，诉诸听觉的手段，如同期声、解说、录音资料、音乐等。在新闻专题中适当采用这些手段，与内容协调，起到烘托内容、激发受众情感、引起共鸣的作用。

主题：指作者经过对现实社会的观察、体验、分析、研究，通过对素材的提炼和组织，所表达的对客观世界的一种认识或一种思想观念。主题是新闻报道的灵魂，是新闻报道的事实所体现的中心思想。

新闻专题类节目主题的特点：

（1）主题的深刻性：不仅审视事实的新闻价值，尤其注意从反映社会脉搏和时代精神的高度来选择题材、提炼主题；

（2）主题的针对性：把握正确的舆论导向，针对宏观实际及人们的思想认识实际立意；

（3）主题的倾向性：专题类节目的主题应旗帜鲜明、是非分明，让受众收看或收听后获得明确的理解和领会；

（4）主题的启发性：新闻专题报道的目的在于通过对某一人物或事物的详尽反映及透彻分析，回应宏观实际的需要，实现以典型带动全局，或举一反三、触类旁通的舆论效果。

开掘主题：

（1）全局意识：在社会坐标中定位事实的意义；

（2）纵深意识：在历史的逻辑中寻求事实的意义；

（3）时代意识：紧扣时代脉搏，引领时代方向。

广播电视新闻专题常用结构：纵式结构、横式结构和递进式结构。

纵式结构：按新闻事实发生、发展时间顺序组合和编排材料的一种结构形式。

横式结构：按照新闻事实的内在性质的区别联系，或以多侧面拼接的形式来安排新闻素材。横式结构又分为同时异空结构和多侧面拼接结构。

递进式结构：透过现象层层深入到事实背后，步步深入，环环递进，从现象到本质的结构。

五、广播电视现场报道

广播电视现场报道：指广播电视记者在采访现场面对话筒或镜头，采访现场有关人员，解说现场实况，直接交代、播报新闻事实的报道方式。是最能发挥广播、电视的特长与优势的报道形式之一。

现场报道的特点：

（1）立足新闻现场：即一切以现场发生了什么为核心，虽然不排除现场以外的材料，但务必坚持以现场发生的事实为主；

（2）感染力强：伴随现场声音或画面，使受众产生身临其境的感受；

（3）源于现场，高于现场：现场报道对现场的信息进行了加工和梳理，使信息更加有序化、浓缩化，并通过记者报道提供一些录音机或摄像机不能直接记录的信息。

现场报道的题材选择：

（1）现场时间、空间相对集中：记者能在一定时间里，通过自己在现场的采访和报道活动，展现事件的发生、发展和来龙去脉；

（2）记者能以恰当的角色进入现场：记者以目击者、参与者等身份在现场作报道，可以增强报道的可信性和感染力；

（3）现场是正在进行时的：现场充满悬念和未知，记者的采访报道正在向未知取材，并向观众展现这个过程；

（4）内容较单一、现场事态发生发展的进程对观众具有吸引力的事件性新闻题材更为适合；

（5）现场有丰富的同期声或环境声等音响资源。

现场报道的结构：

（1）线索单一的时序结构：按新闻事件发生、发展的时间顺序安排，记者的叙事与事件的客观进程一致，便于受众了解新闻事件的来龙去脉；

（2）导引结构：由记者对新闻事件的概况作简要介绍，唤起受众的兴趣，再把报道内容转到现场事态，进一步在现场挖掘新闻事件。

现场报道对记者的要求：出色的口头表达能力，良好的心理调节能力，过硬的新闻业务能力，优秀的团队合作能力。

六、广播电视连续报道与系列报道

连续报道：对正在发生并持续发展的新闻事件在一段时间内进行多次、连续的报道。报道以时间为顺序，随着事件的发生、发展的进程而展开。

连续报道的特点：

（1）连续性：报道对象事态本身的连续性决定了各次报道之间存在有机的联系，内容承上启下连续、衔接，呈线性的分布，各次报道之间的顺序不能任意变动；

（2）时效性：在事态进展过程中进行报道，时间跨度小，每次报道都应有新的依据；（3）完整性：连续报道从事件发生到追踪到结束，应是有头有尾完整的。

连续报道采写的基本要求：

（1）新闻依据的不断添加和变动：每次报道都是新闻事件的刚刚发生的最新进展和动向，分段、分层地将事件发展中有价值的信息及时传播给受众；

（2）递进式报道的方式：各报道由浅入深，一环扣一环地逐步递进，最终完成整个报道；

（3）节奏把握：对同一新闻作多次报道和多单元集合，造成一定的舆论强势，当新闻进展较快，可增加报道密度，反之，则减少，形成良好的节奏。

系列报道：围绕同一新闻主题从不同侧面、不同角度作多次、成组的报道。多个独立报道没有外在的连续，却有内在的必然联系，集合在同一主题思想下，以求对新闻事实作比较系统、全面、有一定深度的报道。

系列报道的特点：

（1）集中性：围绕同一主题来进行，主题集中不分散；

（2）广博性：多角度、多侧面围绕同一主题反映各方面的情况，内容广博，信息量大；

（3）深刻性：系列报道题材多为题材重要重大的非事件性新闻，通过系列组合报道，深入揭示主题，具有深刻性。

系列报道采写的基本要求：

（1）精心设计系列：从整体目标出发去选择每条新闻的组合排列，同时注意每条新闻的信息量、报道水平，使单条新闻发挥应有的作用，形成整体报道的综合效应；

（2）立体开拓：在总主题的统率下，每条新闻作纵向、横向开拓，使整体报道立体化；

（3）以小见大：选择具体事实表现宏观主题，令受众可感、可知。

现场直播：与新闻事件或活动的发生发展过程同步，利用广播电视专用设备直接从现场播出的广播或电视形式。与事件保持同步，能够以最快的速度反映事件或活动的全过程；主要运用现场的画面或音响，加上记者客观的描述，带给受众置身现场、亲与其事的感受。是一种时效最快、感受效果最真切的广播或电视形式。

电视新闻具有报道性、记录性、即兴性，以及定期性，即把作品在时间上分割为连续性的片段，还有“室内性”等交流特点。

（1）传播迅速。电视的传播速度同样惊人，虽然它没有广播制作简便，但它的迅速如今已不容忽视。

（2）形象生动。电视以图像、声音、文字等符号直接作用于听众的感知器官，在多数情况下，易为人们接受。

（3）立体作用的方式。图、声、字是电视传播的三大元素。图像与文字作用于眼睛，语言、音乐、音响则首先作用于耳朵。

（4）传播内容丰富。电视具有最宽宏的度量，它兼容天下事，凡涉及人类应该了解而尚未知晓之事，一概纳之无误。

（5）空间无远弗届。电视同样可以使真实的视听符码跨山越水，翻山渡河，使之到达每一个空间。

（6）线性流程。电视传播拥有与时间同一的流逝特征，它也是顺时序的“一次过”，缺乏贮藏性和复显性，它“过时不候”，无法返回。

七、广播新闻的写作方法

由于媒介的不同，广播与报纸的报道在手段和方式上存在着很大的差异，但在其写作上，广播新闻的写作与报刊新闻的写作没有原则区别，只是应在方法上注意以下几点。

（一）形象具体

这应适用于任何新闻，但广播新闻要求更加严格。广播不大适宜播送理论较深、篇幅较长的文章（因为听众没有充分的时间思考），也不适宜搞连续性报道（因为听众难于保证次次收听），因此，广播新闻中要用更多形象具体的事实来说明问题；同时，听众收听广播同看报纸还有区别，看报纸一般是坐下来一字一句地阅读，听广播时则往往手下还要干别的事，精神不是很专注，这样，形象具体的事实才能够引起听众的兴趣。这正如鲁迅所说：“诉于耳的方法，和诉于目的时候是全然两样的。所谓听众者，凡事都没有读者似的留心。简洁的文字，有着穿透读者的心胸的力量，然而在听众的头里，都毫不相干地过去了。听众者，是从赘辩之中，拾取兴趣和理解的。”

（二）行文流畅

若报纸是一个面的话，那么广播就是一条线，因此，广播新闻的行文应该开门见山，环环紧扣，使人听了很容易就听懂了。根据这一要求，报纸上常用的提问式、描述式、引语式导语和不便于听的怪导语、延续性导语以及插叙、倒叙等手法，都不适宜在广播中使用。

（三）表现粗放

广播新闻除少数情况外，多数比报纸上的新闻表现得粗放一些。比如某些事件的详细过程，某些详细的数字，某些详细的经验，某些详尽的分析和论证等，都可比报纸简略些。这主要的不是为了节省字数，而是为了便于听，便于记。比如，一位新闻工作者寄给电台一篇稿件，讲到某地为了解决民办教师的工作和生活困难，采取了十二条措施。电台编辑认为，这十二条登在报纸上是可以的，可供人们逐条琢磨。用于广播则难。与其蜻蜓点水，一条也说不深，不如对其中主要的几条多着些笔墨，其他的一般措施略提或不提，这样，给人的印象会深，针对性和指导性也会较强。事实证明，这种写法效果是好的。在庞杂的材料中把握精华，在纷纭的事物中抓住要害，绝不是轻而易举的事情。

（四）篇幅短小

一次新闻广播，只能一条条按顺序收听，不能中途进行选择，而多数听众都希望在有限的时间内听到更多的消息，因此，篇幅短小便成为广播新闻的又一特征。

（五）迅速及时

无线电波的传播速度为每秒 30 万千米，绕地球七圈半，因此，广播的传播速度比当今任何一种新闻工具都快。无论是专业的还是业余的广播新闻采访与写作人员，都必须时刻注意广播的这一长处，努力提高广播新闻的时效性。广播新闻如果落于报纸之后，那就在相当程度上失去了存在的意义。

我国的广播新闻的时效性近几年有了明显提高，但与广播新闻应有的速度相比，差距还很大，从根本规律上认识这一问题的重要性是必要的。

为了快，就要赶，这是广播新闻工作者经常遇到的一种考验。这种考验比报刊记者多。比如，一项重要活动下午 6 点结束，报纸第二天见报，电台却需要 20 点广播，于是考验就来了。为了保证质量和时效，广播记者应尽量争取事先多采访到一些材料。

（六）适当重复

广播不留痕迹，不便查找，因此必须有适当的重复。这包括三种情况，一是整个广播节目的重复。适合各方面听众不同时间的需要。二是部分内容的重复。比如，为报道某个事物的背景材料，如果时间不是相隔较久，报纸上不宜重复使用。与之相比，广播就很有优势，相隔几月、几周甚至几天后仍可重复。广播没有时间回忆，每一件事都要讲完整，过去用过的某些材料，只要需要，复用一下是有益的。当然，复用时可以一次比一次简略。三是部分词语的重复。比如报道某个工厂，报纸上出现一次厂名即可，广播中则应多出现几次，以便让大家听得清，记得住。

上述几点是广播新闻写作的基本要求，为了使广播新闻顺利发展，其写作的基本要求是必须要遵守的。

八、广播新闻语言应具备的特点

广播，是传统三大传播媒介之一。通过广播报道新闻，是新闻传播活动的重要组成部分。与其他新闻的最大区别是语言的不同。因此，为报刊读者写的东西绝不该原封不动地拿到广播中来，必须经过文字加工，使它由适合于看，变成适合于听。根据这一原则，广播新闻的语言除了同样需要准确、朴实、简洁、通俗以外，还应强调或补充说明如下几点。

（一）通俗口语

报纸上的新闻要求通俗，但不一定要求口语，广播则要求两者兼而有之。也可以说，广播新闻语言要求通俗到口语化的程度。这是广播语言的基本要求。因此，当提笔写广播稿的时候，应该注意多使用口语。

根据口语化的要求，下面这些工作是必须注意的。

将书面词语改成口头语。比如“暮色茫茫，风雪满天”，应改为“傍晚的时候，刮着大风，下着大雪”，“转瞬间”应改为“转眼之间”等。

将单音词改为复合词。比如“并、但、应、现、已、时、较”应改为“并且、但是、应当、现在、已经、时候、比较”。

音同字不同的词要分清。比如“全部”容易听成“全不”，不如改为“全都”；“走近八宝山”容易听成“走进八宝山”，不如改为“走到八宝山附近”等。

（二）简洁明快

广播一瞬即逝，没有充分的思索时间，更不能停下来反复研究，因此它的语言一定要干净利索，简洁明确，一听就懂。不可以在一句话中堆砌很多概念和词语，倒装句等有碍于听的句法句式，是应该避免出现的。

（三）生动优美

为了便于听，广播的语言还要求多样的句式、形象的比喻和音律的协调。汉语的音乐感很强，写广播稿时，应该充分地运用这个好条件。比如：

在办公室里，你一言，我一语，一声比一声大，一声比一声高。

这是个对仗句，音韵也好。这里的“言”字是平声，“语”字是仄声，“大”字是仄声，“高”字又是平声，这样平仄相间，听起来优美流畅。

广播事业有了很大发展，许多报刊上的新闻、文章等需要通过无线电广播或有线广播传播给广大群众，因此，即使是报刊新闻，也存在一个口语化的问题。如果专业和业余新闻采访与写作人员都能做到这一点，使报刊、广播、电视充满清新、简洁、口语化的语言，那将是人们的幸事。

第二节　网络新闻采写

一、网络新闻的含义

网络新闻是突破传统的新闻传播概念，在视、听、感方面给受众全新的体验。它将无序化的新闻进行有序的整合，并且大大压缩了信息的厚度，让人们在最短的时间内获得最有效的新闻信息。不仅如此，未来的网络新闻将不再受传统新闻发布者的限制，受众可以发布自己的新闻，并在短时间内获得更快的传播，而且新闻将成为人们互动交流的平台。网络新闻将随着人们认识的提高向着更深的层次发展，这将完全颠覆网络新闻的传统概念。

网络新闻业务，其诞生之初，是传统新闻业务的一种延伸，但是，经过近十年的发展，它在不断吸取传统新闻业务养分的同时，也在逐渐形成自己的崭新面貌，有些，甚至是革命性的，并有可能对整个媒体的新闻业务发展产生影响。

二、网络新闻的标题

标题与新闻是密切相关的，标题不仅为表现主题服务，对新闻主题进行概括，对新闻价值进行了揭示，同时标题又是吸引、引导读者的重要手段。正如人们所说：标题是报纸的眼睛。标题在纸质新闻中早已引起人们高度重视。但笔者认为，在网络业迅猛发展的今天，网络新闻的标题更应引起人们的注意。

众所周知，在信息爆炸的今天，网络新闻以其时效性强、容量大、可检索、可保存、交互性、超链接等优势越来越受到大众的青睐，独立的新闻网站迅速发展，这使得网络新闻大战如火如荼。与此同时，网络媒体报道是视、听、读综合的读取方式，有几乎无限的“版面”。这固然是它的优势，但也有它的缺点：因其量多，面对庞杂、密集的信息，结构复杂的多层页面，读者对新闻的分辨、取舍的难度加大，易陷入被动局面而茫然不知所措。因此，我们可以毫不夸张地说：网络新闻的竞争，很大程度上取决于网络新闻标题的竞争。因为，除了人们在实际经验中得出的“题好文一半”的感性认识外，更重要的是，根据人的视觉线位移动规律，标题通常是诉诸读者的第一感觉。美国内华达大学新闻系副教授威廉·梅茨曾说过：“抓住读者或者失去读者，取决于新闻稿的第一段、第一句甚至第一行。”此一论述对网络新闻来说特别适用。

（一）网络新闻标题的作用

标题是新闻的“眼睛”。对于网络新闻来说，标题直接影响着新闻的被点击阅读率。网络新闻标题的作用一般有以下4个。

1. 揭示新闻内容

新闻标题必须用最精练的文字概括出新闻最重要、最有价值、最有吸引力的内容，以让用户迅速判断新闻事实，决定阅读取舍。

2. 评价新闻内容

评价新闻内容是新闻标题的传统作用。或者通过对新闻事实的选择，用适当的措辞含蓄评论事实，或者单刀直入直接评价新闻事实。通过评价，引导用户更准确地把握新闻意义之所在。

3. 吸引用户点击阅读

标题要突出报道中较具异常性、显著性、趣味性的内容，用词尽可能生动活泼以吸引用户的注意力。

4. 说明报道形态

网络新闻报道的超文本、多媒体特性，致使其表现形态多种多样，文字、图表、音频、视频不一而足。如果新闻中含有图片或非文字文本，标题应予以注明。

（二）网络新闻标题的构成要素

编辑制作标题要明确网络新闻标题的基本构成。这些构成元素有哪些呢？

1. 标题主句

又称“主标题”或“标题句”。它主要承担标题任务，标示新闻，例如：×××总理与×××总理会谈。

2. 题解

又称提要，是标题句后的注解部分。一般以一段或一句较具体的话对标题作诠释，或对报道作指引、概括。题解类似于导语而不等同于导语，虽然有时二者是同一内容。例如下面标题后的部分：

加拿大：让被抢者承认是笨蛋

加拿大南部温尼伯一家地方法院的法官，近日对一起抢劫案作出了荒唐判决，不仅宽恕了抢劫犯，还称遭抢劫的受害者是“笨蛋”。

有的题解在新闻标题区只显示一部分，其余用省略号代替。

3. 题图

在新闻标题区为重要的新闻配备的照片或其他多媒体样式如漫画、卡通等，以解说、提示新闻标题句及新闻正文。

4. 附加元素

网络新闻标题有时还有附加元素。通常包括：

（1）随文标记。以冒号提顿、括号或小字的形式标示在标题前或后，用来标明新闻的来源、发布日期、发布时刻。如上述例子中的括号部分。又如：

奔腾Ⅳ发展征程将因 Rambus 而受阻

（2）主观标记。是编辑在发布新闻时为标题贴的评价或示意符号，如“图文”“New”“酷”“！”“hot”“★”等等，如：

（图文）石家庄爆炸案犯罪嫌疑人靳如超被押回河北 New

（3）有的标题用效果字符显示如发光、移动、变色、动画等等。

上述三种附加元素显然也在标题区，但一般不属于标题制作的主要范畴。而且所有这些构成元素是被选择利用的，除标题句必不可少外，其余的倒不一定全部运用在标题中。

（三）网络新闻标题的来源

因为现在网络新闻来源大多是传统新闻媒体，故标题制作多是改造或直接移用传统媒体标题，总体而言有下面几种方式。

1．翻版报纸新闻标题

把报纸新闻的标题甚至引题和副题悉数搬上，只是字体、字号及标题位置的不同表现形式的差别不复存在。

2．略去报纸新闻的引题和副题，保留主题，或者把引题或副题用作网络新闻标题

这种情况取决于哪个标题能更好地揭示新闻事实或适合于网络用。

3．压缩报纸两行或多行题为网络新闻一行题

如：×××会见意大利总理时说（引题）

科索沃是南内部事务（主题）

压缩综合为：×××说，科索沃是南内部事务

4．把提要用作标题

这多出现在广播电视新闻背景下。如：“九五”我国将有四个核电站开工建设，并将于“十五”期间投入运营

5．另外制作标题

一旦传统媒体新闻标题不适合网络使用，或者表达不好，显示不出网络特色，网络新闻编辑就要动手再制标题。这正逐步成为主流方法。

（四）网络新闻标题的制作原则

网络新闻因各自的重要程度不同或所处位置不同，其标题可能出现多种存在状态，像单独标题、标题加题解或加摘要，集合专题下的分标题以及新闻文本中的子标题等等。这要求具体问题具体对待。网络新闻编辑应当积极创造，提倡“语不惊人死不休”的精神。总的说来，编辑制作标题有以下几个共同要求和规律。

1．多用实题

网络新闻标题要务实，不可务虚。要关注新闻五要素中的“何人”“何事”，

并防止遗漏重要的细节和附属事实。多用善于表达状态描摹动态的名词、动词，少用或不用空泛抽象的形容词、副词。单行题为主，不过为揭示更多信息，二级、三级页面中可以复杂一些，用两行以上标题。

2. 感性认识和理性认识相结合

让用户既能看到间接的文字符号，又能看到图片、色彩等直接符号，以加强标题的概述能力和导读能力。随着技术手段的发展成熟，网络新闻的这种超文本、多媒体优势应该得以充分发挥。

3. 转化报纸标题要求

转化报纸标题时要注意平面语言信息的文字语言表现，把区、位、组合、留白等要素功能尽可能用文字准确表达出来。并且注意分清主题、副题、引题的内涵、作用及虚实，推敲新闻主题，摆正主语位置。压缩了的标题不可简单转换，尤其是对联式标题，因为其追求对仗会造成元素缺失。这些都要多读、多思考，准确辨别，恰当转换，乃至重做标题。

4. 标题字体、字号、色彩等的选择运用要慎重

虽说计算机数据库提供了选用这些元素的广阔天地，但不可滥用。否则会导致页面杂乱，不易辨认而影响阅读。一般说来要与新闻的内容和视觉特点相配合，变化越少越好。

三、网络新闻写作的特殊要求

目前一个完整的网络新闻作品通常可以分解为标题、内容提要、新闻正文、关键词或背景链接和相关文章或延伸性阅读5个层次。因此，层次化写作是目前网站比较常用的一种新闻写作形态。在网络新闻的层次化写作过程中，网站编辑、记者应熟知和掌握每一层次的写作技巧。

1. 建造引导读者向深层信息进入的第一航标：精心制作新闻标题。

由于网民对新闻标题的“第一依赖感”形成，网络新闻标题已经成为受众识别新闻内容，判断新闻价值的第一信号，成为受众决定是否索取深层新闻信息的第一选择关口。读者每一次对于下一层网页链动结构的点击（即对深层新闻信息的选择和索取），支付的不仅是时间，而且是金钱，因此，标题实际上也成为他们权衡自己获取新闻所支付成本的第一判断。标题在网络新闻传播中的重要性格外突出。

网络新闻标题大多是独立出现的，通过标题上的链接，人们才可以读到信息内容。一个栏目下，可能会同时出现几十条标题，人们需要在很短的时间内，在这些标题中扫描，做出判断，进一步决定点击哪一条新闻。印刷媒体的标题由于其版面展示空间的完整性，读者可以在同一时间和空间，看到新闻的主标题和副标题乃至主体新闻的提要等内容，因此，在标题的制作上可以调用各种文字技巧。比如，主

标题借用了一个比喻，则可以用副标题对其进行解释和说明。可以说，在网页上，标题是导读的决定性手段之一，他对于新闻主要要素的提示，起着重要作用。正因为如此，新闻网站往往把标题的竞争作为常规新闻竞争的一种主要手段。从国内各大网站来看，目前比较流行“两段题”，即主题＋副题，主题揭示稿件的主要内容，副标题补充相关内容。比如千龙网2007年9月12日新闻栏目中全部采用的是“两段题”。

比如：“学生食堂获补助2516万　贫困大学生每月补7元”；“手机统一接口充电器本月上市　已获得国家认证”。

“两段题”的主要特点是一目了然，有时间可以链接网页继续阅读，没有时间也基本知道文章的大概。

制作标题应注意的几个问题。

（1）不要使用专业术语。比如说某某地方拆除D级危房

（2）不能用虚标题，都要用实标题。西峡有一篇新闻：实标题用丹心一片铸师魂，虚标题用记西峡县西坪镇东官庄小学教师叶云琴同志。可以直接改成：叶云琴：丹心一片铸师魂

（3）标题要有主语。例如“培育农村专业经协”可改成“唐河：培育农村专业经协”

（4）研究网站首页各个栏目能显示出的标题字书，在设计标题时可以以此字书为参考。主要是考虑标题能在网页上“完整显示”，如太长就会出现“显示不完整”的现象。“显示不完整”常常带来一些负面效果：有的文稿标题后半部分是文章要反映的内容，因为标题“显示不完整”，可能让受众把标题“部分显示”当作新闻要反映的内容，比如《天津：建37千米高速路，倒下37个乡干部》，如显示不完整，就成为《天津：建37千米高速路》，似乎是说修路，实际上是说因为修路过程中产生了腐败使得37个乡干部倒台。

（5）不要为了赚取点击数，在标题制作上不惜挂羊头卖狗肉。

2. 让新闻适合扫描式阅读，想方设法突出重点新闻要素。

目前，扫描式阅读已经成为网络新闻阅读的主要方式。在网络新闻传播过程中，受众阅读信息的速度加快导致阅读方式的改变，据美国学者的研究发现：79%的网络读者对内容是一扫而过，只有16%的人逐字逐句地阅读。网络新闻传播开辟了人类信息传播史上扫描式阅读（潜阅读）的时代。这种阅读带有极大的跳跃性、检索性、忽略性，如果新闻中没有醒目的关键词，没有清晰的提示与标识，没有引人注意的种种细节，就难以抓住读者飞速运行的眼球。为了让新闻适合于扫描式阅读，要想方设法突出重点新闻要素，要在新闻的内容提要、导语和新闻主题上多下功夫。

内容提要：突出核心或主要，让读者在不看新闻内容的情况下对这篇新闻所要

表现的内容有一个感性的了解，内容提要也就是这篇新闻的灵魂或是中心思想。

它是用一句话或几句话简单地把新闻的主要部分概括出来的新闻写作形态。在传统广播电视节目中，新闻提要经常出现在节目的开头、中间或结尾，主要的目的是让受众对下面将要展开的主要内容有个大概的了解和感性认识。一般来说，在传统媒体中，有新闻提要的新闻往往都是节目中比较重要的新闻。在网页中，一般没有赋予它这么高的地位，只是深化标题，让网民对新闻的主要内容有进一步认识。

在新闻提要写作中，编辑要注意新闻提要写作与标题写作的不同：标题写作是把最重要的要素（如何人、何时、何事、原因等要素）凸显出来；而新闻提要则是把文中核心部分写出来，但不一定是最重要的要素。

新闻导语：突出新闻要素，让读者一看到导语就知道该篇新闻所要叙述的事件。

新闻导语是新闻稿件中的第一句话或第一段，是用最简洁的语言把新闻中最重要最新鲜的要素概括出来，以期引起受众的浏览和阅读兴趣。

导语在消息中占有重要地位和作用。它承担着两个重要任务：一是突出事实中最主要的内容，用精练的文字开门见山地表达出来；二是启发、吸引受众浏览、阅读整条消息。美国传播学者尼尔森研究发现，人们在网上阅读新闻的时候通常采用快速阅读的方式，即力图在15秒钟时间内得到想要掌握的信息的要点。因此受众在快速浏览过程中能迅速抓住一篇新闻的主要内容并产生兴趣，才有可能进一步深入阅读。导语写得好与坏，决定着一条消息的成败。因此，美国报业巨子赫斯特曾经说过，“千万记住，如果你的第一句话不能打动读者，也没有必要写第二句了”。

在导语写作实践中，导语的常用表达形式主要有叙述式导语、描写式导语、对比式导语、结论式导语、评论式导语等。叙述式导语，就是把新闻中最重要、最有意义、最新鲜的事实，用简练、概要的文字叙述出来；描写式导语，就是把富有特色的事实或有意义的某一侧面，用文学的“白描”手法简练勾画出它的形象，给受众以鲜明、深刻的印象；对比式导语，就是用正确与错误、好与坏、现在与过去的事实进行对比，形成强烈的反差，吸引受众并引起关注和思考；结论式导语，就是将事实中的最重要的结果、结论概括出来；评论式导语，就是用事实进行精辟的、画龙点睛式的评论，揭示事物的性质、点明意义或重要作用。

新闻主体：对内容提要、导语进一步的解释、补充和叙述。

新闻主体是导语后面的部分，是新闻作品中的主要部分。主体是对导语中已揭示的新闻要素做进一步的解释、补充与叙述。在消息写作实践中，常用结构安排通常是按时间顺序或按事件发展顺序、“倒金字塔”结构等。第一种结构比较简单，从事件发生、发展、高潮、结束来安排材料。对于后一种“倒金字塔”结构，难度稍微大一点。从网络的发展来看，网络新闻对这种结构的要求不像传统媒体那么严格。传统媒体主要是从版面安排和时间段安排来考虑的，在某些情况下，对稿件要做部分裁减，最便捷的方法就是删除“倒金字塔”结构的文章的最后一部分或若干部分。网络媒体由于数据库庞大以及采用链接技术，几乎不存在长稿的问题。

新闻主体的写作可采用以下两个小的技巧：一是使用有特色的小标题；二是保持每段的独立性，即一段一个内容。

3. 背景资料：用过去的事情解释今天的事情，开阔受众的视野，让读者对陌生的新闻事实有更清楚的了解。

背景资料又称为“新闻背景”，它是指新闻报道中同新闻的主要事实有密切关系的历史情况、社会环境、政治局势、自然情况、人物简历、知识资料和基本数字等。用澳大利亚一位新闻学者的话说，所谓新闻背景就是用过去的事情解释今天的事情。世界上任何事情的发生几乎都会有历史性，都是有原因的，并不是孤立存在的。写新闻时要考虑背景资料的主要目的是，让受众更容易理解现在发生的事件。常见的背景资料分类主要有：对比性背景资料。它是指那些能与新闻事实形成某种对比的材料，包括正反对比、前后对比、好坏对比、彼此对比、黑白对比、先进落后对比等等。有比较才有鉴别。经过比较，就能看出问题、比出差别，事实的特点、意义和价值就能清楚地显露出来。

注释性背景资料就是用以帮助受众看懂新闻内容，增长知识和见闻的背景材料。比如产品或其他物品性能特点的说明、科技成果的通俗介绍、技术性问题的解释、名词术语的注释、文史记载的知识、风土人情的介绍等等。它一方面让受众知其然更知其所以然，另一方面开阔受众的视野，对陌生的新闻事实有更清楚的了解。

说明性背景资料。它是用来说明和解释新闻事实产生的原因、条件和环境，人物活动的背景材料。美国新闻学家麦尔文·曼切尔在《新闻报道与写作》一书中说：“如果不交代一个事件的来龙去脉，这个事件的意义就不会完整。”“在新闻写作中，最基本的东西莫过于对任何一个事件、讲话、情况或数据都必须交代其来龙去脉，以确切地反映它。”在网络传媒中，说明性背景资料的价值仍显重要。

提示性背景资料。它是指经过作者或编辑精心安排的，对新闻事实的意义有所提示的或对受众有某种暗示作用的背景材料。它的主要作用是将作者或编辑的某些见解暗示给受众，或是将受众的思路引向某个方面去思考。这些内容既可能是对立的判断，也可能是相关的类比。

在网络文稿写作中交代背景的方式主要有两种：一是将背景与事实融合在一起，比如穿插在导语、主体或结尾中。另一种是将背景与新闻事实区别开来，放在专门的背景栏目或通过链接放在其他网页上供受众浏览、阅读。

四、网络新闻写作如何脱颖而出

信息技术时代的先知马歇尔·麦克卢汉曾提出“媒介是人的延伸”，认为媒介是人体感官能力的延伸和扩展，比如文字印刷媒介是视觉能力的延伸，广播是听觉能力的延伸，电视是视觉、听觉和触觉能力的延伸。无疑，网络媒介延伸了人的大脑和双手。因此，在网络主导写作的时代，只有理解搜索引擎优化策略，并能迅速适应这个以快制胜的时代，记者才能在高手如云的时代脱颖而出。

显而易见，网络新闻写作与报纸新闻写作存在明显的不同，所有的新闻工作者和网络写手都应当也能够了解其中的差异。那么，最关键的问题是网络新闻与报纸新闻相比，其形式与文风有什么样的特点呢？根据罗伯特·奈尔斯《网络写作教学》的总结，并结合笔者的观察与实践经验，网络新闻成功写作需要遵循以下三个基本步骤，并在此基础上才能实现个性化写作的创新与超越。

（一）发现网络新闻写作独特性的方法

既然网络上的海量新闻要与报纸新闻和期刊新闻有所差异，那么记者就要首先了解网络新闻的独特性在哪里。就目前的情况来看，绝大多数媒体还没有把握网络时代的机遇，但这并不意味着这一机遇是不存在的。网络出版提供了多种独特的新闻写作模式，而且启发记者如何在浩如烟海的网络时代里迅速掌握这些方法，这样才可以让网络新闻在激烈竞争的时代里独领风骚。

新闻写作是一门实践的艺术，正统的教科书并不是学习的最佳素材，直接阅读网络新闻将是最有效的办法。当然，对于初学者来说，还是可以借助别人的经验而少走弯路，比如网络新闻写作指南一类的读物，这对于改善和提高网络新闻写作技巧是需要的。与传统印刷媒介新闻写作框架不同，网络新闻写作是通过博客、维客和论坛形式出现的文字样式。

（二）网络新闻写作充满了神奇与魅力

博客的写作与报纸新闻最为接近，特别是专栏写作更是相似。博客写作并不要求全部用第一人称，实际上最优秀的博客就像最棒的特写专栏，需要的是震撼人心的独创性报道。但是多数博客写手的做法是发出与众不同的另类声音，以此吸引挑剔的读者的慷慨点击，这不是成功的关键。最关键的是作者必须把个人的生活经历和敏锐的洞察力隐含于报道之中，让读者迅速而直观地做出自己的判断。当然，如果博客能随时随地更新就更好了。

维客是一种提供多人共同创作环境的网站，即每个人都可以任意修改网站的页面数据。因此，维客的作品最终是由作者集体完成的。它与报纸新闻的不同是维客新闻可以随时复制、修改和更正。当然，维客新闻不应该也不可能要求作者在加入最新的信息时与旧的文本完全吻合，因此在网络新闻的写作里，维客新闻是难度最大的。尽管如此，维客新闻依然是吸引读者不断更新信息的最好形式，也是激发网站流量飙升的直接动力。

留言板已经被报纸网站使用多年了，但最成功的莫过于那些独立的新闻网站，它们依靠留言板的功能聚合了大量的人气。最优秀的版主利用最高明的采访技巧，即把网站的大量留言集中归类，然后直接链接到网站的社区板块中，巧妙的话语、个人化的叙事和充满智慧的措辞，这一切都充满了神奇的魔力，吸引了一批黏着度很高的网络游客。

种子写作是把报纸标题的写作技巧应用到新媒体的方法，其本意并不是为了信息的传播，而是借助于写作的种子吸引好奇的读者的点击、挖掘和链接。报纸的标题是为了吸引读者阅读标题下的新闻，但种子标题是为了吸引读者通过 RSS 或 E - mail 来填补新闻，当然最好可以激发读者把种子播撒到其他的 E - mail、即时讯息和 Social Bookmarks（一个比较好的增加外链的手段）。那么，网络写作利用这些模式的具体技巧是什么呢？当然，传统写作技巧还是有用的，比如主动语态、结构清晰和措辞准确。除此之外还有什么技巧呢？

（三）直达读者眼球——为搜索引擎而写作

关键词是网络写作的关键一环。网络写作与报纸写作最大的一个区别是它可以直接进入搜索引擎的页面，因此，网络新闻写作必须准确地选用关键词，即最有可能被读者搜索到的词语。因此，作者必须设身处地地站在读者的立场写作，这样他就可以决定读者最有可能使用什么词语搜索到此条新闻。

主体提炼至关重要。为了增加被搜索的机会，网络写作者需要尽力把新闻提炼出 1—2 个主题，这样作者就可以在标题中使用选定的关键词和独特的主题，在此基础上使行文跌宕起伏当然是更高的境界。如果写作过程中产生新的观点，就可以另起炉灶单独成文，通过超链接的方式实现不同新闻之间的共享。

超链接是网络写作成功的必要条件。超链接不管对新闻的纵深语境还是对背景新闻，都是最基本的，新闻通过搜索引擎而出现的次数或日期，可以最大限度地增加新闻被置顶的机会。

速度测试训练是写作者绕不开的阶段。通过练习的方式对提高网络写作的速度是非常有效的。比如可以选择当天的报纸新闻，作者可以选择其中自己认为最重要的 2—3 条，为每一条新闻写作导语和结语。判断的依据是关键词的使用、主动语态和精练语言。可以找同事、同行或专家打分，速度将成为积分的重要指标。在此基础上，把速度与写作质量有效结合起来。

五、网络新闻的写作技巧

（一）了解你的受众

写作与编辑要把网络读者的需求与习惯放在心上。网络使用性研究表明读者往往浏览网站而不是专心地阅读。他们也往往比印刷品的读者或电视观众更活跃，搜寻信息而不是被动地接收你提供的东西。

考虑一下你的目标受众。因为你的读者正在网上获取他们的新闻，极有可能的是他们比电视观众或报纸读者对与网络有关的故事感兴趣，因此重视这样的故事是有意义的。另外，你的网站具有抵达全球的潜力，所以要考虑到你想把它做得可以让地方、国家或者全世界的受众都看得懂，写作和编辑要把这一点放在心上。

（二）先思考——而且要思考得与众不同

在你开始报道和写一个故事的时候，考虑一下讲述故事最好的方法是什么，是否通过使用音频、录像、可点击的插图、文本、链接等方式——或一些组合。与音频、录像和互动设备的厂商进行合作。定一个计划并让它指导你新闻采集与生产的全过程，而并非只是报道一个故事，然后添加各种各样的元素。寻找可用到网上的故事——这些故事你能够讲得与其他媒介不同或者更好。

（三）做好你的新闻收集工作

正如印刷品记者与电视记者采访的方式不同（因为他们在寻找不同的事物），所以网络新闻工作者必须专为自身需要做好采访与信息收集工作。

印刷品记者倾向于寻找信息。电视记者倾向于寻找镜头上的情感、尖厉的声音和与文字相伴的画面。网络新闻工作者必须不断地以不同的要素和不同的要素如何完成与相互补充的方式进行思考：寻找与文字相配的影像，与音频、录像相配的文字，引进互动性的资料等。

记住照片在拍得或取得窄时看起来更好，录像在背景素朴、最小聚焦的情况下更容易观看。如果有人说那将会成为有力度的剪辑时，就尽可能把采访录制下来。寻找会成为有趣谈话嘉宾的名人，并且一直关注运用互动工具进行更有效传递的信息。

（四）写得活泼而且紧凑

为网络写作应该是一个处于广播与印刷品之间的交叉口——比印刷品更紧凑和有力，但比广播写作文字性更强而且更细致。积极地写作，而不要被动地写作。

优秀的广播写作主要使用紧凑、简洁的陈述句而且坚持一句话一个意思。它避免长的句子和被动的印刷品写作。每个表达出来的意思逻辑自然地跟入下一句。网络写作运用这些概念使文章更易懂而且能更好地抓住读者的注意力。

努力用生动的散文，依赖有力度的动词和鲜明的名词。在你的文章中注入区别性的声音以助于把它和网上的多数内容进行区分。运用幽默。试着以活泼轻快的风格或态度来写作。网上对话风格发挥的作用尤其好。网络受众更易于接受非常规的写作风格。

同时，不要忘记传统的写作规则应用于网络这一点。不幸的是，大多数网络新闻网站的写作水平参差不齐。故事遭受被动词、乱加从句的冗长句、混合的比喻和陈词滥调的困扰。这是由快节奏新闻采集、短期配备人员与无经验的记者造成的。这也是一个大错误。读者注意到粗心的文章，他们是不会谅解的。他们将中止阅读故事并且不会回来看更多的内容。与地方报纸读者不同，网络读者有可选择的事物。

（五）解释

不要让一天二十四小时的电子化新闻收发机构的工作思路攫住你的头脑，并且因为你尽快地得到最新的新闻，要考虑全部重要的事情。读者很少注意到或在意谁是第一人。人们想知道的不只是发生的事情，而是事情为什么重要。所有的信息源现在已经在那里了，解释新闻最好的网站将取得最终的胜利，写作与编辑你所有的故事要把这一点放在心上。

（六）不要淹没导语

你承受不起网上淹没导语的后果，因为如果你这么做就几乎没有读者到这里来了。当进行网络写作的时候，重要的是快速地告知读者故事是关于什么的以及为什么他们应该继续阅读——否则他们就离开了。

一个解决方法是运用“T 字模型”的故事结构。在这个模型中，一个故事的导语——“T”字的水平线——概括了这个故事，而且理想的话，告知故事为什么重要。导语不需要泄露结局，只是给人提供一个继续读下去的理由。然后，故事的其余部分——“T”字的垂直线——可以采取任何一种结构形式：作者可以以叙述的方式讲述故事；提供一则逸闻，然后跟上故事的其余部分；以积木堆的形式从一种跳到另一种；或者只是继续进入一个倒金字塔。

这使记者快速地电传最重要的信息——继续阅读的理由——而且也保留他或她想要写作故事的自由度。

（七）不要堆砌

另一种故事结构（绝大多数意外地由网上发展而来），我把它叫作“堆砌”。

网络写作的一般问题发生在突发性新闻故事上。为了看起来尽可能的新鲜，网站经常会把一个故事的最新发展放在开头——不管这个发展到了什么程度。然后，他们会在上面叠加下一个发展进程，再下一个——造成了一个丑陋的故事混杂物，使其只是对整天追踪着这个故事的人来说才有意义。不幸的是，通常这样做的人只是新闻工作者们。很少有读者会一天访问一个网站达到一次以上。当故事更新时，要记住这一点，并总把最重要的新闻放在导语里。

（八）简短而甜美

大多数网络故事对于一个网络受众来说都太长了，我可以想见几乎没有几个读者会看完它。罗伊·彼得·克拉克写了一篇精彩的论文，认为任何一个故事都能用 800 以内字数来讲述——一个很好的网络写作准则。

但是让其成为指导方针，而不是规则。读者会坚持看网上较长的故事，如果有不可辩驳的理由让一个故事那么长的话——而且如果故事能继续吸引他们注意的话。

使读者上下移动显示文本来看故事的其余部分总的来讲要比点击它们更为可取。网络新闻的使用者的确上下移动显示文本。如果有人点击到一个页面，一般的情况是因为他们想阅读这个故事了，因而他们读的可能性也高。波音特视线研究表明文章文本的大约75%在网上被阅读——远高于印刷品，其文章文本平均有20%—25%被阅读。印刷品读者在任何一个特定的故事中很少被赋予权利，因为他们没有做任何积极的事来获得这篇文章。

（九）把它打碎

较大的文本块使在荧屏上阅读变得困难，而且你更有可能失去读者。使用更多的小标题和打印突出段落重点来把文本与意思分开，这会有帮助。文章应该读来活泼、迅捷。保持段落与句子的简短。像这样。

试着大声朗读句子，看一下是否过长了。你应该能够不用停下来呼吸就读完一个完整的句子。

从信息中抽取出插图、图表、用重点突出的表格和互动性的图形也会有助益。即使一个带定义或摘要的花边文字也能帮助打碎文本并把信息转化为一种易读的格式。

（十）减少猜测

人们在点击材料时经常不知道他们将会得到什么。而且人们只有在知道他们将得到什么时才会去点击。当他们点击不值得看的东西时，他们就会对你作为一种资源失去信任，而且不大有可能在将来会回来并点击内容。因此对你告诉人们会得到什么一定要把握准。

研究表明，网络新闻用户相对于有趣、可爱的标题更喜欢直截了当的标题。可爱的标题没有把快速地解释一个故事是关于什么的这一工作做好，因而打消了网络用户点击看到底的想法。

（十一）不要惧怕链接

不要惧怕链接。许多网站有一种妄想的恐惧，以为如果他们把其他网站链接进来，读者就会流失而不会回来。事实并非如此！人们愿意上能够收集编辑有点击价值链接的网站——证实了雅虎的成功。如果人们了解到他们能够信任你的网站，他们会回来看更多的内容。

同时，新闻工作者有责任把新闻判断和编辑的标准用于他们选取的链接。避免链接明显错误的信息或冒犯无礼的内容。通过帮助读者从新闻幕后人物那里取得额外信息的方式来精选能增强故事价值的链接。

当然，在你的网站上可以链接过去与当前的相关故事。这正是网络的优势之一。通过链接其他故事来提供语境和背景，作者免于陷入旧信息故事的泥潭，有更大的自由度集中在当天的新闻上。

（十二）勇于尝试——但要记住基本要素

网络新闻是一种新的、演进中的产业，我们在进行业务的同时，书写写作的规则。勇于向你自己与同事提出做事方式的问题，并拓宽所能做事的边界。没有规则，只有想法。勇于尝试，尝试不同的事物。

但不要忘记新闻学的根本。事实还是必须要核实两三遍；写作还是需要敏锐、生动而且到位；故事应该包括语境；而且必须遵从伦理实践。不要让一天二十四小时速度的套路和新工具把你从这些基本要素中抽离出来。

由于网络现在给每个人如此多随手可及、可选的新闻资源，现在比以往更重要的是我们要坚持网络的根本，现在比以往更重要的是我们坚持新闻学的根本以生产人们信赖的新闻，因为最终那是使人们回来看更多内容的所在。

第三节　网络新闻的写作范例

一、广播新闻的写作范例

联合国官员和专家对新都中学人口教育工作十分赞赏

〔本站消息〕　新都中学人口教育教师吴天海今天在他的办公室里，拿着一本厚厚的笔记本告诉本站记者：联合国官员和专家对新都中学五年来的人口教育工作十分赞赏。

人口教育是贯彻“计划生育”基本国策的战略措施。早在70年代初，周总理就倡导在中学生中进行人口教育。1980年3月，根据我国政府与联合国人口活动基金会签订的中学人口教育项目协定，新都中学被列为全国10所试点中学之一。五年来，这所中学已经有1200多名高中学生系统接受了人口科学基础知识和人口政策教育。去年底，学生写的5份专论被提交联合国教科文组织亚太区教育处。

1984年3月17日，联合国教科文组织人口教育顾问沙尔马博士来新都中学视察，他作了这样的评价：“我对你们卓有成效的人口教育表示十分赞赏。”

去年10月16日，联合国人口活动基金审评小组全面审评新都中学人口教育工作后，一致表示满意。当审评小组成员海迪·斯温德尔斯女士听了几位学生用英语汇报学习人口教育知识的体会后，高兴地说：“我要把你们写的心得带回纽约，让我的女儿拿到学校去念，使他们更好地了解你们。”

今年3月，联合国人口活动基金审评小组在给联合国的审评报告中写道：“政府官员、教员和学生的高度主动性是非凡的。”“那些教师和学生将人口教育的信息传递到他们的村庄，例如，劝说他们的亲属遵循一对夫妇一个孩子的政策。”

今年9月23日，联合国计划开发署驻华代表孔雷风委托他的夫人访问新都中学后，称赞这个学校的人口教育搞得好，写下了热情洋溢的题词："向新都中学学习。"

二、事故报道的写作范例

四川汶川地震抗震救灾进展情况

〔北京2008年8月7日电〕　国务院新闻办公室7日根据国务院抗震救灾总指挥部授权发布：

据民政部报告，截至7日12时，四川汶川地震已确认69222人遇难，374638人受伤，失踪18176人。

据总参谋部报告，截至7日12时，抢险救灾人员已累计解救和转移1485993人。

据卫生部报告，截至7日12时，因地震受伤住院治疗累计96525人（不包括灾区病员人数），已出院91923人，仍有1937人住院，其中四川转外省市伤员仍住院862人，共救治伤病员3591931人次。

据民政部报告，截至7日12时，向灾区调运的救灾帐篷共计157.97万顶，被子486.69万床，衣物1410.13万件，燃油273万吨，煤炭583.3万吨。

据住房城乡建设部报告，截至6日，地震灾区过渡安置房（活动板房）已安装612400套，正安装6700套，待安装39500套，生产地已发运1900套，待发运8300套。

据中国地震局报告，4日12时至7日12时，汶川地震主震区监测到3.9级以下余震498次，4.0至4.9级余震3次，无5.0至5.9级余震，6.0至6.9级余震1次，无7.0级以上余震。主震区已累计监测到余震22521次。

据财政部报告，截至6日12时，各级政府共投入抗震救灾资金643.88亿元。中央财政投入574.12亿元，其中：应急抢险救灾资金250.92亿元，灾后恢复重建资金323.2亿元。地方财政投入69.76亿元。

据民政部报告，截至7日12时，全国共接收国内外社会各界捐赠款物总计592.58亿元，实际到账款物591.98亿元，已向灾区拨发捐赠款物合计238.11亿元。

据发展改革委报告，截至6日，向灾区调运的中央储备救灾粮累计出库321982吨，食用油累计出库9401吨。

据交通运输部报告，截至7日12时，公路受损里程累计53295千米，已修通52528千米。

据水利部报告，截至7日12时，受损供水管道累计48275.5千米，已修复4483.99千米。

据工业和信息化部报告，截至7日12时，电信光缆损毁里程合计36613皮长千米，已恢复30524皮长千米。

据商务部报告，截至7日12时，四川、甘肃、陕西因灾受损商业网点（含个体工商户）总计138960家，已有127781家恢复营业。

据人力资源和社会保障部报告，截至7日12时，地震灾区有组织劳务输出合计158777人，本地就业合计650361人。

三、调查报道的写作范例

铁道部称京沪高铁上座率107%　记者调查余票很多

京华时报　××××年××月××日

据《东方早报》新华社报道铁道部透露，截至7月31日，京沪高铁开通运营一个月以来平均上座率107%。记者调查发现，相较于开通初期“座票售罄”现象，京沪高铁目前几乎每趟都有余票。

铁道部××月××日透露，截至××月××日，京沪高铁开通运营一个月以来，共开行动车组列车5542列，日均179列；运送旅客525.9万人，日均17万人，平均上座率107%。京沪高铁和既有京沪线日均合计发送旅客25.4万人，较京沪高铁开通前同比增加9.4万人，增长58.8%。针对京沪高铁开通以后出现的设备故障问题，铁路部门对京沪高铁设备进行了全面细致的安全大检查，迅速整治存在问题，强化安全保障措施。

京沪高铁开通初期，售票方面曾一度表现为上午满下午空，甚至出现了上午票“整点售罄”现象，即12时前从上海整点出发车次车票热销，午后出发列车较空。

××月××日，记者登录铁路客户服务中心网查询余票情况时发现，绝大多数京沪高铁列车二等座有余票。××月××日数据显示，刚开通时热门的G12次、G2次、G14次和G16次列车，二等座分别剩余414张、372张、630张、624张；13时至16时区间段的二等座余票均在600张以上。

火车票代售点售票窗口工作人员1日说：“目前来这边买（京沪高铁）预售票的人很少。余票那么多，基本上都是可以随到随买的。”

与此同时，上海开往北京夕发朝至的“独苗”T110次列车票却依旧抢手。记者××月××日从客服网发现，××月××日的T110次列车，无论是软卧、硬卧，还是硬座，余票显示都为“0”，此后几天也显示同样的结果。

第十四章　各类专业新闻写作

第一节　社会新闻写作

一、社会新闻的含义、分类和写作特点

（一）社会新闻的含义

社会新闻就是从人们的日常生活角度出发，报道类似社会学所研究的范围（人口、就业、道德、秩序、婚姻、家庭等）以及人类与自然界中奇异现象的新闻。在报道社会学研究范围内的主要内容中，多以社会伦理道德为基础，反映社会风尚。

（二）社会新闻的分类

一般来说，社会新闻主要分为道德类、伦理类、生活类、法制类、风光类。

1. 道德类

主要是指反映新的道德风尚的新闻。

2. 伦理类

是指反映恋爱、婚姻、家庭方面的内容，表达评价和维护一定的社会伦理道德的新闻。

3. 生活类

是指反映新闻人物、社会人物的生活和活动以及人们的日常生活的新闻。

4. 法制类

反映与法制密切相关的社会事件的新闻。

5. 风光类

反映自然风光、风土人情以及自然界和生活中奇异现象的新闻。

（三）社会新闻的写作特点

1. 社会性

首先表现在题材上，诸如道德风尚、恋爱婚姻、家庭问题、业余生活、邻里关系、世态炎凉、风俗习惯、乡土民情、天灾人祸、民事纠纷、社会治安、名人逸闻、奇异的社会现象或自然现象等等，都是社会新闻的报道范围。其次是它的读者群有广泛的社会性。社会新闻取材于民间，反映的都是与人们的日常生活息息相关的事情。

2. 趣味性强

奇风异彩，珍闻趣事，与众不同的人和事，都会让人感到新鲜、亲切，因而也就受人关注。

3. 涉及面广

社会新闻不受行业的限制，涉及社会领域的方方面面，题材广泛，内容丰富。

4. 在各类新闻中，社会新闻不能忽视

它所报道的内容必须服务于中心工作，引导社会舆论。

社会新闻与其他一些专业或重点新闻报道比较，虽然不直接和专门地去反映和指导“中心工作”，但它报道的是与中心工作有着直接和间接联系的社会生活的各个层面的情况，对于服务于中心工作，引导社会舆论，促进精神文明；对于移风易俗，鞭笞丑恶，匡正时弊，促进社会进步；对于开阔眼界，增长知识，拓宽新闻报道领域等方面，有着不可忽视的重要作用。

二、社会新闻的写作要求

（一）注重社会效果

坚持正确的舆论导向，既要宣传先进典型，也要揭露阴暗面。但这一切都要着眼于社会的稳定和发展。过多报道消极的东西，只会使人产生错觉。多报道先进方面的人和事，才能反映时代，引导人们前进。

因此，写作社会新闻要着眼于社会效果，既要如实报道，又要有目的、有针对性、有选择地确定写作角度和取舍材料，不能损害我们的社会利益，在揭露假、恶、丑的东西时，要寓引导于暴露之中，防止片面性，防止副作用。

（二）要有故事性

故事情节能使人对事件产生浓厚的兴趣。选择典型的情节，是写作社会新闻的一个起码的要求。

（三）要有健康的知识

帮助读者开阔视野，扩大知识面，增强文化素养，是社会新闻的使命。但是，开什么样的眼界，长什么样的知识，要有选择，不能宣传伪科学和愚昧的东西，不能传播诲淫诲盗的知识。要选择给读者以有益的知识——有益于生活，有益于工作，有益于破除迷信，有益于身心健康，有益于增长科学知识。

（四）要有趣味性

趣味性是社会新闻的一大特性。社会新闻要对社会负责，给读者的情趣必须是健康的、高雅的，必须寓教育性于趣味性之中，要用富有趣味性的词语写出社会生活中多姿多彩的人物，戏剧性的片段，妙趣横生的情节，幽默的细节和耐人寻味的场面，把人们共同的喜怒哀乐表现出来，来吸引读者、感染读者，取得引人入胜的效果。

需要注意的是，趣味性要健康幽默，趣而不俗。

（五）态度明确

社会新闻一定要带有作者的明确的态度倾向。这种倾向性的表露，一是通过事实本身去鲜明地说明问题，作者只要把事情的来龙去脉讲清楚就行了；二是采取夹叙夹议的写法，以事为据，画龙点睛，这可以采用解释性、分析性报道的形式；三是另外配言论，以编者按、编后语，或者评点的形式出现，明确表示作者或编辑部，或政府有关部门对此所持的态度及采取的措施。

第二节　经济新闻写作

一、经济新闻的含义和分类

（一）经济新闻的含义

经济新闻，一般是对有关国民经济、生产建设、人民生活等方面的新近发生的有价值的事实进行的报道。

一般来说经济新闻具有如下特点。

1. 实用价值明显，直接服务于现代经济生活

不管是经济领域的决策者，还是产品的生产者、经营者，以及商品的消费者，都把经济新闻看成现代经济生活中不可缺少的重要信息来源。比起其他新闻来，经济新闻有着明显的实用价值。

2. 政策性强，有突出的指导作用

经济是国家的命脉，它的兴衰，直接关系到国家能否强盛，人民生活水平能否提高。因此，党和国家的一系列方针、政策，都是围绕发展经济这一中心而制定的。经济新闻的一个不可推卸的责任，就是对党和国家经济政策的宣传和阐释，指导人们更好地贯彻落实。

3. 有一定的专业性，需要作者具有相关的知识

经济问题总是有一定的专业性的，有些领域的专业知识甚至很深奥，例如金融、外贸、股市等。因此经济新闻要求自己的作者应该是内行甚至是专家。只有这样报道才能准确，分析才能到位，解说才能深刻。

（二）经济新闻的分类

经济新闻按题材的不同，可以分出许多种不同的类型。新华出版社于 1993 年出版《经济新闻学初探》。书中把经济新闻分为社会经济新闻、自然经济新闻、边缘经济新闻三大类。

社会经济新闻是人类参与各种社会经济活动的事实的报道，主要反映人与人及人与自然之间的经济关系。

自然经济新闻是关于与自然紧密关联的经济现象以及将影响经济的自然现象的报道。

边缘经济新闻是既涉及经济问题，又涉及其他领域问题的复合型报道。

在上述三大类之下，还可分出许许多多的小类，大致有：

政策性经济新闻，用于报道最新的经济政策；

分析性经济新闻，对新近发生的重要经济现象进行分析；

述评性经济新闻，就是经济题材的记者述评；

解释性经济新闻，侧重于对经济新闻事实的背景进行补充和解释；

预测性经济新闻，侧重于对某一经济现象的发展方向和未来结局进行预测；

信息性经济新闻，主要提供产品和市场的供求信息；

经验性经济新闻，介绍经济领域里的成功经验；

经济珍闻趣闻，报道经济领域里的一些奇闻趣事；

人物经济新闻，报道经济领域中的主要人物如经济学家、企业家的言论和行动。

二、经济新闻的写作方法

（一）写活人物

作为新闻，它必须要有事件，而事件就是人的行为，因此它也必须要写好人物。

（二）通俗生动

经济新闻的作者有责任将作品写得更为贴近生活，通俗生动，吸引更多的群众关注经济问题。通俗生动的方法很多，就连枯燥的数字，如果利用好了，也能变得十分有趣。

（三）运用多种体式

消息、通讯、特写、专访、调查报告、新闻言论等等体式，都可用以报道经济新闻。

三、经济新闻的写作要求

熟悉国家的各项经济政策，掌握丰富的经济学知识，是写好经济新闻的前提。做不到这一点，首先就不可能发现真正值得报道的新闻题材，不管在什么领域，都是只有内行才能有真正意义的发现，更不要说经济这样专业性较强的领域。其次是难以保证报道的正确性，发表了一些违反政策的言论，或者犯了知识性错误，自己还浑然不知。最后是表达时无法准确地运用概念和术语，即使勉强表达出来，也不会有深度。

第三节　法制新闻写作

一、法制新闻的含义和特点

（一）法制新闻的含义

法制新闻就是对新近发生或发现的有关法制问题的事实报道。具体涉及十分广泛，既包括立法、司法、执法等方面，也包括守法、违法、犯法等方面；既涉及公安、检察、法院等机构，也涉及所有单位和所有社会成员。

法制新闻是社会新闻的一个重要组成部分，人们通过法制新闻，可以了解当前社会的现状、特征、发展动态。

（二）法制新闻的特点

1. 突出的政治性

法制新闻是对法律实践的及时报道，而法律是维护国家机器正常运转和人民群众社会权益的武器，从根本上看，法制和政治是很难分开的，法制不管在什么国家都有着极强的政治性。

2. 以法律为准绳

法制新闻的内容，应以阐释法律、宣传法律、维护法律为原则。对遵纪守法的好人好事给以褒扬，对违法违纪的行为予以揭露，对复杂的案情进行分析，对种种有关法律的疑问给以解答，这一切都以国家的种种法律条文为依托，为准绳。可以说，法制新闻中所报道的人和事，都是经过法律的眼光测定过的。

3. 事实的确切性

法律是非常细致严谨的，事实差之毫厘，性质就有可能发生根本的变化。因此，法制新闻在对事实的报道过程中，特别讲究材料和数据的准确无误，以免出现差错。

4. 风格的严肃性

一般新闻为了增强可读性，可以写得轻松幽默、活泼风趣，但法制新闻很少有这种情况。受报道题材的限制，法制新闻一般都是比较庄严郑重的。

二、法制新闻的写作要求

（一）遵循客观性原则

新闻记者不是法官，在法庭没有作出审判之前，记者不能认定案件的性质、确定罪名。记者只需把事实说清楚，而不要妄加评论，这就是法制新闻的客观性原则。

（二）事实准确清楚

在讲述法制新闻特点时，我们已经提出了“事实的确切性”问题，这是法制新闻的一个要害问题。另外，新闻报道中的法制事件，还要清楚明白，时间、地点、人物、事件、原因、结果等要素，以及事件发生的过程、阶段，都要完备。在有些新闻中出现的要素含混的情况，如时间说成“最近”，地点说成“华北某地”等，一般不得在法制新闻中出现。

三、法制新闻的写作要点

（一）措辞精当

法制新闻写作的措辞，要比一般新闻更精确、恰当。法律界有许多专用的词语，各自有着特定的含义，以民间所说的“诉状”为例，就有民事起诉状、刑事自诉状、行政起诉状等，各自适用于不同性质的诉讼。

（二）常用“系列报道”“追踪报道”的形式

有一些法制案件，案情复杂，法律界人士看法不一，很难一下子就审理出结果；还有一些人们关心的法制案件，其侦破、审理的时间有时很长，而且中间常有反复。对这样的法制新闻题材，可采用系列报道或追踪报道的形式。

第四节　科技新闻写作

一、科技新闻的含义和特点

（一）科技新闻的含义

科技新闻是对新近发生的有关科学技术方面的事实的报道，具体地说，它报道与科学技术有关的方针政策，新取得的科研成果和科技成就，已有的科学技术的普及应用情况，科学工作者工作、学习、生活情况，以及人们对科学的认识和反映等等。

（二）科技新闻的特点

1. 科学性和知识性

人们对客观事物的本质特征和基本规律的准确发现和把握，就是科学；对这些特征和规律的成功利用，就是技术。而科学和技术实践中不断积累下来的符合规律的认识，就是知识。从科技新闻的功能看，它一方面要报道最新的科学发现和技术创造，让读者了解最新的科技动态；一方面要宣传现代科技知识，满足人们强烈的求知欲望。

2. 通俗性和生动性

新闻是大众读物，不是学术论文，可是科技新闻又有很强的学术性，这就产生了矛盾：既要讲究科学的深刻和准确，又要让读者大众能够接受、乐意接受。不管二者兼顾起来有多难，我们都不能放弃努力。科学家们能把深奥的科学知识写成通俗生动的科普说明文，专业能力强的记者也应该能够做到这一点。

3. 时代性和时宜性

科技新闻是最具有时代感的文体之一。新的科技发现永远处于时代的前沿，即使是旧的科技事件的解密性报道，也很能让人联想起时代日新月异的变化：当年尖端的科技成果现在已经显得陈旧了。这就像看一张当年的旧照片一样能够引起人们的时代对比。为此有人说，科技新闻其实有着很浓的体现人类进步的人文特色，这种说法是有道理的。

二、科技新闻的写作要求

作为新闻工作者一定要有严谨认真的态度和精神，明辨是非，宣传科学，揭露伪科学。

科技新闻的科学性跟真实性有密切的联系。一篇科技新闻即使报道的事实是真正发生的，如果认识有悖于科学原理，那么它也是虚假新闻。

三、科技新闻的写作技巧

（一）知识、人物、事件三者统一

对于科技新闻而言，科学知识是文章内容的一个构成要素。但是，科技新闻不是科普说明文，不能孤立地介绍科学知识，必须借科技人物和科技事件的表达，来实现知识的传达。

人物是科技新闻的主要报道对象，且不说科技人物消息，科技人物通讯，科技人物专访，都是以人物为核心，就是动态性的科技新闻，也要涉及科学技术的实践者。事件当然更是必不可少的，它是科技新闻的核心要素，这一点无须再作详细论述。人物、事件和科技知识，在科技新闻的题材中，本身就是三位一体的，因此，一般性地将三者统一起来，并不是什么困难的事情。

（二）表达的规范性和创造性

科技新闻的表达，既要合“规矩”，又要有一定的“巧”。合规矩是对新闻基本文体特征的尊重，“巧”则是作者的创造性发挥。没有规矩不行，而没有巧，文章就没有活性。

第五节　体育新闻写作

一、体育新闻的含义和种类

（一）体育新闻的含义

体育新闻，是以消息的形式反映有关体育人物和事件的报道。

（二）体育新闻的种类

1. 综合新闻

即全貌性地综合反映某一时间或某一阶段、某一类别、某一范围的体育运动。

2. 比赛新闻

即反映体育竞技运动的情况。

3. 人物新闻

即反映人们普遍关注的体育运动优秀人物的报道。

4. 会议新闻

即有关体育方面重要或有特点的为人们普遍关心的会议的报道。

二、体育新闻的写作特点

（一）时效性特别强

体育新闻，特别是其中最重要的一支——赛事新闻，时效性特别强。一般而言，体育赛事的结果发生在何事、何地都是事先预定的，人们在赛事开始以前就已经期待着结果的发生，而且伴随着强烈的情感倾向。比赛一结束，新闻界必须马上向受众提供比赛的结果。

（二）类型最为丰富

体育新闻可分为动态和静态两大类。报道赛事的属于动态新闻，其他的大多属静态新闻。在这两大类中，具体的类型不可胜数。

（三）以表现力量和竞争精神给人以美感

人们阅读体育新闻，特别是赛事新闻，在获得信息的同时，都会有一种精神快感，也就是美感。

三、体育新闻的写作要求

（一）学会预测与分析

科学、准确地预测报道往往令人拍案叫绝。一般来说，在重大的运动会或某些重要比赛之前，读者需要对比赛进行预测。这要求记者在写作中能总体上把握赛事的情况，根据历史的与新近的情况，分析各队的实力，对比赛的结果进行分析、估计。

这类报道，难度大，风险大，对读者的吸引力大，对记者是一种挑战。

（二）在深度上做文章

报刊体育新闻写作所追求的“制高点”就是：能从深度上来做文章，从分析体育现场入手，来揭示体育运动深层的规律。

（三）把握情趣与理趣

体育新闻写作应该跳出程序化、模式化报道，表现出体育新闻的情趣与理趣。

在体育新闻的写作中，只有记者全身心地投入到体育运动中去，才能体察到那份运动中特有的情趣，并用饱含深情的文字表达出来。体育新闻动人的关键就在于此。

体育新闻的情趣还表现在语言幽默、富于人情味等方面。

体育新闻的理趣，又是体育新闻写作另一方面的要求。

理是事物的内在联系、本质，是蕴含在个别中具有普遍性的东西。理是深层的，无法直接由感官来把握，而需要透过可被直接感知的事与理，经过开掘、分析、研究才能认识。因此有理趣的体育新闻多给人以思想的启迪。

第六节　文化娱乐新闻写作

一、文化娱乐新闻的含义

文化，其广义指人类在社会实践中所获得的物质、精神的生产能力和创造的物质、精神财富的总和；其狭义指精神生产能力和精神产品，包括一切社会意识形态，如自然科学、技术科学、社会意识形态等。有时又专指教育、科学、文学、艺术、卫生、体育等方面的知识与设施；泛指一般知识，包括语文知识。娱乐，即欢乐有趣的活动。

阮籍《咏怀》：“娱乐未终极，白日忽蹉跎。”说明古人已经把娱乐作为有意味的或令人沉迷于其中的活动了。

尽管娱乐只是文化的一小部分，但是它在新闻传播方面，现在几乎跟文化并列。版面少一些的报纸，设一个文娱新闻版，也有设文体版的，把文化和体育放到一块；版面多的就把文化和娱乐分开，各设一到几个版。一般每天都有一版，最少的每周也有一版。在报社内部机构设置上，综合性的报纸给从事文化娱乐报道的人员专门设一个部门，有的叫文艺（化）部，有的虽还叫副刊部，实际上是以报道文化娱乐新闻为主。专门的文化娱乐报就直接是新闻部，这让文娱记者们特别提气。为了扩大销量，行业报也有文化娱乐版，也刊登文娱新闻，特别是娱乐新闻，比如好多行业报，照样登“张王恋”“姐弟恋”这一类消息。因此可以说，没有文化娱乐新闻，几乎就不成为一张报纸。

二、文化娱乐新闻的发展趋势

当今媒体越来越重视媒体的娱乐性能，文化娱乐新闻在媒体的地位日渐突出。但是，现在的趋势是媒体的文化娱乐新闻几乎等同于明星绯闻。每天，无数媒体都整版不厌其烦反复炒那么几个明星。文化娱乐仿佛就是脱离思想内容的无聊与浅薄。媒体之所以对明星那些鸡毛蒜皮的小事感兴趣，不外乎就是希望以此来吸引受众占领市场。媒体以为抓住了明星、绯闻就抓住了受众，这其实是对受众兴趣的一个认识误区。受众果真像媒体想象的那样对明星绯闻充满了浓厚兴趣吗？其实不然。对媒体热衷的明星绯闻，许多受众都表现出不满与反感。

三、文化娱乐新闻的表现形式

文化娱乐新闻的表现形式也可以说是多种多样。下面我们结合范例，仅对文化娱乐报道形式中的个别访问形式和记事加访谈的形式进行介绍。

（一）个别采访形式

【范例】

赵薇明星到场

导语：莫非真应了那句话：情场失意事业得意。今年赵薇失恋了，事业却上了一个新的台阶。和周星驰搭档主演的电影《少林足球》上映了，新专辑也一口气出了两张。日前，事业和感情发展得极不平衡的她，应邀来到《娱乐现场》接受我们的独家专访。演播室里的赵薇还是那个坦诚开朗的小燕子，面对失恋这个敏感话题也是毫不避讳。

主持人：今天我们演播室请来的，是大家非常熟悉的，但是现在已经给了我们许多新的感觉的赵薇。

赵薇：大家好，我又来了。现在已经是6月份了，我之前差不多半年都在做唱片的工作，从7月份才开始拍电影。哪样喜欢得多一些？拍戏、唱歌，对于我来说，这两个真的是缺一不可。

主持人：咱们聊聊那个《少林足球》，大家可能对这个也会觉得特别好奇，就是说一改你以往的那种很漂亮的外形啊。

赵薇：我们很少在银幕上看到不漂亮的女孩当主角，所以我想，那我要演一个不漂亮的女生，但是也可以让人家喜欢，有点让我觉得，替不是很漂亮的女孩子争口气吧。我觉得这种感觉我喜欢，包括我去演了以后呢，就试妆，每次试完妆，真恶心，然后跑到周星驰那里，哎呀，不够丑，回去，回去，回去，就一直回去，回去，不够丑，后来他说，赵薇我知道了，你的眼睛太大了，所以怎么化别人都知道是你，用胶布给她贴起来，就留个缝在外面。所以最后变得，前两次我去配音，哎呀，我看完这个片子我应觉得，观众你同情我吧，觉得赵薇一定勇气可嘉，变得这么丑。我觉得出来效果是蛮好的。

主持人：你最近拍的一些照片，杂志上面登的，总是觉得一下成熟了很多很多。

赵薇：其实我并不特别想当一个特别完全成熟的一个人，我特别珍惜我身上的孩子气，而且我希望它永远不要消失。我觉得这对我来说，我的质其实是没有变的，顶多是外在形式和包装上面，去多尝试一些以前不敢试的东西，就像我以前让穿露背装，去你的，我怎么会穿露背装，但是，我现在觉得，其实没有关系呀，只要心无邪念那都是OK。

主持人：说说你的新唱片。

赵薇：我觉得《情深深雨蒙蒙》那张呢，比较成熟一点，比较有感情一点，因为它随着你戏剧角色发生的变化，所以，这张专辑充满了一些成熟、哀愁的味道。我这张《最后一次分手》，也是还有点原来的风格，但是呢，稍微成熟一点吧，因为最近确实分手了，所以这张专辑叫《最后一次分手》，希望不要老分手。还有我的主题曲那个主打歌《爱之玄》，听起来特别轻快，实际上全是失恋的歌，人家不看歌词，还以为是一首很开心的歌呢，但一看歌词，失恋了。其实给我写歌的朋友，像那首《爱之玄》，现在各个音乐台都打得很凶，实际它是一首失恋的歌曲，但是跟我写的人是我的朋友，他们说赵薇这个就是我对你的印象，虽然你失恋了，但是你可能还是当着人去笑，然后会特别乐观。

主持人：实际上你是当着人笑呢，还是说自己也能够……

赵薇：我会把所有的眼泪都留在戏里面放出来，这是一个比较节省的办法，免得生活当中也要哭。人家说人的眼泪呀，跟人的感情啊，就像一个杯子里的两杯水，是有限度的，倒光了就没了，所以失恋的时候我就会不哭，但是演戏的时候去想一想，就拼命哭、拼命哭、拼命哭。

以上是《娱乐现场》里的一个小单元“明星到场”，采用主持人与来宾对谈的形式，也可以说是现场采访。这就是广播电视的独特之处，采访稍加剪辑，就可以传播出去，如果是直播，连剪辑也省去了。这种既方便快捷又生动形象的形式，何乐而不为？当然，谈话准备是很重要的，比如赵薇一上场说的问题，显然缺乏新闻性，主持人就说“咱们聊聊那个《少林足球》”，又引导性地要她谈在戏里边的造型。这就打开了话匣子，可以说赵薇谈得很好。然后主持人又由杂志上的照片谈到成熟问题，赵薇也有很多话要说。最后要她说说新唱片，都是很“新闻”的问题，至少是具有时效性的。

不仅可以把明星请到演播室里访问，在其他场合也是机会多多。

（二）记事加访谈的形式

【范例】

片场追踪周星驰　戏里戏外两相异

导语：日前，在杭州的一个茶园里，我们见到了首次为内地拍广告的周星驰。周星驰的电影对于内地观众来说，是再熟悉不过了，可这回在拍片现场里看他拍戏却是头一回。

［同期］出镜记者：观众朋友，我现在是在杭州郊区的一个非常大的茶园里。今天在这里，我们没有看到采茶的姑娘，却碰到了一个正拍摄广告的摄制组。和许多明星出现的场合不同，今天这里既没有追星族，也没有围观的群众，可能谁也没有想到，今天在这里正在进行秘密的广告拍摄的正是香港演员周星驰。

［解说］正如人们乐于谈论的那样，电影之外的周星驰完全没有了无厘头的样子，拍片之外很少说话，只有在镜头前他才露出印象中的喜剧表情。

［同期］周星驰：曾经有一瓶娃哈哈非常茶饮料，放在我的面前，我没有珍惜，等我喝完后才后悔莫及，人世间最痛苦的莫过于此，如果有人能再给我一瓶，我会对他说我爱你，如果一定要加上一个数量，我希望是一万瓶。

……

［解说］一天的拍摄下来，周星驰始终都是沉默寡言，尽管当天的广告拍摄工作强度很大，但想必这对于拍过几十部电影的周星驰来说应该没什么问题，少言寡语或许是他生活中的真我表现，抑或是在现场养精蓄锐的招数。不管怎么说，能够看到电影之外的一个完全不同的周星驰，对于喜欢他的观众来说应该算是一个不小的收获。

导语：趁周星驰拍广告间隙，我们的记者采访了他。没想到周星驰这回敞开心扉，给我们说了好多他刚出道时的艰辛。让我们去听一听这位喜剧之王的星路历程。

［同期］周星驰：我从训练班出来的时候，应该是1981年，我做龙套演员一年，然后就变成一个儿童节目的主持人，五年之后再出去，再做龙套演员又一年。

我当然有最辛苦的时候，就是为什么都没有机会？我只是要讲两句对白，都没有机会呢？就是没有机会的时候，感觉很难受，但是我还是有一个很明确的目标在前面，我一定要讲两句对白。

其实我真的没有想过，我会当大明星的。我是因为我真的喜爱演戏，对我来说有一点点的机会给我表现一下，我已经很开心了。

这个机会的实现是在一个电视台的电视剧，叫《生命之旅》，有一个电视剧是跟万梓良演的。它是我第一个演的电视剧。我终于有机会去演戏了，这样子虽然也差不多是龙套，对我来说已经兴奋得不得了了。万梓良对我来说，他教我很多演戏方面的东西。

没有什么红不红起来的，我就是认为我当儿童节目主持人这个经验是蛮重要的。那时候因为这个儿童节目，是非常空闲的，不是每一天都有工作，一个礼拜工作两天，还有五天我是坐在家里没事做的。那时候，我就去研究演出方面的东西，看书，看其他人，看其他演员，一些理论方面的书，我都看过，虽然现在我都忘记了。在那个时候，我整整五年的时间，每天都是在准备，如果有机会给我，给我演的时候，我就要怎么样怎么样去演，那时候想得最多。

（赵军歌）

这是一个类似报纸的“记事加访谈”的形式。记者本来是只准备做一般形式的报道，但既然能抓到在一天的广告拍摄里都“始终沉默寡言”的周星驰袒露心扉大讲当年的机会，真是再妙不过了，于是就有了这段比较完全的周星驰出道自述实录，应该说是挺有新闻价值的。

由此可见，广播电视的文化娱乐新闻特别重视的是采访，有时候采访即报道。但是，不能因此就重采访而轻写作，广播电视新闻的写作也还是有讲究的，特别是报道的结构和语言。

四、文化娱乐新闻的写作要求

尽管在新闻界一直存在着重采访轻写作的倾向，在受众那儿也只把很多新闻报道当作信息“快餐”来看待，但还是没有人敢说做记者写报道不需要一个好笔头。

最初的报纸新闻，在写作上的确没有多少技术，但很快，就有了“导语”和“倒金字塔”，这是新闻作为一种文体区别于其他任何一种文体的独创的写作技术，它使记者一旦掌握，工作起来便如鱼得水。而随着新闻业务的发展，一般消息（短新闻）已不能满足受众的需求，有一定长度的报道（通讯）也成为现代新闻媒介的常规发布手段，记者们在写作文化娱乐新闻时要注意以下几点要求。

（一）不能违背新闻报道的基本原则

新闻写作不像文学写作那样可以随心所欲不受事实的约束，而且由于新闻以传播信息为其基本功能，无论如何创新，不能违背新闻报道的基本原则。这一点，在文化娱乐新闻的写作上也一样。

（二）要具有可读性

从受众对文化娱乐新闻的要求看，其可读性是摆在相当重要的地位上的。一般的政治新闻、经济新闻、科技新闻枯燥一点，还是可以理解的，但如果连文化娱乐新闻都不好看，那就让读者太失望了。

（三）文化娱乐新闻要好看

从文化娱乐新闻所传播的内容上看，一般只要选材没问题，好看是比较容易做到的。但是内容好并不就等于好看，好看的新闻离不开规范和用心的写作，这就要求记者们在写作时要多多把握了。

第七节　各类专业新闻写作范例

▲国际经济新闻

【范例】

油价暴跌推动美股飙升

——××××年××月××日　记者××

由于国际原油期货价格创三个月以来的新低，推动零售和运输板块强劲上扬，××日纽约股市三大股指涨幅均超过2%，道琼斯指数上涨超过300点。

当天，英国央行和欧洲央行先后如期宣布维持利率不变，美元兑欧元汇率出现

近八年来的最大单日涨幅。此外，市场担心全球经济减缓将会导致世界范围内的原油需求下滑。××日纽约市场国际原油期货价格暴跌近5美元，收于每桶115.20美元。

受此影响，零售和运输板块增长强劲，并推动道琼斯指数大涨了300点。零售业巨头家得宝和梅西百货的股价分别上涨了7.7%和9.6%。标准普尔500种非必需消费品板块大涨5.2%，是××××年××月以来的最大单日涨幅。美国第二大包裹速递公司联邦快递上涨了5.9%。

此外，全球最大的快餐集团麦当劳7月份的销售额超出预期，麦当劳的股价涨至上市43年来的最高水平。道琼斯30家成份股中有28只股票收高。

不过，美国第一大房屋抵押贷款公司房利美报告第二季度亏损23亿美元并表示将降低分红。由于其亏损额是华尔街此前预期的三倍多，令市场大失所望，房利美的股价重挫了近10%。

到纽约股市收盘时，道琼斯30种工业股票平均价格指数比前一个交易日涨302.89点，收于11734.32点，涨幅为2.65%。标准普尔500种股票指数涨30.25点，收于1296.32点，涨幅为2.39%。纳斯达克综合指数涨58.37点，收于2414.10点，涨幅为2.48%。

▲国内经济新闻

【范例】

中国对部分个体经营者实行收费优惠政策

——摘自《××××报》

国家有关部门近日发出通知，登记失业人员、残疾人、退役士兵以及毕业两年以内的普通高校毕业生，凡从事个体经营（除建筑业、娱乐业、广告业以及销售不动产、从事房屋中介等）的，自其在工商部门首次注册登记之日起，3年内免收登记类、证照类和管理类等有关行政事业性收费。

通知称，此举旨在鼓励自主创业和自谋职业，进一步促进失业人员再就业。

通知规定，个体经营从业者免交的收费项目具体包括：工商部门收取的个体工商户注册登记费、个体工商户管理费、集贸市场管理费、经济合同鉴证费、经济合同示范文本工本费；税务部门收取的税务登记证工本费；卫生部门收取的行政执法卫生监测费、卫生质量检验费、预防性体检费、卫生许可证工本费；民政部门收取的民办非企业单位登记费；人力资源和社会保障部门收取的职业资格证书工本费；国务院以及财政部、发展改革委批准设立的涉及个体经营的其他登记类、证照类和管理类等行政事业性收费；各省、自治区、直辖市人民政府及其财政、价格主管部门按照管理权限批准设立的涉及个体经营的登记类、证照类和管理类等有关行政事业性收费项目。

▲专题经济新闻

【范例】

奥运经济要算大账

——××社记者　××

八月八日，两千零八张“笑脸”在北京夜空绚烂绽放。

有人说，为了这一天，北京投入了三千亿元人民币。如果从申奥成功那天算起，七年来，为了这十七天，中国每天投入近两亿。

有人说，耗资二百七十亿元的“新国门”（首都机场T3航站楼）、造价数十亿元的巨型“鸟巢”，这对人均GDP刚过两千美元的发展中国家来说，是“赔本赚吆喝”。但事实并非如此。官方近日表示，虽然由于受安保费用提高、原材料涨价等影响，预算有所增加，预计北京奥运会仍将实现收支相抵，略有盈余。

据专家估算，包括商业推广、赞助商活动、电视转播费、门票等在内，北京奥运会将带来直接收入约二十亿美元，大体与直接的运行费用相抵。若算上旅游、商业、体育等因奥运受益的外延产业，从2003年到2010年八年间，奥运产生的总体经济影响将逾七百一十七亿美元。这是笔相当庞大的收入。

专家同时指出，机场、地铁等基础设施的投资，按照以往办奥惯例是不计入奥运会的直接投资的，这些设施是北京这次办奥即便不投入，也要在近年投入建设的，它们将会对中国长远发展发挥效益。

何况，对于一个经济总量排名全球第四的大国而言，给奥运经济算账，除了算算小账赔没赔，更应当算算大账赚没赚。

如果中国城市的功能因奥运而更完善，如果中国经济能在奥运后持续健康发展，如果中国能因奥运变得更为自信和开放，那么即便不赚钱，北京奥运会也是桩划得来的“好买卖”。

过去七年间，为兑现“绿色奥运、科技奥运、人文奥运”的承诺，中国倾力投入，确也物有所值。

“绿色投入”逾千亿，首钢搬出首都，令北京天更蓝，水更清，呼吸更顺畅。36亿打造“科技奥运”，令北京奥运成为奥运史上节能环保程度最高的一届奥运会。2004年至2008年，奥运因素拉动北京GDP增加逾千亿元。奥运会从筹办到举办，每年带动全国GDP百分之零点三到零点四。

处于工业化中期的中国，因为奥运的缘故，更重视环保和节能，经济重心由制造业加速向服务业转变，产业结构进一步优化，对外心态更为开放。这一切，无疑为后奥运时代的经济稳定增长打下良好基础。

对于奥运会后可能出现的“白象效应”（奥运场馆闲置）和“蒙特利尔现象”（奥运前期巨大投资造成财政亏空），北京自有应对之策。场馆“瘦身”，运营外包，旧馆翻新，在减少大笔开销之余，亦降低了“后奥运衰退”的风险。从“办历史上最好的奥运会”到“节俭办奥运”的嬗变，彰显了中国大国心态的成熟。

2008 年是中国的奥运年，也是中国改革开放 30 周年。当下，改革进入“深水区”，所遇阻力渐趋加大。经历了二十余年高速发展的中国经济，正面临新难题。经济下行风险加大，通胀压力居高不下，宏观政策在“钢丝”上寻求艰难平衡，亟待破题。

中国入世首席谈判代表龙永图在谈及入世前后中国的变化时曾说，“许多事情积重难返，仅仅凭借自身的力量去解决往往不行。一个健康有效的外力，则可能推动我们完成那些想做却迟迟做不成的事。”

尽管北京奥运会之于中国经济的推动力不宜估计过高，但它的确是“健康有效”的。

▲国内法制新闻

【范例】

重大突发事件不能捂　第一时间客观报道

——××社××××年××月××日电　×××

“及时、准确、公开、透明、客观、真实”。××省委宣传部部长×××在近日召开的××省宣传部长座谈会上，为该省今后重大事件特别是突发事件的宣传工作定下了这十二字报道原则。

“在××爆炸事件发生后，××市相关部门迅速作出了反应，市委市政府的最高领导也第一时间赶到现场。此次事件的处理堪称危机处理的典范。”××公交爆炸案发生后，××卫视著名评论员×××如此评价××相关部门对该起突发事件的处理方式。

据介绍，爆炸案发生两个小时后，××警方即召开了第一次新闻发布会，说明爆炸情况，也使“××发生多起公交爆炸”的谣言不攻自破，同时也稳定了市民紧张的情绪。警方通过媒体第一时间发布了相关消息，使信息公开成为此次事件处理的亮点。而信息公开也正在成为××处理重大突发性事件的常态。

×××说：“对于重大事件尤其是突发事件，要在第一时间掌握第一手材料，要做到及时、准确、公开、透明、客观、真实。”他还特别强调对此类事件“不能捂”，要客观及时地报道。

▲重大科技新闻

【范例】

嫦娥一号卫星测控首次实现国际联网

国家航天局发布，北京时间11月1日12时，北京航天飞行控制中心首次应用国际标准实现与欧空局所属空间操作中心联网，开始启用国际测控站测控嫦娥一号卫星。

据介绍，1日12时至15时，北京中心与欧空局所属的空间操作中心、新诺舍站、玛斯帕拉玛斯站及库鲁站实现联网。

新诺舍站、玛斯帕拉玛斯站开始对嫦娥一号卫星进行了试验性跟踪。通过新诺舍站，北京中心接收了嫦娥一号卫星的遥测数据；通过玛斯帕拉玛斯站，北京中心进行了遥测遥控、测控和测速的试验，一切正常。

库鲁站从15时开始正式对嫦娥一号进行跟踪，北京中心通过对库鲁站进行了卫星遥测遥控、测距和测速的工作。

据了解，在此次嫦娥一号卫星测控任务中，我国积极开展国际合作，充分借助国际航天测控资源，与欧空局开展了测控系统业务合作。通过合作，将进一步提高嫦娥一号卫星的测控覆盖率。

▲航天科技新闻

【范例】

神七获得圆满成功

——2008年9月28日内蒙古四子王旗电

17时38分，夕阳西照，彩霞满天。神舟七号飞船返回舱在红白相间的巨大降落伞托带下，安然降落在内蒙古阿古木朗草原，航天员翟志刚、刘伯明、景海鹏平安健康返回。

18时22分，率先出舱的翟志刚迈出最踏实的一步，这一迈饱含着对祖国的眷恋。

经历了三天的太空洗礼，双脚重新稳稳矗立在祖国的大地上，没有失重的感觉，只有成功的喜悦。历史在这里定格：我国第三次载人航天飞行任务在美丽的草原上印下一个完美惊世的句号。

经过约30分钟的地球重力适应后，三名航天员状态恢复良好，依次自主出舱。面对返回舱前的搜救队员和记者，他们频频点头微笑、不断挥手致意。

三人并排坐到返回舱前的三把简易座椅上，翟志刚铿锵地说："我们顺利地完成了这次载人航天飞行任务，刚刚返回到地面，昨天，中国航天员进行了首次出舱活动，使命光荣，充满挑战，结果圆满，我为祖国感到骄傲！"

"向祖国和人民，敬礼！"在刘伯明、景海鹏简短发言之后，翟志刚发出口令，三人以一个标准有力的军礼，献给祖国和人民，献给脚下这片七次承载神舟着陆的土地。

时光回溯，此前72个小时，42岁的翟志刚迈出了最执着的一步，这一迈凝结着百折不挠的勇气。

从酒泉的航天发射场脐带塔进入飞船，这位神七乘组指令长这一步，记录了中国航天员大队成立10年的发展历程，记录了他和13名战友刻苦训练近3900个日日夜夜的艰辛与汗水，记录了他神五、神六两次入选梯队、两次止步飞船的遗憾。

这一步是执着的胜利，是坚持的结果。翟志刚，胸怀大志，意志如钢。

时光回溯，此前26个小时，身着国产"飞天"舱外航天服的翟志刚迈出了最具挑战的一步，这一迈诠释了中华民族探索的新高度。

像43年前完成人类首次太空行走的苏联航天员列昂诺夫一样，翟志刚的这一步并不轻松。在距地343千米的太空轨道上，沉重的舱门、虚报的火警，都不能阻止五星红旗在太空中高高"飘扬"。

在刘伯明、景海鹏的直接协助下，在三千多个参研参试单位的协同下，在数十万人员的共同努力下，翟志刚圆满完成了空间出舱活动，取回固体润滑材料试验装置。

我国从此成为世界上第三个独立掌握空间出舱技术的国家，迈出太空交会对接、建立空间站的下一步，不再遥远。

▲体育比赛新闻

【范例】

兰帕德助攻特里头球破门　切尔西1:0罗马

北京时间2008年10月23日凌晨2时45分，欧冠小组赛第三轮A组进行了一场焦点比赛，切尔西坐镇斯坦福桥迎战罗马，两队上半场闷战一场，兰帕德射门曾击中门柱，下半场第77分钟，兰帕德角球助攻特里得分，凭借这个进球，切尔西1:0力挫罗马，目前以7分占据A组榜首，落败的罗马目前积3分与波尔多并列第三。

两队唯一一次正式交手，还是65—66赛季的博览会杯，切尔西主场4:1大胜对手，到了客场双方互交白卷。本场比赛前，两队只差1分，谁能取胜就能占据有利位置，不过双方状态不同。切尔西客场5:0大胜米堡，而罗马主场四球惨败国米。

本场比赛，切尔西众多伤员复出，切赫迎来自己欧冠第50场，而卡瓦略伤愈后首次与特里搭档，德科也出现在主力阵容，单前锋依然是阿内尔卡。罗马方面，球队依然排出了451阵形，托蒂顶在最前面。

比赛开始后，双方都在试探，第8分钟，兰帕德禁区外凌空抽射，多尼将球稳稳扑住。第9分钟，托蒂远射还以颜色，可惜足球射高。第10分钟，兰帕德铲球时对阿奎拉尼犯规。第21分钟，梅克斯禁区前对米克尔犯规吃到黄牌。

德科将球传给兰帕德，后者劲射，足球打在人墙上反弹击中横梁。第29分钟，马卢达犯规也吃到黄牌。第35分钟，托蒂人球分过卡瓦略后直塞，布里吉射门被特里飞身铲断。第37分钟，德科脚后跟传球，兰帕德25米处远射偏出左门柱。上半场结束，两队0∶0打平。

下半场开始，切尔西作出人员变动，马卢达被贝莱蒂换下，巴西人依然出任后腰。第47分钟，贝莱蒂远射高出。第57分钟，贝莱蒂挑传右路可惜稍大，博辛瓦没有追到球。第60分钟，切尔西获得角球，德科开出角球，卡劳头球攻门力量很大，可惜顶得太正被多尼扑出。

第70分钟，兰帕德的任意球射门又被人墙挡出。第71分钟，特里蹬踏动作侵犯托蒂吃到黄牌。第75分钟，博辛瓦右路传中，帕努奇将球解围。第76分钟，卡劳被迪桑托换下。第77分钟，兰帕德开出角球，特里门前5米处后蹭头球破门，1∶0，切尔西领先。

罗马随即换人，梅内斯和托内托换下塔代伊与里瑟。第83分钟，兰帕德小角度任意球攻门，多尼将球托出。第84分钟，帕努奇不满裁判判罚吃到黄牌。第91分钟，切尔西快速反击，博辛瓦带球到禁区前直接射门，可惜偏出。随后阿内尔卡被费雷拉换下。第93分钟，兰帕德禁区前断下帕努奇足球，但他没能获得起脚机会，足球被后卫破坏。最终，凭借特里的进球，切尔西1∶0击败罗马，目前战绩为2胜1平，占据小组榜首。

▲体育人物新闻

【范例】

体操王子李宁飞天点火

——新华社2008年8月8日电

中国前体操运动员李宁高举火炬凌空绕场一周，奔向主火炬。无论哪种猜想都没有火炬正式点燃这一刻那么精彩、那么震撼、那么激动人心！当排球运动员孙晋芳把李宁手中的祥云火炬点燃，李宁神情激动地高举祥云火炬时，全世界似乎都屏住了呼吸。

当李宁出乎意料地被钢丝高高吊起到“鸟巢”体育场的上空，全世界都在猜想下一步李宁将会以怎样的形式点燃圣火。

升到空中的李宁一直被一束光照着，当他到达“鸟巢”顶部的大屏幕时，李宁突然摆出了跑步的姿势，开始在“鸟巢”的上空奔跑。

随着李宁的跑动，大屏幕也出现了卷轴展开的画面，李宁就仿佛是这个卷轴的展开者。随后，卷轴上开始出现奥运圣火在世界各地传递的画面，这些画面引起了所有人关于圣火传递时的美好回忆，从圣火在希腊点燃到圣火到达北京，所有人仿佛又一次经历了北京奥运圣火传递的每一个美妙时刻……

近了，近了，画面上奥运圣火到达了北京，李宁也跑到卷轴尽头了！卷轴的尽头出现奥运赛场的主火炬！

这个火炬和祥云火炬有异曲同工之妙，仿佛都是用卷轴卷出来的，就在此时，李宁停了下来……

李宁先平静了一下，然后点燃了一个长长的火信，只见一团火光马上亮了起来，紧接着主火炬点燃了！圣火在主火炬上熊熊燃烧，全场的观众都沸腾了，万众瞩目的谜底就这样揭开，心中的激动需要尽情地宣泄，焰火适时地在“鸟巢”上空散开，美丽、壮观、美轮美奂……

百年奥运梦从圣火点燃的那一刻再次沸腾，象征和平、友谊的奥运圣火照耀整个“鸟巢”，北京奥运会在这一刻正式拉开帷幕！

▲体育会议新闻

【范例】

××群众体育会议召开

确定奥运年是“基础建设年”

——《××日报》2008 年 3 月 27 日讯

2008 年全市群众体育工作会议昨天举行，会议在充分肯定 2007 年我市群体工作的同时，对 2008 年的全市群体工作提出了更高的要求，确定了以“为了人、依靠人、提高人”为指导方针和“山海本色”为特点的城市体育精神，唱响“全民健身与奥运同行、与全运同行”的主旋律，进一步加强社区（村）健身设施建设，确定全年为健身设施“基础建设”年。

今年我市群体工作将在落实《全民健身计划纲要》二期工程第二阶段任务和《××市群众体育工作“十一五”规划》目标，继续加大全民健身工程建设力度，重点抓好××市黄金海岸健身长廊、××市全民健身中心、市老年体育活动中心、农民健身工程建设。按照规划，投资九千多万元的黄金海岸健身长廊西起团岛角，东至××第二中学，延绵 43 千米；××市全民健身中心位于四方区周口路 88 号，规划总建筑面积16569平方米，总投资5700万元；市老年体育活动中心位于市南区八大峡巫峡路2号，规划占地面积7264平方米，预计需投资1150万元；农民健身工程建设目标是在2009年底前，确保每个行政村建有一处健身设施，这些设施建成后，将增强我市健身设施布局的合理性和功能的多样性。

会议提出，要紧紧抓住今年是“奥运年”这个有利契机，全力唱响“全民健身与奥运同行、与全运同行”主旋律，以“六大板块”全民健身活动为统领，广泛组织开展方便群众参与、有影响、规模大的群众体育健身活动；完善国民体质三级监测网络，做好“迎奥运、更健康”国民体质监测年活动，使国民体质监测数据成为市民科学健身、合理饮食的主要参考数据；贯彻落实中共中央、国务院《关于加强青少年体育增强青少年体质的意见》，积极推动学校体育场馆向公众开放，为体育院校培训教师骨干；加强群众体育骨干队伍建设，为构建和完善全民健身服务体系夯实基础。

▲抒情性娱乐新闻

【范例】

圆明园画家村（节选）

22岁的小田一看就是个苦孩子。不知道他爱恋的那个女子为何不疼惜他，据说相思的痛苦煎熬了他很久。

他住在远离大家的湖边。每当黄昏到来，他独自在碧绿的湖边漫步，在茂密的丛林里听布谷鸟的啼叫……回到空荡荡的屋里，一人面壁，继续咀嚼孤独的滋味，这时，他会听到他最喜爱的《圣母悼歌》，让纯净、柔婉的歌声带来温暖，带来宽慰。圣母是所有苦孩子的归宿。

他的画不属于尽情发泄的那种，他的画里有一种顶礼膜拜的宗教情怀。那些天空昏暗地面浑浑然的景观中，或者一条通向远方的大道上，永远有一本厚厚的打开的书悬浮着……

他是××县人，19岁就来到了××。开始在中国美术报社当编辑，报纸停刊后，他来圆明园住下。读书、思考、画画，去北大食堂吃饭，过着像学生一样的生活，唯一不同的是他得自己想辙养活自己。他把自己养得营养不良，发育欠佳。

他每年只在春节时回一趟家。母亲非常挂念远在异乡的儿子，写信时详细地问他住什么样的房子，睡什么样的床，每顿吃些什么，他的回信永远是告诉母亲一切都很好很好。生活有多苦，只有他自己清楚。“苦海无边，回头是岸。”然而米兰·昆德拉又说：生活在别处。

他说圆明园没什么好写的，因为搞艺术的人就是这么生活的，像美国的格林尼治村、东村等等，他认为圆明园艺术村与它们在本质上是一致的。“但是我不推崇他们，也不加入他们的行列。包括西方某些著名画家的作品如鲁本斯的纵情、劳特累克的红磨坊系列，甚至毕加索，我都不喜欢，不喜欢那种对生活的挥霍。与他们相比，我更喜爱凡·高，凡·高他是虔诚的富有激情地去颂扬生命，歌颂大自然，凡·高是真正的艺术家。”

小田曾经与80年代末张大力、牟森、王德仁那批盲流艺术家有过接触，“这两拨人简直是天壤之别，张大力他们当时苦得很，几乎是吃了上顿愁下顿，房子住得又破又小才几十块钱的租金，哪像圆明园这拨人，感觉一个个都挺阔绰，住这么大的房子，还有酒喝。”

所有的画家里，他最平静与顺从。好像他对生活的要求只是吃饱就行。已经有三个月没有接到编稿的事儿了，“实在没钱时，我就卖画。”他比他的同龄人要成熟得多。

平时，他与房东的关系处得很好，晚上房东还来他房间里下下棋，他也与村里的个别画家来往，比如跟方力钧下棋，与老弓一起在湖里游泳什么的。他很少进城，“我一进城就晕眩。”

▲纪实性娱乐新闻

【范例】

×××攀岩练胆秀肌肉　自称似“大雕”空中飞

——××××年××月××日讯

××日前为了克服恐高症，攀岩展现肌肉，但他穿不下小号护裆裤，自豪自己像“大雕”在空中飞。

××11月将于小巨蛋开唱，演唱会上安排吊钢丝，由于他有恐高症，昨天唱片公司安排××魔鬼训练，前往内湖运动中心攀岩练胆，吓得他一度想逃跑。

站在地面抬头看，××说：“我光看就开始不停冒汗了，天呀！要怎么爬上去?”

硬着头皮上场前，唱片公司为了保护“×××”，特别为他准备了亮闪护裆裤，××收下宝贝袋看了一眼，流露出骄傲的神情说：“这件太小了啦，根本罩不住我，可以换一件大一点的吗?”自豪尺寸够“大”。

当××努力向上攀，还以单手示众，手臂肌肉全都露，整个人吊在半空中，他骄傲地形容自己像“大雕”在半空中飞翔。

▲文艺新闻

【范例】

由“×××受伤”事件想到6·11《××传奇》晚会
××：会把危险降到最低

××师×××先生意外受伤事件引起了××迷普遍担心，6月11日在××举办了××晚会的××的人身安全问题也成了人们关注的焦点。连日来晚会的主办单位××舞台艺术公司电话铃声不断，观众纷纷来电询问节目的危险程度，并叮嘱××一定要注意安全。那么，××到底有没有危险性很大的节目呢？为此记者专程专访了正在抓紧排练的××。

××说：“非常感谢广大观众对我的厚爱和关心。×××先生是我的长辈，出现这种事情我特别震惊，真心希望他能够早日康复。其实，干××这行的人，经常会遇到一些危险，因为有的时候，也的确需要有这些东西去刺激观众。比如说，在《××传奇》这台晚会当中，就有一个节目叫《××××》，挺危险的，因为床上面装的都是真的铁钉子，20厘米长，像锥子一样，密密麻麻的有40多个。如果没有熟练的技术表演起来就非常危险，稍有不慎，××师就会有生命危险。”

但是，他认为每个××师都会把节目的危险系数降到最低，一般情况下不会有闪失。不过，尽管事先想得很周全，但是有些事情是始料不及的，所以，××师在舞台上随机应变的能力和操控舞台的能力要强，有时候，一个助演在舞台上，出现任何问题都会直接影响这个节目。不过，××表示《××××》虽然有一定危险但是他会认真排练，争取安全、又不“失色”地把五场演出演好。

另外，主办方特别推出超值套票。

▲记事加访谈式娱乐新闻

【范例】

杜丽痛失首金因压力大　赛后坦言准备不充分

北京时间8月9日消息，奥运会第一枚金牌产生，在女子10米气步枪决赛中来自捷克的卡特日娜·埃蒙斯以503.5环获得奥运会第一枚金牌，中国选手杜丽发挥失常，最终499.6环排名第五名。

杜丽走下场后非常沮丧，她认为自己对奥运会比赛准备并不充分，她说：“自己在场上的时候不是特别清楚，可能是准备不太充分吧。”

在资格赛中杜丽打出399环的好成绩，不过捷克的卡特日娜·埃蒙斯超长发挥打出400环的成绩打破奥运会预赛纪录。在决赛中杜丽有夺冠机会，不过从一开始她发挥就不是很理想，杜丽首环只有9.8环，而卡特日娜·埃蒙斯打出10.6环的成绩排名保持第一，杜丽瞬间掉到第四位。从此后她再也没有进入过前三，一直与前面的加尔金娜有差距。杜丽认为主场压力对自己太大了，她说："资格赛是我比较好的成绩，最近练的可能自己感觉上不是特别的好，资格赛打出这样的成绩自己也特别的满意。决赛的时候可能还是因为在主场作战的情况下，有一些自己让自己静不下来。"

杜丽在奥运会开始前被认为是奥运首金有力的竞争者，在上届雅典奥运会上正是她一枪成名夺得首金，为中国赢得光荣。过去四年她一直在这个光环压力下，比赛开始前她的压力已经非常大了。杜丽说谈到失利的原因是说："可能吧。"

在奥运会开始前杜丽因为意外还扭伤了脚踝，这也对她今天的发挥产生了影响，杜丽说："应该是有一点。前两天我还是不小心又扭到了一次。但还是自己坚持住了。"

附录一

中国新闻奖简介及历届获奖者名单

中国新闻奖简介

中国新闻奖是由中华全国新闻工作者协会主办的中国综合性年度优秀新闻作品最高奖。开展这项评奖活动的目的在于检阅我国新闻工作的年度实绩，推动新闻改革，促进新闻作品质量的提高，促进新闻队伍的思想建设、业务建设和作风建设。有利于坚持正确的舆论导向，有利于多出精品，多出人才，使新闻事业更好地为人民服务、为社会主义服务、为全党全国工作大局服务。全国5000多家报纸、通讯社、广播电台、电视台参加这项评奖活动。中国新闻奖每年评选一次，从1991年开始至2018年已评选27届。

历届中国新闻奖获奖者名单

第一届

第一届中国新闻奖（1990年度，共有153件作品获奖，1991年12月10日颁奖）获奖作品中，荣誉奖1件，一等奖17件，二等奖49件，三等奖86件。其中获荣誉奖和一等奖的篇目如下：

荣誉奖

通讯，人民呼唤焦裕禄，穆青、冯健、周原，新华社。

一等奖

言论，稳定压倒一切，李德民，《人民日报》。

言论，舍孔雀而取凤尾，李承郃，《新华日报》。

消息，百家“三资”企业调查表明：在华投资大有可为，陆国元、张伟弟、周正平，新华社。

消息，宫峰学成博士乐当“炉前工”，臧虹、光明，《工人日报》。

消息，宝钢“小人物”推动了国家金融政策调整，阮海儿、叶全发，《冶金报》。

通讯，不私亲属的铁木尔主席，曾坤，《人民日报》。

通讯，京郊四胞胎应征记，乔林生，《解放军报》。

通讯，老台胞寻女奇遇记，叶正亭、

邱范、嵇元，《新华日报》。

版面（空缺）。

新闻摄影，第十一届亚运会在北京召开，李士，《北京日报》。

广播消息，欧共体决定立即恢复同中国的关系，杜平，中国国际广播电台。

广播评论，黄河大桥贪污案引出的问号，杨诚勇，河南广播电视新闻中心。

广播专题，大地一样的深情，潘旭东、范蓉，辽宁人民广播电台、中央人民广播电台。

广播专题，和“锅巴王”谈产品结构调整，孙景贤、白群力，陕西人民广播电台。

电视消息，亚运圣火火种在西藏采集，曹玉春，中央电视台、西藏电视台。

电视评论，粪桶畅销的启示，汴东良、王永显、李慧萍，浙江电视台。

电视专题，彩虹在浦江升起，孙泽敏、王一敏、颜迪明、沈渊培、金璞、王晓平、成笛、耿燕南、张黎华，上海电视台。

电视专题，金融卫士，黄贺、王新红，湖北宜昌电视台。

（二、三等奖篇目略）

第二届

第二届中国新闻奖（1991 年度，152 件作品获奖，1992 年 8 月揭晓，1993 年 2 月 23 日颁奖）获奖作品中，特别奖 1 件，一等奖 17 件，二等奖 51 件，三等奖 83 件。其中获特别奖和一等奖的篇目如下：

特别奖

系列报道，祖国大家庭、中央电视台等单位。

一等奖

消息，武汉百里长堤巍然锁长江，彭晓、汪洋，《湖北日报》。

消息，“东北现象”引起各方关注，赵玉庆、刘广军、马义，新华社。

消息，革命圣地延安无铁路的历史结束，赵中庸、王发仂，编辑：郭轮华，《人民铁道报》。

通讯，洪泽湖不会忘记，《新华日报》赴淮采访组，《新华日报》。

通讯，醒来，铜陵！龚声，编辑：刘宇飞，（安徽）《铜陵报》。

通讯，金牌不是名牌，刘欣欣、何大新，编辑：羊章女、徐培英，《经济参考报》。

言论，改革开放要有新思路，皇甫平，《解放日报》。

言论（空缺）。

报纸版面（空缺）。

新闻摄影，江总书记急切奔灾区，王广林，《新华日报》。

新闻摄影，最佳守门员钟红莲，李锦河，《天津日报》。

广播消息，荣成渔民跨国赶集　中国活鱼蹦上日本早市，王悦之、邢飞、韩志国，（山东）威海人民广播电台。

广播评论，补上市场意识这一课，戴锡新、门方玉，辽宁人民广播电台。

广播新闻专题，妻子、女儿和井，王维、杨惠，天津人民广播电台。

广播新闻专题，你好，南极人，窦文涛、封新城，广东人民广播电台新闻台。

新闻性节目编排，1991年7月28日《午间半小时》，王丰、张敏、原杰、王丰，中央人民广播电台。

电视消息，南浦大桥成为上海人民心中的丰碑，邬志豪、劳有林、李培红，上海电视台。

电视评论，刑场上枪声留下的警示，李少连、朱建义、陆晓丹、许易生、李楚玲、张思建、李亦平、脱学业、李敬文、贺宁，广东电视台。

电视新闻专题，1991年中国抗洪曲之二《雄师百万》，陈荻芳、王满、卢国庆、周安银、李安东等，中央电视台。

（二、三等奖篇目略）

第三届

第三届中国新闻奖（1992年度，154件作品获奖，1993年8月揭晓，1993年12月17日颁奖）获奖作品中，一等奖18件，二等奖52件，三等奖84件。其中获一等奖的篇目如下：

一等奖

消息，上海证券交易与国际市场接轨，时赛珠，编辑：樊天益，《解放日报》。

消息，溧阳兴办开发区　杜绝盲目乱圈地，邓超、李金堂、陈建共，编辑：王汝金，《常州日报》。

消息，大学生列车上见义勇为斗歹徒　乘警列车员闻警不动受指责，张晓华，编辑：孙勇，新华社。

通讯，东方风来满眼春，陈锡添，编辑：区汇文，《深圳特区报》。

通讯，上海打出“中华牌”，张行端、李正华，编辑：徐耀中，新华社。

通讯，家规，王锐，编辑：王喜斌，《吉林日报》。

言论，千万不可忽视农业，何加正，编辑：吴长生，《人民日报》。

摄影，总书记敬酒，武治义，《中国日报》。

摄影，勇战士急下水抢救亲人（组照），郭忠诚，编辑：傅振国、张建富，《空军报》。

广播消息，张学良接受大陆记者采访，王求，编辑：陈金海，中央人民广播电台。

广播消息，江海联运货船首航，王海燕、关中、申安庆、刘成荣，编辑：杨晶，黑龙江人民广播电台。

广播专题，奉献一片爱心，章茜、陈丹燕、江小青，上海东方广播电台。

广播专题，身份证大搬家，王健，深圳广播电台。

广播评论，扫除形式主义，胡占凡、周绍成，编辑：曹仁义，中央人民广播电台。

电视消息，邓小平与中央领导同志一起同十四大代表亲切见面，王晶、王连生、汪保国，中央电视台。

电视专题，邓小平同志在广东，李少连、李亦平、张汉新、赵彬，广东电视台。

电视专题，来自病床上的报道，周军、张健、丁泽兴、王志敏、韩一平，编辑：钟大年，山西电视台。

电视编排，1992年2月3日《新闻

联播》，邱桂萍、张翔升、王忆非，编辑：罗明，中央电视台。

（二、三等奖篇目略）

第四届

第四届中国新闻奖（1993年度，160件作品获奖，1994年8月揭晓，1994年12月21日颁奖）获奖作品中，一等奖16件，二等奖49件，三等奖95件。其中获一等奖的篇目如下：

一等奖

消息，中国投巨资加快长江沿岸地区开发，陈铭，编辑：杨继刚，新华社。

消息，武钢近7万人不再吃“钢铁饭”，海明蕾、李军，编辑：叶翠华，《长江日报》。

言论，加强和改善宏观调控　积极促进改革与发展，于宁、曹焕荣，编辑：周瑞金，《人民日报》。

言论，为什么要整顿金融秩序，孙勇，《经济日报》。

通讯，战士义勇非凡　人民恩重如山，梁万魁，编辑：刘均孔，《解放军报》。

通讯，中国质量的一座丰碑，孙洪康、杨俊，编辑：俞随英等，《新民晚报》。

通讯，三次“上书”总书记的普通农民，朱颖、曹显钰，编辑：江海波，《新安晚报》（安徽）。

摄影，花冈悲歌，唐召明，编辑：黄文，新华社。

广播消息，莫斯科流血事件报道，金铁侠、谢桥、王东政、马为公、王国庆，编辑：陈俊才等，中国国际广播电台。

广播评论，拜金主义要不得，胡占凡，编辑：曹仁义，中央人民广播电台。

广播专题，人民崇尚这颗星，刘德俭、房秀文、张振江、傅立、潘红星、编辑：熊铮彦、王兴功，中央人民广播电台。

广播专题，南街情，张勉之，编辑：张勉之，河南获嘉县广播站。

电视消息，牡丹集团厂庆新办，张长江、张传昌，中央电视台。

电视消息，邓小平同志和上海各界人士共度新春佳节，东升、郭大康、陈海，上海电视台。

电视评论，农民要减轻自身负担，段荣鑫、朱海虎、苗民培、吉红枝、张芹，编辑：段荣鑫、朱海虎，山西电视台。

（二、三等奖篇目略）

第五届

第五届中国新闻奖（1994年度，150件作品获奖，1995年6月揭晓，1995年12月22日颁奖）获奖作品中，特别奖1件，一等奖18件，二等奖54件，三等奖77件。其中获特别奖和一等奖的篇目如下：

特别奖

电视专题，公仆、旗帜、丰碑，杨晔（已故）、刘晶、梁会兰、郭效飞、龙飞，编辑：王汇、王东升、马迅、周福才，锦州有线电视台。

一等奖

消息，六百勇士斗死神　雷场放飞和平鸽，杨统时、徐文良、郑蜀炎，编辑：雷新龙，《解放军报》。

言论，上下一心，打好今年改革攻坚战，周瑞金、施芝鸿，编辑：周瑞金，《人民日报》。

言论，扬州经验的特殊导向意义，刘向东、陶达，《新华日报》。

通讯，菜价追踪，苏会志、王进业，编辑：陈芸、南振中，新华社。

通讯，爱心无价，黄常开、张伟程，编辑：张克眉，《羊城晚报》。

报纸版面，1994 年 4 月 27 日一版，编辑：陈泉涌、刘存学、刘海涛，《中国青年报》。

摄影，生命的最后瞬间，朱大伟，编辑：马飞，《锦州日报》。

摄影，辛勤的哺育，张志刚，编辑：刘全聚，《中国教育报》。

漫画，猪八戒败阵，华君武，编辑：张家瑞，《大连日报》。

广播消息，在巴以签署执行协议的时刻，李支援、关锐，编辑：高世军、汪作舟，中国国际广播电台。

广播评论，反暴利，在南昌为什么难以展开，黄晔明、梁勇，编辑：黄晔明、梁勇，江西人民广播电台。

广播专题，孤岛守塔人——中华英模之 55，陈淦，编辑：李向明、韩长江、燕辉等，中央人民广播电台。

广播专题，海外游子故乡情，王曼华、周导，上海人民广播电台。

电视消息，当农资价格飙升的时候，杨剑锋，编辑：蒋立杰，辽宁电视台。

电视消息，外滩：悄然崛起的上海金融街，温天，编辑：陈雪虎、余浩峰，上海东方电视台。

电视评论，和平　使沙漠变绿洲，盖晨光、胡阳、孙宏、奚祥、水均益，中央电视台。

电视专题，粤海情融天山雪——一个新疆流浪儿童的故事，李威沙，编辑：李威沙，广州电视台。

电视专题，壁画后面的故事，祝丽华、王维，编辑：祝丽华，山东电视台。

（二、三等奖篇目略）

第六届

第六届中国新闻奖（1995 年度，157 件作品获奖，1996 年 6 月 27 日揭晓）获奖作品中，特别奖 2 件，一等奖 18 件，二等奖 53 件，三等奖 85 件。其中获特别奖和一等奖的篇目如下：

特别奖

通讯，领导干部的楷模——孔繁森，何平、朱幼棣、陈雁、陈维伟、魏武、王世亮，编辑：郭超人、张万象，新华社、《人民日报》、《西藏日报》、《大众日报》。

电视专题，领导干部的楷模——孔繁森（一），王闽京、王杰昌、王国柱，山东电视台、西藏电视台。

一等奖

言论，论孔繁森的时代意义，于宁，编辑：周瑞金，《人民日报》。

言论，忠实履行我军神圣使命，解

放军报评论部，《解放军报》。

消息，NGO全会代表批评西方新闻媒介缺乏公正，张丹、陈瑶，编辑：王宗引、周树春、李海堂、王金和，新华社。

消息（空缺一名）。

通讯，师魂，黄绍全、陈朗，编辑：陈维钧，《贵州日报》。

通讯，旱原情，吉虹、杨前进，编辑：吉虹、杨前进，《陕西日报》。

通讯，寻找时传祥，孙德宏，《工人日报》。

版面，《中国青年报》1995年11月17日一版，编辑：陈泉涌、张桂明、刘海涛，《中国青年报》。

摄影，正义之声，李学仁，编辑：薛海涛，新华社。

摄影，新婚该诀别，周晓辉，编辑：林毓根，《广东公安日报》。

漫画，1995年十大国际新闻，华君武、丁聪、方成、英韬、苗地、王宇、王复羊、缪印堂、孙以增、朱根华，《人民日报》。

广播消息，美发生一起故意使用放射性物质使人中毒事件，汤民国，编辑：黄良德，中国国际广播电台。

广播评论（空缺）。

广播专题，孔繁森——九十年代的焦裕禄，蒋小峰、初化臣、张涵，编辑：乔仁贞，山东人民广播电台。

广播编排，您好，祖国！傅成励、崔永元、杜嗣琨、任捷、汪永晨、黄继群、吴朝晖，中央人民广播电台。

电视消息，农机千里走中原，杨华、刘建新、顾海红、韩华春、张勇，河南电视台、中央电视台。

电视消息，广东：农民成了现代农业投资的主体，徐惠如、曾国成、贾真、黎永然、朱广生，广东电视台。

电视评论（空缺一名）。

电视专题，中华之剑（第三集）剑之威，李荃、刘效礼、彭山、盛天鹰、乔保刚、正勇、陈获芳，中央电视台。

电视专题，板车精神文明之花，丁颖安、尚东明、安华，编辑：丁颖安，许昌有线电视台。

电视专题，田沛发，谢英、杨茂林，编辑：王志荣，贵州电视台。

电视编排（空缺一名）。

（二、三等奖篇目略）

第七届

第七届中国新闻奖（1996年度，有170件作品获奖，1997年10月26日揭晓）获奖作品中，特别奖3件，一等奖19件，二等奖56件，三等奖93件。其中获特别奖和一等奖的篇目如下：

特别奖

通讯，把党和政府的温暖送到千家万户，季进成、殷敖佗，编辑：张怀京，《中国建设报》、新华社。

通讯，岗位作奉献　真情为他人，刘连枢、齐晓峰、赵兴林、潘善棠、夏俊生，《北京日报》、新华社、《人民日报》。

通讯，北京有个李素丽，郭萍、吴晓向、王舟波、余勇、于文国，编辑：张宏遵、孟东明、方向明，《工人日报》。

一等奖

消息，我军在台湾海峡成功举行三军联合作战演习，顾伯良、郑宗群、赵险峰，编辑：顾伯良，《解放军报》。

消息，重新评估国资增值3.5亿元，顾建新、毛福忠，《今晚报》。

言论，为经济建设和社会发展提供强有力的政治保证，谢宏（任仲平），编辑：邵华泽、范敬宜，《人民日报》。

言论，旗帜鲜明地同民族分裂主义和非法宗教活动作斗争，黄元才，《新疆日报》。

通讯，让世界走向和平，曹智、李大伟，编辑：刘回年、陈茂林，新华社。

通讯，种树“种到”联合国，李广华、孙亚辉，编辑：高远、郑学良，《内蒙古日报》。

系列，由邯钢经验引出的话题，熊家余、谢双林、吴华清，编辑：吴志根，《湖北日报》。

版面（空缺）。

摄影，上学，杨小兵，编辑：薛向群，《陕西日报》。

摄影，喜不自禁，徐步，编辑：奥运报道组，新华社。

漫画（空缺）。

广播消息，西方反华阴谋再次破产，钱慰曾，编辑：段秀杰、张著，中国国际广播电台。

广播评论，市场不相信“出身”，苏维茗、吴双，编辑：刘素琴、包仲川，天津人民广播电台。

广播专题，英雄　魂兮归来，胡国华，编辑：蔡小林，中央人民广播电台。

广播系列，爱心创奇迹，江小青，上海东方广播电台。

广播编排，含泪笑唱《鲁冰花》，吴平、姜英华、李珂、刘汉斌，辽宁人民广播电台。

电视消息，国庆节　中英街国旗高悬，韩建勇、李燮，深圳电视台。

电视评论，巨额粮款化为水，杨明泽、谢子猛、方宏进，编辑：杨明泽，中央电视台。

电视专题，人情猛于虎，崔彬、李永和、杜士刚、张承东，编辑：李永和、杜士刚、张承东、王跃钧，黑龙江电视台。

电视系列，燕赵儿女抗洪歌，何振虎、吕良春、陈金荣、张炜等，编辑：陈金荣，河北电视台。

电视编排，1996年8月8日晚间新闻，李勇、许文庆，中央电视台。

（二、三等奖篇目略）

第八届

第八届中国新闻奖（1997年度，191件作品获奖，1998年7月揭晓，1998年12月13日颁奖）获奖作品中，特别奖5件，一等奖24件，二等奖55件，三等奖107件。其中获特别奖和一等奖的篇目如下：

特别奖

通讯，在大海中永生，何平、刘思杨，编辑：张万象、王启星，新华社。

系列，展示新成就迎接十五大·学习篇，班明丽、何加正、皮树义等，编辑：范敬宜，《人民日报》。

现场直播，百年长梦今宵圆，中央人民广播电台集体，中央人民广播电台。

现场直播，香港回归现场特别报道，中国国际广播电台集体，中国国际广播电台。

现场报道，1997 香港回归特别报道，中央电视台集体，中央电视台。

一等奖

消息，别了，“不列颠尼亚”，周树春、胥晓婷、杨国强、徐兴堂，编辑：高秋福、徐学江、王宗引、陈耕涛，新华社。

消息，中国拒绝金融风暴登陆，任侃，编辑：曲莹璞，《中国日报》。

消息，台州三千“党代表”活跃在股份制企业，陆熙、沈建波，《浙江日报》。

言论，中华民族的百年盛事，李德民、米博华，编辑：邵华泽、范敬宜、谢宏，《人民日报》。

言论，一个鲜明主题，王晨、李景瑞，《光明日报》。

言论，察潮流　顺民心　天下定，黄种生，编辑：饶新冬，《福建日报》。

通讯，神圣的时刻，肖福、胡训军、高吉全，编辑：孙晓青，《解放军报》。

通讯，140 万双袜子的命运，余兰生，编辑：潘堂林、徐占峰，《长江日报》。

系列，资本运营系列报道，艾丰、张杰、魏劲松、牛文文，《经济日报》。

版面，《羊城日报》1997 年 10 月 4 日一版，张克眉、许维国，《羊城日报》。

副刊，清塘荷韵，季羡林，编辑：卞毓方，《人民日报》。

摄影，中英香港政权交接仪式，刘建生、张燕辉，新华社。

摄影，三峡大江截流胜利合龙，周立新，编辑：曹山旭，《楚天都市报》。

漫画，韩宝曝丑闻，方成，编辑：张春明、郭印川、宋平，《法制日报》。

广播消息，香港热土祭洒社稷坛，文立军，编辑：叶小静，北京人民广播电台。

广播评论，49% 大于 51% 的启示，苏维茗、印永清、陈鹰、马津力，编辑：吴双，天津人民广播电台。

广播专题，新年特别节目《中国 1997》，张浩、王晓辉、毛舟、张彬、李易、李宪力，编辑：王宴青，中央人民广播电台。

广播专题，国门卫士——黑河好八连，王春莉、李晓平、孙连君，编辑：丛林、文佳、宋铁民，黑龙江人民广播电台。

广播专题，回归前夕的香港，张惠玲，编辑：史靖洪、李纳新等，中国国际广播电台。

电视消息，百万群众大转移，陈瑶、沈建、陈鹏飞、许东良，浙江电视台。

电视消息，邯钢跨地区兼并部属企业舞钢，刘莹、李飞、孟晓铮，编辑：张勇、刘强、张涛，河北电视台。

电视评论，“罚”要依法，再军、白河山、方宏进，中央电视台。

电视专题，“麦德龙”冲击波，吴乐霞、倪亚农、秦岱亚，无锡有线电视台。

电视系列，投资不增　成本不生　效益提高缘何而来？肖振生、郑根岭、史联文、赵志文、刘萍、张海鹏，辽宁电视台。

（二、三等奖篇目略）

第九届

第九届中国新闻奖（1998 年度，186 件作品获奖，1999 年 10 月揭晓，1999 年 12 月 24 日颁奖）获奖作品中，特别奖 6 件、一等奖 23 件、二等奖 58 件、三等奖 99 件。其中获特别奖和一等奖的篇目如下：

特别奖

言论，当前头等大事，李德民、米博华、王义堂、王金海，编辑：邵华泽、许中田、谢宏，《人民日报》。

通讯，运筹帷幄　挥师“三江”，王文杰、阎金久，编辑：王文杰，《解放军报》。

通讯，四百壮士战洪魔，谭道博、贾永、刘建新、孙茂庆，编辑：南振中、刘回年、曹国强，新华社。

消息，九江段 4 号闸附近决堤 30 米，贺延光，编辑：杜涌涛，《中国青年报》。

专题，大浪丰碑，孙连君、李皎、金威，编辑：王春莉、文佳、陈华，黑龙江人民广播电台。

系列，1998 抗洪系列报道，中央电视台、湖北电视台、江西电视台、湖南电视台、黑龙江电视台、吉林电视台等，集体采访。

一等奖

言论，迎着老百姓的方向走，郝斌生，编辑：成少安、王长宗，《河北日报》。

消息，长江上游仍在砍树，熊小立、黎大东，编辑：张笃一、吴锦才、南振中，新华社。

消息，项庄舞剑　意在沛公——明传人民币贬值　实为投机谋暴利，任侃，编辑：黄庆，《中国日报》。

通讯，请看法轮功是咋回事，赵宗符、邢强，编辑：盖方鸣，《齐鲁晚报》。

通讯，困难之中显本色，端木晔波，编辑：宋超、黄强，《解放日报》。

系列，关于郑州亚细亚商场集团兴衰的调查，郭久辉、李昕，编辑：李登科、陶玉亮，《郑州晚报》。

版面，《南方日报》1998 年 9 月 11 日一版，编辑：陈庆光、王更辉，《南方日报》。

摄影，当选总理朱镕基，于文国，编辑：孙德宏、杨军，《工人日报》。

摄影，走进“地球最后的秘境”，索朗罗布·多穷，新华社。

漫画，洪水滔滔见真情，张滨，编辑：杨殿军，《黑龙江日报》。

副刊，车到柳园，孟可，编辑：刘建民，《工人日报》。

广播消息，东莞农民上网招商引资遍地开花，莫佛基、杨济平、蔡建勋，编辑：张伟玲，东莞人民广播电台。

广播消息，开学第一课，周升航、周三友、孙国庆，九江人民广播电台。

广播专题，九届人大一次会议特别

节目：期望与信心——中国人看自己国家的新领导人，段爽、丁邦英、丁波、卢爽，中国国际广播电台。

广播专题，帕米尔赤子——吴登云，王宏、季琳萍、曹远秋、蒋一峰、彭文明、窦新国、余斌，编辑：石永强、史林杰，新疆人民广播电台。

广播专题，凋零与崛起的背后，滕兆鹏、江瑾、汪君，编辑：王玮、陈南林、沈刚权，青岛人民广播电台。

广播系列，走进阿里，旺堆、琼达、曾晓东，编辑：新闻编辑部，中央人民广播电台。

电视消息，巴格达遭空袭纪实，冀惠彦、董志敏、水均益，中央电视台。

电视消息，农机下乡了，邢哲、赵立明、刘峰、刘国江，编辑：迟航、陈晓峰，黑龙江电视台。

电视专题，拨通148法律服务到你家，辛余兵、孙震博、白杰，编辑：郭战平，山东电视台。

电视系列，劳动力市场有个戚大姐，丛晶、张海滨，大连电视台。

电视系列，山西假酒案，欧阳平、骆汉城、白央，山西电视台。

电视编排，中国新闻，编辑：刘家俊等，中央电视台海外中心新闻部。

（二、三等奖篇目略）

第十届

第十届中国新闻奖（1999年度，190件获奖作品，2000年7月揭晓，2000年10月17日颁奖）获奖作品中，特别奖7件，一等奖24件，二等奖57件，三等奖102件。其中获特别奖和一等奖的篇目如下：

特别奖

言论，祖国万岁，米博华，编辑：邵华泽、许中田、谢宏，《人民日报》。

通讯，世纪大阅兵，贾永、曹智，编辑：何平、朱承修，新华社。

现场直播，国庆50周年大会现场直播，国庆报道组，中央人民广播电台。

现场直播，国庆50周年现场直播，国庆报道组，中国国际广播电台。

现场直播，国庆50周年现场直播，新闻中心，中央电视台。

系列，亲历炮火，许杏虎，编辑：柴野，《光明日报》。

副刊，没有灯光的漫漫长夜，邵云环，编辑：刘青、王其冰，《参考消息》。

一等奖

消息，北约野蛮轰炸我驻南使馆，吕岩松，编辑：陈特安，《人民日报》。

消息，“天体大十字”预言宣告破产，南振中、姜岩，编辑：王艳红、张小军，新华社。

言论，“实力”救不了李登辉，孙晓青、谭健，编辑：孙忠同，庄汉隆，《解放军报》。

言论，一场严肃的政治斗争，冯并、张曙红、郑庆东、张杰、高路，编辑：徐心华、武春河，《经济日报》。

通讯，中国农家半世纪，徐永辉，编辑：项宁一、叶飞虹，《经济生活报》。

通讯，1503亿赤字预算意味什么，

熊波，编辑：卢跃刚，《中国青年报》。

系列，“三盲院长案”，袁成本，编辑：刘国航，《法制日报》。

版面，《天津日报》1999 年 10 月 2 日一版，编辑：林楠、王立文、高建光，《天津日报》。

摄影，澳门回归，武汉义，编辑：姜东，《中国日报》。

摄影，首都各界群众庆祝中华人民共和国成立 50 周年大会，齐铁砚，新华社。

漫画，哈哈镜里老鼠精，华君武，编辑：沈天呈，《文汇报》。

副刊，说说儿子向群，李德清、赵江，编辑：陈先议、曾凡华，《解放军报》。

广播消息，挤“水分”，田金军、孔祥明，编辑：张云，焦作人民广播电台。

广播评论，粗暴侵犯中国主权的野蛮行径，张敏、钱慰曾、王冬梅，中国国际广播电台。

广播专题，朱总理和我们心连心，高春芳、谢予川，编辑：陈坦汶，福建人民广播电台。

广播系列，废墟上崛起的中国科技，周军、靳雷等，编辑：林涛、潘晓闻，中央人民广播电台。

广播编排，1999 年 9 月 21 日新闻·时事报道节目，华语环球台新闻部，编辑：王忠、张晖、郭彦、刘小勇，中国国际广播电台。

广播直播，大墙内的声音，马平分、李靖、任庆起、李新华，编辑：李英华、马津力，天津人民广播电台。

电视消息，村官不为民办事　村民依法免村官，蔡志豪、骆骏，编辑：王永显，浙江电视台。

电视评论，“吉烟”现象，王文雁、张林刚，中央电视台。

电视专题，青岛名牌战略，任志杰、徐磊、康立华、吕微，编辑：王亚明，青岛电视台。

电视系列，北约空袭南联盟，顾玉龙、王晓琨、高伟、王卓、王齐放、张大立，编辑：孙平、王宇航，中央电视台。

电视系列，消失的哈拉海，胡鑫、张海玉，编辑：迟航、吴玮，黑龙江电视台。

电视编排，1999 年 9 月 29 日阳光直播室，编辑：祝云光、沈芸、司东方，浙江电视台。

（二、三等奖篇目略）

第十一届

第十一届中国新闻奖（2000 年度，209 件作品获奖，评奖结果于 2001 年 8 月 1 日揭晓。本届评选活动由中国记协主办，黑龙江省委宣传部、黑龙江省记协承办）获奖作品中，一等奖 32 件，二等奖 70 件，三等奖 107 件。其中获一等奖的篇目如下：

一等奖

言论，全面加强党的建设的伟大纲领，王义堂，编辑：许中田、张研农，《人民日报》。

言论，“台独”即意味战争，刘格

文、谭健、刘新如，编辑：孙忠同、庄汉隆，《解放军报》。

言论，警惕加重农民负担新动向，邓抒扬，编辑：王甄，《安徽日报》。

消息，朝韩领导人 55 年来首次会面，黄海敏、李拯宇、姬新龙、郑捷、李保东，编辑：米立功、曾虎，新华社。

消息，法警背起生病被告，杨永辉、王雪莲、吴怡，编辑：史玮、严峻，《北京青年报》。

消息，按“智”分配造就亿万富翁，卢平川，编辑：雷刚、何光华，《湖北日报》。

通讯，用生命搏击贫困——铜川市郊区惠家沟村党支书郭秀明追记，王天乐、黄卫平、卢尚玉、段海洲、靳涛，编辑：王章恒，《陕西日报》。

通讯，治病？骗钱？——发生在传染病院的怪事，萧芷茁，编辑：戚泥莲、张长虹，《黑龙江日报》。

系列报道，孙仲芳回家寻亲连续报道，刘维扬、张继斌、盛学军、姜莉、高林胜，编辑：朱铭佐、陈正仁、戴平、黄建伟，《扬子晚报》。

版面，《中国青年报》2000 年 3 月 24 日一版，编辑：陈泉涌、唐为忠、罗旭辉，《中国青年报》。

摄影，世纪会晤——联合国举行首次常任理事国首脑会晤，刘建国，编辑：王海燕，新华社。

摄影，迎着炸药扑上去，李建峰，编辑：胡昌国，《郑州晚报》。

漫画，无题，李建华，编辑：黄庆，《中国日报》。

副刊，“刘邦文化”是什么？张雨生，编辑：蒋元明，《人民日报》。

广播消息，陶璐娜夺得第一枚金牌，张文星，编辑：张文星，中央人民广播电台。

广播消息，牧民斯拉木曝光滥砍滥伐者，傅雪琴、孙建中，编辑：史林杰，新疆人民广播电台。

广播评论，两起假货案带给河南的警示，勾志霞、姚居清、陈德年、张铭，编辑：冯鸣，河南人民广播电台。

广播专题，老照片收藏始末，孟庆煜，北京人民广播电台。

广播专题，让爱的阳光融化冰雪，刘素云、关娟娟，编辑：汪作舟，中国国际广播电台。

广播专题，菜头、鱼头、蟹头当了村头，李玉杰、吕玉忠等，编辑：李玉杰，辽宁人民广播电台。

广播系列，北京申办奥运　青岛应对“大考”，衣凡、方少君，编辑：王玮，青岛人民广播电台。

广播编排，2000 年 8 月 15 日《让历史告诉未来》，李晓平、金威、孙连君、赵冬梅，编辑：刘玉平、郑秀国、丛悦，黑龙江人民广播电台。

现场直播，挑战世界跨越衡山，集体，湖南人民广播电台，新疆人民广播电台。

电视评论，铲苗种烟违法伤农，黄洁、凌泉龙、方宏进，中央电视台。

电视评论，莫把“脱困”当“脱险”，黄有、陆钢、王晶，辽宁电视台。

电视消息，长沙袁隆平等十多位院士成为科技知本家，谢鸿鹤、陈德志、梁强，长沙电视台。

电视消息，长江源头楚玛尔河断流，陈国望、毕茉、董国旭、田双明、杨永辉，编辑：沈国华、唐文铸、石艳丽、惠欣，天津有线电视台。

电视系列，守望家园——“三北”生态纪行，周泳、刘民等17人，北京电视台。

电视系列，“书记大姐”李淑敏，杨璐、马利、广军、岳群、栗忠民、李锋、赵瑞，编辑：杨璐，山东电视台。

电视编排，2000年8月24日《世界报道》，集体，中央电视台。

现场直播，攀登珠峰，集体，编辑：周国梁、李东时、陈小钢，黑龙江电视台。

现场直播，2000年钱塘江潮，集体，中央电视台、浙江电视台。

（二、三等奖篇目略）

第十二届

第十二届中国新闻奖（2001年度，210件作品获奖，评奖于2002年7月25日揭晓）获奖作品中，一等奖33件，二等奖69件，三等奖108件。其中获一等奖的篇目如下：

一等奖

言论，光荣属于中国共产党和中国人民，米博华，编辑：许中田、张研农，《人民日报》。

言论，中国主权不容侵犯，刘格文、陈贤德、谭健，编辑：孙忠同、张宗银，《解放军报》。

言论，“真抓”与“假抓”，海纳，编辑：安人和、周丹平，《河北日报》。

消息，洞庭湖长大五分之一，万茂华、赵成新、李志林、王利亚，编辑：周乾德，《湖南日报》。

消息，浙江贫困农民依法享有最低生活保障，周建国，编辑：周少华、周荣新，《浙江日报》。

消息，七年上诉冤屈未伸张，“新华视点”记者，编辑：陈芸、张锦胜，新华社。

通讯，上海的辉煌　祖国的辉煌，李蓉、陈春艳，编辑：宋超、余建华，《解放日报》。

通讯，教育局长的好榜样，唐湘岳，编辑：夏桂廉、袁志发，《光明日报》。

通讯，学者不得为商家当“托儿”，薛晖，编辑：王宇，《北京晨报》。

系列，纪念建党80周年革命圣地踏访，罗开富，编辑：武春河、冯并，《经济日报》。

版面，《科技日报》2001年8月13日一版，编辑：陈泉涌、王宝琳、张克，《科技日报》。

摄影，纽约世贸中心被撞，钱瑜，编辑：董耀武，新华社。

摄影，英雄探妻，袁学军，编辑：李雪梅，《解放军画报》。

漫画，徒劳，英韬，编辑：熊海泉，《湖北日报》。

副刊，慎张“排行榜”，仲言，编辑：杜英姿、杨少波，《人民日报》。

广播消息，世界贸易组织决定接纳中国为世贸成员，赵健夫，编辑：汪作舟、陈敏毅，中国国际广播电台。

广播消息，我向总理讲真话，崔波、

张哲，编辑：朱华昌、张熠，阜阳人民广播电台。

广播评论，信用是本　道德为先，蔡万麟，编辑：王明华，中央人民广播电台。

广播专题，忏悔，赵艳娟、李铭、荣幻，编辑：王春莉、孙连君、赵新宇，黑龙江人民广播电台。

广播专题，一面国旗　两岸情缘，钟启华、黄荣，编辑：石贵田、赵权，湖南人民广播电台。

广播系列，关注食品安全，朱凌翔、章萍，编辑：周艳玲，北京人民广播电台。

广播系列，关注灾区——我们风雪同行，集体创作，编辑：王宏、白彦诚，新疆人民广播电台。

广播编排，2001 年 7 月 14 日《“新北京、新奥运”特别节目》，编辑：景兵、刘锦升、童淑玲，北京人民广播电台。

直播，“上海五国”元首第六次会晤，集体创作，中央人民广播电台、上海东方广播电台。

电视消息，7 · 13——申奥成功日万众欢腾时，金鹏、樊煜、徐京玲，北京电视台。

电视消息，从后排到前排，15 米走了 15 年，黄铮、徐攸，编辑：姜澜，上海电视台。

电视评论，干部图政绩普九变儿戏，王滨生、王英泽，编辑：吴玮、陈晓峰，黑龙江电视台。

电视评论，河道里建起商品楼，法展、刘文，中央电视台。

电视专题，南丹 7 · 17 事故初探，万亿、覃水生、杨永坤，编辑：林旭乔、彭勇，广西电视台。

电视专题，党的恩情永难忘，孙晓青、陈国庆、刘冬，编辑：石永强、伊力汗 · 奥斯曼，新疆电视台。

电视系列，“海尔”阔步走向世界，任志杰、宋建春、封万超、张海鹏，编辑：王亚明，中央电视台、山东电视台、青岛电视台。

电视编排，2001 年 7 月 1 日吉林新闻联播，编辑：孙宝国，吉林电视台。

电视直播，中国入世特别节目，李挺、张宁、梁建增，编辑：孙杰、包军昊，中央电视台。

（二、三等奖篇目略）

第十三届

第十三届中国新闻奖（2002 年度，248 件获奖作品，其中，作品部分共设 210 个奖，新闻论文部分共设 38 个奖。2003 年 10 月 21 日揭晓）获奖作品中，特别奖 1 件，一等奖 33 件，二等奖 85 件，三等奖 129 件。其中获特别奖和一等奖的篇目如下：

特别奖

通讯，公仆本色——追记湖南省委原副书记、省人大常委会原副主任郑培民同志，董宏君、朱玉，编辑：吴恒权、马利，《人民日报》、新华社。

一等奖

言论，沿着党的十六大指引的方向奋勇前进，米博华，编辑：王晨、张研农，《人民日报》。

通讯，肩负起继往开来的庄严使命——党的新一届中央委员会诞生记，何平、刘思扬，编辑：夏林、彭树杰、吴锦才，新华社。

通讯，壮丽的发展诗篇——从数字看上海巨变，李蓉，编辑：宋超、余建华，《解放日报》。

消息，我省交通图五年七变，石磊，编辑：谷峰、张素娟，《河北日报》。

消息，看个“咳嗽”要掏1065元，李红鹰、吴芳，编辑：陈志远、黄剑，《武汉晚报》。

系列，山西繁峙矿难系列报道，刘畅、柴继军，编辑：唐为忠、高山、张英杰，《中国青年报》。

版面，《科技日报》2002年11月14日一版，编辑：陈泉涌、周敢普、何世文，《科技日报》。

摄影，新任总书记胡锦涛面对世界聚焦，徐京星，编辑：王文澜，《中国日报》。

摄影，向“恐怖主义”宣战——中吉首次联合反恐怖军事演习纪实，查春明，编辑：侯俊，新华社。

漫画，中东闹钟，罗杰，编辑：黄庆，《中国日报》。

副刊，人民利益，刘灿校、周玉山、颜章才，编辑：陈先义、李鑫，《解放军报》。

广播评论，政治宣言　举国称颂，王明华，编辑：杨波，中央人民广播电台。

广播消息，钱其琛表示：大陆欢迎除极少数“台独”顽固分子之外的台湾民进党员来大陆访问，郭胜昔，编辑：张霁苍，中国国际广播电台。

广播消息，兴华乡的形象工程掺了多少水，吴冬、王晓霞、刘春梅、周伟，编辑：罗春雷，吉林人民广播电台。

广播专题，“造林”还是“造字”，杨宏斌、胡成、编辑：郭静，湖北人民广播电台。

广播专题，搬迁，赵彤湫、刘险峰、陈夕、宋明辉，编辑：王红宇，辽宁人民广播电台。

广播系列，小东母子状告黄色信息台，李文刚，编辑：马丽英、马平分，天津人民广播电台。

广播编排，2002年12月25日《新闻和报纸摘要》，编辑：姜宝宏、赵军、高华，中央人民广播电台。

广播直播，西部广播的春天，集体，编辑：集体，新疆人民广播电台、西藏人民广播电台、四川人民广播电台、云南人民广播电台、内蒙古人民广播电台、青海人民广播电台、甘肃人民广播电台。

电视消息，大杨扬为中国夺得首枚冬奥会金牌，张伟、刘颖、王平、姚文莉，中央电视台。

电视消息，温副总理带灾区孩子上课，黄寿先、胡凡、郑原，陕西电视台。

电视评论，冲破贸易壁垒　浙江别无选择，王水明、陈鹏飞、朱珠、吴晖、陈丰，编辑：汤伟军，浙江广电集团电视新闻综合频道、温州电视台。

电视专题，热血铸警魂——人民的好警察赵新民，侯朴、许晓娟、秦洪涛、孙莹莹、唐玉琪，编辑：徐樟梅、郭越岭，新疆电视台。

电视专题，“百姓书记”梁雨润，朱海虎、许凌云、肖亚光、薛爱林、刘明、耿辉旺，山西电视台。

电视系列，一个活在人民心中的共产党人——记原湖南省委副书记郑培民，肖振生、庄园、唐怡、姚远、黄京辉、张京、刘朋、谭勇军，湖南电视台、中央电视台。

电视编排，2002 年 2 月 17 日《新闻联播》，集体，黑龙江电视台。

电视直播，三峡工程导流明渠截流特别报道，集体，中央电视台。

新闻论文，“抓作风”与“改文风”——十五届六中全会精神学习笔记，南振中，编辑：刘学渊，《新闻战线》。

新闻论文，《大公报》与红军长征落脚点之研究，尹韵公，编辑：张满丽，新闻与传播研究。

新闻论文，重大突发事件报道的认识与创新，俱孟军，编辑：白继红，传媒发展方略。

新闻论文，怎样写好重大题材的报道，罗开富，编辑：祝晓虎，《新闻战线》。

新闻论文，新闻网站的现状和未来发展，何加正，编辑：许林，《新闻战线》。

新闻论文，频率专业化——广播与时俱进的必由之路，孙孔华、谭奋博，编辑：赵丽平、姜成厚，《中国广播电视学刊》。

（二、三等奖篇目略）

第十四届

第十四届中国新闻奖（2003 年度，248 件作品获奖，获奖作品中一等奖 31 件，二等奖 81 件，三等奖 136 件）。获一等奖的篇目如下：

一等奖

言论，筑起我们新的长城——论抗击非典的伟大精神，任仲平，编辑：王晨、张研农，《人民日报》。

言论，微笑　并保持微笑，尚德琪，编辑：玄承东，《甘肃日报》。

言论，急于动武　缺理少据，古平（朱梦魁），编辑：黄晴，《人民日报》。

消息，美国对伊拉克开战，贾迈勒，编辑：新华社中东总分社、国际部英文编辑室，新华社。

消息，非典型肺炎病源是衣原体？段功伟，编辑：陈广腾、崔向红，《南方日报》。

消息，三峡大坝昨下闸蓄水，剑文、礼兵、忠贤、周芳、志兵、月波、剑军、立新，编辑：雷刚、陈剑文，《湖北日报》。

通讯，目击杨利伟飞天归来，范炬炜、孙阳、唐振宇，编辑：刘兴安，《解放军报》。

通讯，振超效率：赶超世界第一，辛梅，编辑：樊泽顺、赵慎安，《青岛日报》。

通讯，五河：城市贫民背不动豪华广场，周立民，编辑：吴锦才、汪金福、王炽，新华社。

通讯，医药代表向“老百姓”下跪，秦军，编辑：朱仁华、王纲，《浙江日报》。

系列，千里风沙小站行，工人日报集体，编辑：工人日报集体，《工人日报》。

版面，2003 年 2 月 24 日《黑龙江日报》国际新闻版，编辑：连占海、王福荣、黄广庆，《黑龙江日报》。

摄影，祝福全国人民安康，莫定有，《四川日报》。

摄影，总理为民工追工钱，刘卫兵，编辑：吕淑梅，新华社。

摄影，SARS 病房，贺延光，编辑：晋永权，《中国青年报》。

漫画，政绩“工程”，黎青，编辑：卢新，《济南日报》。

副刊，“重赏”之下，仲言，编辑：杨少波，《人民日报》。

广播消息，殷殷嘱托　浓浓民情，阳玲，编辑：何良璋，湖南人民广播电台。

广播评论，召回“新政策”也是进步，丁方、周导，编辑：袁晖，上海人民广播电台。

广播专题，互联网的发展——SARS 无情　网络有情，程浩、林少文，编辑：程浩，中国国际广播电台。

广播系列，站在耕地边缘，张军、张磊，编辑：赵连军、侯永生，中央人民广播电台。

广播系列，来自巴格达的声音，张立、王文宽，编辑：隋艳霞、常海宽、王坚，中国国际广播电台。

电视消息，北京有个总理也是你的亲人，王成、张华迁、赵武军，编辑：赵武军，新疆电视台。

电视评论，用生命撞响的警钟，朱海虎、肖亚光、许凌云、陶亿笑、耿辉旺、刘凤林，山西电视台。

电视专题，钟南山：直面“非典”，王志、张士峰、王扬、孙海南、陈洪奕，中央电视台。

电视系列，非凡抗击，张亮、周星、赵彤、鲍毅、张丽，北京电视台。

电视系列，伊拉克战争连续报道，中央电视台集体，编辑：中央电视台集体，中央电视台。

新闻论文，用“三个代表”重要思想统领新闻宣传工作，王晨，编辑：张书林，《人民日报》。

新闻论文，试论新闻的度，江永红，编辑：刘学渊，《新闻战线》。

新闻论文，时效的魅力，马胜荣，编辑：文璐，中国记者。

新闻论文，报业集团化运作创新：打造价值链、品牌链、产业链，罗建华，编辑：祝晓虎，《新闻战线》。

（二、三等奖篇目略）

第十五届

第十五届中国新闻奖（2004 年度，共评选出获奖作品 258 件）获奖作品中一等奖 28 件，新闻专栏 10 件，二等奖 89 件，三等奖 131 件。其中获一等奖、新闻专栏的篇目如下：

一等奖

消息，中国国家主席与艾滋病人握

手，周效政、刘思扬、樊曦，编辑：倪四义、常勇，新华社。

消息，参演万余人　不见几个兵，张乡林、王宏林，编辑：刘建华、鲁晨，《前卫报》。

消息，昆山31万农民刷卡看病，高坡，编辑：孟海龙，《苏州日报》。

评论，国有企业改制一定要规范，阎卡林、齐东向，编辑：李洪波，《经济日报》。

评论，坚决制止低俗炒作行为，赵金，编辑：徐体义、李维，《云南日报》。

通讯，百姓心中的丰碑——追记公安局长的楷模任长霞，戴鹏、徐运平，《人民日报》。

通讯，达吾提·阿西木北京探亲记，李杨，编辑：王定贵，《新疆日报》。

通讯，惊心动魄35分钟，谭洁、张金玉，编辑：武天敏，《解放军报》。

系列，改善湖北投资环境，熊家余、姜月波、夏一兵，编辑：宋汉炎、雷刚，《湖北日报》。

系列，政府软件采购问题追踪，尹宏群、李国敏，编辑：阎新华、向阳，《科技日报》。

摄影，刘翔获奥运会110米栏金牌，徐京星，编辑：王文澜，《中国日报》。

摄影，她走了　目光依然明亮，金思，编辑：柳赵青，《中国青年报》。

副刊，感恩老兵，郭松民，编辑：严建平，《新民晚报》。

广播消息，翱翔雅典　跨越历史——刘翔夺得男子110米栏金牌，侯艳，编辑：赵军，中央人民广播电台。

广播评论，治理好污水也是政绩，李方存、钱葳、沈杭珍，编辑：巫金龙，浙江人民广播电台。

广播专题，巴勒斯坦送别阿拉法特，涂龙德、贺金哲，编辑：邓淑敏、汪作舟，中国国际广播电台。

广播专题，女儿本色，齐露莹、常志霞、党爱莉、谭可，编辑：常志霞，河南人民广播电台。

广播直播，中国2004——铁路第五次大提速，集体，中央人民广播电台。

电视消息，胡锦涛在河北考察工作，徐少兵、邓睿、冯卓，编辑：冯卓，中央电视台。

电视评论，欠债咋就不还钱，孙锐、孙笑非、王学亮，黑龙江电视台。

电视专题，维吾尔乡村有所汉语小学，高峰、陈晓鹏、秦亚飞、赵晓莉、田晓燕，新疆电视台。

电视专题，惊心动魄22小时，徐滔、鲁盾、王勇国、培源、王旭东、张勇、周鹏，编辑：张硕、何方，北京电视台。

电视系列，党员领导干部的楷模——牛玉儒，顾永生、朝鲁、王雪莲，编辑：任杰、杨颖、张瑞，内蒙古电视台。

电视直播，2004黄河调水调沙直播，集体，中央电视台、河南电视台、山东电视台。

新闻论文，邓小平与《人民日报》——写在邓小平同志100周年诞辰之际，《人民日报》编辑部，编辑：张研农，《人民日报》。

新闻论文，讲究辩证法推进“三贴

近”——谈正确处理好当前新闻宣传工作中的十个关系，尹明华、吕怡然，新闻记者。

新闻论文，典型宣传的改进与创新，赵德润、冷梅，《新闻战线》。

新闻论文，按市场规律的要求改革创新，梁国标、万仕同，《新闻战线》。

新闻专栏，人民论坛，《人民日报》。

新闻专栏，新华视点，新华社。

新闻专栏，新闻和报纸摘要，中央人民广播电台。

新闻专栏，新闻联播，中央电视台。

新闻专栏，国际观察，中国国际广播电台。

新闻专栏，有话直说，《工人日报》。

新闻专栏，解放论坛，《凌河解放日报》。

新闻专栏，燕赵论坛，《河北日报》。

新闻专栏，记者档案，安徽电视台。

新闻专栏，政府在线，河南人民广播电台。

（二、三等奖篇目略）

第十六届

第十六届中国新闻奖（2005 年度，270 件获奖作品，其中特别奖、一等奖共 43 件，二等奖 88 件，三等奖 139 件）。其中获特等奖和一等奖的篇目如下：

特别奖

评论，在全面建设小康社会中充分发挥先锋模范作用——论保持共产党员先进性，马利、崔士鑫、裴智勇，编辑：张研农、陈俊宏，《人民日报》。

评论，提高自主创新能力　推进经济结构调整，李洪波、阎卡林、齐东向，《经济日报》。

一等奖

消息，中铁三局丢了宁夏市场，高鹏，编辑：马文锋，《宁夏日报》。

消息，海拔 4161 米：总理跟我们合影，毕锋、李晓华，编辑：王晓，《人民铁道报》。

消息，3.5 万救命钱留给病友，陈国忠，编辑：袁云才、邬伟，《长沙晚报》。

评论，让和谐创业的主旋律更雄浑更响亮，张志，编辑：严力、彭春兰，《江西日报》。

评论，警惕“专家观点”成为“利益俘虏”，李扬，《新华日报》。

通讯，索玛花儿为什么这样红——记优秀共产党员、木里县马班邮路乡邮员王顺友，张严平、田刚，编辑：邹沛颜、周红军，新华社。

通讯，英雄携手飞天——神舟六号航天员费俊龙、聂海胜出征记，李选清、赵波、刘程，编辑：武天敏，《解放军报》。

通讯，这个头，带得好！李海燕、齐淮东，编辑：王洪涛，《大众日报》。

系列，先进性教育的民间期待，集体，编辑：鲁强、吴秀笔、韩晓军，《钱江晚报》。

系列，走近孟二冬教授，集体，编辑：荀天林、翟惠生、韩秀琪，《光明日报》。

版面，《科技日报》10 月 17 日一版，编辑：宗宝泉、武云生、左常睿，《科技日报》。

摄影，两党一小步　民族一大步，作者：贺延光，编辑：柴继军，《中国青年报》。

摄影，警民接力大营救，钱程，编辑：李忠运、马章安，《大众日报》。

漫画，指鹿为马，李建华，编辑：吴杰，《讽刺与幽默》。

副刊，读刘白羽遗嘱及其捐赠单，陈先义，编辑：赵阳，《解放军报》。

广播消息，历史性的握手，李涛、郭亮、赵雪花，编辑：王宴青、李宪力，中央人民广播电台。

广播评论，旗舰遇坚兵——“大显”陷入困境的启示，金众、刘险峰、王红宇、陈夕，编辑：王中宣，辽宁人民广播电台。

广播专题，离家百年　钟回故里，李贺，编辑：牛予冬，天津人民广播电台。

广播专题，白杨树讲述的故事——留在中国大地的日本人墓园，王丹丹、王小燕、周莉，编辑：谢宏宇、付颖，中国国际广播电台。

广播系列，“微尘”在行动　爱心筑品牌，王丽君、王菲、祝洪珍，编辑：毛元辉、王玮，青岛人民广播电台。

广播直播，再探苍穹——中央人民广播电台“神舟”6 号飞船载人航天飞行大型直播节目（返回段），集体，中央人民广播电台。

电视消息，地震灾区第一夜，张龙、上官海滨、曾佳、孙宏翌、曾军，编辑：刘守洪、洪岱，江西电视台。

电视评论，70 亿维修基金的困惑，陈大立、袁子勇、史月光、王宇、苑秋宝，北京电视台。

电视专题，“党义”悄然离去　党义精神永存，王欣慰、康凯、汤振峰、张立辉，编辑：庄谦宇，吉林电视台。

电视专题，乡胞祭，范维坚、张培宇、张春生、侯晓文，编辑：王忠、孙国栋，山东电视台、枣庄电视台。

电视系列，“落实科学发展观”系列报道，集体，中央电视台。

电视直播，连战大陆行直播特别报道，集体，编辑：高丽萍，中央电视台、江苏电视台、陕西电视台、上海电视台。

网络评论，我们怎样表达爱国热情，丁刚，编辑：唐维红、张爱敬，人民网。

网络专题，网民感动总理　总理感动网民——总理记者招待会网上答问，康晶、林明、刘娟，编辑：周锡生、白林，新华网。

新闻论文，论典型报道，汪家驷，编辑：冷梅，《新闻战线》。

新闻论文，强化服务“三农”是媒体的历史责任，张振华，编辑：姜成厚，中国广播电视学刊。

新闻专栏，人民论坛，《人民日报》。

新闻专栏，新华时评，新华社。

新闻专栏，记者亲历，《经济日报》。

新闻专栏，热门话题，《南方日

报》。

新闻专栏，神州夜航，中央人民广播电台。

新闻专栏，中国时事，中国国际广播电台。

新闻专栏，阳光热线，河北人民广播电台。

新闻专栏，新闻夜航，黑龙江电视。

新闻专栏，传奇故事，江西电视台。

新闻专栏，焦点网谈，河南报业网。

（二、三等奖篇目略）

第十七届

第十七届中国新闻奖（2006 年度，共评出 287 件作品）获奖作品中特别奖 2 件，一等奖 44 件，二等奖 89 件，三等奖 152 件。其中获特别奖和一等奖的篇目如下：

特别奖

评论，长征　迎着民族复兴的曙光，王义堂、卢新宁、林治波、杨健、胡果，编辑：张研农、米博华，《人民日报》。

评论，论新世纪新阶段我军的历史使命——写在《解放军报》创刊 50 周年之际，集体，编辑：王梦云、孙晓青、刘格文，《解放军报》。

一等奖

消息，火车首次跨越“世界屋脊”，周岩、吴宇、拉巴次仁，编辑：陈瑶、易凌，新华社。

消息，兖州：2 亿吨大煤田不挖了，崔永刚，编辑：张鸣雁、王冰，《大众日报》。

评论，构建社会主义和谐社会：从点题到破题，钟怡祖，编辑：李景瑞，《光明日报》。

评论，说要做的事就要做，吴志丽，编辑：李启瑞、吕朝晖，《广西日报》。

通讯，英雄赞歌——记独臂英雄丁晓兵，冯春梅、朱玉、张东波，编辑：马利，《人民日报》、新华社。

通讯，闪耀在手术刀上的道德光芒——记医德高尚医术高超的好军医、北京军区总医院原外一科主任华益蔚（上篇），武天敏、王士彬、刘明学、郭建跃、邹维荣，编辑：刘明学、武天敏，《解放军报》。

通讯，风雪中　伫立着四位“厚道”的农民工，付海厚，编辑：郑勇，《工人日报》。

系列，“城市河流，让我们重新认识你”系列报道，集体，编辑：集体，《经济日报》。

系列，荣辱观的生活解读，集体，编辑：江作苏、蔡华东，《湖北日报》。

版面（空缺一名）。

摄影，面对和谐未来，杨世忠，编辑：徐京星，《中国摄影报》。

摄影，女记者急救落水女童，闫善良，编辑：颜景献，《东方今报》。

副刊，“申遗”少留后遗症，仲言，编辑：向兵、李辉，《人民日报》。

广播消息，求知于实践　问计于群众，李涛、赵雪花，编辑：刘振宇、王锐，中央人民广播电台。

广播评论，决不许亵渎英雄　歪曲历史，张勤、王新玲、陈建海、范少俊，编辑：张勤，浙江广电集团。

广播专题，他们的童年因禽流感而改变，王玉清、龚万鹏，编辑：卫宁、沈汀，中国国际广播电台。

广播专题，追逐太阳的青春，程锐、肖玉、贾丽娟、郁立东，编辑：刘伟、甘韵琪，西藏人民广播电台、唐山人民广播电台。

广播系列，情满旱塬——温家宝总理中部干旱带考察纪行，张国英、张春华、张燕，编辑：毕力格、林君、王英，宁夏广播电视总台。

广播访谈，题目：质疑上海“二期课改”，秦畅、朱愉、朱应、乐建强，文广新闻传媒集团。

广播直播，穿越青藏高原，集体，中央人民广播电台。

广播编排，1月3日《交通新闻午间版》，编辑：邢立新，北京人民广播电台。

电视消息，胡锦涛同延安老区人民共迎新春，徐少兵、冯卓、石伟明、王倩，编辑：冯卓、王倩，中央电视台。

电视消息，综合能耗仅为同行业一半　上海化工区循环经济结硕果，黄铮、张永新，编辑：崔士新、王一敏，文广新闻传媒集团。

电视评论，谁在造假，李力，潘雄海，编辑：覃水生、万亿，广西电视台。

电视专题，大漠胡杨，潘智云、张林熙、莫争名、张苏军，编辑：田晓燕、明月，新疆电视台。

电视系列，新长征路上的浙江人，黄小裕、龚奇、陈李超、朱贤勇、周福增等，编辑：王水明、陈巍峰，浙江电视台。

电视访谈，小崔会客——会见甘肃省长陆浩，杨铭军、包军昊、崔永元、王学锋，中央电视台。

电视直播，中非合作论坛北京峰会，集体，中央电视台。

电视编排，8月11日《东方新闻》，编辑：集体，文广新闻传媒集团。

网络评论，网上“恶搞”有悖和谐理念，张碧涌，编辑：何东平、屠志，光明网。

网络专题，“落实科学发展观”大型主题宣传报道专题，杨贵明、伍刚、甘露、邱翔、张春梅，编辑：集体，中国广播网。

新闻论文，责任造就公信力，江作苏，编辑：徐蟾桂，《湖北日报》。

新闻论文，创新机制体制　提高引导能力，谢国明，编辑：万仕同，《新闻战线》。

新闻论文，互联网时代突发事件的传播应对，项宁一，编辑：孙东哲，网络传播。

新闻专栏，永远的丰碑，中央和地方150家新闻媒体。

新闻专栏，人民时评，《人民日报》。

新闻专栏，观察，《光明日报》。

新闻专栏，国际观察，新华社。

新闻专栏，西岸观察，《福建日报》。

新闻专栏，直通车，《深圳特区报》。

新闻专栏，国防时空，中央人民广播电台。

新闻专栏，新广行风热线，新疆人

民广播电台。

新闻专栏，焦点访谈，中央电视台。

新闻专栏，新闻夜航，黑龙江电视台。

新闻专栏，红辣椒评论，红网。

（二、三等奖篇目略）

第十八届

第十八届中国新闻奖（2007 年度，共评选出获奖作品 261 件）获奖作品中一等奖 39 件，二等奖 79 件，三等奖 143 件。获一等奖的篇目如下：

一等奖

评论，走好全国一盘棋，李泓冰、曹荣、吴焰、徐冲、汪晓东、王义堂、卢新宁、何刚，编辑：张研农，《人民日报》。

评论，上海要有更宽广的胸襟，凌河（申言），编辑：裘新，《解放日报》。

消息，跟城里人一样享受政府公共服务，齐淮东、宋弢、孙志山，编辑：王冰、张鸣雁，《大众日报》。

消息，171 名矿工遇难两周年祭日临近，王冬梅，编辑：兰海燕，《工人日报》。

通讯，贫困县刮起奢侈风——河南濮阳干部建豪宅机关盖大楼，李钧德，编辑：陈芸、孙杰，新华社。

通讯，方永刚：真情传播真理，江胜信，编辑：何建华，缪克构，《文汇报》。

系列，达尔富尔问题，苏强，编辑：黎星，《中国日报》。

系列，走进卢氏县委土坯房，常法武等，编辑：王亚明，《河南日报》。

漫画，誓师大会，张滨、徐锋，《广州日报》。

广播消息，工人王洪军荣获国家科技进步奖，鲍莹，编辑：黄云鹤、赵宝玲，吉林人民广播电台。

广播消息，铜鼓县砍掉 2 亿元香菇产业　保住 30 万方天然阔叶林，张吉昌，编辑：刘崇智、邓季芳，江西人民广播电台。

广播评论，和平的赛场需要更宽广的民族胸怀，唐征宇、刘凌燕、李晓晖，福建广电集团。

广播专题，中国“小土豆”打赢国际大官司，焦春溪、任季玮、牟维宁、郎凯，编辑：刘树国、王岭，黑龙江人民广播电台、齐齐哈尔人民广播电台。

广播系列，穿越“三北”风沙源，集体，编辑：集体，中央人民广播电台。

广播访谈，毛泽东与尼克松：六天改变世界，王蕾、林琳、Paul James，中国国际广播电台。

广播直播，“嫦娥一号”绕月探测卫星发射特别报道，集体，中央人民广播电台。

广播编排，10 月 19 日新闻大视野（辽宁），集体，辽宁人民广播电台。

电视消息，我们要什么样的世界第一，王勇，编辑：谭一丁，文广新闻传媒集团。

电视消息，交警来开会　高速路堵车，李立家、王学亮、高延君、武一鹤、段君凯，编辑：周国梁、任惠敏，黑龙江电视台。

电视专题，岩松看日本：多元交织的二战史观，白岩松、刘爱民、任涛、赵海燕、叶闪、董汉卿，编辑：门曦，中央电视台。

电视系列，中国—东盟合作之旅，集体，编辑：颜兵、徐磊，广西电视台。

电视访谈，沙祖康：我是中国派，王志、王惠东、王扬、李卫华、沈鹏，中央电视台。

电视直播，大雨袭杭州——抗击“罗莎”特别直播，集体，杭州电视台。

电视编排，8 月 8 日北京新闻，集体，北京电视台。

网络评论，谁代表网友给小慧的后妈道歉，吴双建、张剑，荆楚网。

网络专题，中国共产党第十七次全国代表大会，何加正，官建文、孙海峰、王京、李晓明、王倩，人民网。

网络访谈，中日网络对话，集体，国际在线。

新闻专栏，劳动者之歌，《人民日报》、新华社、中央人民广播电台、中央电视台、《解放军报》、人民网、新华网等。

新闻专栏，声音，张研农等，《人民日报》。

新闻专栏，中国聚焦，王建华、陈瑶，新华社。

新闻专栏，记者走基层，江作苏、杨敬文、李迎涛，《湖北日报》。

新闻专栏，热点透视，汪谷震，《安徽日报》。

新闻专栏，天下财经，赵忠颖、潘晓闻、董铁明、赵嘉岭，中央人民广播电台。

新闻专栏，新闻调查，张洁，中央电视台。

新闻专栏，法治进行时，李利影，北京电视台。

新闻专栏，新华直播，白林、杨新华，新华网。

新闻专栏，百姓呼声，肖雄、言娟、吴庠，红网

新闻专栏，广电传媒影响力与国家文化软实力，孙宝国、陈富清，中国广播电视学刊。

新闻专栏，追求军事新闻的有效传播，孙晓青、祝晓虎，《新闻战线》。

（二、三等奖篇目略）

第十九届

第十九届中国新闻奖（2008 年度，共评选出获奖作品 276 件）获奖作品中特别奖 2 件，一等奖 44 件，二等奖 86 件，三等奖 144 件。获特别奖、一等奖的篇目如下：

特别奖

评论，永恒的经典　历史的丰碑——写在北京第 29 届奥林匹克运动会闭幕前夕，新华社社评，编辑：李从军，新华社。

通讯，永远和人民在一起，李亚杰、董宏君，编辑：曹焕荣，《人民日报》。

一等奖

消息，拉萨发生暴力事件，易凌、陈瑶、叶辉，编辑：严文斌，新华社。

消息，郭浩东施工队巧绘北京奥运场馆“双唇”，苏保伟，编辑：马文锋，

《宁夏日报》。

评论，灾难中挺立伟大的中国，任仲平，编辑：张研农，《人民日报》。

评论，万众一心　众志成城　战胜特大地震灾害，本报评论员，编辑：刘成安，《四川日报》。

通讯，“我要做一个诚信的人”，王遐，编辑：田巍，《兵团日报》。

通讯，甘肃14婴儿同患肾病　疑因喝“三鹿”奶粉所致，简光洲，编辑：宁希巍，《东方早报》。

系列，山西霍宝干河煤矿矿难记者领“封口费”事件，李剑平、张国、王俊秀，编辑：吴湘韩，《中国青年报》。

系列，雪域边线行——纪念改革开放30周年，崔士鑫、马志德、张晓明、达次、肖涛、李成业、王杰，编辑：李勤、王梦敏、涂显锋，《西藏日报》。

副刊，一九八〇　四位新华社记者的西行漫记，傅上伦、韩斌，编辑：莫小米，《杭州日报》。

广播消息，挺进映秀，王亮，编辑：刘志，中央人民广播电台。

广播评论，“田”字新解，编辑：李昌文，山东人民广播电台。

广播专题，信访局长的最后24小时，李玉杰、蔚涛、吴静、隋杨，编辑：蔚涛，辽宁人民广播电台。

广播访谈，航天员回家——与翟志刚、刘伯明面对面，焦春溪、温宝明、夏敏、王一婷，黑龙江人民广播电台。

广播直播，爱心守望　风雪同行，集体，中央人民广播电台。

广播编排，8月9日北京新闻，宋梓祯、李彬、王彦，北京人民广播电台。

电视消息，胡锦涛在四川地震灾区什邡市看望慰问受灾群众和救援人员，连生、吴方、徐少兵、冯卓、钟锋、马亚阳，编辑：吴方，中央电视台。

电视消息，冲破六年封关　山东禽肉产品重返欧盟市场，陈琛、李锋，编辑：陈琛，山东电视台。

电视评论，祸起三鹿奶粉，编辑：杜晓华，甘肃广播电影电视总台。

电视专题，陈光标：我是志愿者！陈迹、赵琳、李轩、李晓光，编辑：陈迹，江苏广电总台。

电视系列，决战“109”，陕西台，编辑：邱陆，陕西电视台。

电视访谈，走近“史上最牛的救援队”，魏巍、武大海、胡小川、闫建华、陈晓红、马晓伟，山东电视台。

电视直播，抗震救灾　众志成城，集体，中央电视台。

电视编排，8月8日北京新闻，集体，北京电视台。

网络评论，国际金融危机暴露美式经济弊端，刘江，编辑：李志强，中国经济网。

网络专题，中国军队大救援，左起超、李亮、蓝江桥、桑林峰，编辑：高飞，中国军网。

网络专题，“生态文明”舞动鄱阳湖，吴跃军，编辑：龙和南、黄新阳、毛宁，大江网。

网络访谈，胡锦涛总书记同人民网强国论坛网友在线交流，何加正、官建文、刘红、肖红、余尤宜、赵铮，人民网。

网页设计，改革开放30年——中国

志专题首页，赵冰、胡蓉平，红网。

新闻摄影，她的镜头定格她的勇敢，贾婷，编辑：刘峰，《北京青年报》。

新闻摄影，爱心接力，陈奕启，编辑：刘丽君，《南方都市报》。

新闻漫画，听着会，李嘉，编辑：苏文洋，《北京晚报》。

新闻专栏，望海楼，《人民日报》海外版。

新闻专栏，新华时评，新华社。

新闻专栏，百城赋，《光明日报》，中国记协国内部。

新闻专栏，雪君工作室，《温州晚报》。

新闻专栏，脉动中国，中国国际广播电台。

新闻专栏，政风行风热线，江西人民广播电台。

新闻专栏，经济半小时，中央电视台。

新闻专栏，新闻参考，吉林电视台。

新闻专栏，百姓关注，贵州电视台。

新闻专栏，地方领导留言板，人民网。

新闻专栏，网上民声，胶东在线。

论文，大灾大考中的舆论引导，张研农，编辑：万仕同，《新闻战线》。

论文，中国媒体新闻创新的重大突破——“5·12汶川大地震”报道的思考，杜耀峰，编辑：冷梅，《人民日报》。

（二、三等奖篇目略）

第二十届

第二十届中国新闻奖（2009年度，共评选出获奖作品277件）获奖作品中特别奖2件，一等奖42件，二等奖87件，三等奖146件。获特别奖、一等奖的篇目如下：

特别奖

广播直播，首都各界庆祝中华人民共和国成立60周年大会，集体，中央电台。

报纸通讯，走向希望的春天——来自地震灾区的报告，集体，编辑：李从军，新华社。

一等奖

报纸消息，跨越1000万辆：新的台阶　新的起点，李铁铮、童娜，编辑：张雅，《经济日报》。

报纸消息，短短一个月“拒资”十亿元，陶健、张敏，编辑：刘斌，《解放日报》。

报纸评论，改变历史的“北京时间”，任仲平（集体），编辑：张研农，《人民日报》。

报纸评论，不是所有弯道都是超越好时机，孙秀岭，编辑：周学泽，《大众日报》。

报纸通讯，今天　我们豪迈受阅，李选清、武天敏、胡君华，编辑：孙晓青，《解放军报》。

报纸通讯，倾听历史的诉说——胡锦涛主席访问马六甲海峡侧记，吴绮敏，《人民日报》。

报纸通讯，栾城草农敢闹海，赵俊

芳、郝斌生，编辑：周剑瑭，《石家庄日报》。

报纸系列，大学生结梯救人，刘汉泽、王功尚、康群、卢成、汉钟楠、付勤、余人月，编辑：张勤耘、熊爱玲、周保国，《楚天都市报》。

报纸系列，魅力中国·国庆特稿，集体，编辑：陈芸、唐小可，新华社。

报纸版面，9月9日《中国日报》6、7通版，编辑：集体，《中国日报》。

新闻摄影，抬起“不屈的脊梁”，范群，编辑：吴林，《姑苏晚报》。

报纸副刊，江堤下的那座小屋，夏坚勇，编辑：刘芳，《新民晚报》。

广播消息，农民女代表顾双燕对话温家宝总理，郭杰、新娜，编辑：赵慧华，内蒙古人民广播电台。

广播消息，一场特殊的婚礼，伊丽娜，编辑：帕尔哈提，中央人民广播电台。

广播评论，国企频繁制造“地王”为转型升级埋下“地雷”，集体，编辑：李修利，苏州广播电视总台。

广播专题，小岗村的好书记——沈浩，黄美娟、黄铮，编辑：张立旺，安徽人民广播电台。

广播系列，探访大学生就业之路，集体，编辑：集体，北京人民广播电台。

广播直播，为祖国加油，中国国际广播电台、黑龙江人民广播电台、大庆人民广播电台。

广播编排，11月18日909早新闻，陈璟欣、崔永清、谢百勤，天津人民广播电台。

电视消息，胡锦涛考察北京国庆期间安保、交通和旅游工作，集体，编辑：冯卓，中央电视台。

电视消息，我国首次在青藏高原冻土带成功钻获“可燃冰”，张玲、郑太红、穆艳花，编辑：康维海，青海电视台。

电视评论，温州：望“楼”兴叹，陈振仕、杨育彦、金道武，编辑：陈振仕，温州电视台。

电视专题，小镇民警维稳事，周洋文、吴杰、杨彦翀，编辑：赵惠峰，宁波电视台。

电视访谈，陈竺：坚持公益性 保障人民健康，沈公孚、张恒、白岩松、张芊芊、杨帆，中央电视台。

电视直播，万里追光明，韩丹、黄晓丽、董姝、姜垧羽、索朗德吉、李米东，黑龙江电视台。

电视编排，7月1日东方新闻，集体，上海电视台。

网络评论，Piercing Through Rebiya's Veil（揭开热比娅的面纱），董志新，编辑：刘百家，中国日报网。

网络专题，国庆大阅兵，孙学宝、钟金林，中国军网。

网络访谈，温家宝总理与网民在线交流，集体，新华网。

网页设计，中国一日，编辑：朱德泉、戴兵、刘赟，大众网。

新闻论文，地市报现状与发展对策——对全国30家地市报的调查与思考，朱学文，编辑：冷梅，《新闻战线》。

国际传播，商务部官员：中国将继续成为全球贸易保护主义的最大受害者，丁清芬，编辑：刘伟玲，《中国日报》。

国际传播，“盛典”国庆60周年特别节目，集体，中央电视台。

新闻专栏，国际论坛，人民日报国际部，《人民日报》。

新闻专栏，基层发现，《经济日报》。

新闻专栏，江报直播室，《江西日报》。

新闻专栏，告诉你一个真实的市场，《今晚报》。

新闻专栏，城市零距离，北京人民广播电台。

新闻专栏，来自海外的声音，中国国际广播电台。

新闻专栏，记者调查，新疆电视台。

新闻专栏，第一调查，安徽电视台。

新闻专栏，网络问政平台，奥一网。

（二、三等奖篇目略）

第二十一届

第二十一届中国新闻奖（2010年度，共评选出获奖作品292件）获奖作品中特别奖2件，一等奖44件，二等奖91件，三等奖155件。获特别奖、一等奖的篇目如下：

特别奖

报纸评论，决定现代化命运的重大抉择——论加快经济发展方式转变，任仲平（集体），编辑：张研农，《人民日报》。

报纸通讯，坚定沉着战狂澜——以胡锦涛同志为总书记的党中央团结带领全党全国各族人民应对国际金融危机冲击纪实，孙承斌、邹声文、贾楠，编辑：张宿堂，新华社。

一等奖

报纸消息，平潭大开发　共筑两岸人民美好家园，兰锋、王凤山，编辑：王国萍，《福建日报》。

报纸消息，179小时，王家岭见证生命奇迹，安洋、刘鑫焱，编辑：朱伟，《人民日报》。

报纸评论，谱写自主创新的辉煌篇章，本报评论员，编辑：李洪波，《经济日报》。

报纸评论，达赖又自打耳光了，本报评论员，编辑：孟晓林，《西藏日报》。

报纸通讯，在历史灾难中实现历史进步（简版）——2010年中国自然灾害警示录，新华社国内部（集体），编辑：陈芸，新华社。

报纸通讯，中纪委文件刚下发　景德镇市邮政局仍顶风违纪　副科级以上干部公款赴日游　第二批出游者计划明日出发，杜金存，编辑：彭京，《江西日报》。

报纸系列，上海世博会纪略，任伟本，《解放日报》《文汇报》《新民晚报》。

报纸系列，信义兄弟　接力送薪，舒均、楚田（熊爱玲）、张泉、陈世昌，编辑：张勤耘、王溥、屠苏，《楚天都市报》。

新闻漫画，食，宋晓军，编辑：李雪萌，《济南日报》。

报纸副刊，陈中华：当代好记者，

南方，编辑：孙立梅，《日照日报》。

广播消息，高举国旗　呼唤救援，赵萌、杨树赛，编辑：王宏，新疆人民广播电台。

广播评论，善待民工才能够缓解民工荒，袁奇翔、王掌、甘洋，编辑：李方存，浙江广电集团。

广播专题，玉树地震　无论你在哪里我都要找到你，王亮，编辑：孙健，中央人民广播电台。

广播系列，粮安天下，集体，编辑：金威，黑龙江人民广播电台。

广播访谈，《重返灾区》特别节目——中国总理首次走进广播电台直播间，集体，中央人民广播电台。

广播直播，三峡工程蓄水175米大型现场直播《高峡平湖今朝梦圆》，集体，湖北广播电视总台、重庆广播电视集团（总台）。

广播编排，11月8日滨海第一线，王斌、赵天月、王伟，天津人民广播电台。

电视消息，胡锦涛总书记同福建革命老区干部群众和在闽台胞共迎新春佳节，集体，编辑：冯卓，中央电视台。

电视消息，一堆木头与一连串车祸，江虹、艾冀、李佳，编辑：邱智军，荆州电视台。

电视评论，版权保护——南通家纺市场成功密码，顾道远、宋梅、查金，编辑：虞嘉，江苏广播电视总台。

电视专题，姐弟，易娟、何贤德，编辑：周妖，万州区广播电视台。

电视系列，再造新北川，范维坚、朱训壮、李树庆、李东、巩胜义、孔凡兵，编辑：林修功，山东电视台。

电视访谈，天河一号：速度背后的较量，集体，天津电视台。

电视直播，王家岭矿透水事故救援报道，集体，中央电视台。

电视编排，7月1日新闻联播，向国锐、靳松、杨蕊，黑龙江电视台。

网络评论，依法理性表达爱国热情，付龙、史江民，编辑：张玉珂，人民网。

网络专题，“嫦娥二号”探月全景报道，集体，人民网。

网页设计，生死抉择　惊天一坠，姜长勇、张峰、王春雷，大众网。

新闻论文，从快报、厚报转向优报——网络时代报纸新闻制作的新思路，李婉芬，编辑：冷梅，《新闻战线》。

新闻论文，把握媒介产业规律　完善全媒体发展环境——当前我国传媒全媒体发展中的问题与对策，刘光牛、南隽、刘滢，编辑：白继红，《全媒体时代与传媒战略转型》论文选。

新闻专栏，人民观察，《人民日报》。

新闻专栏，今日出击，《中国青年报》。

新闻专栏，解放分析，《解放日报》。

新闻专栏，周末人物，《大众日报》。

新闻专栏，新闻联播，中央电视台。

新闻专栏，经视直播，湖北广播电视总台。

新闻专栏，今日关注，中央电视台。

新闻专栏，对话，中国宁波网。

新闻专栏，E政广场，人民网。

国际传播，China ready to end HIV/AIDS entry ban（中国拟取消外国艾滋病感染者入境禁令）（报纸消息），单娟，编辑：邢志刚，《中国日报》。

国际传播，中国人的一天（广播系列），王天奕、刘向薇、侍莹莹，编辑：徐位毅、张孟媛，中国国际广播电台。

国际传播，来吧　来吧（电视专题），周世祖、周洋文、欧阳忠，编辑：谢宇航，宁波电视台。

国际传播，从“芭比”到“苹果”：笼罩在数据迷雾下的“中国制造”（报纸通讯），黄歆、王攀、顾烨，编辑：徐兴堂，新华社。

国际传播，中国政府陆路紧急援巴谱写千里救灾友谊赞歌（电视消息），黄土根、郭惠婷、孟凡磊，编辑：许民，兵团电视台。

（二、三等奖篇目略）

第二十二届

第二十二届中国新闻奖（2011 年度，共评选出获奖作品 291 件）获奖作品中特别奖 3 件，一等奖 44 件，二等奖 90 件，三等奖 154 件。获特别奖、一等奖的篇目如下：

特别奖

报纸评论，选择　凝聚在信仰的旗帜下——写在中国共产党成立 90 周年（上），任仲平（集体），编辑：张研农，《人民日报》。

报纸通讯，守望精神家园的太行人——红旗渠精神当代传奇，集体，编辑：陈卫平，新华社。

电视消息，胡锦涛主席在中南海会见美国佩顿中学访华师生，集体，中央电视台。

一等奖

报纸消息，基层科技创新遇“无米之炊”　去年我省 28 个县（市、区）财政研发投入为零，郭伟、王敬照，编辑：曹阳葵，《河北日报》。

报纸消息，就业局长“潜伏”打工探扬州用工，胡俭，编辑：拾景炎，《扬州日报》。

报纸评论，倾听那些“沉没的声音”，人民报评论部（集体），编辑：卢新宁，《人民日报》。

报纸评论，在转变中赢得大发展——九论用领导方式转变加快发展方式转变，何平，编辑：朱夏炎，《河南日报》。

报纸通讯，在痛定思痛中浴火重生——从瓮安之乱到瓮安之变警示录（简版），集体，编辑：陈卫平，新华社。

报纸通讯，红山嘴　大雪即将封山，黄国柱、张占辉、刘明学，编辑：张占辉，《解放军报》。

报纸系列，中国企业走向非洲系列报道，丁清芬，编辑：邢志刚，《中国日报》。

报纸系列，《一给一付间　热热的烤地瓜“交易”着暖暖的爱》等连续报道，孙建德、孙娇杨、梁爽，编辑：王宝霞、贺明珠、张育健，《长春晚报》。

报纸版面，2011 年 12 月 4 日《中国日报》1 版，田驰、于熠镭、金珠，

《中国日报》。

新闻摄影，凿天路，萧颢，编辑：佟建国，《楚天都市报》。

新闻漫画，爸妈陪我睡，邸天行，编辑：赵一锦，讽刺与幽默。

报纸副刊，也是一个真实的故事，杨惠珍、李滇敏、陈化先，编辑：王晖，《江西日报》。

广播消息，公安微博危机公关十小时，集体，济南人民广播电视台。

广播消息（空缺一名）。

广播评论，严禁酒驾带给社会的启示，丁芳、倪晓明、孙向彤，上海人民广播电视台。

广播专题（空缺一名）。

广播系列（空缺一名）。

广播访谈，请跟我回家，刘慧，北京人民广播电台。

广播直播，农耕之梦，集体，黑龙江人民广播电台。

广播编排，11 月 1 日《新闻和报纸摘要》，集体，中央人民广播电台。

电视消息，刁娜：舍己一条腿　救人一条命，韩信、郭志强，山东广播电视台、烟台电视台。

电视消息，张春贤“逛”夜市，周一凡、熊超、孟宪梅，新疆电视台。

电视评论，聚焦医患“第三方”，集体，上海广播电视台。

电视专题，右玉精神，李占鳌、张海燕、孙海军，山西广播电视台。

电视系列，走基层·塔县皮里村蹲点日记，何盈、汪成健、李欣蔓、谢岩鹏、王永强，中央电视台。

电视访谈，拆新房为哪般，雷蒙、刘小飞、张维琴、张虹邻、索丹，内蒙古电视台。

电视直播，7·23 动车追尾事故现场直播，吴晓、薛林森、丁丽萍、王振辉、李野、胡未央，温州广播电视台。

网络评论，“老何说和”说了些什么？李广华、田勇，中国宁波网。

网络专题，接力寻美　温暖中国，邓兆安、孙玲姿、沈广安、王晖、崔景友、贾楚航，胶东在线。

网络专题，党旗漫卷中国红——走进 56 个民族家庭大型接力式采风活动，林忠礼、李冉、张峰、邢玉军、刘国栋、王磊，大众网。

网络访谈（空缺一名）。

网页设计，聚焦天宫一号/神舟八号交会对接，集体，中国广播网。

新闻论文，多元传播格局中的舆论引导体系构建，孔德明，中国广播电视学刊。

新闻论文，主流媒体：治国理政的重要资源，吴恒权，编辑：万仕同，《新闻战线》。

新闻专栏，红船观澜，杜飞进、董宏君、盛若蔚、姜洁、李章军、杜榕，《人民日报》。

新闻专栏，多彩 QQ 群　和谐新空间，陈建飞、吴俊斐、李艳，《金华日报》。

新闻专栏，健康话题，杨青平、王丽娜、王长杰、朱海萍、刘坤，《大河健康报》。

新闻专栏，上海好心人，集体，《新民晚报》。

新闻专栏，新闻直播间，集体，中

央电视台。

新闻专栏，海峡军事漫谈，集体，中央人民广播电台。

新闻专栏，三农最前线，集体，河北电视台。

新闻专栏，安娜游世界，魏立军、王晨来、邓颖，中国国际广播电台。

新闻专栏，陇原史话，薛东明、王伟、范晓磊，中国甘肃网。

新闻专栏（空缺一名）。

国际传播，中国发生特大动车相撞事故伤亡严重（报纸消息），张祎、张和平、岳德亮，编辑：吕秋平，新华社。

国际传播，走进西藏寺庙（电视系列），集体，中央电视台。

国际传播，China Face（报纸专栏），林淑娟、郭娅利、林琦、杜娟、彭奕宁、程盈琪，《中国日报》。

国际传播，中国不是中东（报纸评论），傅振国（江上雨），编辑：张德修，《人民日报》海外版。

国际传播，中国远征军老兵杨剑达：回家的路走了70年（报纸通讯），林旭娜、金强、周煦钊，编辑：赵威，《南方日报》。

国际传播（空缺一名）。

（二、三等奖篇目略）

第二十三届

第二十三届中国新闻奖（2012年度，共评选出获奖作品300件）获奖作品中特别奖4件，一等奖49件，二等奖92件，三等奖155件。获特别奖、一等奖的篇目如下：

特别奖

文字评论，转变，中国道路的历史性跨越——从十六大到十八大（上），任仲平（集体），编辑：张研农，《人民日报》。

文字通讯，“三西”扶贫记，集体，新华社。

电视消息，习近平在参观《复兴之路》展览时强调　承前启后　继往开来　继续朝着中华民族伟大复兴目标奋勇前进，集体，中央电视台。

网络专题，致敬！7·21暴雨考验下的中国良心，张燕、楚彦、曹佳，编辑：刘春、王梅，四川新闻网。

一等奖

文字消息，中共中央党史研究室主任披露　常委参观《复兴之路》出行不封路，瞿凌云，编辑：郑萌，《长江日报》。

文字消息，火车站见证兰考经济变迁，童浩麟，编辑：李芳，《河南日报》。

文字评论，崛起的中国势不可当，钟经文（阎卡林、齐东向、马志刚），编辑：李洪波，《经济日报》。

文字评论，唯有走在变化之前——从乐凯胶卷停产、泊头火柴破产说开去，李忠志、张博，编辑：吴宏爱，《河北日报》。

文字通讯，“和谐搬迁”背后的故事，陈治治、施新华、孟维伟，编辑：史文杰，《中国纪检监察报》。

文字通讯，老红军和他的三个兵，

杜树人，编辑：杨东，《辽宁日报》。

文字系列，寻找最美乡村教师，严红枫、叶辉、夏静、张晶、解良，编辑：周立文、张碧涌、李晋荣，《光明日报》。

文字系列，向网络谣言“亮剑”，马庚申，编辑：王爱滢、闫涵，《今晚报》。

文字版面，《河南日报》6 月 25 日要闻（“龙·舟”特刊）4—5 版，编辑：张光辉、庞向辉、赵恒，《河南日报》。

新闻摄影（空缺）。

新闻漫画，“内部装修”，沈天呈，编辑：龚彦华，《浦东时报》。

文字副刊，北京一夜，李瑾，编辑：高晓林，《工人日报》。

广播消息，万里长江第一条过江地铁今天运营，刘群、赵阳、应响洲，武汉广播电视总台。

广播消息，元上都遗址成功列入世界文化遗产名录，雪梅，内蒙古人民广播电台。

广播评论，一张道歉条，触动了我们什么？集体，扬州广播电视台。

广播专题，我把光明献给你，佟慧娟、郭玲、巴何提古丽、王欢，新疆人民广播电台。

广播专题，选择，任桐、袁丁、姚加炎、姜虹，江苏广播电视总台。

广播系列，中国文化改革发展纪事，集体，中央人民广播电台。

广播访谈，我心是海洋——访最美女教师张丽莉，杨晶、李皎、邹韵、温宝明、任季玮、张立波，黑龙江人民广播电台。

广播直播，神舟九号航天员成功访问天宫一号，集体，中央人民广播电台。

广播编排，7 月 21 日 20 时《整点快报》，亢晓夏，北京人民广播电台。

电视消息，神舟九号返回舱成功着陆四子王旗草原　三名航天员平安归来，菅海霞、梁兆峰、石藤正一、韩巍，内蒙古电视台。

电视消息（空缺）。

电视评论，“寒山闻钟”新“官”念　自揽监督网民意，金磊、徐蕾、余志锟、蒯军，苏州广播电视台。

电视专题，胶囊里的秘密，集体，中央电视台。

电视专题，老兵，回家，阮拥军、张琳玥、邝雯珊，广东电视台。

电视系列，“最美司机”吴斌，袁也、蒋学栋、袁帅、车诚、李文、夏茂松，杭州文化广播电视集团。

电视访谈，如何理解“中国式民主”，集体，江苏广播电视总台。

电视直播，雨中进行时——7·21 北京特大暴雨，集体，北京电视台。

电视编排，5 月 20 日《黑龙江新闻联播》，集体，黑龙江电视台。

网络评论，雷锋，距离我们并不遥远，许新霞，编辑：陈钟，中国广播网。

网络专题，齐鲁正能量之爱心帮农季，谭鲁民、杨本敬、王硕、张晓博、孔冠军、殷爽，齐鲁网。

网络专题，中国共产党第十八次全国代表大会，集体，人民网。

网络访谈，携手共建“美丽中国”让候鸟飞，刘雁军、梁宏峰、王冰、张璟、霍艳华、杜珊，北方网。

网页设计，“科学发展成就辉煌”大型图片展览网上展馆，邱纯、史军胜，中国网络电视台。

新闻论文，区域性主流媒体源点的变迁与重构——基于‘场域——惯习’的视角，卜宇，编辑：赵涛，江海学刊。

新闻论文，凝聚社会共识：都市报的社会责任，李鹏，编辑：武艳珍，《新闻战线》。

文字专栏，求证，叶蓁蓁、韩晓丽、孟辉、罗彦、肖潘潘、沈小根，《人民日报》。

文字专栏，光明时评，沈卫星、包霄林、周龙、刘文嘉、华挺，《光明日报》。

文字专栏，新帮办，集体，《每日新报》。

文字专栏，跑腿新闻，彭平、范高农、危春勇，《信息日报》。

广电专栏，666 新闻特快，集体，海峡之声广播电台。

广电专栏，空中茶社，钱璨、白旸、张国成、Gabriella Bonino，中国国际广播电台。

广电专栏，新闻眼，陈辉、荆雷、王波、许霄鹏、吴强，江苏广播电视总台。

网络专栏，劳动？创造？奋斗——青春励志故事，金东、郝向宏、蔺玉红、万兴亚、金锐，中国青年网。

网络专栏，心通桥，徐秀丽、魏书杰、陈祖强、徐超、刘书峰、熊堰秋，中原网。

国际传播，习近平访爱荷华州：一些小事，一生的回忆，Kelly Chung Dawson（陶凯丽）语薇、英姿，编辑：纪涛，《中国日报》美国版。

国际传播，休想攫取我国半寸领土，钧保言（吉全、陶克），编辑：杜献洲，《解放军报》。

国际传播，中共高层新阵容，集体，编辑：何平、彭树杰、严文斌，新华通讯社。

国际传播，达赖集团与自焚暴力事件，国际频道新闻编辑部社会部四组，中央电视台。

国际传播，中国面临的挑战，集体，上海广播电视台。

国际传播（空缺）。

（二、三等奖篇目略）

第二十四届

第二十四届中国新闻奖（2013 年度，共评选出获奖作品 283 件）获奖作品中特别奖 4 件，一等奖 45 件，二等奖 88 件，三等奖 146 件。获特别奖、一等奖的篇目如下：

特别奖

文字评论，转变，中国道路的历史性跨越——从十六大到十八大（上），任仲平（集体），编辑：张研农，《人民日报》。

文字通讯，“三西”扶贫记，集体，新华社。

电视消息，习近平在参观《复兴之路》展览时强调　承前启后　继往开来　继续朝着中华民族伟大复兴目标奋勇前进，集体，中央电视台。

网络专题，致敬！7·21暴雨考验下的中国良心，张燕、楚彦、曹佳，编辑：刘春、王梅，四川新闻网。

文字评论，守护人民政党的生命线，任仲平，编辑：张研农、米博华，《人民日报》。

文字通讯，“三北”造林记，集体，编辑：陈芸，汪金福，新华社。

电视消息，习近平春节前夕赴甘肃看望各族干部群众　向全国各族人民表达美好的新春祝福，集体，中央电视台。

网络评论，限制“公款消费”本质是制约权力寻租，子房先生（年巍），编辑：周姗姗，中国经济网。

一等奖

文字消息，准备打仗，先向“和平积习”开刀——北京军区三九演兵重在端正训练作风一针见血查问题，魏兵、覃照平，编辑：刘兴安、李东航，《解放军报》。

文字消息，利益面前，干部退一步，徐蒙、谢金晶，编辑：何洛先，《解放日报》。

文字评论，把校舍真正建设成第一避难所，刘涛，编辑：张树伟，《中国教育报》。

调查性报道，五问县级公立医院改革——睢宁县改革试点的考察报告，何桂香、曲美慧，编辑：陈开泉、刘明，《徐州日报》。

文字通讯，为何金门供水总差“最后一公里”，吴在平，编辑：张维东、朱力南，《福建日报》。

文字系列，“探析PX之惑”系列报道，韩晓丽、沈小根、肖潘潘、罗彦、刘军国、万宇、李永宁，《人民日报》。

文字系列，丰收稻谷堆成山　卖与不卖好着急，许静、王成栋、梁现瑞、赵若言、方小虎、胡敏、李建英，《四川日报》。

报纸版面，《新华日报》1月21日A3版，集体，《新华日报》。

报纸副刊，老伴——听龚全珍讲甘祖昌的故事，任辛、江仲俞，编辑：李滇敏，《江西日报》。

新闻摄影，习近平冒雨考察武汉新港，李学仁，编辑：李斌，新华社。

新闻漫画，这是谁的家，李峰，编辑：姚英，《中国日报》。

广播消息，总理向我问灾情，魏鸣、陈军、殷江、陈超，四川广播电视台。

广播消息，辽宁在全国首开“雾霾罚单”，八城市被罚，那其灼、林凌、郭亚男，辽宁广播电视台。

广播评论，转基因博弈背后的国家利益较量，杨晶、李皎、高祥、牟维宁，黑龙江人民广播电台。

广播专题，小村大事，张蕾、齐鹤、朱璐，河南人民广播电台。

广播专题，一波三折，一桩医疗纠纷终于妥善解决，张清淼，天津广播电视台。

广播系列，由保洁员吃学生剩饭引发的思考，集体，中央人民广播电台。

广播访谈，张高平的十年，韩锦、王云松、方媛，安徽广播电视台。

广播直播，神舟十号航天员太空授课，集体，中央人民广播电台。

广播编排，11月25日《今日·全

球新闻报道》，集体，中国国际广播电台。

电视消息，超强农民：1＝190，杨国栋、李永和、李鑫，黑龙江电视台。

电视消息，廉价蒲草“编”出亿元淘宝村，牟宗平、李伟，山东广播电视台。

电视评论，证难办 脸难看，刘宁、张玉虎、郭峰、杨枫、崔辛雨，中央电视台。

电视专题，不能忘却的记忆——坦赞铁路圆梦纪行，集体，海口广播电视台。

电视专题，把粮食存到“银行”，王敬仁、周娉、刘志勇、周丹、郭志光，宁乡广播电视台。电视系列，寻找可游泳的河，集体，浙江广播电视集团。

电视访谈，三一重工“状告”奥巴马，集体，上海广播电视台。

电视直播，太空新旅 天宫授课，集体，中央电视台。

电视编排（空缺）。

网络评论，中国改革“再出发”的总宣言，石铭（吴焰），编辑：文松辉，人民网。

网络专题，中央新一届领导集体：平凡的生活伟大的理想，赵小军、赵军胜、刘延清、吕媛媛、臧文娟、何宇达，央视网。

网络专题，制度创新——中国（上海）自由贸易试验区特别专题，集体，东方网。

网络访谈（空缺）。

网页设计（空缺）。

新闻名专栏，楚望台，陈红彬、张孺海、李昌建、李欣、陈俊，《楚天都市报》。

新闻名专栏，光明时评，沈卫星、包霄林、周龙、刘文嘉、曹华飞，《光明日报》。

新闻名专栏，新华国际时评，集体，新华社。

新闻名专栏（空缺）。

新闻名专栏，992 大家帮，王智、冀国锋、郑曌阳、任红梅、么伟龙、曹朝阳，河北人民广播电台。

新闻名专栏，连线快评，金波、熊丽、徐烜政、周景、李艳、胡晨凌，杭州文化广播电视集团。

新闻名专栏，海峡两岸，集体，中央电视台。

新闻名专栏（空缺）。

新闻名专栏，求真，潘健、张玉珂、孝金波、田雪，人民网。

新闻名专栏（空缺）。

新闻论文，报纸副刊：价值引领与文化担当，刘玉琴，编辑：刘琼，《人民日报》。

新闻论文，以“真、新、实”塑造党报新文风，周跃敏，编辑：李嘉卓，《新闻与写作》。

国际传播，为了 13 亿人的中国梦——记中国国家主席、中央军委主席习近平（文字通讯），集体，编辑：何平，新华社。

国际传播，总理的歉意（新闻摄影），武治义，编辑：朱锋，《中国日报》。

国际传播，武汉上空的鹰——寻访苏联空军志愿队烈士（文字系列），谌达军、胡洁、翟晓林、余坦坦、刘功虎、张凡，《长江日报》。国际传播，中国探月工程“嫦娥三号”月球探测器发射直播特别节目（广播直播），田巍、李雷、赵洋、闫钟芳、肖中仁，中国国际广播电台。

国际传播（空缺）。

国际传播（空缺）。

（二、三等奖篇目略）

第二十五届

第二十五届中国新闻奖（2014 年度，共评选出获奖作品 294 件）获奖作品中特别奖 4 件，一等奖 47 件，二等奖 91 件，三等奖 152 件。获特别奖、一等奖的篇目如下：

特别奖

文字通讯，生命线在强军兴军伟大征程中闪耀——习近平主席、中央军委领导和推进新形势下军队政治工作纪实，集体，编辑：禹光、谭健，《解放军报》、新华社。

文字评论，标注共产党人的精神坐标，集体，杨振武、李宝善，《人民日报》。

文字通讯，更高举起改革开放伟大旗帜——写在邓小平同志 110 周年诞辰之际，集体，新华社。

电视系列，新春走基层·家风是什么，集体，中央电视台。

一等奖

文字消息，项目审批“长征”698 天 泰豪动漫变“动慢”，桂榕、何宝庆，编辑：王晖、任辛，《江西日报》。

文字消息（空缺）。

文字评论，公共辩论　求真比求胜更重要，范正伟，编辑：卢新宁、杨健，《人民日报》。

文字评论，刹不为之风　换不为之将，本报评论员（向军、邓也），编辑：胡衍民，《四川日报》。

文字通讯，一水激活万水流，李新民、李大川、高大伟，编辑：陈庆松、姜景远，《吉林日报》。

文字系列，“呼格案再审”系列报道，集体，新华社。

文字系列，《做好事“潜伏”27 年“炎黄”终于找到了》等连续报道，杨建、钱英洁、胡琦，《无锡日报》。

报纸版面，《羊城晚报》2014 年 4 月 20 日 1 版，孙焰、李焕菲，《羊城晚报》。

报纸副刊，那山　那树　那人，祝芸生、柳易江，编辑：任辛、杨惠珍，《江西日报》。

新闻摄影（空缺）。

新闻漫画，APEC 漫画版“新中装”合影，果果（刘依），编辑：毛豆（许佳），荆楚网。

广播消息，“数字敦煌”工程让敦煌文化遗产得以永续留存，王心怡、王成梧、李艳芬、王磊，甘肃广播电影电视总台。

广播评论，“藏粮于土”箭在弦上，杨晶、李皎、高祥、牟维宁，黑龙江人民广播电台。

广播专题，巡航钓鱼岛亲历，何端端、李真、穆亮龙、李金鑫，中央人民广播电台。

广播专题（空缺）。

广播系列，长空奇缘——两岸退役飞行员首次同飞蓝天，刘典、杨娜、吴桐、袁健、徐冰青、郑逸舟，海峡之声广播电台。

广播访谈，好人朱占华，杨晶、李皎、张广雷、亓欣莉、邹韵、温宝明，黑龙江人民广播电台。

广播直播，第二届夏季青年奥林匹克运动会开幕式现场直播，集体，中央人民广播电台、江苏广播电视总台。

广播编排，2014 年 12 月 26 日《新闻纵横》，集体，中央人民广播电台。

电视消息，习近平同美国总统在中南海会晤，集体，中央电视台。

电视消息，寒酸的县委办　不寒酸的民生，曾佳、程鹏、肖瀚、王志奇、张龙，江西广播电视台、萍乡广播电视台。

电视评论，“电商”与“店商”谁能争锋？刘艳琼、林晨、朱贤勇，浙江广播电视集团。

电视专题，食品工厂的“黑洞”，集体，上海广播电视台。

电视专题，无影灯下的生死博弈，集体，北京电视台。

电视系列，绝对忠诚，杨壮、李越胜、牛嵩峰、肖永根、聂雄、李欣、李晟，湖南广播电视台。

电视访谈，住在涵洞为讨薪，雷蒙、范有涛、刘小飞，编辑：满都古勒、马吉、乌勒，内蒙古广播电视台。

电视直播（空缺）。

电视编排，2014 年 12 月 17 日《财经夜行线：卢布危机》，集体，上海广播电视台。

网络专题，学习路上，集体，人民网。

网络专题，祭·忆——南京大屠杀死难者国家公祭日，集体，中国江苏网。

网络专题，网上诚信馆　道德新标杆——谢岩斌千里还债　温州城诚信接力，方立明、张春校、黄作敏，编辑：应忠彭、毛稿树、张湉，温州新闻网。

网络访谈，“当代鲁班”的中国梦，集体，北方网。

网页设计，简政放权——持续改革再发力，集体，新华网。

新闻名专栏，人民观点，集体，《人民日报》。

新闻名专栏，方圆谈，集体，《中国纪检监察报》。

新闻名专栏，漫说快评，周跃敏、刘庆传，《新华日报》。

新闻名专栏，佳友民情快车，俞佳友、聂伟霞、包敦远，编辑：童颖骏、蒋蕴、陈志农，《浙江日报》。

新闻名专栏，天天 3·15，集体，中央人民广播电台。

新闻名专栏，驻村夜话，集体，西藏人民广播电台。

新闻名专栏，中央电视台《新闻联播》，集体，中央电视台。

新闻名专栏，民声，集体，南京广播电视台。

新闻名专栏，新华网数据新闻，田舒斌、周红军、马铁群，编辑：刘叶、殷哲伦、魏文彬，新华网。

新闻名专栏，XYZ 新闻三剑客，集

体，荆楚网。

新闻论文，时度效的内涵、应用及着力点，陈寅，编辑：邓瑜，《新闻战线》。

新闻论文，做好新形势下舆论引导工作的科学指南，杨振武，编辑：郑剑，《人民日报》。

国际传播，习近平的大外交（网络专题），田舒斌、刘加文、雷曼誉、常烨、夏小鹏、马轶群，新华网。

国际传播，Silk Road initiatives fit into EU recovery goals 中国“一带一路”倡议与欧盟投资计划相契合（文字评论），付敬，编辑：朱萍，《中国日报》。

国际传播，“南京大屠杀死难者国家公祭仪式”现场直播（广播直播），张意、周劲翔、黄晓东，编辑：包涛，中国国际广播电台 。

国际传播，东北虎“串门”（电视专题），张晨、李艳清、姜莹，编辑：胡淑玲，黑龙江电视台。

国际传播，跨国取证16年——侵华日军731部队老兵证词实录 Japanese World War Ⅱ veterans recall horrors of Unit 731（电视专题），王敬中、倪瀚琳、王爱华，编辑：何山、马迪，新华社。

国际传播，重整河山待后生（广播专题），郑璐、朱旭，中国国际广播电台。

（二、三等奖篇目略）

第二十六届

第二十六届中国新闻奖（2015年度，共评选出获奖作品256件）获奖作品中特别奖3件，一等奖40件，二等奖85件，三等奖128件。获特别奖、一等奖的篇目如下：

特别奖

文字通讯，胜利的号角·和平的宣示，集体，编辑：李国利、于晓泉，新华社。

文字评论，凝聚当代中国的价值公约数——论培育和践行社会主义核心价值观，集体，编辑：杨振武、李宝善，《人民日报》。

电视消息，纪念中国人民抗日战争暨世界反法西斯战争胜利70周年大会在京隆重举行，集体，中央电视台。

一等奖

文字消息，629户人的藏乡走出359名大学生，徐中成，编辑：谭江琦，《四川日报》。

文字消息（空缺）。

文字评论，漠视生命是最可怕的沉沦，林新华，编辑：张花，《衡阳晚报》。

文字评论，中国故事，更精彩的书写还在后面，詹勇、王甘武、李学梅，编辑：何平、刘刚，新华社。

深度报道，五问中国经济，龚雯、许志峰，编辑：谢国明、皮树义，《人民日报》。

文字通讯，马氏“兄弟”跨越二十年的诚信，王国庆、阙爱民、童浩麟，编辑：赵铁军、李芳，《河南日报》。

文字系列，“为什么2元钱的‘救命药’没有人做？”贺少成、赵琛、冀文超，编辑：窦菲涛、沈刚、车辉，

《工人日报》。

文字连续，义乌最美民工张明伟："东家"比我更需要这笔钱，何百林、陈东、杨准，《金华日报》。

报纸版面，9 月 4 日《解放日报》要闻 1—4 版，朱爱军、陈煜骅、倪佳，《解放日报》。

报纸副刊，一位财政部长的两份遗嘱，宁新路，编辑：饶翔、赵玙，《光明日报》。

新闻摄影，我们的队伍向太阳——中国首次以盛大阅兵纪念抗战胜利 70 周年，集体，新华社。

新闻漫画，大活人"自证活着"是何方规矩，曹一，编辑：刘庆传，《新华日报》。

广播消息（空缺）。

广播消息（空缺）。

广播评论（空缺）。

广播专题（空缺）。

广播专题（空缺）。

广播系列，致我们正在消逝的文化印记，集体，中央人民广播电台。

广播访谈，寻找方大曾——两代记者穿越时空的对话，叶赵明、徐方、张箭锋、雪莉、陈晔、黄河，宁波广播电视集团。

广播直播，冰雪五环、聚焦冬奥——2022 年冬奥会举办城市揭晓，杨洪、李凯、杨迪、马骏、田甜、唐思萌，北京人民广播电台。

广播编排（空缺）。

电视消息（空缺）。

电视消息（空缺）。

电视评论（空缺）。

纪录片，生命缘——请你替我活下去，徐滔、邵晶、刘书含、李潇、冯乐，北京电视台。

电视专题（空缺）。

电视系列，大国工匠，集体，中央电视台。

电视访谈，老冯家的"传家宝"，严浩、赵丹军、杨卉、徐谞、王剑、黄琼花，江苏广播电视总台。

电视直播，南昌西汉海昏侯墓主椁室考古发掘系列现场直播，周继革、周芸、徐剑、刘志刚、贾辉、龚文芳、李彬、陶国平，江西广播电视台。

电视编排，9 月 3 日《新闻联播》，集体，黑龙江广播电视台。

网络评论，政府敢啃"硬骨头"，市场才能有"肉"吃，安传香，编辑：杨新华，新华网。

网络专题，千年大墓　惊世挖掘——南昌海昏侯墓出土，集体，中国江西网。

网络专题，解放军报创刊 60 周年　习主席亲手发微博向广大官兵祝贺新年，王士彬、洪文军、冯凯旋、高飞、郑文达、姚远，中国军网。

网络访谈（空缺）。

网页设计，穿越直播　重返 70 年前英雄之城，集体，华龙网。

新闻名专栏，视点，王薇薇、胡文鹏、刘亮、郭存举、李瞳，《经济日报》。

新闻名专栏，广安观潮，范耀庚、史文杰、陈治治、闫鸣、张磊、徐怀顺，《中国纪检监察报》。

新闻名专栏，啄木鸟在行动，叶修

堂、万利平、王雁鸣、邹仕虎、李江敏、徐云龙，《南昌日报》。

新闻名专栏，市民大讲堂，集体，《长江日报》。

新闻名专栏，In Ba Ku Ba Gida（有你就有家），高山、辛昱慧、张威伟、Fatimah I. Jibril，中国国际广播电台。

新闻名专栏，百姓故事，集体，天津广播电视台。

新闻名专栏，新闻联播，集体，中央电视台。

新闻名专栏，网罗天下，季建南、李轩、王狄安、袁晓文、殷玉静、马真，江苏广播电视总台。

新闻名专栏，世相，陈维松、吴闻达，中国互联网新闻中心。

新闻名专栏，独立调查，李冉、邢玉军、马俊骥、李兆辉、王宗阳、刘宝才，大众网。

新闻论文，把握对外传播的时代新要求——深入学习贯彻习近平同志对人民日报海外版创刊30周年重要指示精神，杨振武，编辑：张垚，《人民日报》。

新闻论文（空缺）。

国际传播，《习主席来了》（Who is Xi Dada?）（网络访谈），王洋、张建波、赵阳、毛文正、倪乐融，编辑：何炜、潘健，YouTube。

国际传播，Форты Японской Квантунской армии（要塞作证）（电视纪录片），沈书、董长青、鄂艳，编辑：姚冬梅，俄罗斯TPO电视频道。

国际传播，中国军队援非抗击埃博拉系列报道（文字系列），杜献洲、张晓祺、罗铮，编辑：洪建国，《解放军报》。

国际传播，闻歌识中国（广播系列），国丹、李金川、梁策、钮璇、Filipe Hu，中国国际广播电台。

国际传播，中老缅泰湄公河联合巡逻执法成效明显（文字消息），杨玺、李鹏飞、崔同江，编辑：杨林，《边防警察报》。

国际传播，生命的记忆——犹太人在上海（电视专题），集体，上海广播电视台。

（二、三等奖篇目略）

第二十七届

第二十七届中国新闻奖（2016年度，共评选出获奖作品287件）获奖作品中特别奖4件，一等奖50件，二等奖90件，三等奖143件。获特别奖、一等奖的篇目如下：

特别奖

文字通讯，弄潮儿向涛头立——习近平主席出席二十国集团领导人杭州峰会系列活动纪实，集体，编辑：何平、张宿堂，新华社。

文字评论，以信仰之光照亮奋斗之路，集体，编辑：杨振武、李宝善，《人民日报》。

电视消息，习近平在青海考察时强调 尊重自然顺应自然保护自然 坚决筑牢国家生态安全屏障，集体，中央电视台。

新闻专栏，新华全媒头条，钱彤、

李柯勇、郝方甲、王清颖、郑晓奕、李明，新华社。

一等奖

文字消息，1445种全新病毒科被发现，金振娅，编辑：邢宇皓、雷柯，《光明日报》。

文字消息，折翼海天，用生命为航母事业铺路，徐双喜、陈国全，编辑：柳刚、王通化，《解放军报》。

文字评论，供给侧改革需加减法并举，梁发芾，编辑：张国华、崔雪茜，《甘肃日报》。

文字评论，走向经济治理现代化的中国探索，齐东向，编辑：张小影，《经济日报》。

文字通讯，老郭脱贫记，马跃峰，编辑：施娟、谢雨，《人民日报》。

文字通讯，别了，白家庄矿，张临山、冷雪，编辑：丁伟跃，《山西日报》。

文字系列，铁纪铁流，丁宗皓、张小龙、王研、高爽、张昕、张晓丽，《辽宁日报》。

文字系列，安徽宿州宋庙小学“要求受助贫困生出钱请吃饭事件”调查，黄辉、戴南、周根山，《中国纪检监察报》。

报纸版面，8月7日《宁夏日报》2—3版，张靖、何亚男、刘建华，《宁夏日报》。

报纸副刊，巡视组长——追记李泉新，江仲俞、宋海峰、游静，编辑：任辛、李滇敏，《江西日报》。

新闻漫画，投桃报李，孙宝欣，编辑：徐辉冠，求是网。

广播消息，惊心动魄160分钟——首次揭秘“长五”推迟发射，张棉棉、丁飞、马喆、吴媚苗，中央人民广播电台。

广播消息，速度与激情：“中国标准”动车组成功通过时速420公里高速交会试验，蒋凯香、马松林、殷洁，中国国际广播电台。

广播评论，以供给侧改革破解老工业基地“双重转型”之困，牟维宁、高祥、张立波、任季玮，黑龙江广播电视台。

广播专题，内蒙古首例保护草原行政公益诉讼案——开启我区草原保护新篇章，常俊青、王莎、赵殿辉、梁军、额尔德尼，内蒙古广播电视台。

广播专题（空缺）。

广播系列，“神舟”“天宫”完美对接背后的“吉林科技元素”，姜新、于显志、张若鹏、张文汇、张昊鹏、李佳星，吉林人民广播电台。

广播访谈，“新愚公”李保国，集体，河北广播电视台。

广播直播，泰宁泥石流紧急救援，阮怡、冯媛媛、李泰曦、开哲、宁水蓉、李宗涛、诸葛仲、吕昱洋，福建省广播影视集团。

广播编排，10月17日《东广早新闻》，集体，上海广播电视台。

电视消息，中国笔王贝发小笔尖大制造　杭州G20元首笔撬动高端市场，廖建斌、闫全、董寅寅、陈旭，宁波广电集团。

电视消息（空缺）。

电视评论，民企也是国家队，李宁、

杨阳、霍扬、刘雨轩，黑龙江广播电视台。

电视专题，永远在路上，集体，中央电视台。

电视专题，“僵尸企业”重生记，陈琛、伊力、唐虎、郑欣、徐奇，山东广播电视台。

电视系列，新华社特约记者太空日记，景海鹏、陈冬、李柯勇、郑晓奕、饶力文、魏骅、肖正强、陈曦，中国新华新闻电视网。

电视访谈，为85岁爷爷拍照，林娜、陈玲、林子健、黄宇、黄石惠、沈静，厦门广播电视集团。

电视直播，二十国集团领导人杭州峰会系列直播（时政），集体，中央电视台。

电视编排，11月16日《浙江新闻联播》，集体，浙江广电集团。

网络评论，每一名党员都要牢固树立“核心意识”，宗国（姜赟），编辑：余清楚，人民网。

网络专题，中国一点都不能少，苗苗、郑琪、刘冰、徐丹、李志伟、叶添，《人民日报》客户端。

网络专题，您好，马克思，集体，中国青年网。

网络访谈，一份延续了68年的忠诚，周彪、王光煦、王兴、罗杰，求是网。

网页设计，网上重走长征路之“征程”——红军长征全景交互地图，集体，新华网。

新闻名专栏，人民眼，张忠、牛一兵、费伟伟、王斌来、禹伟良、孔祥武，《人民日报》。

新闻名专栏，长安观察，毛晓刚、张砥、汤华臻、胡宇齐、崔文佳、范荣，《北京日报》。

新闻名专栏，之江观察，谢正法、张永贵、王玉宝、杜博，《浙江日报》。

新闻名专栏，逐梦他乡重庆人，集体，《重庆日报》。

新闻名专栏，新闻和报纸摘要，集体，中央人民广播电台。

新闻名专栏，Studio + 脉动中国，集体，中国国际广播电台。

新闻名专栏，海峡两岸，集体，中央电视台。

新闻名专栏，新闻大求真，集体，湖南广播电视台。

新闻名专栏，学习进行时，集体，新华网。

新闻名专栏，问政湖南，舒斌、肖雄、李洁、肖凤姿，红网。

新闻论文，把握好政治家办报的时代要求，杨振武，编辑：杨学博，《人民日报》。

新闻论文，始终坚守军报姓党的政治灵魂，李秀宝、孙继炼，编辑：朱金平，军事记者。

国际传播，Putin eyes closer partnership with China 普京接受新华社社长独家专访　表示期待打造更紧密俄中伙伴关系（文字消息），蔡名照，编辑：严文斌、尚军，新华社。

国际传播，我们的更路簿——三沙属于中国的历史证据（电视专题），孔德明、叶明、杨全、李柳青、杨昊霖、王文心，海南广播电视总台。

国际传播，锦绣记（海外版）（电视纪录片），集体，中央电视台。国际传播，东京审判（电视纪录片），朱晓茜、陈亦楠、敖雪、王硕、俞洁，上海广播电视台。国际传播，外国漫画家手绘北京（网络专题），杨明星、许颖、陈源、李嵩、路松，千龙网。

国际传播，从广东制造到广东智造（广播专题），郑韵、Harry Harding、薛晖，广东广播电视台。

（二、三等奖篇目略）

（注明：以上“中国新闻奖简介及历届获奖者名单”本书选编大部分重要篇目，对有些篇目没有选编，请读者谅解。）

附录二

《中国新闻工作者职业道德准则》

**（中华全国新闻工作者协会第七届
理事会第二次全体会议 2009 年 11 月 9 日修订）**

中国新闻事业是中国特色社会主义事业的重要组成部分。新闻工作者要坚持以马克思列宁主义、毛泽东思想、邓小平理论和“三个代表”重要思想为指导，深入贯彻落实科学发展观，高举旗帜、围绕大局、服务人民、改革创新，贴近实际、贴近生活、贴近群众，用马克思主义新闻观指导新闻实践，学习宣传贯彻党的理论、路线、方针、政策，继承和发扬党的新闻工作优良传统，积极传播社会主义核心价值体系，努力践行社会主义荣辱观，恪守新闻职业道德，自觉承担社会责任，敬业奉献、诚实公正、清正廉洁、团结协作、严守法纪，做到政治强、业务精、纪律严、作风正。

第一条 全心全意为人民服务。要忠于党、忠于祖国、忠于人民，把体现党的主张与反映人民心声统一起来，把坚持正确导向与通达社情民意统一起来，把坚持正面宣传为主与加强和改进舆论监督统一起来，发挥党和政府联系人民群众的桥梁纽带作用。

1. 积极宣传党和政府的重大决策部署，及时传播国内外各领域的信息，满足人民群众日益增长的新闻信息需求，保证人民群众的知情权、参与权、表达权、监督权。

2. 牢固树立群众观点，把人民群众作为报道主体和服务对象，多宣传基层群众的先进典型，多挖掘群众身边的具体事例，多反映平凡人物的工作生活，多运用群众的生动语言，使新闻报道为人民群众喜闻乐见。

3. 积极反映人民群众的正确意见和呼声，批评侵害人民利益的现象和行为，依法保护人民群众的正当权益。

第二条 坚持正确舆论导向。要坚持团结稳定鼓劲、正面宣传为主，唱响主旋律，不断巩固和壮大积极健康向上的舆论。

1. 始终坚持以经济建设为中心，服从服务于改革发展稳定大局不动摇，着力推动科学发展、促进社会和谐。

2. 宣传科学理论、传播先进文化、塑造美好心灵、弘扬社会正气，增强社会责任感，坚决抵制格调低俗、有害人们身心健康的内容。

3. 加强和改进舆论监督，着眼于解决问题、推动工作，坚持准确监督、科学监督、依法监督、建设性监督。

4. 采访报道突发事件要坚持导向正确、及时准确、公开透明，全面客观报道事件动态及处置进程，推动事件的妥善处理，维护社会稳定和人心安定。

第三条 坚持新闻真实性原则。要把真实作为新闻的生命，坚持深入调查研究，报道做到真实、准确、全面、客观。

1. 要通过合法途径和方式获取新闻素材，新闻采访要出示有效的新闻记者证。认真核实新闻信息来源，确保新闻要素及情节准确。

2. 报道新闻不夸大、不缩小、不歪曲事实，不摆布采访报道对象，禁止虚构或制造新闻。刊播新闻报道要署作者的真名。

3. 摘转其他媒体的报道要把好事实关，不刊播违反科学和生活常识的内容。

4. 刊播了失实报道要勇于承担责任，及时更正致歉，消除不良影响。

第四条 发扬优良作风。要树立正确的世界观、人生观、价值观，加强品德修养，提高综合素质，抵制不良风气，接受社会监督。

1. 强化学习意识，养成学习习惯，不断提高政治和业务素质，增强政治意识、大局意识、责任意识，努力成为专家型新闻工作者。

2. 深入基层、贴近群众、体验生活，在深入中了解社情民意，增进与群众的感情。

3. 坚决反对和抵制各种有偿新闻和有偿新闻行为，不利用职业之便谋取不正当利益，不利用新闻报道发泄私愤，不以任何名义索取、接受采访报道对象或利害关系人的财物或其他利益，不向采访报道对象提出工作以外的要求。

4. 尊重新闻同行，反对不正当竞争。尊重他人的著作权益，引用他人的作品要注明出处，反对抄袭和剽窃行为。

5. 严格执行新闻报道与经营活动分开的规定，不以新闻报道形式做任何广告性质的宣传，编辑记者不得从事创收等经营性活动。

第五条 坚持改革创新。要遵循新闻传播规律，提高舆论引导能力，创新观念、创新内容、创新形式、创新方法、创新手段，做到体现时代性、把握规律性、富于创造性。

1. 深入研究不同传播对象的接受习惯和信息需求，主动设置议题，善于因势利导，不断提高舆论引导能力和传播能力。

2. 认真研究传播艺术，利用现代传播手段，采用受众听得懂、易接受的方式，增强新闻报道的亲和力、吸引力、感染力。

3. 善于利用新载体、新技术收集信息、发布新闻，提高时效性，扩大覆盖面。

第六条 遵纪守法。要增强法治观念，遵守宪法和法律法规，遵守党的新闻工作纪律，维护国家利益和安全，保守国家秘密。

1. 严格遵守和正确宣传国家的民族区域自治制度、各民族平等团结和宗教信仰自由政策，维护国家主权和社会稳定。

2. 维护采访报道对象的合法权益，尊重采访报道对象的正当要求，不揭个人隐私，不诽谤他人。

3. 维护未成年人、妇女、老年人和残疾人等特殊人群的合法权益，注意保护其身心健康。

4. 维护司法尊严，依法做好案件报道，不干预依法进行的司法审判活动，在法庭判决前不做定性、定罪的报道和评论。

5. 涉外报道要遵守我国涉外法律、对外政策和我国加入的国际条约。

第七条 促进国际新闻同行的交流与合作。要努力培养世界眼光和国际视野，积极搭建中国与世界交流沟通的桥梁。

1. 在国际交往中维护祖国尊严和国家利益，维护中国新闻工作者的形象。

2. 积极传播中华民族的优秀文化，增进世界各国人民对中华文化的了解。

3. 尊重各国主权、民族传统、宗教信仰和文化多样性，报道各国经济社会发展变化和优秀民族文化。

4. 积极参加有组织开展的与各国媒体和国际（区域）新闻组织的交流合作，增进了解、加深友谊，为推动建设持久和平、共同繁荣的和谐世界多做工作。

附则：对本《准则》，中国记协各级会员单位要结合实际制定相应实施细则，认真组织落实；全国新闻工作者要自觉执行；各级各专业记协要积极宣传和推动，欢迎社会各界监督。